U0104986

古典文獻研究輯刊

三二編

潘美月・杜潔祥 主編

第 18 冊

先秦地學知識、觀念及文獻研究

高 建 文 著

國家圖書館出版品預行編目資料

先秦地學知識、觀念及文獻研究／高建文 著 -- 初版 -- 新北
市：花木蘭文化事業有限公司，2021〔民 110〕
目 2+300 面；19×26 公分
（古典文獻研究輯刊 三二編；第 18 冊）
ISBN 978-986-518-399-8（精裝）
1. 地理學 2. 先秦史
011.08   110000584

ISBN-978-986-518-399-8

9 789865 183998

古典文獻研究輯刊
三二編　第十八冊　　　　　　　ISBN：978-986-518-399-8

先秦地學知識、觀念及文獻研究

作　　者　高建文
主　　編　潘美月、杜潔祥
總 編 輯　杜潔祥
副總編輯　楊嘉樂
編　　輯　許郁翎、張雅淋　美術編輯　陳逸婷
出　　版　花木蘭文化事業有限公司
發 行 人　高小娟
聯絡地址　235 新北市中和區中安街七二號十三樓
　　　　　電話：02-2923-1455／傳真：02-2923-1452
網　　址　http://www.huamulan.tw 信箱 service@huamulans.com
印　　刷　普羅文化出版廣告事業
初　　版　2021 年 3 月
全書字數　263201 字
定　　價　三二編 47 冊（精裝）台幣 120,000 元　　　　版權所有・請勿翻印

先秦地學知識、觀念及文獻研究

高建文　著

作者簡介

高建文（1984～），男，山東濰坊人。2015 年畢業於北京師範大學文學院，師從過常寶教授，獲文學博士學位。現為山西師範大學文學院副教授，主要從事先秦兩漢魏晉南北朝文學、文獻與文化研究。在《民俗研究》《中國詩歌研究》《勵耘學刊》等刊物發表論文多篇。目前承擔有國家青年社會科學基金項目「先唐輿地知識、觀念及相關文獻的生成研究」（項目編號 17CZW015）等項目。本文係在博士學位論文基礎上修改而成，論文於 2016 年獲評北京師範大學優秀博士學位論文。

提　　要

　　先秦時期的地學已經有了較明確的對象，有職掌和傳承人員，有較成熟的概念體系，並形成了以《山海經（圖）》和《禹貢》為元典的兩大知識、文獻系統，已然具備了成「學」的要素。

　　本書即結合對相關制度背景的考察，對先秦不同時段的地學知識、觀念如何凝結為文獻的過程作出梳理。第一章首先考察了商代及以前地祇信仰以及政治地理空間觀等的情況，以此為參照，論證了巫政合一及朝貢等制度背景下《山海經圖》的生成及其文獻形態、功能等問題；第二章在梳理西周春秋時期地祇知識、地祇禮制以及「中國─四海」天下觀念的發生等問題的基礎上，結合史官制度、禮樂文化背景來考察《王會圖》《禹貢》《儀禮·聘禮》等文獻的生成問題；第三章仍分別從神聖和世俗維度，對中原地祇的衰變與楚地神話地理知識、觀念的流行，和「王土」天下觀的傳承情況作了考察，並結合戰國學術集團等制度背景，來考證鄒衍大九州學說的生成及動機、《山海經》由圖到文的轉化及功能轉向等問題。本章亦在之前研究的基礎上，概述了以《山海經（圖）》和《禹貢》為元典的兩大地學系統在理念上的差異及其在確立王朝地學典範過程中的互動和爭鋒情況。上述研究所需相關資料的統計整理情況，則以附錄形式附於書末。

國家社科基金青年項目
「先唐輿地知識、觀念及相關文獻的生成
研究」（17CZW015）階段性成果

緒　論

一、關於先秦「地學」

　　中國古代「地學」不同於現代學科體系下的「地學」（地球科學）、「地
理學」，其內涵要更複雜。正如楊文衡所說的：「天人合一思想影響下的中國
古代地學，是內容廣泛的統一地理學，他既講天，如分野、星輿、星象、緯
象、時序等；又講地，如疆域、建制沿革、形勢、城池、山川、關隘、土產、
古蹟等；還講人，如人口、戶數、人物、學校、職官、風俗、藝文、田賦等。」
〔註1〕大致而言，古代以「地學」或「地理」為名的學術「大約有兩個不同
的系統：一為山川城邑、南北向背等，大約與今天地理學的意義相似；一為
風水術。在我國學術體系中，前一類地理知識屬於史部，後一類地理知識則
屬子部。前者為經世之學，政治之學，為形上之學；後者以陰陽五行為綱，
以相宅卜葬為用，為形下之學。前者為官方所提倡，後者風行於民間。」
〔註2〕泛而言之，其關注對象大致包括「地」及存在於其上的「物」（包括
物產與人民，以下簡稱「地與物」）兩大部分，而不包括現代地理學中的氣
象、季節時序等內容。《周禮・春官・大宗伯》言「地示」祭祀之禮曰：以
血祭祭社稷、五祀、五嶽，以貍沈祭山林、川澤，以疈辜祭四方百物」，實
際上已經自覺地將「地」的範疇確定為「地」和「物」兩大方面了。

　　古代地學又與山川崇拜、宗教風俗、星土分野、陰陽五行等思想觀念，

〔註1〕楊文衡：《試論中國古代地學與自然和社會環境的關係》，《自然科學史研究》
　　　　1997 年第 1 期。
〔註2〕見晏昌貴：《簡帛數術與歷史地理論集》，商務印書館 2010 年版，第 247 頁。

政治經濟軍事制度乃至於各種形式的出行行為等等密不可分。〔註3〕古人言，「立天之道，曰陰與陽；立地之道，曰柔與剛；立人之道，曰仁與義」兼三者以為「三才」（《周易·說卦傳》），正是將「地」與「天」「人」一起視作宇宙的有機組成部分，而不僅僅是被實踐的對象。因此談「地」必然本法於「天」而旨歸在「人」。可見古代地學內涵的複雜性不僅體現在對象範圍的廣度上，更體現在關涉層面的深度上。

先秦秦漢地學已然成具備成「學」的要素。〔註4〕《隋書·經籍志》曾總結《漢書·地理志》之前地學發展的歷史說：

> 昔者先王之化民也，以五方土地，風氣所生，剛柔輕重，飲食衣服，各有其性，不可遷變。是故疆理天下，物其土宜，知其利害，達其志而通其欲，齊其政而修其教。故曰廣谷大川異制，人居其間異俗。《書》錄禹別九州，定其山川，分其圻界，條其物產，辨其貢賦，斯之謂也。周則夏官司險，掌建九州之圖，周知山林川澤之阻，達其道路。地官誦訓，掌方志以詔觀事，以知地俗。春官保章，以星土辨九州之地，所封之域，以觀祅祥。夏官職方，掌天下之圖地，辨四夷八蠻九貉五戎六狄之人，與其財用九穀六畜之數，周知利害，辨九州之國，使同其貫。司徒掌邦之土地之圖與其人民之教，以佐王擾邦國，周知九州之域，廣輪之數，辨其山林川澤丘陵墳衍原隰之名物，及土會之法。然則其事分在眾職，而冢宰掌建邦之六典，實總其事。太史以典逆冢宰之治，其書蓋亦總為史官之職。漢初，蕭何得秦圖書，故知天下要害。後又得《山海經》，相傳以為夏禹所記。武帝時，計書既上太史，郡國地志，固亦在焉。而史遷所記，但述河渠而已。其後劉向略言地域，丞相張禹使屬朱貢條記風俗，班固因之作《地理志》。其州國郡縣山川夷險時俗之異，經星之分，風氣所生，區域之廣，戶口之數，各有攸敘，與古《禹貢》、《周官》所記相埒。

實際上已經梳理出了從《禹貢》到《周禮》再到《漢書·地理志》這樣一個

〔註3〕參見楊文衡：《地學誌》（上海人民出版社1998年版）相關章節論述。

〔註4〕唐曉峰認為古代地學成「學」的標準有三：「一，有概念組群以及關於這些概念關係的解釋；二，師者講授，學者研習，有學問傳承；三，有代表性的文本（就是專著）」見唐曉峰：《從混沌到秩序——中國上古地理思想史述論·緒論》，中華書局2010年版，第15頁。

地學傳承體系，這個描述與《漢書‧地理志》「先王之跡既遠，地名又數改易，是以採獲舊聞，考跡《詩》《書》，推表山川，以綴《禹貢》、《周官》、《春秋》，下及戰國、秦、漢」的思想一致（本書簡稱這一地學體系為「《禹貢》系統」）。

無獨有偶，蒙文通、劉宗迪、劉捷等學者都曾論及，《山海經圖》及《山海經》、鄒衍「大九州」學說、《淮南子‧墜形訓》、《河圖括地象》等在知識和文獻上也存在傳承關係。〔註5〕本書認為，它們實際上也構成了一個獨立的地學體系（簡稱「《山海經（圖）》系統」）。該體系除代表性的文本之外，同樣也其傳承的主體（如最初的巫史人員，戰國秦漢時代的「形法家」）和概念組群（如「海外」「海內」「荒」等）。

在先秦時期，它們的代表性文獻雖然尚未完全定型，但傳承者及概念組群已初具規模，也體現出「經世之學，政治之學，為形上之學」的特徵；並有了各自特定的地學理念，呈現出互相影響、彼此爭鋒的態勢（如「大九州」學說等）。

因此，本文在古代含義相同的「地學」和「地理」兩個概念中，最終選擇了「地學」這個概念，來代指「先秦人對於地的認識」這一橫向上包括「地與物」、縱向上具有多重涵義（如知識、思想觀念等）的知識傳統。

二、研究現狀與研究思路

專門系統地考察先秦地學知識、觀念相關文獻的生成、發展演變還是一個全新的課題，但與此相關的文學、文獻學、神話學、地理學、歷史學等方面的研究則不乏碩果。

在文學、文獻學、神話學方面，上引蒙文通、劉宗迪、劉捷等學者的關於《山海經（圖）》、「大九州」學說、《淮南子‧墜形訓》《河圖括地象》等的研究梳理出了上古地學「《山海經（圖）》體系」的知識和文獻傳承脈絡，與本書論題的關係至為密切。此外，陳連山的《〈山海經〉學術史考論》雖為《山

〔註5〕蒙文通曾指出，《淮南子‧墜形》「太章」「豎亥」之文來自《山海經》，其「大九州」世界觀亦「源於鄒衍。」（《古地甄微》，巴蜀書社1998年版，第175頁）。劉宗迪、劉捷等則對此數者間的傳承脈絡有更詳細的梳理，參見《失落的天書——〈山海經〉與古代華夏世界觀》（增訂本）（商務印書館2016年版，第610～620頁）、劉捷《馴服怪異：〈山海經〉接受史研究》（上海文化出版社2017年版，第67～112頁）等著。

海經》的專門研究，但其中不僅有對《山海經》的時代、作者、性質、功能、版本等的考辨，更將《山海經》納入到不同時代、文化背景下來考察其學術傳承情況，有助於我們更深入地瞭解地學「《山海經（圖）》體系」的發展演變情況。

　　古代地學與現代學科中的地理學關係最為密切，在現代地理學中關於中國古代地學及地學思想的研究已有豐碩成果。自 1938 王庸著《中國地理學史》（商務印書館 1938 年版）以來，就已有侯仁之、王成組、楊文衡、楊吾揚等學者的專門研究，這對於我們瞭解先秦地學的發展情況及界定相關概念等都很有意義，但它們本質上多是以現代學科理念來勾勒和描述古代地學及其思想史，不免有學科視野的侷限性。能夠深入到古代語境中去考察古代地學及其背後思想文化的，當以人文地理學方面的研究更有代表性。其中如人文主義地理學創始人段義孚的研究即著重關注「地」對於「人」的價值，並在此基礎上提出了「地方」（place）和「空間」（space）的理論，其《空間與地方——經驗的視角》（王志標譯，中國人民大學出版社 2017 年版）等著作不僅可為本書的研究提供理論指導，其中又有不少示例涉及上古地學；然而正如學者所看到的，段義孚的研究由於很大程度上是建立在存在主義、現象學、心理學等基礎上的，因此「極其關注個人的主觀經驗和直觀性而相對缺乏成熟的社會觀」，〔註6〕在這點上「時間地理學」關於各種正式或非正式的社會宰制性制度與受此制約群體的「地方感」生成關係的理論恰可以作為補充，這方面則有美國學者艾倫・普瑞德《結構化歷程和地方——地方感和結構的形成過程》等文可資參考。〔註7〕在這方面，潘朝陽、唐曉峰等中國學者的研究與本書論題更為密切。潘朝陽的《心靈・空間・環境——人文主義的地理思想》（五南圖書出版股份有限公司 2005 年版）在系統總結了地理學的人文主義學派的研究方法的基礎上，提出了將「空間」「區域」「人地」等地理學研究的三個傳統板塊轉變為「地理學者從事研究、詮釋地理的綱維框架」，以「活潑的、蓬勃的多視角、多門徑的研究運作」的「虛靜心」〔註8〕來進行地理學

〔註6〕宋秀葵：《地方、空間與生存——段義孚生態文化思想研究》，中國社會科學出版社 2012 年版，第 153 頁。

〔註7〕見夏鑄九編譯：《空間的文化形式與社會理論讀本》，臺北明文書局 1988 年版，第 115～135 頁。

〔註8〕潘朝陽：《心靈・空間・環境——人文主義的地理思想》，五南圖書出版股份有限公司 2005 年版，第 239 頁。

研究的主張，更對中國上古五行宇宙圖式及儒、道經典中的地學思想做了個案研究；而系統、全面地來考察先秦地學知識、觀念及文獻相關問題的，當以唐曉峰的研究最有代表性：在《人文地理隨筆》（生活・讀書・新知三聯書店 2005 年版）、《閱讀與感知：人文地理筆記》（生活・讀書・新知三聯書店 2013 年版）二著中，他以生動活潑的方式、以大量古代地學個案事例為對象，介紹了人文地理學的各種新思路、新視野，這對於我們重回古人視野中來考察他們的主觀地理認識大有裨益；《從混沌到秩序——中國上古地理思想史述論》（中華書局 2010 年版）則從神話傳說開始，對上古地學神聖、世俗維度的宇宙空間觀的變遷、地學思想史的發展等重要範疇皆有系統介紹，尤其是從《禹貢》到《漢書・地理志》這個作為古代官方地學主導的「王朝地理學」的產生和發展過程有詳細考察。本文不僅在研究方法和視角上，而且在地學思想發展演變、《禹貢》研究及在「王朝地理學」之前先秦官方地學的發展情況等重要問題的考察上也深受到其啟發。

在古代知識體系中則與「數術」之學關係密切。這方面的研究以李零的《中國方術考》（修訂本，東方出版社 2001 年版）及《續考》（東方出版社 2000 年版）最有代表性，如《考》第二章專門研究了式圖與古代宇宙觀的問題，《續考・地書發微》部分則分別討論了古代地理觀與地理思維、以及古代地圖的讀圖方向等問題，這為我們提供了更開闊的思路；陶磊的《從巫術到數術——上古信仰的歷史嬗變》（《山東人民出版社 2008 年版》及《巫統、血統與古帝傳說》（浙江古籍出版社 2010 年版）則梳理了從商代到東周，信仰從巫統主導到血統主導、從巫官到史官、從鬼神信仰到天道信仰、從巫術到數術的嬗變過程，並將三皇五帝、四方神等傳說的演變納入到這個理論體系中來關照，為我們明確從商代到周代思想世界的基本變革以及周人信仰與之前的根本區別等問題提供了啟發。此外，英國學者艾蘭的《龜之謎——商代神話、祭祀、藝術和宇宙觀研究》（四川人民出版社 1992 年版）、美籍華人學者王愛和的《中國古代宇宙觀與政治文化》（上海古籍出版社 2011 年版）等關於上古宇宙觀的研究也頗有借鑒意義。

總體而言，上述文學、文獻學、神話學等的研究長於對上古地學在知識和文獻上的傳承情況的梳理，但它們不僅多是專門研究，而且在研究方法上多是「知識」「學說」間的平面比較，對其背後的制度背景及地學背景則較少綜合地考量；地理學方面的研究儘管近年來對於「人」的因素以及古代文化

語境的關注越來越多，但終究未能脫離學科視野的侷限，體現在研究對象上即是偏重對《禹貢》《山經》等「客觀真實世界」的關注而將《山海經》之《海經》《荒經》以及《淮南子·墜形訓》等所描述的「主觀真實世界」斥逐在外；數術方面的研究雖然觸及到了宇宙觀、巫史傳統等根源性的問題，但畢竟不是對地學知識、觀念及文獻的專門研究。

地學知識、觀念體現著人們對「地」的認識或信仰，是其世界觀的重要內容。因此不同時代文化背景下的學者以此為知識基礎，創造了大量文獻和學說，以此表達對世界的認識和對現世的關懷。本書即希望在瞭解不同時代人們的地學知識、觀念發展情況的基礎上，結合對他們生存情況、價值觀念、理想訴求等的考察，來對相關文獻及文獻現象的生成、發展情況作出解釋。

春秋以前學在王官，戰國諸子也往往有其職事背景。因此先秦不同時期地學知識的發展水平及附諸其上的文化觀念，會受到相關政治制度、尤其是職事制度和職事傳統的影響和制約，這些又會對相關文獻的生成和演變以及文體形式等產生影響。這樣，「知識、觀念」「制度性的行為方式」和「文獻」之間就構成了一個相對自足的文化模型。在這個文化模型中，「文獻」即是最終的產品。它涵括的範圍甚廣，既可以是傳世經典，又可以是「地下之新材料」，還可以是一些細小的文獻片段甚至詞彙等。通過這些大大小小的文獻鏡片，往往可以窺見當時知識、觀念發展情況之一斑。知識主要是指一定時期人們對自然、社會、人自身等對象的認知，它們是觀念產生的基礎；然而一旦觀念形成並根深蒂固了，又往往會對知識的發展產生影響和制約。這樣一來，知識的增殖又難免會帶上既有觀念的印記。文獻是知識觀念的重要載體，因此相應地這種「認知──觀念／法則──法則影響下的認知──斷裂／突破法則──新的認知……」的軌跡，均可以在文獻中找到印記。這些印記通過文獻的內容、體制、結構、語體等形態表現出來，就是話語方式。話語方式的主體是「人」，人的行為方式和話語方式很大程度上又受制於其制度背景。因此考察不同人群思想觀念及其話語方式的制度性成因，是研究先秦文獻、文化研究的時候應該特別重視的。

業師過常寶先生在他的《原史文化及文獻研究》（北京大學出版社 2008年版）、《先秦散文研究──早期文體及話語方式的生成》（人民出版社 2009年版）、《制禮作樂與西周文獻的生成》（中國社會科學出版社 2015 年版）等著作中，最早提出並運用「知識、觀念──制度──文獻」的三維文化模型

來進行文獻的文化學研究，研究對象幾乎遍及自甲骨卜辭至《史記》所有的上古經典文獻。在此指導之下，近年來又有葉修成《西周禮制與〈尚書〉文體研究》（中國社會科學出版社 2016 年版）、劉全志《先秦諸子文獻的形成》（中華書局 2016 年版）、林甸甸《上古天學知識及文獻研究》（北京師範大學出版社 2016 年版）等著作相繼出版，這些研究都為我們提供了很好的範式。

先秦地學是「內容廣泛的統一地理學」，這就導致了它在知識、觀念及文獻上的複雜性。鑒於此，本書所謂的「文獻研究」主要包括如下兩個方面：

一是相關文獻的生成與發展研究，主要針對那些與地學關係密切的文獻（包括《禹貢》《山海經》等地學文獻及《逸周書·王會》等非地學文獻），相應地思路是從知識、觀念及制度背景出發，以文獻生成、發展演變為最終目的來進行研究，如《山海經》的兩次成書等；

二是除文獻生成、發展演變之外的重要文獻現象，具體如地學某類文獻數量的時代變化、重要地學詞彙的釋義等，主要針對較零散的文獻，相應的思路主要是：以文獻尤其是文體（包括體制、語體的內在結構和體式、體性內在結構〔註9〕）形式的研究為主要手段、結合制度背景，以歷史地理、考古等方面的考察為輔，最終指向知識和觀念的描述和梳理，如從「中商」「方」等詞彙的釋義入手來考察商代的政治地理空間架構方式及其遵循的思想觀念，等等。

三、總體構思

古代地學橫向上主要涉及「地」與「物（也包括物產和人民）」兩大類內容，因此本書在每章之下的各節將從不同角度來對這兩大部分內容進行考察。美國學者羅伯特·戴維·薩克在《社會思想中的空間觀：一種地理學的視角》（黃春芳譯，北京師範大學出版社 2010 年版）中，曾以「空間——物質」和「主觀——客觀」這兩個交叉維度作為標準，將非科學的空間思想模式分為兩種：一是「精緻的—碎片的」，一種是「非精緻的—混合的」的。薩克所謂的「物質」，在本書中就是指「地與物」本身；而「空間」則是指「地與物」所處的「位置」和「位置關係」。〔註10〕本書也主要從這兩大方面展開：

〔註9〕見郭英德：《中國古代文體學論稿》，北京大學出版社 2005 年版，第4～5頁。
〔註10〕〔美〕羅伯特·戴維·薩克著：《社會思想中的空間觀：一種地理學的視角》，黃春芳譯，北京師範大學出版社 2010 年版，第20～33頁，第27頁，第29頁。

　　關於「空間」。先秦人對「空間」的認識和描寫，既有信仰、理想等觀念層面的，又有現實層面的。前者由於主要是基於宗教或非宗教的信仰、觀念或理想，是神聖維度的，這部分主要考察神與神、神（或天）與人關係在地學尤其是空間方面的表現；後者表現在政治、經濟等方面地理空間的認識、規劃上，是世俗維度的，指向人與人之間的空間關係。關於前者，宗教信仰往往要通過相應的儀式表達出來，因此又可以稱之為「儀式空間」——這在文獻層面當然也呈現為特定的文體形態。此外，在此問題上本文還常使用「陌生空間」這個說法，這是對人文主義地理學「空間」概念的轉用，以強調其對於人而言，變化、開放、陌生、威脅、「非我者」或「他者」的屬性——與此相對的是「地方」這個對人而言穩定、安全、熟悉、「我者」的「感受價值的中心」或「意義的中心」。〔註11〕這幾個概念雖不屬於同一層面，但從範圍上看屬於「陌生空間」的未必都是「神聖」的或「儀式」性的，然而後者卻通常發生在「陌生空間」中。世俗空間方面，旨歸於「人」是古代地學最鮮明的特色，最能表現人與人之間空間關係的就是政治地理空間，因此政治地理空間的結構模式和規劃等，是本文考察世俗空間時主要關注的方面。

　　關於「物質」。對「地與物」的認識更多表現出知識、觀念相交織的特點。就知識而言，它們既有來自現實經驗的又有基於某種觀念而想像、推衍出來的，既有關於人事的又有關於神祇的等等；而人們對不同知識類型的態度，對其功能的認識等，則體現了相應的思想觀念和價值取向，這些往往又受制於他們所處的時代文化背景和制度環境——它們最終會通過相應文獻及其形態、用途、地位、數量等的起伏消長、文獻的生成與發展演變等體現出來。因此對於《山海經》等重要文獻的生成等問題，本書通常會放到這一部分集中總結。

　　要考察先秦時期地學知識、觀念的發展變化情況，以時間為軸線歷時地展開是必要的。本文按時代分商代及以前、西周春秋和戰國三大部分。春秋及以前官方地學知識主要掌握在巫覡、史官、大夫等手中，戰國時期地學的精英知識和思想則主要由諸子為代表的士人所掌握。作為時代文化的主體，他們的知識水平、文化觀念等代表了一個時代的文化狀況，地學知識、觀念作為其中一個方面自然也是如此。

　　一、自傳說中的「絕地天通」開始，早期社會就進入了巫政合一的形態。

〔註11〕宋秀葵：《地方、空間與生存——段義孚生態文化思想研究》，第42～48頁。

在這種制度背景下，巫覡人員是官方地學知識的職掌者，這時的地學就不可避免會帶上巫文化的某些特點。比如對於地學知識的壟斷內涵著對地祇權力和物怪知識的壟斷，而這又與世俗權力的形成密不可分，等等。這時期的代表文獻以《山海經圖》及其題記，卜辭、彝器圖像等出土材料，以及保存在《尚書》《清華簡》等中相應部分為代表。

二、進入西周時期以後，人們對於自然和社會運行的秩序、法則和規律的探索較之以往更為自覺和理性。在思想方面表現為學者所說的從巫術到數術、從宗教天命觀到春秋自然天道觀等的發展過程，在政治制度上表現為禮樂制度的建立和施行等。本文將西周春秋兩個時期劃歸一章，正是基於對兩期思想文化、制度等方面的共通性的強調。而在職官方面，「掌建邦之六典」的史官（包括太史僚系的宗教官）實際上是促成上述變革的中堅力量。史官作為當時官方地學知識的職掌者，其現實、理性的態度也影響了西周和春秋的地學。到了春秋中晚期，大夫階層逐漸取代了史官成為時代文化的主導人群，政務官員的身份使得他們在現實、理性的路上走得更遠，這也促進了地學人文化、功利化的進一步發展。本期考察的主要文獻是《禹貢》，還有《周禮》（輔以《禮記》《儀禮》的比照）、《左傳》、《國語》等中關於地學的部分；此外，《尚書》《逸周書》中關於都制的篇章等，也都是本章所關注的。

三、戰國時期禮樂制度崩壞，士階層成為新的知識主體和時代的「立法者」。諸子文獻中地學相關部分可以反映地學在「精英知識和思想」方面的情況，具體如各家關於地利問題的主張、大九州學說的提出等等；此時成書的《山海經》實際上是在戰國地學思想的影響下對古《山海經圖》的闡釋、補充和改造的結果，而出土簡帛文獻中則有很多內容可以反映當時地學「一般知識和思想」〔註12〕的情況；此外，《楚辭》中神話世界的描寫則反映了巫史傳統和楚地信仰下的人們獨特的世界觀。

需要補充的是，本文以時間為軸來展開，是為了便於清晰地勾勒出先秦

〔註12〕「精英」和「一般」的分法乃是採用葛兆光的說法。前者乃是「靠著述表達自己思想的精英和可以流傳後世的經典」所承載的知識和思想，而「一般知識與思想，是指的最普遍的、也能被有一定知識的人所接受、掌握和使用的對宇宙間現象與事物的解釋。這不是天才智慧的萌發，也不是深思熟慮的結果，當然也不是最底層無知識人的所謂『集體無意識』，而是一種『日用而不知』的普遍知識和思想，作為一種普遍認可的知識與思想，這些知識與思想通過最基本的教育構成人們的文化底色。」見葛兆光：《中國思想史·導論》，復旦大學出版社 2000 年版，第 10 頁，第 14 頁。

人地學知識、觀念及相關文獻、文獻現象的產生、發展的軌跡，而實際操作起來可能會面臨一些特殊情況，比如上古地學兩大體系的成型是在漢代，為保證話題系統性和完整性，會在時段上作適當延伸。

第一章　商代及以前的地學及文獻

　　顓頊絕地天通，結束了家為巫史、民神雜糅的時代。絕地天通，「實質是巫術與政治的結合，表明通天地的手段逐漸成為一種獨佔的現象」。〔註1〕自顓頊之後直到商代，一直延續著這種巫政合一的政治形態。大禹曾「致群神於會稽之山」（《國語·魯語下》）、夏后啟曾「上三嬪於天，得《九辯》與《九歌》以下」（《山海經·大荒西經》），可見夏王實際上是兼王與巫的雙重身份的；商代也是神權統治的時代，不僅商王是群巫之長，商代的史官、行政官等也多是從巫覡人員中分化出。〔註2〕

　　在巫政合一的時代，「通天地的各種手段的獨佔……是獲得和占取政治權力的重要基礎」。〔註3〕通天手段施行的前提是對相關知識的掌握，而對這些知識的掌握和壟斷同時又是維持巫覡專業化的重要手段。〔註4〕地學知識當然也是如此：在交通能力與活動範圍有限的上古時代，宏觀地學知識唯有官方才有能力搜集，因此很容易被壟斷；官方巫史人員則是這類知識主要的職掌者。因此這種背景下的地學知識、觀念也難免體現出巫文化的某些特點，進而又會在相關文獻中留下印記。

　　能夠反映商代及以前地學知識發展情況的文獻，不僅出土材料如甲骨卜辭以及當時彝器上的「百物」紋飾等可以為據；而巫政合一時代的文化存在

〔註1〕〔美〕張光直：《考古學專題六講》，文物出版社1986年版，第10～11頁。
〔註2〕陳夢家：《商代的神話與巫術》，《燕京學報》1936年第20期。
〔註3〕〔美〕張光直：《考古學專題六講》，第10～11頁。
〔註4〕過常寶：《原史文化及文獻研究》（修訂本），中國社會科學出版社2016年版，第11～13頁。

共通性，這點不僅通過文字文獻可以看出、考古發現也可得到印證——在傳統認為本於九鼎圖的《山海經》中，就保留了不少商代及以前的內容，其中的地學文化觀念也具有巫文化特點。

通常認為《山海經》成書很晚，但其中有很大部分的知識產生時代很早。本書認為《山海經》在先秦時期至少經歷了兩次編定的過程。其中第一次是以《山海經圖》的形式出現，並職掌於王朝巫史人員之手，這個過程發生在夏代在理論上是可能的，傳統觀點認為《山海經》乃本於九鼎圖的說法並非毫無根據的臆測。

第一節　儀式空間

巫文化是以鬼神信仰為思想基礎的。先民對於鬼神的信仰，在心理上源自他們對外部世界的神秘感和敬畏感；外在則表現為「萬物有靈」，也即將他們所見的、認為能夠影響其生活的「有價值」的事物視作有靈，進而通過巫術借助它們的力量來影響自己的生活。〔註5〕因此在他們眼中，「地」不僅是生存的空間或生產實踐的對象，同時也是信仰和崇拜的對象。商人對於「地」的崇拜和信仰很廣泛——從整個大地，到具體的四方、土地、山川，甚至於人工建築的居室、門柱、道路、城垣等等，〔註6〕各有相應的神祇。

若將王國、方國、城邑、宮室等所組成的空間視為世俗空間，那麼這種由各種地祇所構成的空間，可以稱之為神聖空間；由於對於神聖空間的認識是基於對鬼神的信仰，它們往往會通過相應的儀式表達出來，因此又可以稱之為儀式空間。正如世俗空間的分布特點往往能夠反映人與人社會關係的某些情況，同樣地，古人對人與神、尤其是神與神之間關係的認識（如權能、地位等）同樣會在儀式空間方面有所體現——這是背後折射出的則是他們相應的價值觀念和理想訴求，以及時代文化的某些特點。

〔註5〕〔韓〕具隆會：《甲骨文與殷商時代神靈崇拜研究》，中國社會科學出版社2013年版，第15～23頁。

〔註6〕據石彰如、宋鎮豪、杜金鵬等學者研究，商代建築祭祀十分普遍，其埋牲位置多見於宗廟、手工作坊、門、柱礎、城垣、道路等。宋鎮豪認為「對房屋建築之神的崇拜，乃產生自人們冀望房屋居所平安無災的信仰觀念」（見《商代社會生活與禮俗》，中國社會科學出版社2010年版，第63頁），《禮記·郊特牲》亦云「鄉人禓，孔子朝服立於阼，存室神也」，可見這類建築祭祀背後隱含的是時人對建築物各有神靈護祐的觀念。

一、從方形到「亞」形的宇宙圖式

先民對於大地的信仰主要表現在兩個維度：一種是對大地空間的信仰與認識，屬於宇宙觀的範疇，在商代及以前體現為「天圓地方」的宇宙觀，相關地祇則主要是方神；還有一種形態，就是對自然土地、〔註7〕山川等的崇拜，相關地祇主要是社神、山川神等。

「天圓地方」的觀念非常古老，早在新石器時代就普遍存在著：如中原地區的河南濮陽西水坡墓葬南圓北方的格局〔註8〕、河南鹿臺崗Ⅰ號遺址中外方內圓的雙層套室及室中東西──南北走向的十字形溝道〔註9〕等，即體現了這種宇宙觀；除中原地區外其他地方也不乏其例，如遼寧喀左東山嘴紅山文化遺址中的方形祭壇即被認為是社壇〔註10〕或「象徵天圓地方」的方丘，〔註11〕安徽凌家灘遺址出土的方形玉龜版不僅有「天圓地方」的喻意、還含有明確八方方位意識，〔註12〕浙江良渚瑤山方形祭壇以及方形圓孔玉琮等，也反映了相似的宇宙觀。這些例子中的方形宇宙圖式均與宗教儀式密切相關，因此可以認為這表達的是先民對於方形大地的認識和崇拜，只是文獻不足，尚不能確定時人是否已有四方神信仰。

〔註7〕 按：這裡所說的「土地」涵義較前文所說「大地」為窄；「大地」是概指整個「地」，除「土地」外，還包括山川等。

〔註8〕 馮時：《星漢流年──中國天文考古錄》，四川教育出版社 1996 年版，第 145 頁。

〔註9〕 匡瑜等：《鹿臺崗遺址自然崇拜遺跡的初步研究》，《華夏考古》1994 年第 3 期。

〔註10〕 王震中：《東山嘴原始祭壇與中國古代的社崇拜》，《世界宗教研究》1988 年第 4 期。

〔註11〕 馮時：《星漢流年──中國天文考古錄》，第 221 頁。

〔註12〕 可參考李修松：《試論凌家灘玉龍、玉鷹、玉龜、玉版的文化內涵》（《安徽大學學報（哲學社會科學版）》2001 年第 6 期）等文。

安徽含山凌家灘出土的玉龜版

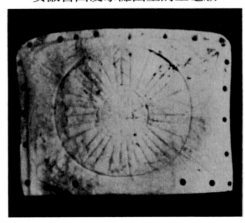

（圖像摘自安徽省文物考古研究所：《安徽含山凌家灘新石器時代墓地發掘簡報》，

《文物》1989 年第 4 期）

到了商代尤其是晚商，「亞」形宇宙觀出現並取代了以前的方形宇宙觀。這種「亞」形圖式主要保留在當時的墓葬、族徽等中。高去尋、艾蘭、張光直等對此問題均有論述：高去尋從殷墟西北岡西區七座商王大墓「亞」形墓壙及同形槨室中首先發現這點，他認為此種形制耗工耗料，「它有一定的涵義⋯⋯不容懷疑的它應該是當時喪禮的一種禮制建築」，〔註13〕並據此推論當時明堂也應採用此形制；而張光直則更舉陝西鳳翔馬家莊秦宗廟基址、子彈庫楚帛書月令圖等為例來對此說進一步申論；〔註14〕艾蘭從商代青銅器圈足上和族徽中的「亞」形圖樣、「中——四方」的空間模式、龜甲的形狀等方面來證明這種圖樣反映的是商人獨特的宇宙觀；〔註15〕王愛和則認為這種宇宙觀是商族建構政治權力的重要手段。〔註16〕

　　這些說法中有兩點值得重視：一是「亞」形宇宙觀是商人的獨特認識，這點學者已論；第二即是王愛和的說法，這點還可以從晚商喪葬制度變化中獲得證明——這種「亞」形墓壙和槨室乃出現在晚商，是此時喪葬制度變化

〔註13〕高去尋：《殷代大墓的木室及其涵義之推測》，《中研院歷史語言研究所集刊》1969 年第 39 期。

〔註14〕〔美〕張光直：《中國青銅時代二集》，生活・讀書・新知三聯書店 1990 年版，第 85～94 頁。

〔註15〕〔英〕艾蘭著：《龜之謎——商代神話、祭祀、藝術和宇宙觀研究》，汪濤譯，四川人民出版社 1992 年版，第 81～123 頁。

〔註16〕〔美〕王愛和：《四方與中心：晚商王族的宇宙論》，《中國哲學史》2001 年第 4 期。

的一個重要表現，應該與當時「巨大的王陵和獨立王陵區的出現」一樣，都
是此時「商王朝建立了穩定而有顯著等差的等級秩序，並努力通過各種物化
形式進行強調和宣揚」〔註17〕的結果。

　　但問題並沒有到此為止，至少還有兩點需要辨明：第一是「亞」形圖式
中「四隅」的地位如何，這涉及商人的地祇信仰問題；第二是這種宇宙觀發
生的機制時什麼？張光直首先關注到四隅的問題，他認為商人「亞」形圖式
中的四隅為溝通天地的四神木所在。〔註18〕

殷墟西北岡 1001 號墓墓壙　　　　鳳翔馬家莊秦宗廟形製圖
及槨室圖

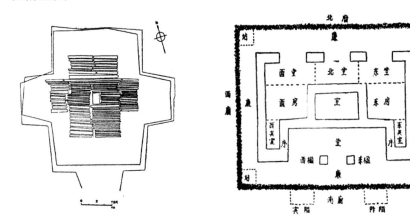

與長沙子彈庫楚帛書月令圖

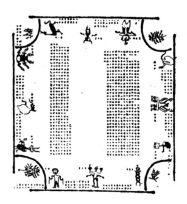

（圖像摘自〔美〕張光直：《中國青銅時代二集》，第 84 頁，第 89 頁，第 93 頁）

〔註17〕郜向平：《從都城變遷論商代社會的發展》，《鄭州大學學報（哲學社會科學
　　　　版）》2013 年第 1 期。
〔註18〕〔美〕張光直：《中國青銅時代二集》，第 82～94 頁。

誠然，子彈庫帛書四隅的神木為通天的象徵這點沒有問題，但是這反映的卻未必是商代人的觀念。首先它出現時代較晚，與《山海經》之《海經》《荒經》情況比較來看，它們的特殊價值在神祇而非方位本身，神祇被安排在四隅更可能是布圖需要；而且，產生於西周時期的《王會圖》〔註19〕所繪外臺四隅的「交閭」，也只是諸侯休息的地方，與秦宗廟四隅的「坫」一樣，並無特殊儀式意義；而從商代彝器紋中的「亞」形文看，主要形狀有兩種，如：

（摘自周法高主編：《金文詁林》附錄，香港中文大學出版社 1975 年版，第 15 頁）

其中第一種圖式占多數，尤有代表性。單從圖形看，相比起四方，構成四隅的線條沿著四方的走勢延續但並不閉合，應該是一種模糊化的處理，是對四隅價值的虛化處理，這樣理解也與上文的分析相吻合。江林昌認為先民以日出入定四方方位，〔註20〕這種認識方式應該是「亞」形或方形空間觀發生的技術方面的原因。這樣，圓形的大地視野輪廓與四方地平線的直線方形形狀之間的矛盾，或許就是商人「亞」形空間觀四隅空白的原因了。

從四方定位到「亞」形宇宙觀的產生，並不單純是個技術問題，也不是一蹴而就的。其中間環節、也是更直接的原因應該是商代人對於四方神的信仰。早在 40 年代，胡厚宣、楊樹達等學者就發現了卜辭中的四方風、神名並進行了解釋，其後李學勤、馮時、江林昌等很多學者都對此問題作了深入細緻的研究。這些研究多集中在授時、物候等天學方面。這裡主要從空間角度，在既有研究基礎上對四方神的處所、權能及其與社神之間的關係等方面加以

〔註19〕 學者多認為《王會》成書於春秋戰國時期，其中羅家湘、周玉秀認為成書於戰國時期。安京則認為《王會》是成周之會《王會圖》的文字記錄（參見安京：《山海經》與〈逸周書·王會篇〉比較研究》，《中國邊疆史地研究》2004 年第 4 期）；張國安認為「安說最合理，從內容看可分為本文與解，成為定本則晚，今本二者雖已合在一起，但並不影響其價值」（見張國安：《大荒經〉內容商代說》，《文史哲》2013 年第 3 期），筆者以為其事可與《尚書·康誥》所記相應，安、張之說甚確可信從；可以結合上述二說，以《王會圖》及其「經文」題記成於周初，而文字本《王會解》寫定則在戰國秦漢時代。詳細論述見第二章第二節。

〔註20〕 江林昌：《甲骨文四方風與古代宇宙觀》，《殷都學刊》1997 年第 3 期。

梳理。

　　卜辭關於四方神、風名記載比較完整的主要見於《合集》的 14294 和 14295 兩片，此外還有散見於其他卜辭者，根據胡厚宣的歸納可整理如下：

　　　　東方曰析，風曰劦。

　　　　南方曰夾，風曰岂。

　　　　西方曰彝，風曰王。

　　　　北方曰勹，風曰殴。〔註21〕

對於四方神名，學者意見不一，如楊樹達、胡厚宣、鄭慧生等從物候角度、馮時從四時日影角度、賈雯鶴從太陽的週日視運動角度等各有解釋；關於四方風名，學者多從季風、物候角度來解釋——但其要歸於一點，就是都認為四方、風名乃得自天學天象、物候等的觀測和感受。歧說以四方神名的解釋為多，賈雯鶴認為四方神名反映的是一日之內日出入循環的不同階段特徵：「折丹」（析）義為東方日出時的光明狀、「因乎」描寫的是日至南方光明盛大狀、「石夷」指日沒後的大黑暗、「鳧」即低小等，〔註22〕此說與《山海經‧荒經》所載更吻合，可以遵從。關於四方風名，季風說更勝一籌：東風「劦」為「協風」、和風，南風「岂」為溫風、暖風，西風「東」即介風、大風，北風「殴」即「狡」風、寒風。〔註23〕商代雖只行春秋兩季，但已有四氣的認識，〔註24〕因此四方風以此為名是可能的。在我國季風氣候環境中，太陽升落和四季變遷、物候更替等帶來的感受具有某種一致性，如東方太陽升起、春季草木萌發、季風協和等等。而春分晝夜均長、太陽自正東方升起，則或是將日出入及由此生出的方位認識與四時更替結合起來的重要契機。

　　田大憲曾總結神秘數字發生的三個基本條件，曰「藉天地表象認識空間方位」「以空間觀念表達時間意識」「以人身直觀生成類比依據」，〔註25〕這

〔註21〕胡厚宣：《釋殷代求年於四方和四方風的祭祀》，《復旦學報（人文科學版）》1956 年第 1 期。

〔註22〕見賈雯鶴：《〈山海經〉四方神與風名考》，《海南大學學報（人文社會科學版）》2007 年第 1 期。

〔註23〕參見胡厚宣：《釋殷代求年於四方和四方風的祭祀》和賈雯鶴《〈山海經〉四方神與風名考》。

〔註24〕據林甸甸研究，商代「以分至為標準的星象曆」以定「四氣」和「以農業物候為基準」的「二季制」並行。參見林甸甸：《上古天學知識及文獻研究》，北京師範大學出版社 2016 年版，第 6～12 頁。

〔註25〕田大憲：《中國古代神秘數字的歷史生成與研究路徑》，《社會科學評論》2009

點用到商代四方神、風崇拜的發生機制上同樣是合適的。太陽週日視運動、四時更替等現象很容易被當做宇宙的神秘規律來崇拜，當這種神秘規律與大地空間的四個方向通過「巧合」聯繫起來時，對於四方神、四方風的崇拜就產生了——正如《逸周書・武順》所說「男生而成三，女生而成兩。五以成室，室成以生民，民生以度。左右手各握五，左右足各履五，曰四枝，元首曰末」，並以此解說軍制，就是類似的例子。

這四方神所處的方位在卜辭中看不出來，還需要參考《尚書・堯典》來還原，相關內容可簡述如下：

職官	處　　所	職　　能	星　象	時節	物　　候
羲仲	嵎夷、暘谷	賓出日、秩東作	日中、星鳥	仲春	厥民析，鳥獸孳尾
羲叔	南交	秩南訛、敬致	日永、星火	仲夏	厥民因，鳥獸希革
和仲	西、昧谷	餞納日、秩西成	宵中、星虛	仲秋	厥民夷，鳥獸毛毨
和叔	朔方、幽都	平在朔易	日短、星昴	仲冬	厥民隩；鳥獸氄毛

「暘谷」即「湯谷」，乃扶桑所在、十日所出；「昧谷」乃日所入之谷，〔註26〕應該位於有蒙水、虞淵的日所入的「崦嵫之山」（《山海經・西次三經》）〔註27〕附近；而「幽都之山」在「雞號之山」的西方（《北次三經》），應該位於北極附近；「南交」即「交趾」，古人眼中此地何處雖不詳，但據其他三方可推知位置應在正南方之極。由此推見，《堯典》諸職官所處應該是在四極。《堯典》所說的羲仲等職官雖然與商代的四方神或四方風不同，但「厥民析」「因」「夷」「隩」等說與甲骨文四方神與四方風的一樣，均是對四時物候的感性認識。而且《堯典》中所記四仲中星等星象反映的是商末周初的情況，〔註28〕因此《堯典》所載羲仲等四方官所處位置與商人四方神位置的認識應該是一致的：均處四極而非四隅。江林昌所說的四方風反映的是商人以日出入之景定四方的認識方式，與此正可以互相印證。

年第4期。

〔註26〕（清）阮元校刻：《十三經注疏》，中華書局1980年版，第119頁。

〔註27〕袁珂校注：《山海經校注》，巴蜀書社1992年版，第77～78頁。

〔註28〕自清代始，中外學者開始用天文學方法來推斷其所載星象所處的年代，但因對書中星象觀測之日期、時刻、地點觀點不同，得出數據亦迥異。其中以竺可楨的觀點影響最大。參見竺可楨：《論以歲差定〈尚書・堯典〉四仲中星之年代》，《竺可楨全集》卷一，上海科技教育出版社2004年版，第560頁。

然後來看方神的權能與地位。卜辭中所見方神位處宇宙四極、職掌四方，權能很廣，常見的有「寧風」「寧雨」「求年」「寧疾」等幾種，如：

> 癸未卜：其寧風於方，又雨。（《合集》30260）

> □丑貞：其寧雨於方。（《合集》32992）

> 其求年於方，受年。（《合集》28244）

> 寧疾於四方。（《屯南》493）

單從權能範圍來看方神的地位很高，這點還可以結合社神崇拜的情況來看。

早期對於大地的崇拜除抽象的宇宙觀、四方神崇拜外還有一種形態，就是對自然土地、山川等的崇拜。其中對自然土地的崇拜體現為社神信仰，而各種材質和性狀的社主就是社神的象徵物。社祀同樣在新石器時代已經出現，如北福地遺址、磁山遺址、半坡遺址、東山嘴遺址等均有遺跡。而商代的社祀除見於文獻所載桑林之社、卜辭所見「土」「四土」等外，安陽殷墟建築基址中的丙組基址學者通常認為即用於社祀（魏建震認為乙一基址同屬社祀遺跡，可備一說）；從地位上看，社神為五土之總神，地位高於一般的山川神。關於這些問題，魏建震在《先秦社祀研究》中已有詳細論證，〔註29〕不再具引。

從權能範圍來看，方神與社神幾乎難分軒輊，而社神權能要稍廣一些，如日月食也在社祈禳：

> 壬寅貞：月又戠，其又土，燎大牢，茲用。（《屯南》726）

傳世文獻如《詩經》中也多見有方、社並稱、并祭者。因此有學者認為「四土」神即「四方」神，這是不對的。世俗政治地理空間中的「四土」，又是商人對其外服地區的稱謂；神聖維度的「四土」應該就是職掌該四方外服土地的社神——這顯然與身處四方之極、職掌宇宙四方的方神不是一回事；從祭儀看也確實如此，三者常被並祭，茲略舉數例：

> 燎於土牢，方帝。（《合集》11018）

> 帝於方，帝〔於〕土。（《合集》14306）

> □辰卜：燎土三牢，四方牢。（《合集》21103）

三者並祭說明其間既有緊密聯繫，但又斷非一事；從它們的地位和權能來看，

〔註29〕見魏建震：《先秦社祀研究》，人民出版社2008年版，第47～49頁，第35～79頁，第86～107頁。

社神是商王與上帝溝通的紐帶，最終決定權在上帝；〔註30〕而方神也是上帝的使臣，「上帝指揮四方神，四方神再指揮風神、雲神、雨神等神靈」。〔註31〕因此兩者之間應該是並列、而非統屬關係。

社神之所以地位高，是因為它是商國同樣也是商朝的保護神。從殷墟建築基址來看，作為社壇的丙組基址按「左祖右社」的格局與宗廟區相併列；而在權能上看，社神與祖先神都是直接與上帝發生關係的高級神靈。而方神之所以具有同樣高的地位，也可以試作分析：從字義上看，甲骨文中「方」字有「才」「才」「于」等諸形。其初義古今學者說法不一，後引申為「邊際」「旁邊」義，林義光說「即丙之變形，方丙同音，本與丙同字，邊際也」，高鴻縉認為「按字意為旁邊之旁，倚刀畫其靠架⊢形，由物形⊢生意，故託刀倚架旁之形，以寄旁邊之意。」〔註32〕

可見，「方」的稱呼裏本來就包含了「邊際」「邊緣」之意，而作為地祇的方神恰恰也位於宇宙四極。與這種空間距離的邊遠相應的，就是對於遠方陌生空間的未知和恐懼。如江紹原所說，古人對於陌生的事物或地方都懷有恐懼，而且這種恐懼與對熟悉的事物或地方中危險的恐懼不同，「那裡不但是必有危險，這些危險而且是更不知，更不可知，更難預料，更難解除的」；〔註33〕而從視覺的直觀感受看，四「方」神所處之四極正是天地交接之處，故而在商人的信仰系統中，方神成為上帝的直接下屬——這兩種因素結合，或許正是商人眼中四方神地位和權能很高的原因。

二、山川神祇位格及空間分布

除位於王都的社神和位處四極的方神外，商人對於商邑範圍內的各種自然與人工地景（如居住區內以祖先神所主的宗廟、自然神所主的社壇以及作為通天之所的觀象臺，乃至各級室神、城牆神以及居邑外圍的墓葬區等等）之地祇乃至百物精彪（如虎等〔註34〕）同樣有廣泛的信仰。

在商邑之外，四方邊緣之內的廣大的「面」中，還存在著山川等自然地景，商人對此同樣有相應的信仰與祭祀。關於卜辭中山川神祇及其功能和祭

〔註30〕魏建震：《先秦社祀研究》，第176～177頁。
〔註31〕常玉芝：《商代宗教祭祀》，中國社會科學出版社2010年版，第107頁。
〔註32〕周法高主編：《金文詁林》，第5365頁，第5369頁。
〔註33〕江紹原：《中國古代旅行之研究》，商務印書館1937年版，第5頁。
〔註34〕以上參見常玉芝：《商代宗教祭祀》，第159～166頁。

祀的情況，陳夢家、常玉芝、具隆會等學者已多有專門研究，可在此基礎上加以延伸。關於山祭，卜辭中可見祭祀對象有小山、二山、五山、九山、十山、嶽等，還有其他一些具體的山名和比較含混的「丘」（如《合集》20980正所載的「燎丘」）等記載；川祭對象則有洹水、灉水、滴水、潢水、屮水、水、川、河等。〔註35〕相關記載涉及祭祀目的的，通常與求雨和祈年有關，此外還涉及疾病等，如：

　　　　其求年二山，岳於小山，冗豚。二山及岳，叀小宰，又大雨。

　　（《合集》30393）

　　　　丁亥卜：貞汝屮疾，其水。（《合集》22098）

單就權能範圍來看，它們與社神、方神很相似，但這並非是說三者地位相等，而是反映了早期地祀祀典的混亂。類似的情況還表現在祭法上：根據李立新的研究，甲骨文中與地祀有關的祭名在舊派卜辭〔註36〕中有𢀚、祝、薪、舞、戠、剛、陟、褅、尋、木、此、束、爇、正（禜）、埋、褅、求、沉、退、寧等40種左右；新派卜辭中只有𡥀、彡2種，而且前者還僅用於「𡥀田」；新舊期共有的祭名則有俎、言、祀、血、饗、奏、祈、堇、延、奉（求）、又、舟等十餘種。其祭祀方式有焚柴、沉埋、殺牲、歌舞等等，場所則城內、城外均有。其中，山神祀典多用燎祭和爇祭、河神祀典則多用沈祭和埋祭；〔註37〕反過來，專門或主要用於地祀的，主要是早期的埋祭和爇祭，〔註38〕此外還有主要用於山川神祭祀的沉、皿、退、寧、舟等——但多數祭名不僅錯雜地用於社祀、方祀和山川祀，更是既用於地祀，又常用於天神、祖先等其他類鬼神的祭祀。可見，商代舊派〔註39〕的地祀祀典雖有一定規律，如山、川神祭法的區別，但這種區分相比起周代「以血祭祭社

〔註35〕常玉芝：《商代宗教祭祀》，第159～166頁。

〔註36〕李立新在董作賓提出的「分派說」基礎上加以訂正，從祭名出現規律出發將一期、二期祖庚時、三期後段、四期為舊派，以二期祖甲時、三期前段和五期為新派；具體到商王則是盤庚、小辛、小乙、武丁、祖庚和武乙、文丁七王期間為舊派，祖甲、廩辛、康丁、帝乙、帝辛五王時為新派。參見李立新《甲骨文中所見祭名研究》，博士學位論文，中國社會科學院，2003年6月，第56頁，第214頁。

〔註37〕陳夢家：《殷虛卜辭綜述》，科學出版社1956年版，第596～597頁。

〔註38〕李立新：《甲骨文中所見祭名研究》，第109頁，第190頁。

〔註39〕新派對祭祀秩序的改革乃是晚商百餘年間的事，舊派所的情況更能代表巫文化的特點。

稷、五祀、五嶽，以貍沈祭山林、川澤」（《周禮·春官·大宗伯》）等的秩序井然來，顯得自發而混亂。這種混亂，與各類神祇在權能上的交叉現象本質上都是「淫祀」的表現。

這種混亂在山川神神格方面也有明顯表現，就是某些特殊的山川神與祖先神合一的情況。如陳夢家所說：

> 十山之中有兕（按：兕）、目、𡥀、羊，則先公中之兕（契）、昌、𡥀等可能皆為山神。卜辭中有往於河、土、夒、𡥀、戜等的記錄，往是往於其地，則此等先公可能是山神，或地祇。〔註40〕

其中比較典型的例子是「高祖河」「高祖嶽」等。《清華簡一·保訓》提到：

> 昔微假中於河，以復有易，有易服厥罪，微無害，迺歸中於河。〔註41〕

「河」即「勤其官而水死」（《國語·魯語上》）的商先王冥，也即《山海經·大荒東經》「王亥託於有易河伯僕牛」中的「河伯」，乃王亥之父、上甲微的祖父。卜辭中多見三者合祭的例子，如「燎於河，王亥，上甲，十牛，卯十宰」（《合集》1182）等。

也恰恰如此，我們才能在權能、祭法混亂的山川神祇間分辨出等級高下。在兼為祖先神的山川神中，「高祖嶽」的地位要高於「小山」「丘」等一般的山神，鄭傑祥認為即太行山。〔註42〕而如上所說，「高祖河」應該就是指身兼黃河河伯的先王冥，其地位應該是高於洹、瀧、滴、潢、屮等水神的。這點不僅在祭祀頻次和稱謂等方面有明顯表現，在權能上也有跡可循——河、嶽神除有一般山川神的權能外，還具有祖先神「治癒疾病、保祐戰爭、作祟於商王國」，神格有「超於山川神，更接近於祖先神」，〔註43〕這或即是商人在宗廟建築中專設「河宗」「嶽宗」的原因。

從空間分布上看，卜辭所見山嶽中可推定位於商都附近者有「嶽」；而卜辭又見有同祭「十山」與「嶽」者（《合集》34205），周初的《詩經·周

〔註40〕陳夢家：《殷虛卜辭綜述》，第596頁。
〔註41〕清華大學出土文獻研究與保護中心編：《清華大學藏戰國竹簡》（一），中西書局2010年版，第143頁。
〔註42〕鄭傑祥：《商代地理概論》，中州古籍出版社1994年版，第45頁。
〔註43〕張懷通：《先秦時期的山川崇拜》，《河北師院學報（社會科學版）》1997年第2期。

頌‧般》「墮山喬嶽，允猶翕河」即謂按圖依次祭祀小山及高嶽，〔註44〕那麼「十山」或即「嶽」統轄下的「小山」，位置當與「嶽」相近；陳夢家推測「又於五山，或在陮或在齊（按：此字殘缺，或釋作「采」），似乎兩地各有五山，合之為十山」，〔註45〕如此說正確，則五山地望可知。卜辭中還有在楚、南單、三戶苉祭（《粹編》73）以及在兒、楚、盂舞祭求雨（《粹編》1547）的例子，其中「南單在朝歌、三戶在殷北漳上」、盂距滴水不遠，楚又稱「楚京」即衛文公所徙楚丘，〔註46〕位置皆相去不遠；「十山」中又有兒、目、羊等山，〔註47〕因此又可知這幾座山即便不在「十山」之內，位置也應該相近。此外還有如「岷山」，卜辭中又有兒、河、岷等並卜的例子（《甲》3610），因此「岷山」應當與南單、三戶、楚等地位置接近。河流中可考者如洹水在商都附近，瀧水（或作「渦水」）在邢臺縣附近，滴水應即後世的清水、大致相當於今之衛河，〔註48〕屮水可能是洧水，〔註49〕也均位於商都附近。

上述為諸山川神祇地望可考者，其位置均處在商都周圍、商王畿直轄區範圍內，儘管上文所考並不全面，但這種情況顯然也不是偶然的。

按卜辭所載，商人祭祀上述山川神祇常常不是親臨其地，如在「陮」地又祭「五山」（《合集》34168），饒宗頤認為「陮」即《左傳》所載宋地之「睢」，〔註50〕二者雖都在商王畿範圍內，但南北相距甚遠。由此可推知商人已有固定的、比較系統的山川神祇作為祭祀對象，它們是商人一族的保護神，但卻未必都是諸方國的公共神。這點可以結合章太炎所提到的「神守國」來看：神守國「不設兵衛」，在夏有「防風汪芒氏之君，守封之山者也」「於周亦有任、宿、須勾、顓臾，實祀有濟」〔註51〕以及「東蒙」之守顓臾

〔註44〕（清）阮元校刻：《十三經注疏》，第 605 頁。

〔註45〕陳夢家：《殷虛卜辭綜述》，第 596 頁。

〔註46〕參見李學勤《殷代地理簡論》（科學出版社 1959 年版，第 17 頁）、鄭傑祥《商代地理概論》（第 63 頁）等。

〔註47〕陳夢家：《殷虛卜辭綜述》，第 596 頁。

〔註48〕關於滴水地望，有漳水說，沁水說等幾種，鄭傑祥認為乃後世的清水，其說可從。見氏著《商代地理概論》，第 55～59 頁。

〔註49〕陳夢家：《殷虛卜辭綜述》，第 597 頁。

〔註50〕于省吾主編：《甲骨文字詁林》，中華書局 1999 年版，第 1263 頁。

〔註51〕章太炎：《封建考》，《章太炎文集》第四卷，上海人民出版社 1985 年版，第 112 頁。

（《論語・季氏》）等。《國語・魯語下》說「山川之靈，足以紀綱天下者，其守為神。社稷之守者為公侯。皆屬於王者。」這種神守國在商代應該也大量存在著，他們是職祀該地重要山川的專門屬國，與社稷守國一樣被王任命、統屬於王者。這樣一來，商人的（同時也是商朝的）山川神與神守國職守的山川神就構成了相對獨立的關係，這點倒與世俗維度商王國與封國的情況相似。

卜辭中所見商代地祀的情況可以作為判斷時代的標杆，來考察傳世文獻中所保留的商代甚至更早的相關內容，《山海經》就是傳世文獻中具代表性的一種。《山海經》中也有關於四方神、四方風及其所處空間位置的記載，見於《大荒四經》。其中或有舛誤處，胡厚宣將其重新整理如下：

> 有人名曰折，東方曰折，來風曰俊，處東極以出入風。
>
> 有神名曰因，南方曰因，來風曰民，處南極以出入風。
>
> 有人名曰夷，西方曰夷，來風曰韋，處西北隅以司日月長短。
>
> 有人名曰𩵯，北方曰𩵯，來之風曰𤷫，是處東北隅以止日月，使
>
> 無相間出沒，司其短長。〔註52〕

首先單純從四方神及其所處方位看，東南西北四方神分處東極、南極、西北隅與東北隅，均在世界的邊緣，這點與商人的認識頗為一致。然而上述四方神的權能明顯不統一：東、南二方神皆為「出入風」，而西、北二方神則為司日月運行；從所處方位看，東方和南方神分別位於東極和南極，均是職掌風的出入，而職掌日月運行的西方和北方神則是位於西北隅和東北隅。前二者從方位和權能看均屬地祇，而後二者權能更接近天神；戰國子彈庫帛書四隅所描繪的通天神木中，西方的白木和北方的黑木正好分別位於圖的西北隅和東北隅〔註53〕——因此可以認為《大荒四經》對於西方神和北方神的方位以及權能的改造，乃是基於戰國人的認識，只是這種改造並不徹底，才有了上述的現象。

《大荒四經》中四方神、風的記載與卜辭很相似，是學者重新認識《山海經》知識生成時代的一個重要契機。其實不僅這數例，《山海經》知識中與卜辭吻合者還有很多。如以《大荒四經》為例，張國安就曾考辨出其中見於

〔註52〕胡厚宣：《釋殷代求年於四方和四方風的祭祀》。

〔註53〕參見陳夢家《戰國楚帛書考》（《考古學報》1984 年第 2 期）、李零《長沙子彈庫戰國楚帛書研究》（中華書局 1985 年版，第 29～31 頁）等論著。

卜辭者如姜姓北齊，柔僕民，白民之國、白氏之國和深目民，昆吾與昆吾之丘，北狄之國，犬戎，肅慎氏之國，朝鮮，天毒，氐羌等等內容。〔註54〕這至少說明，不僅四方神和四方風，《山海經》知識中還有很大一部分在商代及以前即以產生，以甲骨卜辭為證至少說明這些知識產生的時代下限。

　　既然具體知識的考證無法得出令人滿意的答案，那麼訴諸推論的方法和文化觀念的比照也不失為一個好辦法。這一點可以通過《山經》〔註55〕所載山系、山神及其劃分方式，以及其中具有通天功能的神山所處空間位置等情況作進一步考察。

　　首先看《山經》中的山嶽崇拜以及山系、山神的劃分方式。《山經》26次山系的末尾均附有對該系山神形貌及其祭祀儀式的記載。學者認為「它的功用是幫助巫師祭祀各地山川之神，是巫師居職的基本條件」，〔註56〕而最終目的是試圖「通過對各地山神祭祀權的局部把握，達到對普天之下遠近山河的法術性全盤控制」，〔註57〕這是有道理的。卜辭中類似的行為就是對於「四土」「四方」的祭祀。而《山經》中的地祇系統主要是山神系統，這一點從26系山神統攝全局的形式很明顯能看出。儘管其中也有具「合天」功能的「尸水」（《中次五經》）等河川，但這些河川也均在各系山神的統攝之下。據王暉研究，黃帝、夏人、周人及姜姓諸國有山嶽甚至山石崇拜的傳統，他們均發源自西北，與商人不屬於同一文化圈；〔註58〕而從商代地祇情況看，各大小河神地位並不低於山神，尤其是「高祖河」和「高祖嶽」的更是地位相近；即便在周代，人們對於黃河、洛水、渭水、穀水等等河神也同樣崇奉，而且其地位也只比山神略低而已。因此《山經》的山川信仰與商、周人均有不同。根據馬昌儀的研究，《山經》中的《西山經》和《中山經》山神數量（38例）遠較其他三次經為多（11例），且「各種形態（按：包括有無祠禮的一山或群山之山神）的山神和山體崇拜並存」；而此二經地近夏地，因此認為「發達的山神信仰顯然與夏文化有關」。〔註59〕這個見解

〔註54〕張國安：《〈大荒經〉內容商代說》，《文史哲》2013年第3期。

〔註55〕學者通常將今本《山海經》分為《山經》（《五藏山經》）、《海經》（《海外四經》和《海內四經》8篇）、《荒經》（《大荒四經》和《海內經》5篇）三部分，本書亦用此說。

〔註56〕過常寶：《論上古動物圖畫及其相關文獻》，《文藝研究》2007年第6期。

〔註57〕葉舒憲：《〈山海經〉神話政治地理觀》，《民族藝術》1999年第3期。

〔註58〕王暉：《商周文化比較研究》，人民出版社2000年版，第77～103頁。

〔註59〕馬昌儀：《〈山經〉古圖的山神與祠禮》，《民族藝術》2001年第4期。

很有啟發意義，還可以從其他方面對此說略作延伸：

　　成書之後的《山經》是按南西北東中五方、而《海經》和《荒經》是以南西北東或東南西北四方來劃分各經次的。學者常將其與商代的四方認識聯繫起來，認為《山海經》是以四方或五方的規則體系來綱紀山川及其神靈的，如葉舒憲認為《山經》的祭祀活動「將無限分布在山川之間的鬼神精靈放置於『四方』規則體系中加以進行」、〔註60〕郭世謙也認為《山經》有一個從四方體系到五方體系的發展過程等等，〔註61〕其實這並不符合《山海經》知識最初的情況。因為從《山經》所記山系的具體情況看，按五方劃分山系僅在文獻層面可行，實際上各山系所處的實際空間方位卻不是整整齊齊地按五方分布的。如：

　　　　《南山經》之首曰䧿山。其首曰招搖之山，臨於西海之上。(《南山經》)

　　　　又東三百五十里，曰箕尾之山，其尾踆於東海⋯⋯(《南山經》)

　　　　又西二百五十里，曰騩山，是錞于西海⋯⋯(《西山經》)

　　　　又南水行五百里，流沙三百里，至於無皋之山，南望幼海，東望榑木⋯⋯(《東次三經》)

一目了然，《南山經》之首（最西）的招搖之山已經到了西海邊，而最東方的箕尾之山之尾則延伸到東海中，橫跨西海和東海；西山各經次乃是自南而北、南山諸經次是自北向南排列的，那麼可見招搖之山的位置與騩山鄰近，均位於大陸的最西端；而東山諸經從北向南敘述，那麼箕尾之山與無皋之山的情況就與前二者相似了——這樣一來，若要按四方空間來劃分，勢必會將《南山經》最西邊的幾座山劃入西經、而將其最東邊的幾座山劃入東經。

　　若結合《海經》《荒經》來看，這種情況就更明顯了：若將《海經》《荒經》與《山經》重見內容在《山經》中的空間分布情況作一統計（詳見第二節所列圖表），或將《海經》內容之空間位置的描述與《逸周書・王會》外臺所記方國物怪的空間位置作一比對（見《附錄二》），則很容易發現相同內容往往被歸入不同方位的經文，如《王會》外臺東方的事物在《海經》則常被分別

〔註60〕見葉舒憲：《方物：〈山海經〉的分類編碼》，《海南師範學院學報（人文社會科學版）》2000年第1期。

〔註61〕見郭世謙：《山海經考釋》，天津古籍出版社2011年版，第49～50頁。

歸入南經、北經等相鄰經次。這就說明，《山海經》最早的時候並不是按四方或五方的模式來安排的；後世成書之時按四方或五方模式重新結構文獻，才有了這種見仁見智的現象。

那又是以何種標準呢？從《山經》26 山系之末所附的山神等內容來看，具體有如下幾種情況：一是「山系——形貌、祭儀相同的山神」，這種情況在 26 山系中占 13 系；二是同山系中有 1 系或 2 系神，其中還有冢、神、席、合天等具有特殊功能且祭祀規格高於他山的山川，這種情況有 10 系；此外，單純同山系有兩系或多係形貌、祭儀不同的山神者，有 2 系；未言山神者 2 系（其中《中次六經》有「嶽」）。前三種情況佔了絕大多數，其中第一種和第三種情況大同小異，可合併而觀。那麼據此就可以認為，最早還處於知識狀態的《山海經》中，劃分的基本單位是具體的各條山系以及相關的山神，而不是四方或五方方位——這種劃分方式和祭祀模式較之商代「四土」「四方」的祭祀模式應更古老，與周代五嶽、五祀的祭祀模式相比就更不必說了。

《山經》的山川祭祀模式是以山系為單位的，這種模式在卜辭中也可以見到，如合祭「五山」「十山」等的情況。而「五山」「十山」的說法似可以說明其所祭山系各山之間地位均等，不存在統屬關係。周初情況已有所不同，《詩經・周頌・般》是記載周初成王封禪泰山的詩，〔註62〕其中說道「陟其高山，墮山喬嶽，允猶翕河」。「猶」即是「圖」，「小山及高岳，皆信案山川之圖而次序祭之」，這裡的「小山及喬嶽」就是「徧天下之山川，皆聚其神於是，配而祀之」，〔註63〕其祭祀山川所本的圖畫性質當與《山經》類似。詩中已然暗示了周初以泰山為東方群山之首（也即合祭諸山有統屬關係）的意思；而且在《東山經》中泰山並沒有被特別突出，而是與其他 11 山山神形象一樣而且享有同等的祀禮。據此則可以排除《山經》知識產生於東周時代的洛陽人或齊人（泰山是當時齊國望祭的對象）的可能性；而且《山經》中也並沒提到商朝的山鎮丕山，這也說明《山海經》知識並非本於商人。

然後看《山經》中具有通天功能的山及其空間分布情況。上文提到《山經》中有 10 個山系中存在被稱為冢、神、席、合天等，祭祀規格高於他山的山。例如：

> 凡西經之首，自錢來之山至於騩山，凡十九山，二千九百五

〔註62〕李山：《詩經析讀》，南海出版公司 2003 年版，第 458 頁。
〔註63〕（清）阮元校刻：《十三經注疏》，第 605 頁。

十七里。華山冢也，其祠之禮：太牢。羭山神也，祠之用燭，齋
百日以百犧，瘞用百瑜，湯其酒百樽，嬰以百珪百璧。其餘十七
山之屬，皆毛牷用一羊祠之。燭者，百草之未灰，白蓆采等純之。

很明顯地，華山和羭山祭祀規格要高於其他 17 山。這 17 山的「山神除管
轄一山外，少有特殊職司」；〔註64〕而「冢」乃「神鬼之所舍也」，〔註65〕
「神」的意思當與此相近。可見在華山、羭山那裡，「鬼神」所舍既是其功
能，又賦予其特殊地位，因此它們的地位和權能不像其他 17 山那樣是具體、
侷限的。再如《中次五經》「尸山」所出之「尸水」，乃「合天」之處、「天
神之所馮也」，〔註66〕《中次六經》「嶽在其中，以六月祭之，如諸嶽之祠
法，則天下安寧」等也是其例。

　　《山經》將山川分為普通的山川和可以通天的山川的做法，也與周人山
嶽崇拜的情況不完全吻合。周人眼中的山嶽不僅僅是山神的領地，還是通天
的場所和路徑〔註67〕——無論五嶽、岐山這些最高等級的山嶽，還是像旱山
（《詩經·大雅·旱麓》）〔註68〕這種普通山嶽都是如此；而《山經》的這些
通天場所中不僅有山，還有水，如具有「合天」功能的「尸水」，這同樣與周
人信仰的情況不同。而商代的山川信仰體系中，有河、嶽之類祖先神兼山川
神的情況，然而這與《山經》所載通天山川的情況也不吻合。那麼結合王暉、
馬昌儀等的觀點，是不是可以認為這與夏人有關呢？

　　要印證其合理性，還需要結合這些通天場所所在的地理位置來進一步考
察。《山經》中這些通天場所分布在 10 個山系中，它們分別是：《西山經》的
華山，《中山經》的歷兒之山，《中次五經》中的升山、首山〔註69〕和尸水，
《中次六經》中的「嶽」，《中次七經》中的苦山、少室、太室，《中次八經》

〔註64〕唐明邦：《從〈山海經〉看我國原始宗教與巫術的特點》，《大自然探索》1982
年第 2 期。
〔註65〕郭璞注。見袁珂校注：《山海經校注》，第 38 頁。
〔註66〕袁珂校注：《山海經校注》，第 163～164 頁。
〔註67〕王暉對於夏周二族的山嶽崇拜的研究極為詳備，只是說山為天神所居和通天
場所毫無問題，但將周人的「天」等同於山則略嫌偏頗。見王暉：《商周文化
比較研究》，第 66～75 頁。
〔註68〕李山認為，《旱麓》乃是記載周穆王在旱山祭天的事（參見《詩經析讀》，第
358 頁）。
〔註69〕《中次五經》載「首山魑也，其祠……太牢之具……」，從祭祀規格看，地位
與「冢」等相當，應該也是通天場所。

的驕山，《中次九經》的文山、勾欄、風雨、騩山、熊山，〔註70〕《中次十經》的堵山、騩山，《中次十一經》的禾山、牛無常、堵山、玉山，《中次十二經》的夫夫之山、即公之山、堯山、陽帝之山。

華山冢應當就是《西山經》的第二座山「太華之山」，而其他的9系均在中山諸經中。再進一步細考則可以發現，中山諸經的前七經都位於嵩山周圍不遠，位於這七經中的通天場所當然也是如此。

學者認為，中山諸經次序較混亂且經過後人的大幅改造；通過與劉秀之前的古校本和郝懿行等的校本比較可見，中山諸經字數增加最多，而《南山經》字數減少最多，應該是《南山經》的很大部分被纂入了中山諸經中；《山經》乃「完成於楚人之手」，〔註71〕這或許是《中次八經》之後的各通天場所則位置比較靠南的原因。但是位於《西山經》開頭和中山諸經前七經這部分學者多認為保持了古貌的經文中，其通天場所的空間分布情況也應該很大程度上是反映了《山海經》知識最初的情況的；而且《中次八經》之後的中山諸經中，楚人所信仰的湘君、湘夫人二神被歸入了「洞庭之山」、祭禮用太牢，然而「洞庭之山」也只是「山神」而不具有通天功能（《中次十二經》）。這種矛盾反映的或許正是楚人的地祇信仰與其所傳承的古《山海經》知識傳統之間的矛盾。

從《山海經》的《西山經》和中山諸經中的前七經所載的通天場所的分布情況來看，它們正好圍繞在以洛陽為中心、範圍大致包括「晉南、陝中、豫西河渭伊洛地區」。〔註72〕這也正是《山海經》隱含的中心區，而且這個中心區又與文獻所載有夏直接統治區域相吻合；不惟如是，這些通天場所中恰好包括了作為「冢」的「太室」山。太室山就是嵩山，又被稱作「崇山」，是夏的山鎮（《國語‧周語上》）。在《山經》中它被提到了兩次：除《中次七經》外，《中次六經》也提到「嶽在其中，以六月祭之，如諸嶽之祠法，則天下安寧」。然而《中次六經》的14座山中並沒有「嶽」這座山。清人汪紱已經發現了這點，並認為這是由於《中次六經》地近「天下之中」的洛陽，王者在

〔註70〕《中次九經》謂「熊山，席也」，郝懿行注「席當為帝」。見袁珂校注：《山海經校注》，第196頁。
〔註71〕見郭世謙：《山海經考釋》，第40～58頁。
〔註72〕譚其驤：《論〈五藏山經〉的地域範圍》，《長水粹編》，河北教育出版社2000年版，第309頁。

「嶽」望祭其他四嶽，所以才說「嶽在其中」。〔註73〕地近洛陽的「嶽」最合適的就是嵩山，只不過對於崇拜嵩山的並不僅是周人，夏人也如此。上引《國語‧周語上》的記載以及《竹書紀年》所載的帝舜曾「命夏后有事於太室」等等均可為證。

可見《山海經》關於通天場所的知識，反映的很可能是夏代的情況。學者認為同為巫政合一制度背景下的「夏商二代文化略同」，這是很準確的。《山海經》中通天場所集中在王朝統治的中心區範圍內的分布方式，正好也與商代山川神祇的集中分布的情況相似，它們反映的都是以「我」所實際統治的區域為立場的關照方式。它們與周代地祀突出中心又兼顧四方（如五嶽）、立足於「王土」「天下」的公共性視野截然不同。這種情況其實也是可以以巫文化鬼神本位的文化觀念來解釋的：商代的情況比較明確，其封國、方國的宗教信仰不僅受商人影響很大，也遵奉著商人的至上神；〔註74〕文獻所載夏代的情況與商代也很相似。如《國語‧周語下》載大禹：

> 釐改制量，象物天地，比類百則，儀之於民，而度之於羣生……
> 高高下下，疏川導滯，鍾水豐物，封崇九山，決汨九川，陂鄣九
> 澤，豐殖九藪，汨越九原，宅居九隩，合通四海。故天無伏陰，
> 地有散陽，水無沈氣，火無災煇，神無閒行，民無淫心，時無逆
> 數，物無害生。帥象禹之功，度之於軌儀，莫非嘉績，克厭帝心。
> 皇天嘉之，祚以天下，賜姓曰「姒」、氏曰「有夏」，謂其能以嘉
> 祉殷富生物也。

就是說大禹象法天地、為天下人民萬物度立軌儀，因而受天命而有天下。正因為壟斷了宗教權力，因此才能「致群神於會稽之山」（《國語‧魯語下》）、使「遠方圖物」（《左傳‧宣公三年》）。可見夏代的各屬國也是以有夏的宗教信仰為宗的。在這樣的文化語境中，王朝對交通鬼神的場所、權力的壟斷，是導致其「我生不有命在天」（《尚書‧西伯戡黎》）的強勢、自我的文化性格的一個重要原因。而自我中心的關照方式在世俗政治地理空間方面表現更為突出。

〔註73〕袁珂校注：《山海經校注》，第170頁。
〔註74〕參見李雪山：《商代分封制度研究》，中國社會科學出版社2004年版，第272頁，第311頁。

第二節　世俗空間

上節中以卜辭中所見儀式空間的情況為標杆，將《山海經》知識中的相應情況與之作了比較，認為後者可能保留了比前者更古老的內容，尤其是其中通天場所集中分布的地區正在河渭伊洛地區——這個區域正是「有夏所居」（《逸周書·度邑》）。

這個現象在世俗政治地理空間方面也有體現。《山海經》隱含的中心區與文獻所載夏王畿區也是吻合的，在本節第一部分將對此做具體論述；第二部分將對卜辭所見商代的政治地理空間架構模式及其背後的觀念加以考察，並再次與《山海經》中的相關情況做比較，探索二者之間的異同，進一步探討後者相關知識、觀念的生成時代問題。

一、政治中心區的形成

早在公元前 5000 年，我國境內就已經形成了包括東北地區的興隆窪文化和黃河流域的老關臺、裴李崗、磁山、后李諸文化在內的北方經濟文化區，和包括了城背溪、仙人洞等長江流域諸文化的南方經濟文化區；到了公元前 3000 年，又大致形成了西方仰韶文化、東北趙寶溝文化，和大汶口文化及長江中下游諸文化三足鼎立的模式。從大約公元前 3000 年起，覆蓋關中、豫西冀南、豫東、晉南廣大地區的「中原文化區」態勢已形成；到了公元前 2500 年以後，「中原地區形成了一個可以從考古學角度與其他地區分別開的文化實體——中原龍山文化」。在這個區域中，器物、建築、墓葬、字符等均可以發現來自北至長城、南到長江流域、東到大汶口、西到陝西神木等來自四方的文化因素。〔註 75〕

考古學家認為，中原龍山文化的核心區在王灣三期文化區。王灣三期文化主要分布在「洛陽、鄭州和伊洛河流域及潁河、北汝河上游地區」；〔註 76〕從時間跨度上看，王灣三期文化從公元前 2500 年左右持續到 1500 年左右〔註 77〕——正好將夏代包括在內。在傳世文獻中，也有關於夏商二代王畿區的記載，如《戰國策》和《史記》所載吳起語：

〔註 75〕參見趙輝《以中原為中心的歷史趨勢的形成》（《文物》2000 年第 1 期）、《中國的史前基礎——再論以中原為中心的歷史趨勢》（《文物》2006 年第 8 期）等文。

〔註 76〕趙春青：《〈禹貢〉五服的考古學觀察》，《中原文物》2006 年第 5 期。

〔註 77〕參見韓建業、楊新改：《王灣三期文化研究》，《考古學報》1997 年第 1 期。

夫夏桀之國，左天門之陰，而右天谿之陽，廬、睪在其北，伊、洛出其南……殷紂之國，左孟門而右漳、釜，前帶河，後被山。(《戰國策‧魏策一》)

夏桀之居，左河濟，右泰華，伊闕在其南，羊腸在其北……殷紂之國，左孟門，右太行，常山在其北，大河經其南……由此觀之，在德不在險。(《史記‧孫子吳起列傳》)

所謂「天門」即「泰華」「伊闕」，「天谿」即河、濟。〔註78〕《逸周書‧度邑》也說「有夏之居」在「自洛汭延於伊汭」。這些說的都是夏末的事，而夏代都城變動不居，其地理位置也相隔較遠。據張光直、潘明娟等學者的考證，夏代都城遷徙的大致情況為：禹都夏、陽城、平陽、晉陽等，啟都夏、陽城、陽翟等，太康都斟鄩，相都帝丘，后羿都斟鄩，少康居夏、原，寧都原、老丘，帝廑都西河，桀都斟鄩等，〔註79〕分布圖示如下：

張光直所繪夏代都城位置圖

（摘自〔美〕張光直：《中國青銅時代二集》，第26頁）

其中夏代好幾位王都曾在陽城、斟鄩也即伊洛地區建都。根據宋鎮豪的研究，「夏王朝的政治疆域，包括了兩個實實在在的地域概念，即中心轄區及周圍

〔註78〕見（漢）劉向：《戰國策》，上海古籍出版社1985年版，第783頁。

〔註79〕見潘明娟：《先秦多都並存制度研究》，中國社會科學出版社2018年版，第29頁。

四土,中心轄區類似後世所謂『王畿區』範圍。」〔註80〕當然「夏王畿——四土」這樣的兩層結構只是大概的描述,夏代的政治地理架構到底發展到了何種程度還不甚明確。

《山海經》中隱含的中心區的地域範圍,與夏王畿區的方位吻合,這一點比較明確。關於《山海經》三部分經文所描寫的空間範圍,傳統說法多認為係同一知識系統下的不同空間圈層;然而近年來又有一些學者則結合天學等其他知識門類來考察,認為三部分經文各有來歷、《海經》和《大荒四經》乃古天文曆法圖的說法。〔註81〕後一系說法有一點是無疑的——《山海經》所述內容有一部分是比附天象而來,但其或以《海》《荒》經為觀象授時所見小範圍地域,或以《山海經》全書皆為天象圖,則嫌偏頗了。

《山海經》的知識中有一部分是來自間接知識甚至是以觀念推演出的,因此要考察其中的空間問題,立足文獻、在其文本內部取證,輔以現實地理的考察才更合理。從文獻上看,《山海經》的三大部分,甚至每部分之間(如《海外四經》和《海內四經》)可能都曾單獨成本且分別流傳;〔註82〕但這並不意味著二者在知識生成和傳承上毫無關聯,更不是說三者所描述的地理空間互不相干。這點可以通過二者之間重複出現條目的考察得到證明。安京在《〈山海經〉史料比較研究》一文〔註83〕中曾做過專門考察。此處以安文所列舉條目為本,作如下訂正:

1. 僅關注山丘、鳥獸、神祇等「點」來考察,因為《山海經》對於水系的描述如「某水出某山」「某水流注入某處」往往不單純是「發源」或是「終點」的意思,還常有「流經」的意思。而且河流是「線」,涉及範圍甚廣,以此考察空間問題,容易造成混亂。因此安文所舉《西次三經》《海內西經》和

〔註80〕 宋鎮豪:《中國風俗通史‧夏商卷》,上海文藝出版社2001年版,第14頁。

〔註81〕 該觀點由劉宗迪最早在《失落的天書——〈山海經〉與古代華夏世界觀》一書中系統提出,吳曉東《〈山海經〉語境重建與神話解讀》(中國社會科學出版社2013年版),陸思賢《以天文曆法為主體的宇宙框架——《山海經》18篇新探》(《內蒙古大學學報(人文社會科學版)1998年第5期)等論著持亦有類似觀點。

〔註82〕 郭世謙曾從校書記、重見條目等內證,其他上古文獻的摘抄情況等外證兩方面來論證《山海經》各部分之間的關係,儘管結論與我們的看法多有出入,但主要係雙方切入點不同,仍值得參考。可參見郭世謙:《山海經考釋》,第1～76頁。

〔註83〕 安京:《〈山海經〉史料比較研究》,《中國邊疆史地研究》1996年第1期。

《大荒南經》的「黑水」諸條之類，不計在內；

　　2. 除此之外，尚有不應視作重見的條目，如《中次二經》「昆吾之山」與《海內經》「昆吾之丘」條係重見，而《大荒南經》「白淵，昆吾之師所浴也」條是記曾發生在白淵的史蹟，此類亦不應計入；

　　3. 安說或有脫漏或舛誤處。如《南山經》「招搖之山」條還應包括其獸「狌狌」又見於《海內南經》和《海內經》，「三桑無枝」不僅見於《北次二經》和《海外北經》，還見於《大荒北經》等；文字錯誤如《西次四經》19山之17「邽山」誤作「絡山」、《大荒北經》「大澤方千里」誤作「百里」等，予以訂正；

　　4. 在安文基礎上本文又以作者所管見，補入顧頡剛、何幼琦、郭世謙等學者的若干研究成果，如《南山經》「堯光之山」與《海外南經》「厭火國」等；

　　5. 注明可以確認的各「點」方位之所在，如《山經》各山在所在山系中所處位置、《海經》條目可確認在某「阪」者等。

　　如下表：

山　經		位次		海外四經	海內四經	大荒四經	海內經
			內　　　　容				
南	南山經9山	1	招搖之山，狌狌		狌狌知人名（南）	招搖山（東）	猩猩
		8	青丘之山，狀如狐而九尾	青丘國，其狐四足九尾（東）		青丘之國，有狐九尾（東）	
	南次二經17山	1	櫃山、西臨流黃；鴸鳥	讙頭國（讙朱國，南）	流黃酆氏之國（西）	讙頭人（南）	流黃辛氏；
		2	長右（舌）之山	歧舌國（南）			
		3	堯光之山〔註84〕	厭火國（南）			
		9	會稽之山		會稽山（東）		
	南次三經13山	1	天虞之山			天虞人（西）	
		12	禺槀之山			禺䝞神（東）	

〔註84〕參見何幼琦：《〈海經〉新探》，《歷史研究》1985年第2期。

西	西山經19山	12	南山	南山、西南陬結胸國東南（西）		
		18	翠山			翠山（南）
		19	騩山			隒山（南）
	西次二經17山	17	萊山，羅羅鳥			西北陬羅羅獸（北）
	西次三經22山	1	崇吾之山、蠻蠻鳥	比翼鳥（西）		比翼鳥（南山之東，南）
		3	不周之山			「西北海之外，大荒之隅」的「不周負子」山（西）
		5	鍾山，山神之子鼓	鍾山神燭陰（北）	西北陬〔註85〕之二鍾山（北）	章尾山，燭龍〔註86〕（北）
		7	槐江之山，大澤，后稷所潛		后稷葬		都廣之野，后稷葬
		8	崑崙之山，「洋水……西南流注於醜塗之水」；土螻、欽原	崑崙虛（南）；	海內崑崙之虛（西）；朱蛾、大蜂（北）	崑崙之丘（西）；「歾塗之山，青水窮焉」〔註87〕（南）
		11	「西王母所居」的「玉山」		西王母、西胡白玉山（西）〔註88〕	王母之山（西）

〔註85〕《海外北經》述圖順序與實際順序相反，據《淮南子・墬形訓》改。

〔註86〕顧頡剛認為，「這兩事（按：指《海外北經》中的『燭陰』和《大荒北經》中的『燭龍』）極像，『鍾』和『章』又是雙聲，當然是一座山；燭陰和燭龍也當然是一個神。」見顧頡剛：《〈山海經〉中的崑崙區》，《中國社會科學》1982年第1期。

〔註87〕顧頡剛認為，「『歾塗』當即『醜塗』，那麼『青水』似即『洋水』，那麼「崑崙之丘」內應該還有一座「醜塗之山」（顧頡剛：《〈山海經〉中的崑崙區》）。

〔註88〕原屬《海內東經》。《海內四經》頗多凌雜、錯訛、脫落以及後人摻入的內容。關於錯簡問題，清人吳承志在《山海經地理今釋》卷六已有申述，並進行了訂正。本文所有涉及《海內四經》的內容皆從其說。參見袁珂校注：《山海經校注》，第333～334頁。

		12	軒轅之丘	軒轅之國（西）			
		13	積石之山	禹所積石之山（北）		禹所積石山（北）	
		15	章莪之山、畢方鳥	畢方鳥（南）			
		16	陰山、天狗	天犬（南）			
		18	三危之山、三青鳥		三青鳥（北）	三青鳥（北）	
		21	泑山、神蓐收居之	神蓐收（西）			
	西次四經19山	5	鳥山				鳥山
		16	中曲之山、駮獸	駮獸（北海內，北）			
		17	邽山、窮奇		窮奇（北）		
		19	崦嵫之山			弇茲神（西）	
北	北山經25山	4、5	譙明之山、涿光之山		宵明、燭光（北）		
		16	大咸之山，長蛇			不咸山，琴蟲（北）	
		18	少咸之山、窫窳		窫窳之尸（南、西）		窫窳龍首
	北次二經16山	16	洹山、「其樹皆無枝，其高百仞」的「三桑」	「長百仞，無枝」的「三桑無枝」（北）		三桑無枝（北）	
	北次三經47山	45	雁門之山	雁門山（西）			
		46	泰澤		大澤（雁門北，西）	「方千里」的「大澤」（北）	
		47	「西望幽都之山」、「有大蛇」的「錞于毋逢之山」				「北海之內」、上有「玄蛇」的「幽都之山」

東	東次二經 17 山	10、11、12	姑射之山、北姑射之山、南姑射之山、《東次三經》9 山之 5 胡射之山		列姑射在海河洲中（北）		
	東次三經 9 山	7	跂踵之山	跂踵國（東）			
		9	無皋之山、東望榑木	扶桑（東）		扶木（東）	
中	中次二經 9 山	7	昆吾之山				昆吾之丘
	中次六經 14 山	13	夸父之山、桃林	夸父、博父國、鄧林（北）		夸父（北）	
	中次十一經 48 山	32	衡山				南海之內、衡山

　　從上表可見，實際上有不少重合條目所在方位基本吻合，但分屬不同方經，這類例子在諸方經中皆存在，尤以《山經》西山諸經在《海經》中被劃入南經現象為最常見──據此可以認為，最早的《山海經》知識中，空間經界的劃分是以具體山系而不是按四方或五方為單位劃分的。因此上表按諸次山經和具體山系分類並不僅僅是為了行文之便，而更是因為山和山系的空間位置是固定且系統的，即便後世以五方方位劃分《山經》，其前提和基礎仍然是各個山系。這樣，固定不變的山或山系就有了空間標誌物的作用。進而我們可以暫時忽略掉後世按方位分經的模式，還原到最初的狀態，來考察《山海經》中隱含的空間秘密：

　　第一，從上表重見內容在《山經》中的空間分布情況來看，以與中山諸經重合率為最低，僅有 3 條；其中《中次十一經》位置比較靠南，「衡山」條可忽略，則只剩下 2 條。若再參照據《山經》各山系的位置分布及走向情況所繪的示意圖來看，情況會更明確：

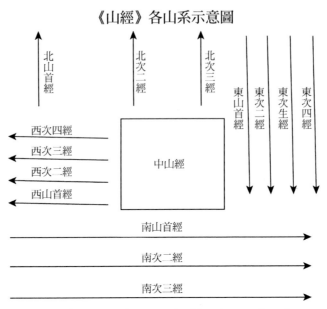

《山經》各山系示意圖

（摘自吳曉東：《〈山海經〉語境重建與神話解讀》，中國社會科學出版社 2013 年版，第 7 頁）

首先，南山諸經所涉空間西至「西海」（《南山經》之首「招搖之山，臨於西海之上」）、東至東海（如《南次二經》之末「漆吳之山……處於東海……是惟日次」）、南至南海（如《南次三經》13 山之 3 為「丹穴之山」，《爾雅・釋地》視其為南方之「極」的標誌地點），可說明南方情況。在南山諸經內，《南山經》與《南次二經》《南次三經》從北向南排列，而重見條目在位置最北、最接近中部的《南山經》中只有 9 山之首與 9 山之 8，也即遠離中部地區的西方和東方，其他更多重見的例子則分布更南方的《南次二經》和《南次三經》中。其次，再來看西方的情況。西方情況最為複雜，尤其是《西次三經》中重見條目最多，且多數位於 22 山的前半段。這應該辯證看待，因為它們基本上都屬於「崑崙區」範圍內——正如顧頡剛所說的崑崙區「它在《山海經》中是一個有特殊地位的神話中心，也是一個民族的宗教的中心，在宗教史上有它特殊的價值」；〔註89〕而實際上如《管子・封禪》所云「西海致其比翼之鳥」，「各有一翼，不比不飛，名曰鶼鶼」，〔註90〕「鶼鶼即蠻蠻之音轉也」，〔註91〕也就是說「蠻蠻」所在《西次三經》之首的「崇吾之山」在先秦人眼中是屬於

〔註89〕顧頡剛：《〈山海經〉中的崑崙區》。
〔註90〕黎翔鳳校注：《管子校注》，中華書局 2004 年版，第 953 頁。
〔註91〕袁珂校注：《山海經校注》，第 228 頁。

「西海」範圍內的──當然在西山諸經由西至東敘述的語境下，在「崇吾之山」之西的範圍距離「中」部更遠，自然更屬「西海」了；復次，北山諸經和東山諸經的情況更明瞭，重見條目主要分布在北山諸經之末、也即最北的數山以及東山諸經中位於更東方的《東次二經》和《東次三經》。此外，重見於中山諸經的，除了《中次十一經》所載位置較南的「衡山」外還有兩條──昆吾之丘和博父國，位於《中次二經》和《中次六經》。

綜上可見，三部分經文重見條目絕大多數位於《山經》中心區之外。但單純從重見條目的空間分布，仍然無法準確地認識《山海經》中隱含的中心區的具體範圍。這個問題譚其驤、小川琢治、程泆等分別從山川實際地理位置的考證、各山間相距里程的疏密程度、「陌生生物」〔註92〕的空間分布情況等方面作了專門論證。如小川琢治說道：「（按：《五藏山經》）以洛陽為中心，西為涇渭諸水之流域，即雍州之東部諸山；北自汾水中流以南，即冀州南部諸山，最為詳密。殊於洛陽近傍、伊洛之間，及豫州諸山，極為精細。然於東方、南方諸山，能考定者極少，至於北方更少。」〔註93〕譚其驤也發現：「《山經》對晉南、陝中、豫西河渭伊洛地區（中山首經至七經和西山首經渭南部分）記述得特別詳細，而詳細和正確一般是成正比例的，因此在這一地區之內，經文里距與實距相差最小，一般不到兩倍。離開這一地區越遠，就越不正確，經距與實距之比就可以從兩倍多至到十多倍。」〔註94〕而程泆則從陌生生物的空間分布方面考察，發現其分布比率以四方諸山經遠較中山諸經為高，也就是說《山經》對於中部地區的生物的熟悉程度遠較對四方為高。〔註95〕

參照前人的研究成果，我們可以推定《山海經》所隱含的中心區在以洛陽地區為中心、範圍包括譚其驤所說的「晉南、陝中、豫西河渭伊洛地區」，也就是中次諸經中的前七經和《西山經》的最初部分──這片地區與夏王幾

〔註92〕按：所謂的「陌生生物」，就是指《山經》以各座山為單位的自然段落中，後半部分以「有草焉」「有木焉」「有鳥焉」「有獸焉」為標誌詞所記載的生物，如《南山經》首山「招搖之山」的「祝餘」草、「迷穀」木、「狌狌」獸等。在本章第三節將專門從「物質」的角度對這類生物相關情況作考察，以此進一步考察《山海經》知識最早的生成時代及其最初的文獻形態。

〔註93〕〔日〕小川琢治：《山海經考》，見〔日〕內藤虎次郎、江俠庵編譯，《先秦經籍考》下，上海文藝出版社1990年版，第82頁。

〔註94〕譚其驤：《論〈五藏山經〉的地域範圍》，《長水粹編》，第309頁。

〔註95〕程泆：《〈山海經〉考辨》，《淮陰師專學報》1997年第4期。

區正相吻合。

當然，上表所列重見條目雖然只佔了《海經》《荒經》所載方國數量的一小部分，但從二經記述的方式看，雖然其中內容不是像表面看來那樣直線排列，而是分布在中心區之外的兩層環形區域中——也正因為如此，才會有同一內容被歸入相鄰方向不同經次的現象，如「比翼鳥」（蠻蠻）在《山經》和《海外四經》中位在西方經、而《大荒四經》中卻被歸入南方經——但它們終究距離相去不遠，因此絕大多數竄亂發生在相鄰方向的經次中。因此，重見部分的方國、物怪等的空間分布情況是可以反映所有方國、物怪等的分布情況的，未重見的方國、物怪等則錯落分布在各具體山系之間的空白區域。而《海經》《荒經》重見於《中次二經》《中次六經》的「昆吾之丘（國）」、〔註96〕「博父國」等，則可以代表距離中心區中都城周圍最近的部分方國的空間分布情況。

還有很重要的一點，那就是最初的《山海經》知識中，中心區之外的「海」的區域並沒有被進一步分為「海內」「海外」或「海」「荒」：《海經》與《荒經》之間存在對應關係，也就是《海外四經》和《大荒四經》對應、《海內四經》和《海內經》對應，這種對應主要是基於空間的「內」「外」和遠近。然而即便如此，《海經》和《荒經》內部還存在內容重見的現象，如《海外四經》和《海內四經》重見者有 10 條——這同樣也說明，最初的《山海經》知識中，中心區之外的廣大「海」的空間並沒有按空間遠近進一步細分；而通過本文的《附錄二》的統計結果可以看出，《王會》外臺所記方國、物怪與《海外四經》重見者 13 條，與《海內四經》重見者 14 條，數量大致相當，它們在《王會》外臺中被混合在一起排列，這說明這種情況至少到周初仍然如此；而周初以「中國」「四海」為「天下」的二分空間觀則是最早的《山海經》知識所隱含的「中心區——『海』（方國、陌生生物）」空間的發展，而對「海內」「海外」空間的進一步劃分應該是《山海經》最終成書的戰國時期的事。

若單從政治地理空間方面看，則《山海經》知識中隱含的是「中心區——方國」的兩層結構。根據文獻記載，「禹合諸侯於塗山，執玉帛者萬國」

〔註96〕「昆吾」既為山、丘名，又為國名，如《大荒南經》的白淵即「昆吾之師所浴也」、《大荒西經》的三淖為「昆吾之所食也」；據《國語·鄭語》，「昆吾」曾為夏伯，後為夏所滅。

（《左傳‧哀公七年》）、到商湯時期天下尚有「三千餘國」（《呂氏春秋‧用民》）。雖然這些記載不免有所誇大，但《山海經》中作載方國的數量顯然也只是很小的一部分，因此將《山海經》知識簡單地等同於夏人的認識也是不科學的。本節第二部分我們將提到晚商「中商——封國——方國」這樣一個自覺區分的、關係自親而疏、空間分布自近而遠的政治地理空間模式，這方面夏代發展到了何種地步難以證實。但僅從《山海經》知識來看，是看不出有這種明顯的三分認識的。可以以《山海經》中所記商、周二國的情況為例來窺其一斑——《山海經》中對這二國的記載分別見於《大荒東經》和《大荒西經》：

> 有人曰王亥，兩手操鳥，方食其頭。王亥託於有易、河伯僕牛。
> 有易殺王亥，取僕牛。河念有易，有易潛出，為國於獸，方食之，
> 名曰搖民。帝舜生戲，戲生搖民。（《大荒東經》）

> 有西周之國，姬姓，食穀。有人方耕，名曰叔均……叔均是代
> 其父及稷播百穀，始作耕。（《大荒西經》）

引文的說法反映的是將《大荒四經》寫定成書的作者的認識，不應視作是《山海經》尚處於「知識」狀態時代的人們的認識。但是有一點卻是可以信從的，那就是二國所處的空間位置。根據文獻記載，周人在其始祖棄時期也即「夏之興」的夏初即已取代了烈山氏之子「柱」被封為農官（《國語‧魯語上》〔註97〕）、封地在有邰；而商祖相土也即王亥的四世祖，在夏帝相十五年即被封於商丘（《竹書紀年》）。根據我們的研究，《大荒四經》與《海外四經》在空間上是對應的，因此二國均位於距離中心區很遠的地方，這與商代「封國」多靠近商王畿的情況有所不同；更重要的是，他們更被與青丘、黑齒等等方國並列在一起，而看不出被特別強調的痕跡；

　　第二，針對《山海經》天圖說中《海經》《荒經》所描寫空間乃是與《山經》所述空間互不相干的說法，我們通過上表所列情況可作一回應。

　　上列重見條目在《海經》《荒經》各經中的所佔數目分別是：《海外四經》18 條，《海內四經》13 條，《大荒四經》21 條，《海內經》7 條。所佔比率較

〔註97〕《尚書》《國語‧周語上》等比之更早的記載也有，但可能經過了西周人的改造；相比之下，《國語‧魯語上》的時代，西周王權衰落，周棄的身份也被更理性地認識，因此可信度更高（見高建文：《從〈詩經〉祭祖詩看「周德」的建構》，《渭南師範學院學報》2014 年第 13 期）。

大的為《海外四經》（共 77 條）23%多一點、《海內四經》（共 76 條）〔註98〕17%。儘管數目和比例都不大，但是它們的存在卻如同圖釘一般將《海經》《荒經》（尤其是《海經》）的空間範圍牢牢固定下來。如此，則持天圖說的學者的「《大荒經》原本只是一張很小的地方性的地圖」「《大荒經》和《海外經》的文化發生區域以泰山地區為中心」，〔註99〕「《大荒經》與《海內經》……所描述的山巒都是呈環形分布於一座觀象臺的四周」「《海外經》也是站在觀象臺上的一種敘事」〔註100〕等等說法就很有問題了。而且，儘管《海經》《荒經》所記條目絕大多數與《山經》不重見，但其所描述的空間範圍基本上並沒有超出《山經》所述範圍。《山經》所描寫空間範圍四至分別為：

南方：最南之處當為《南次三經》13 山之 3 的「丹穴之山」。《爾雅·釋地》有「岠齊州以南戴日為丹穴，北戴斗極為空桐」等語，邢昺注曰：「言去中國以南，北戶以北，值日之下，其處名曰丹穴。」〔註101〕《釋地》將「丹穴」與日出、日入的東西極所在之地相併列，由此可推知，丹穴山的位置應當接近南方之極。

西方：《西次三經》22 山之 21「泑山，神蓐收居之……是山也，西望日之所入」，此「日之所入」之山即是《西次三經》19 山之末的「崦嵫之山」。「崦嵫之山」乃「日沒所入山也」〔註102〕，《大荒西經》「西海之陼中」有海神弇茲，應是改造「崦嵫之山」近西極天樞「日月山」。故「崦嵫之山」位近西極。

北方：《北次二經》16 山之末「敦題之山……是錞于北海」、《北次三經》47 山之末「錞于毋逢之山，北望雞號之山……西望幽都之山」，臨近北方之極。

〔註98〕筆者此處統計《海內四經》條數乃據清人吳承志說調整之後的基礎上；《海內西經》自「海內崑崙之虛，在西北」以下一段，袁珂分為 11 條，筆者認為袁本「赤水」「河水」「洋水、黑水」「若水、青水」諸章均屬介紹「崑崙虛」，可並為 1 條；其間又據吳說加入「窫窳」一條，共分為 7 條；此外《海內南經》「甌」「閩」視為 2 條。具體為：《海內四經》分別為：南 17 條、西 19 條、北 26 條、東 17 條，《海內四經》末尾附《水經》不計入內，共得 76 條。

〔註99〕劉宗迪：《失落的天書——〈山海經〉與古代華夏世界觀》（增訂本），商務印書館 2016 年版，第 389 頁，第 446 頁。

〔註100〕吳曉東：《〈山海經〉語境重建與神話解讀》，第 51 頁，第 173 頁。

〔註101〕（清）阮元校刻：《十三經注疏》，第 2616 頁。

〔註102〕袁珂校注：《山海經校注》，第 78 頁。

東方：《東次三經》9 山之末「無皋之山……東望榑木」，「榑木」也即扶桑、「扶木」，乃日出之地，位於東極左近；《南次三經》13 之 12 為「禺槀之山」，《大荒東經》「東海之渚中，有神……名曰禺䝞……禺䝞處東海，是惟海神。」其上一條便是「大荒之中，有山名曰鞠陵于天、東極、離瞀，日月所出」，郝懿行謂《淮南子·墬形訓》所說「東方曰東極之山」即「謂此」。〔註103〕

綜上可見，《海經》和《荒經》所描述的空間，除最外緣部分略有增擴之外，主要位於《山經》所述範圍之內、其中心區以外的區域；而顯然地，《山海經》中隱含的中心地區與夏代尤其是斟鄩、陽城周圍的王畿區地理範圍正相吻合，而商王畿要靠東或靠北一些。周王畿雖然成周周圍與夏相近，但以成周「制郊甸，方六百里，國西土，為方千里」（《逸周書·作雒》），其中「西土」部分正是周景王所說的「我自夏以后稷，魏、駘、芮、岐、畢，吾西土也」（《左傳·昭公九年》）的周族故地——而《山海經》對於這個地區的記載是比較粗略的。這就與我們上節提到的《山海經》通天場所集中分布的區域吻合了。

再進一步從《海經》和《荒經》中遠方方國的分布，《山經》中陌生生物的分布及其山川及其里程的詳細準確程度等各方面來情況看，它們都指向一點，那就是《山海經》作者對它們的熟悉程度，這也就是蒙文通所說的古代地學著作「詳近略遠的慣例」。〔註104〕這就說明無論是「近」或「遠」、熟悉或陌生，都是基於《山海經》作者立場的認識。如果認為這個隱含的作者所生活的地區是在夏王畿內，那麼夏王畿內又有誰有如此能力來搜集如此廣闊的空間範圍內、如此龐雜的知識呢？只能是夏王朝官方。也就是說，對於遠方方國、陌生生物及其分布的認識，都可能是基於夏朝的官方視角。而無論是遠方方國，還是陌生生物，它們共同的特點都是「陌生」、也即關係距離上的疏遠。《山海經》這個「中心區——方國、陌生生物」的模式中就反映了以「我」與認識對象關係距離的遠近、來區別「我」和「非我」區域的主觀意向。只是作為空間概念的「海」最早見於商周相關的文獻中，而族群意義上的「海」的概念則出現更晚。較早的例子如《清華簡三·說命上》載傅說封邑在「北海之州」（《墨子·尚賢下》等傳世文獻也有類似記載）的「員土」（也

〔註103〕袁珂校注：《山海經校注》，第 401 頁。
〔註104〕蒙文通：《古學甄微》，巴蜀書社 1987 年版，第 47 頁。

即傅岩、圜土），又說傅說「方築城」。〔註105〕味其文意，傅說所封在其初始所在之傅岩，而且該地應屬湯都區之外、屬商人統治的北部地區的一個城邑。若將此看作商代早期的情況，〔註106〕那麼這則記載中同樣體現了與《山海經》類似的「中心區——『海』」的空間認識。

因此，雖然不能簡單地認為《山海經》中所隱含的兩層空間模式反映的就是夏代的情況，但可以認為這種模式應該是很古老的，可以與卜辭所見晚商的情況作一比較。

二、政治實體的層級分布

晚商的情況相對比較明確，卜辭中有這樣的話：

> 己巳王卜貞，今歲商受年，王占曰，吉。
> 東土受年；
> 南土受年，吉；
> 西土受年，吉；
> 北土受年，吉。（《粹》907）

從行文次序和語氣可以發現在商人眼中，「商」是統攝東、南、西、北「四方」的總樞。在商代文化語境下這一點至關重要；以此為出發點，既可以從觀念層面來考察其儀式空間的認識，又可以從現實層面探討其世俗空間觀，比如政治地理空間。本節關注的是後者，因此這裡擬從「商」、也即都制及其背後隱藏的建都思想來展開。

（一）「中商」釋義：「立都為中」

商人對其都城安陽有「中商」「大邑商」和「天邑商」等稱謂。〔註107〕近年來有不少學者從「中商」等概念的闡釋入手，來考察商人地理空間觀。其

〔註105〕清華大學出土文獻研究與保護中心編：《清華大學藏戰國竹簡》（三），中西書局 2012 年版，第 122 頁。

〔註106〕李學勤通過對比清華簡《說命》三篇中的卜辭與甲骨卜辭之格式與措辭習慣，認為「被列為《商書》的《說命》真正是包含著商代以下很難擬做的內涵。」李學勤：《論清華簡〈說命〉中的卜辭》，《華夏文化論壇》2012 年第 2 期。

〔註107〕關於三者是否一地及其具體地望問題，羅振玉、王國維、島邦男、陳夢家、鄭傑祥等學者各有不同看法。王震中的看法似最合理：「甲骨文中的『商』、『中商』、『大邑商』，無論是作為王畿來使用還是作為具體地名的商都來使用，其最基本點始終是殷都安陽。」（見王震中：《甲骨文亳邑新探》，《歷史研究》2004 年第 5 期）今從此說。

中比較普遍的認識即是將「中商」的「中」與後世所說的「天下之中」相等同。如《荀子‧大略》云：「欲近四旁，莫如中央，故王者必居天下之中，禮也。」《韓非子》《呂氏春秋》等中也有類似說法。這類說法又被學者總結為「擇中立都」，被用來解釋早期建都思想，如盧連成即認為：「商周都城城址的選擇基本上是遵循國都應設在天下之中的政治法則進行的」。〔註108〕

這類觀點的證據大致有幾個方面：一是新石器時代的考古發現，如半坡、姜寨等石器時代遺址中的廣場或「大房子」；二是對於卜辭中「中」、「立中」等詞涵義的解讀；三是傳世文獻中對於古之王者建都理念的追述，如上引《荀子‧大略》等。

首先來看這些考古發現中位於聚落中央的「大房子」或廣場。如半坡遺址的居住區中央就有一座規格高於其他房屋的「大房子」，學者認為這「是作為氏族成員公共集會議事的場所，也可供老年、兒童及殘病成員居住，或者作為酋長接待外族客人的地方。」〔註109〕而東北地區的敖漢趙寶溝遺址居住區的中央也有一座相似的「大房子」，「在這座房址中出土的遺物較多，其製作工藝精粗不均，質量參差不齊，說明使用這些物品者人員的龐雜。結合這座房址周圍為開闊的空地來分析，這座位於中心位置的大型建築被認為是整個聚落舉行各種集體活動的公共場所。」〔註110〕與此相似的還有半坡姜寨遺址中位於居住區中央、周圍建築的房門都朝向這裡的大廣場，等等。這些現象都說明，早在石器時代的聚落布局中，扮演公共活動、儀式等功能的場所均位於聚落空間的中央位置。

但這是否可以作為證明「中商」甚至三代王都的選址都是以「擇中立都」為原則的呢？這種聚落布局的思想與建都思想並不能相提並論，二者微觀和宏觀之別至少意味著技術操作上的可能性與否。正如《呂氏春秋‧慎勢》說「古之王者，擇天下之中而立國，擇國之中而立宮，擇宮之中而立廟。」言外之意即是說，「擇中立都」的前提對「天下」的空間範圍有明確認知，在此基礎之上才能進行都址的選擇；立宮」「立廟」也是如此，必須

〔註108〕 盧連成：《中國古代都城發展的早期階段——商代、西周都城形態的考察》，《中國考古學論叢——中國社會科學院考古研究所建所 40 週年紀念》，科學出版社 1993 年版，第 231 頁。

〔註109〕 西安半坡博物館編：《西安半坡》，文物出版社 1982 年版，第 3 頁。

〔註110〕 田廣林：《中國東北西遼河地區的文明起源》，中華書局 2004 年版，第 150～152.頁。

首先確定都城區、宮城區的範圍。〔註 111〕然而，若先確定了都城範圍然後再確定「宮」所在中央的位置，或先確定了宮城區的範圍再在其中央位置立廟，都是相對容易操作的，這與都址選擇問題難易程度不可同日語。從姜寨遺址的情況看，分布各方的、象徵各氏族中心的大型房屋建築是在第一期即建成，〔註 112〕而中央廣場的位置也是由這幾個「大房子」所圍繞、確定出的，而不是相反。若按此理路來推論「擇中立都」，則要判定都址所在的「中」，前提必須是確定「天下」的範圍。夏商時代有這樣的認識水平嗎？據傳世文獻看，以數理測定「地中」的最早的明確記載見於《周禮‧地官‧大司徒》，用土圭之法以夏至日正午八尺表之影長尺五寸作為判定「地中」的標準。但這顯然是不合邏輯的：既然有測日影以求地中的認識水平，又為何單單以「尺五寸」作為標準？《周髀算經》記載的「地中」日影長度則是尺六寸，席澤宗即認為這可能是商人在安陽測出的舊數據。〔註 113〕即便此說為真，也最多說明建都安陽的晚商時代，人們可能從數理角度確定天下的中心，也即安陽「中商」所在；但卻不能反過來認為是先以尺六寸為準的確定了天下的中心，然後才建都安陽，這在技術上是難以達成的。

持此思路者，往往涉及文獻尤其是卜辭中「中」「立中」等字詞涵義的解讀。學者對這些字詞的解釋有多種，如唐蘭、胡念耕、饒宗頤等認為「中」即旗、「立中」即建旗以致眾；胡厚宣、黃德寬、蕭良瓊等學者則認為「中」即表杆、「立中」即測風向、日影；蕭兵則從文化人類學角度解釋，認為「中」源自作為「宇宙軸」的神杆；此外還有如日本學者貝冢茂樹認為「中」是類似旗杆的東西、「立中」與風有關的一種占卜等等說法。其中以前兩種說法影響最大，然而相較而言，第一種說法不僅接受者最多，實際上也是最有說服力的；第二種說法雖然主張者已指出「商代的『中商』還只是一個相對的中心，還不是意味著整個地面之中」，〔註 114〕但還是有學者從圭表測影的角度去理

〔註 111〕《晏子春秋‧卷六　內篇雜下　景公成柏寢而師開言室夕晏子辨其所以然第五》也說「立室以宮矩為之」、「立宮以城矩為之」，也是說先定「城矩」也即城的方位、次以「城矩」定「宮矩」也即宮城方位、以此次第再定室之方位，也同此理。

〔註 112〕陳雍：《姜寨聚落再檢討》，《華夏考古》1996 年第 4 期。

〔註 113〕席澤宗：《中國科學技術史‧科學思想卷》，科學出版社 2001 年版，第 76 頁。

〔註 114〕蕭良瓊：《卜辭中的「立中」與商代的圭表測影》，中國天文學史整理研究小組編：《科技史文集‧天文學史專輯 3》，上海科學技術出版社 1983 年版，第 43 頁。

解，認為「中商」的「中」就是《周禮》所謂據實測而得的「地中」。

因此要瞭解「中商」之「中」的具體涵義，還需要這幾種說法再作辨析說明。首先，測影表說存在不少問題，如黃德寬認為「立中」的目的在於卜風，〔註115〕蕭良瓊則明確說：「『亡風』，『易日』則為『立中』時所必備的條件」。〔註116〕黃說似是而非，對於商人而言，如此勞師動眾地測定風向對於現實生活或儀式的實際意義何在？對此黃說並沒有更令人信服的解釋。而蕭說法曹一已然指出其中缺陷，「有風、無風並非立表測影的必要條件」，「易日」也並非蕭說的「賜日」也即晴天、而是「冥日」也即「陰間晴」，〔註117〕這當然也不是立表測影的理想天候。儘管曹說最後還是以排除法結合考古材料中先民「四方」觀念、以及與傳世文獻中「極」等表「標準、法度」義等來證明測影說，但這些都不是證明「中」即圭表、「立中」即測影的充分證據——尤其是後者，先秦文獻中表示「標準、法度」義的字彙有十數種，何啻「中」「極」而已。〔註118〕可見，訓「中」為測影表、「立中」為土圭測影、測風向的說法證據尚然不足。

相比之下，第一種說法證據就充分得多了。唐蘭說：

> 𣃩 𣃫 中三者既為一字，則其字形之演變，可得而言，今表之如次：

> 中為旗旒之屬，何由得為中間之義乎？……余謂中者最初為氏族社會中之徽幟，《周禮·司常》所謂：「皆畫為其象焉，官府各象其事，州里各象其名，家各象其號」，顯為皇古圖騰制度之孑遺。……此其徽幟，古時用以集眾，《周禮·大司馬》教大閱，建旗以致民……蓋古者有大事，聚眾於曠地，先建中焉，群眾望見中而趨附，群眾來自四方，則建中之地為中央矣。……然則中本旗

〔註115〕于省吾主編：《甲骨文字詁林》，中華書局1996年版，第2042頁。

〔註116〕蕭良瓊：《卜辭中的「立中」與商代的圭表測影》。

〔註117〕曹一：《卜辭「立中」的內涵考察——兼談商代天文學史研究方法》，《2006年上海市科學技術史學術年會論文集》，2006年12月。

〔註118〕參見吾淳：《春秋末年以前經典意識與尚古觀念的形成》，《南通大學學報（社會科學版）》2010年第3期。

幟，而其所立之地，恒為中央，遂引申為中央之義，因更引申為一

切之中。〔註119〕

此說中的「中」字主要是「ㄓ」義，卜辭中亦有「其立放」（《粹編》四）等

語，義即「立中」。

胡念耕亦引河南山彪鎮出土銅鑑水陸攻戰紋樣為例來補證唐蘭的觀點

（圖一）：〔註120〕

圖一　　　　　　　　　　　　圖二

（圖二摘自四川省博物館：《成都百花潭中學十號墓發掘記》，《文物》1976 年第 3 期）

類似例子還有如成都百花潭中學十號墓銅壺上的紋樣，如圖二，則頗像「ㄓ」

字形。卜辭中還有「族」「㫃」等字，學者即認為是「立中」的合文，如圖：

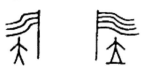

（摘自于省吾：《甲骨文字詁林》，第 3064～3065 頁）

該字構型有「人（立）」和「中」兩個基本部件，與銅鑑紋樣極為相似；而且

二構件的比例看，「中」也顯然不是八尺表，應屬旌旗之屬。

至於「放」字，《粹編》四作「卜」，金文中或作「㚓」（《且乙卣》）；羅振

玉《殷虛書契考釋（中）》作「九」，並認為「丩象槓與首之飾，乀象遊形」。

〔註121〕周原甲骨文中也有有關記載，如：

彝文武丁升，貞王翌日乙酉，其牽再放⋯⋯（H11：112）

其中「再放」的「放」字，原圖正作「㫃」，乃是樹立起商王所賜周方伯的旗

幟的意思。〔註122〕

〔註119〕唐蘭：《殷虛文字記·釋㹠㹠》，中華書局 1981 年版，第 50 頁，第 52～54 頁。

〔註120〕參見胡念耕：《唐蘭釋「中」補苴》，《安徽師大學報》1991 年第 2 期。

〔註121〕羅振玉：《殷虛書契考釋三種》，中華書局 2006 年版，第 192 頁。

〔註122〕王宇信：《西周甲骨探論》，中國社會科學出版社 1984 年版，第 286 頁，第

100 頁。

與「中」字本義和引申義都很接近的字是「常」。詹鄞鑫認為「常的本義當指旌旗，通常樹立在車上」。〔註123〕傳世文獻如《周禮・春官》「司常」即「辨九旗之物名」，曾侯乙墓遣策中也記有「紫羽之常」、「犴常」等旌旗名；據藍野考察，「中」「常」古音同，乃「聲韻遞轉，秦漢時之古今字耳」。〔註124〕二說均可信從。不過「常」或「中」，並非只是立在車上。羅振玉所說的「𡀔」形器、也即銅干首，在 1965 年洛陽北窯西周墓和 1979 年河北平山縣戰國中山王墓也有發現。北窯銅干首形體較小，「當時遊車所載的旌旗干首」；而中山王墓干首高近一米半、重達 60 公斤，「當是中山王進行祭祀等重大政治活動時所用的旌旗干首」。〔註125〕可見先秦的「中」「常」既有建在軍車上的小型旌旗，也有建在地面上的大型旌旗，而卜辭「立中」的「中」應該就是後者，因而才會特別重視有沒有風；而且這種旌旗在軍禮等國家大事中扮演著重要角色，正如《周禮・春官・司常》所載，這些場合有「國之大閱」「祭祀」「會同、賓客」「大喪」「軍事」等，出土文獻則有如《衛盉》「王禹旂於豐」，即是此類事。而各階層所用旌旗形體、裝飾等嚴格規定。尤其是繪有日月圖像的「大常」乃王所建旗的專名，溫少峰、袁庭棟認為「立中」在殷人視為神聖大典，故卜辭中記述此事是由殷王親自掌握的，即『王叀立中』、『王勿立中』或『我立中』（『我』為殷王親卜之自稱）」，〔註126〕儘管溫、袁是倡測影說的，但這裡說的確是事實。

綜上可見，「立中」為立表測影說則尚需更確鑿的證據，因而在此基礎上將「中商」之「中」與《周禮》夏至日影尺五寸的「地中」相提並論的觀點則更需要商榷。而第一種建旗說證據最充分，從旌旗之「中」的確也可以引申出空間之「中」的含義；還有一點也是可以確定的，「中」也即王者的「大常」乃是王權的象徵，由此引申出了法則、規律等義。如《論語・堯曰》載堯訓誡舜說「天之曆數在爾躬，允執其中。四海困窮，天祿永終」、《逸周書・度訓解》說「天生民而制其度，度小大以整，權輕重以極，明本末以立中」，這裡的「曆數」也非曆法之類，而是指「度」「天道」；《清華簡・保訓》記載了文王對武王傳「中」的「寶訓」：

〔註123〕詹鄞鑫：《近取諸身　遠取諸物——長度單位探源》，《華東師範大學學報（哲學社會科學版）》1994 年第 6 期。

〔註124〕藍野：《唐蘭「釋中」補》，《山東師大學報（社會科學版）》1993 年第 1 期。

〔註125〕蔡運章：《銅干首考》，《考古》1987 年第 8 期。

〔註126〕于省吾主編：《甲骨文字詁林》，第 2941 頁。

　　　昔舜舊作小人，親耕於歷丘，恐求中，自稽厥志，不違於庶
萬姓之多欲。厥有施於上下遠邇，乃易位埶設稽，測陰陽之物，
咸順不逆。舜既得中，言不易實變名，身茲備，佳允。翼翼不解，
用作三降之德。帝堯嘉之，用受厥緒……昔微假中於河，以復有
易，有易服厥罪。微無害，乃歸中於河。微志弗忘，傳貽子孫，
至於成湯……用受大命。〔註127〕

對於「中」字的解釋，學者種說法無慮十數種。其中李軍政釋為「常」也即
「規律、規則」的說法更符合其本義，只是這裡的「規律、規則」〔註128〕並
不如今人所理解是靠後天學習可以掌握的東西，而是最終要靠神靈來授予和
肯定的，正如當時的「德」不是通過修養獲得的一樣——如晁福林所說，「殷
人所謂的『德』更多的是『得』之意。在殷人看來，有所『德』則來源於神
意，是神意指點迷津而獲『得』」；〔註129〕同時它既是一種抽象的規律和永恆
的法則，又可以通過祭祀等儀式獲得；還可以以「中」「常」等儀式性器物來
象徵和承載——這才是「中」「常」最初引申出的涵義；至於地理空間意義上
的「天下之中」義，乃是後世特定語境下產生、演化的結果，因而將《保訓》
之「中」釋為「度日影，求地中」〔註130〕之類解釋是脫離了當時文化語境的。

　　因此，「中商」的「中」所蘊含的神聖權力意義並非來自地理空間上的
「地中」，而是來自神授予商王的權力及其外在象徵，如「大常」之類王專
用的旂旗。這與「商」字的涵義是很相近的。在卜辭中，「殷人自己自始至
終都稱為商而不稱為殷的。在周初的銅器銘文中才稱之為殷。起先是用以
『衣』字，後來才定為殷。衣是卜辭中的一個小地名，是商王畋獵的地方。
周人稱商為衣、為殷，大約是出於敵愾。」〔註131〕這個的說法是很有道理
的，不過原因不僅是因為「衣」是小地，更是因為「商」名本身包含著「天
命神祐之意」。〔註132〕這裡「天命神祐」的權力標誌符號是「￦」，林甸甸
認為這個符號與「￦」（「鳳」「風」）、帝等字字首相同，其神聖性最初來源

<hr>

〔註127〕清華大學出土文獻研究與保護中心編：《清華大學藏戰國竹簡》（一），第143
　　　　頁。
〔註128〕李軍政：《〈保訓〉之「中」應訓為「常」》，《中國哲學史》2013年第1期。
〔註129〕晁福林：《先秦時期「德」觀念的起源及其發展》，《中國社會科學》2005年
　　　　第4期。
〔註130〕李零：《讀清華簡〈保訓〉釋文》，《中國考古報》2009年8月21日。
〔註131〕郭沫若：《郭沫若全集》第三卷，人民出版社1984年版，第19頁。
〔註132〕陳立柱：《周人名商為殷解》，《東南文化》2005年第5期。

是授時權力。〔註133〕

　　由此可見「中商」中的「中」並不單純是個的空間概念，而是與「大邑」「天邑」和「商」字等涵義接近，同時標示商王都作為天下權力中心的特殊地位，這正與《詩經‧商頌‧殷武》說「曰商是常」中的「常」意思相似，因而使得四方「來享」「來王」；卜辭稱王都為「中商」或以「商」與四方對舉，或可能包含了「商」都在天下空間之「中」的意味，但有一點可以肯定：「擇中立都」的說法是不符合商代情況的，至少在商人那裡並沒有自覺地將其作為建都選址的重要因素，甚至未必有對「天下」空間之大小有明確的認識，而相反地以王都為空間意義上的「天下之中」卻極有可能。

　　商都屢遷，這是歷史事實。據陳夢家考證，商湯以前商人的居邑有：商、番、砥石、商、商丘、相土之東都、鄴上司馬、亳（薄）等8地；自商湯自盤庚九王又有五遷，這5處分別是：囂、相、耿、庇、奄。〔註134〕盤庚遷殷之後，「更不徙都」（《竹書紀年》）。

　　實際上夏、商、周三代往往同一時期有多個都城。對此張光直有「聖都」「俗都」說，認為最早的都城是恒定不變的「聖都」作為宗教中心，作為「政、經、軍的領導中心」的「俗都」則圍繞「聖都」遷徙不定；〔註135〕張國碩、潘明娟等則在此基礎上提出了主輔都制度、多都並存制度等說法。該說在商代文化分三期說的基礎上立論，大致情況是：商代早期都城主要是偃師商城和鄭州商城，前者是主都，後者是軍事性陪都；中商時期可能實行聖都和俗都制度，聖都為商丘，隞、相邢、奄等，俗都屢遷而聖都固定不變；晚商時期安陽是主都，此外還有成湯故都和離宮朝歌等。〔註136〕可見，即便如此，主都也是在遷徙的；聖都至少不是唯一的稱「中」的地方。稱「中商」者為安陽王都，也有學者認為是商丘等，但《清華簡一‧尹誥》「亳中邑」之說：克夏之後伊尹為「祆於民」而「乃致眾於亳中邑」將得自夏人的金玉散發給民眾的記載，並稱夏「西邑夏」，《尹至》又有「自西捷西邑」。〔註137〕這裡的「亳中邑」，學者或釋為「亳邑」或「亳邑中」，或以為是「中

〔註133〕林甸甸：《上古天學知識及文獻研究》，第12～27頁。
〔註134〕陳夢家：《殷虛卜辭綜述》，第250～252頁。
〔註135〕〔美〕張光直：《中國青銅時代二集》，第15頁。
〔註136〕參見潘明娟：《先秦多都並存制度研究》第三章相關論述。
〔註137〕清華大學出土文獻研究與保護中心編：《清華大學藏戰國竹簡》（一），第133

商」。〔註138〕儘管先秦時期「『中』的出現不是語法上的要求，又沒有提供太多的語義內容……它與名詞構成方位短語時，語序也就顯得十分靈活」，「但稍有不同的是『中原』、『中國』以及後來出現的『中土』」，因為「這裡的『中』含有文化含義」。〔註139〕所以前說單純從語法角度考慮，就不及後說的理路更佳。但後說認為「亳中邑」即「中商」則未必然，中商乃安陽，「亳中邑」或以為是湯滅夏之前的位於內黃的「亳」，或以為是偃師商城等等，總之與安陽並非一地；但可以認為「中商」之「中」與「亳中邑」之「中」涵義是一樣的。因此，商人才稱己都為「亳中邑」而稱前朝夏都為「西邑夏」「西邑」。由此可以看出，單從空間角度看，商人的確是將王都所在之地視為「中」，或曰「立都為中」，而不是「擇中立都」。

再者，《國語‧周語上》所載「商之興也，檮杌次於丕山」，此丕山即今鄭州滎陽市大邳山，其地位猶如夏之嵩山、周之岐山，乃商朝山鎮。然而只有早商偃師、鄭州二都擇址在其附近，晚商都城則距此地甚遠——這也是「立都為中」的一個表現。

還有更明確的例子可以證明此說，就是殷墟花園莊東地出土甲骨卜辭中出現的「中周」一詞。

> 甲子卜，貞：妃中周妾不死？一。（《花東》321.5）

> 甲子卜，妾其死？一二。（《花東》321.6）

其中「中」字正作「㆗」形，「中周」乃是地名，從「下限不晚於武丁晚期」的時代看即是古公亶父遷岐之前的「豳」。〔註140〕既然周都可稱「中周」，而商代人眼中斷不會將「中周」視為「天下之中」，則可以證明我們上面的推論是正確的——「中商」「中周」的「中」主要是旂旗所引申出來的「準則」「法則」義，是權力意義上的「中樞」；從空間層面看，其「天下之中」義乃是與四方相對而言的，並不是如戰國文獻中所說先有一個客觀「天下之

頁，第 128 頁。

〔註138〕 如廖名春持前說（見《清華簡〈尹誥〉研究》，《史學史研究》2011 年第 2 期），而陳民鎮持後說（《清華簡〈尹誥〉釋文校補》，《中華文化論壇》2011 年第 4 期）。

〔註139〕 史維國：《先秦漢語的一種特殊的方位短語：中+名詞》，《求是學刊》2011 年第 4 期。

〔註140〕 曹定雲、劉一曼：《殷墟花園莊東地出土甲骨卜辭中的「中周」與早期殷周關係》，《考古》2009 年第 9 期。

中」的地理概念然後在此地建都的理路，而是王和王都在哪，哪就是「中」
——正如王愛和所說的：「正是王——他的身體、他壟斷的與神交際的通道、
他與上下溝通的能力——構成了中心性」，〔註141〕而不是像成周那樣所依
據的公共性的自然神聖中心「天室」嵩山。

（二）「邦」「方」及其空間分布

　　對此學者的研究已較充分，這裡僅略作綜述。「方國」有廣義和狹義兩
種用法，廣義的「方國」包括與中原王國相對的所有的國，狹義的「方國」
則只包括其中那些被稱為「方」的國。廣義的「方國」大致又可以分為兩類：
一類是就是狹義的以「方」為名的國；另一類學者稱為「封國」，也即經商
王朝冊封授爵的國家。〔註142〕它們與商王畿區一起，構成了商代的政治地
理空間結構。關於商代封國和方國的數量，學者的統計數字相差懸殊，如李
雪山綜合陳夢家、鍾柏生、島邦男等的成果，統計得封國 285 個、方國 85
個，總計 370 個；〔註143〕孫亞冰、林歡則計得 158 個〔註144〕等。

　　關於商王畿、封國和方國大致的地理分布區域。商王畿的區域東至濮
陽地區、東南至「商丘至杞縣至禹縣一線」，西南至「修武至沁陽一線」，
〔註145〕範圍涉及河南省的中東部、河北省和山西省中南部、山東省西南部。
其中，封國的地理位置大致上比方國更靠近商都，「西北及西南地區這一特
徵尤為明顯，外側即陝西省中東部、山西省中南部及北部……封國是因方
國的存在而存在」〔註146〕不僅如此，若再將「封國」細分，則與商族同宗
的子姓諸國多被封在商王畿附近，而「非『子某』的貴族所率領的商王同姓
親族，則多集中在商王國的西部區，即當時與外族兵戎相見最頻繁的地帶」；
〔註147〕方國分布地域西可至陝西、甘肅交界處，北可至山西、河北北部和
遼寧西部，東可至山東中部，南可至江西中北部。〔註148〕具體情況如圖一

〔註141〕〔美〕王愛和：《中國古代宇宙觀與政治文化》，上海古籍出版社 2011 年版，
　　　　第 93 頁。

〔註142〕李雪山：《商代分封制度研究》，第 56 頁，第 89 頁。

〔註143〕李雪山：《商代分封制度研究》，第 312 頁。

〔註144〕孫亞冰、林歡：《商代地理與方國》，中國社會科學出版社 2010 年版，第 259
　　　　頁。

〔註145〕孫亞冰、林歡：《商代地理與方國》，第 39～41 頁。

〔註146〕李雪山：《商代分封制度研究》，第 312 頁。

〔註147〕朱鳳瀚：《商周家族形態研究》（增訂本），天津古籍出版社 2004 年版，第 67 頁。

〔註148〕孫亞冰、林歡：《商代地理與方國》，第 259～447 頁。

所示：

圖一　宋鎮豪所繪商代政治地理
　　　架構圖

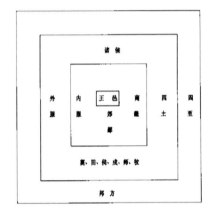

圖二　宋新潮所繪商代文化圈
　　　分布圖

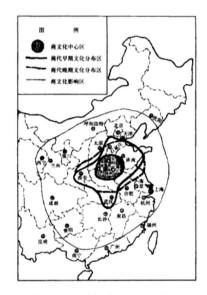

摘自宋鎮豪：《商代史論綱》，中國
社會科學出版社 2010 年版，第 26
頁。

摘自宋新潮：《殷商文化區域研
究》，陝西人民出版社 1991 年版，
第 201 頁。

這是商王朝勢力直接影響到的範圍，間接涉及的地域範圍還要更大些。從考
古材料分析，「商文化影響區」範圍可西達青海、北到蒙古、東至大海、南及
兩廣雲南等，如上圖二。

　　學者對於商王朝與封國、方國關係的認識問題，意見還是比較一致的。
也即封國與商王朝的關係相對較穩定，而方國儘管也會對商王朝朝觀、納貢
並承擔軍事、宗教等方面的義務，也信奉者商人的至上神帝。但他們與商的
臣屬關係是建立在軍事征服的基礎上的，獨立性、自主性遠較「封國」為強，
他們「有自己的軍隊……有與商王室不同的祭祀方法」，〔註149〕因而時叛變
時服，如商代早期的「周方」就是這樣。

　　孫亞冰、林歡曾統計與「方國」（廣義）與商關係情況如右：敵對，「共
26 個，其中稱方的 16 個，稱侯伯的 4 個」；「時敵時友……共 51 個，其中
稱方的 26 個，稱侯伯的 11 個，稱王的 1 個」；友好，「共 64 個，其中稱方

〔註149〕李雪山：《商代分封制度研究》，第 264 頁，第 311 頁。

的 11 個，稱侯伯子的 45 個，稱王的 3 個」。〔註150〕其中侯、伯、子之類乃是商王朝的封爵，他們應屬「封國」之類，因此在友好關係中占得比例最大；而稱「方」的屬於「方國」，因而他們在敵對、時敵時友兩種關係中占的比例最大。由此可見宋鎮豪所繪封國方國與商王朝空間分布圖，又與他們之間的關係距離的遠近存在一致性。據上引數據看，侯、伯、子等「封國」也有敵對或時敵時友者，而「方」等「方國」也有一直與商保持友好關係者，因為當時有很多「封國」是通過戰爭的征服，而由叛服不定的「方國」轉化來的。

　　這種空間和關係距離的排布，在商人對他們的稱呼中也可以體現出來。侯、伯在商代是爵稱是學者公認的，此外李雪山還考證出了其他的爵稱，如子、公、甸、男、任、亞、婦等幾種，〔註151〕可資參考。甲骨文中「方」字本來就包含了「邊際」「旁邊」，也即與我相對的「他」、與內相對的「外」之意，這裡的「他」「外」應該是關係距離意義上的意義，而且在地理空間分布上也是如此。因此這種稱謂實際上也反映了商人對「方國」的態度。

　　綜上，商人對於其都城在「天下」空間的位置的認識是「立都為中」，也即「我」（「王」、都城等）之所在即為「中」，而非戰國時人所說的「擇天下之中而立都」；而其政治地理架構體現出的思維方式同樣是以「我」（王畿）為中心和出發點認識「他」的：由其分封授爵的內、外服「封國」（或說是「邦」〔註152〕）是臣屬於「我」的，可以視為「我」外圍的第二層；而以軍事征伐為基礎、相對比較獨立、臣屬關係較鬆散的「方國」則被稱為「方」也即「邊」「他」「外」之類的意思，乃是更外圍的第三層。概括而言，商代的政治地理空間架構基本可以描述為以「中商」為中心的、「中商——邦——方」的三層空間；再者，商人基本上是單純以是否政治關係距離的遠近為政治地理空間架構原則的，並將這種原則體現在關係距離，如臣屬關係、血緣關係等，這較之周人簡單、直觀得多。這就體現出商人迥異於周人的強勢、自我的文化性格。導致這種文化性格的一個重要原因就是宗教權

〔註150〕孫亞冰、林歡：《商代地理與方國》，第 257～258 頁。

〔註151〕孫亞冰、林歡：《商代地理與方國》，第 36～57 頁。

〔註152〕此說法乃據李忠林的觀點而稱。據李忠林的意見，「邦」「是商王朝的一級重要的政區，與中央王朝之間自然存在著明顯的臣屬關係」，略同於「封國」。（見《略論甲骨文中的「邦」「封」及其相關問題》，《考古與文物》2010 年第 5 期）。

力的壟斷，商人的至上神「帝」乃是「不兼覆他姓族」的「特殊主義的神」，
〔註153〕而服從商朝統治的各封國、方國，與商朝一樣「共祀一個至上神」。
〔註154〕

最後再來比較一下《山海經》所隱含的政治地理空間模式及觀念與商代的異同：

就其同的一面，主要是以「我」、以王朝為中心的關照方式；這種方式在儀式空間方面表現為神聖場所的集中分布，這點上《山海經》中所反映的情況與商代的情況很相似。

就其異的一面來看。首先《山海經》中隱含的中心區與夏王畿所在地域更吻合，但與商王畿區、尤其是中商和晚商的王畿區不合；其次，《山海經》中隱含的「中心區——方國」結構模式與晚商時期「中商——邦——方」的三層模式是不同的。後者乃是基於自覺的分封，前者所體現的則可能是一種更為古老的認識。

第三節　早期地學知識形態與《山海經圖》的生成

前二節從「空間」角度，以卜辭為例考察了商代儀式空間和政治地理空間的情況；並以商代情況為標杆，結合考古材料、傳世文獻等其他材料，對《山海經》相關知識、觀念產生的時代作了推論，認為其中包含了很古老的內容，不少信息甚至與夏朝情況相合。本節則從「物質」，也即對於「地與物」本身的認識方面，對《山海經》知識生成時代、最初的文本形態及功能等問題作總結性地考察。

如郭英德所說，「中國古代的文體（按：包括體制、語體、體式、體性）分類正是從對不同文體的行為方式及其社會功能的指認中衍生出來的」，
〔註155〕《山海經》也不例外。在後世新知識增續的過程中，新舊地學思想之間必然會有衝突不協，這種不協不僅會在內容上有表現，也可能會通過文體表現出來。將這些不協現象放到其時時代語境中、并結合商代材料中

〔註153〕按，「不兼覆他姓族」意謂乃最初只是商族一族之至上神。見顏世安：《周初「夏」觀念與王族文化圈意識》，《北京師範大學學報（社會科學版）》2007年第4期。
〔註154〕李雪山：《商代分封制度研究》，第311頁。
〔註155〕郭英德：《中國古代文體學論稿》，第4頁，第29頁。

的類似情況去考察，對於探討《山海經》中保留的早期地學知識的關注範圍及功能指向，進而理清時代地學思想的變遷，都是必要而且可行的。

一、早期地學知識的存在形態

巫政合一背景下官方所掌地學知識的社會功能無外乎兩方面：一是在生產生活等經濟方面；一是宗教和政治意識形態方面，如「備百物，知神奸」、〔註156〕「觀萬國」、「成貢賦」等，這幾者關係密切，統一於「權力」。這兩方面的功能在《山海經》最早生成的知識中都有所體現。通過對《山海經》知識生成時代的辨別，以及在此基礎上對其中不同類型知識的存在形態（如被重視的程度等）的考察，是可以瞭解早期官方地學知識的發展程度及其對地學知識社會功能的認識等的情況的——這些情況又會對相關文獻的生成、文獻傳播方式、文體形態等產生影響。當然以《山海經》為主要考察對象的同時，還需要結合其他相關文獻（如《禹貢》）和出土材料來綜合考察。

（一）《山海經》知識的類型及生成時代

《山海經》成書雖晚，但其中很大部分知識生成的時代很早，這點前文我們已有相關論述，這裡按其知識類型分別再作一補充和總結。首先是《山經》部分，程浟曾將其中的自然語段分為「行文」和「描寫」兩部分，如《西山經》「天帝之山」條：

> 又西三百五十里，曰天帝之山，上多棕、枏，下多菅、蕙。有獸焉，其狀如狗，名曰谿邊，席其皮者不蠱。有鳥焉，其狀如鶉，黑文而赤翁，名曰櫟，食之已痔。有草焉，其狀如葵，其臭如蘪蕪，名曰杜衡，可以走馬，食之已癭。

首句即所謂的「行文」，主要內容是介紹山名、方位、里程以及物產；後半段是「描寫」，描寫的對象主要是陌生的動植物；程浟將「描寫」部分中「谿邊」「櫟」「杜衡」等陌生動植物稱作「本體」，而將描寫其形態的「其狀如葵，其臭如蘪蕪」等文中的「葵」「蘪蕪」等熟悉生物稱為「喻體」。很明顯地，「行文」中棕、枏、菅、蕙等生物均屬於熟悉生物，具有現實經濟意義。就全書來看，這部分內容不僅包括動植物，還包括「桂」「金玉」（《南山經》

〔註156〕過常寶：《論上古動物圖畫及其相關文獻》。

「招搖之山」）等物產，這是《山海經》中的第一類知識。

「行文」中山川、方位里程等內容則主要為其所屬各山系的山神所統攝，這點不僅從《山經》文體結構可以看出，前文所舉《詩經‧周頌‧般》中的「猶」也即山川祭祀圖的例子也可以為證；「描述」部分的陌生動植物則「『服之』、『見之』往往有神奇功效……屬於巫醫、巫術範疇」，其性質、功能與各山系之神關聯更大，屬於「百物」（包括物怪和神祇等）知識範疇，宗教意義大於經濟意義；〔註157〕再者就是《海經》部分的方國、物怪、神聖地景等內容，其功能顯然也不在經濟方面。這是《山海經》中的第二類知識。這類知識涵括範圍比較廣，在《山海經》中分布也比較散漫，但它們卻屬於一個完整體系有機組成部分：《山經》中山川、神祇、陌生生物之間乃是以山系為骨架的有機知識體系的組成部分，這點比較明確；而從上節所列《山海經》三部分經文的重見內容看，《海經》中的方國等內容或與「山」重合、或散佈於各山系之間，因此與前者也屬於同一知識體系。

關於《山海經》知識生成時代古老性的問題，現代學者多有研究。如其中山川、山神等方面，馬昌儀等學者的研究可以為證，從前文對於其山嶽信仰模式及通天場所空間分布等的考察中也可以窺見一斑。此處再從幾個方面略作補充。

一、考諸傳世及出土文獻可知其在夏商甚至更早既已存在的，這方面以山川方國、神祇物怪及古聖賢等具體內容為主。如太室、昆吾、蒼梧、河、丹水、若水、讙頭國（丹朱）、三苗國、周饒國（僬僥氏）、大人國（防風氏）、并封（伯封，有仍氏女與夒之子）、青丘國、天穆之野等等山川方國，黃帝、帝俊、禹、啟、孟塗、王亥、相柳、吳回（回祿）、鑿齒、九尾狐等等聖賢、神祇、物怪；此外，還有如學者所熟知的四方神、四方風，以及前文曾介紹過的張國安等考證出的西周、北齊、柔僕民、白民、犬戎、羽民、三首等等。此類內容雖然難以遍考，其中不少地名之類內容亦延及後世，但諸如「西周之國」「王亥」之類的內容卻不宜視為後世追記：

> 有人曰王亥，兩手操鳥，方食其頭。（《大荒東經》）

> 有西周之國，姬姓，食穀。有人方耕，名曰叔均。（《大荒西經》）

〔註157〕過常寶：《論上古動物圖畫及其相關文獻》。

其中述圖痕跡明顯，顯然是古圖既已有之的；這些史蹟及記錄它們的圖像應該是即時性的，由此不僅可知其知識的古老性，亦可以看出古圖像文獻的古老性。

這又可與《逸周書·王會》篇相印證。將《海經》與《王會圖》比較可得，與《海外四經》相類者13條，與《海內四經》相類者14條（見《附錄二》），這27條內容大部分都是既包括方國又包括其所貢物產的。據此至少可以肯定，這些方國物產知識至遲在周初《王會圖》的時代就已經存在了；若再計入知識積累傳播的環節，則至少可以追溯到商代甚至更早。

二、相比之下，對於《山海經》所隱含的相關文化觀念的考察，對於認識其知識生成時代更具有普遍性。可略舉數端來看：

（一）神祇物怪等方面，學者曾結合出土材料的情況，對這些陌生生物以及神祇等的圖像產生的時代作了對比，研究比較充分、結論也頗能令人信服。如過常寶師曾據張光直、朱鳳瀚、段勇等的研究成果並結合先秦文獻如《呂氏春秋》等中關於「周鼎」的記載推論：「現代人所謂的幾個類型，在商周時代則可能是數十、數百種或更多的具體的物怪……上古『九鼎』鑄『百物』在理論上是有可能的。」〔註158〕李川的研究可以為之作注腳。據其考證，《山海經》中的鮨魚（《北山經·北次三經·北嶽之山》）、「龍魚」（《海外西經》；按：《西次三經·泰器之山》的「文鰩魚」與此相似）、「羽民」、龍鳳鴟龜、「軒轅」、刑天、燭陰、三首國、奇肱國、并封、神樹及十日、乘龍、蛇等相關主題內容，以及人獸交混的神祇物怪等內容皆可以在史前遺跡中找到源頭，乃是史前文化的傳承。〔註159〕如果說李川的研究主要還是從具體地、實證性地，那麼張光直等學者關於此類物怪主題意象的研究更可以從普遍性的層面說明問題。張光直發現，從古典式（商後半到周初）到淮式（春秋中葉以後），青銅器紋中人與動物的關係中呈現出的動物的神力與支配力在退化，而人的地位則從被動、隸屬逐漸變為主動、征服；〔註160〕王厚宇則對考古材料中的「蛇」形象作了詳細考察，從中也可歸納出從「崇拜」、「合作（操控）」到「敵對（征服）」態度的轉變，可印證和補

〔註158〕過常寶：《論上古動物圖畫及其相關文獻》。
〔註159〕李川：《〈山海經〉神話記錄系統性之研究》，碩士學位論文，廣西師範大學，2006年4月，第25～30頁。
〔註160〕參見〔美〕張光直：《中國青銅時代》，生活·讀書·新知三聯書店1983年版，第291～296頁。

充張光直的說法。其中「崇拜」主題出現最早，可追溯到石器時代，典型表現是人蛇合體或只有蛇；「合作」主題表現為人蛇相配，如珥蛇、踐蛇、操蛇等，至遲可追溯到商代，如下圖：

商代青銅器中的珥蛇紋樣

（圖像摘自李濟：《李濟文集》卷四，上海人民出版社 2006 年版，第 209～210 頁）

圖中主體圖像似即《周禮·夏官·方相氏》所載、以及多見出土的商代的「方良」面具。因此也可以歸入「珥蛇」也即「合作」主題之下。而「自戰國時起，蛇又成為詛咒巫術中的鬼怪」，相應地「敵對」主題的「打蛇啖蛇」紋樣也就出現了。〔註161〕考諸《山海經》，這三類主題中以前兩類數量占絕大多數，有 41 條之多（兩個主題分別為 21 條和 20 條），而第三類主題的僅有見於《海外四經》和《大荒南經》的 3 條（詳見《附錄一》）。「蛇」主題只是其中一個典型事例，實際上類似情況在《山海經》中是很普遍的。這點梁奇的研究比較系統：他發現《山經》中的神祇物怪形象多人獸或獸獸的合體（也即「崇拜」）、《海經》多「合作」主體、而《荒經》中「人」的主體性被突出。〔註162〕雖然他據此推證三部分經文成書早晚的方式因混淆了知識生成與文獻寫定的本質區別而顯得有些簡單化，但其研究價值仍值得特別重視──這至少可以說明《山海經》中的這些物怪知識及其圖像的源頭是非常古老的。

〔註161〕王文分「崇蛇敬蛇」「珥蛇踐蛇」「操蛇戲蛇」「打蛇啖蛇」四個主題，四者實際上是按照人對「蛇」的有早到晚、由崇敬到畏懼的態度演變來分類的。按王文意圖可將第二、三種合併為「合作」主題，這種劃分標準更可以體現隨著人類主體意識的覺醒，對於精靈物怪從自發崇拜到理性認知的過程。參見王厚宇：《考古資料中的蛇和相關神怪》，《中國典籍與文化》2001 年第 2 期。

〔註162〕參見梁奇：《從神人形象補證〈山海經〉各部分的成書時序》（《廣西師範學院學報（哲學社會科學版）》2014 年第 4 期）等文。

　　（二）《山海經》中「物」「地」關係的認識也十分古老，大致可分為兩個維度來考察：一是橫向上物類關係的認識，二是縱向上的物（人）與地之間關係的認識。表現在《山海經》中，前者如方物描寫方面異類合體、異物化生、異物同名等等現象，本質上反映的是先民對於物類關係認識的情況；後者則體現為特定的山上只有同一種陌生植物或動物等的認識及敘事方式（可稱之為「物地對應」的敘事方式）。

　　1. 先民對於物類關係的認識正如吾淳所說：

　　　　中國古代「類」觀念的形成和發展與知識密切相關，或者說，它是在知識的基礎上建立起來的。具體地，「類」觀念與知識的關係沿兩條線索發展和展開，並形成兩種基本形態。其一是分類，其二是比類。這樣兩條線索早在遠古時代就已經初露端倪。〔註163〕

大致有「分類」和「比類」兩種。它們均是「緣天官」（《荀子・正名》）〔註164〕，也即建立在直觀感受的基礎上。相比之下，「比類是通過比喻形式加以表達的，而比喻的基礎是最通常的知識」「與分類相比，『比類』中的主觀性質是突出的，也因此，比類中又有明顯的主觀主義的成分。」〔註165〕因此，巫文化語境中的「分類」往往是混沌不清的，而相反地「比類」則很發達，因為後者不像前者那樣需要抽象的思辨，而只要將「最通常的知識」直觀地關聯起來就可以實現了。愛德華・泰勒說：「巫術是建立在人類聯想基礎上而以人類的智慧為基礎的一種能力，但在相當大的程度上，同樣也是以人類的愚鈍為基礎的一種能力……人類在低級智力狀態中就學會了在思想中把那些他發現的彼此間的實際聯繫的事物結合起來。但是，以後他就曲解了這種聯繫，得出了錯誤的結論。」〔註166〕

　　早在上世紀30年代，鍾敬文就曾對《山海經》中的藥物（也即《山經》「描寫」部分的巫藥）做過專門研究，發現其中有大量運用「法術的類感觀

〔註163〕見吾淳：《中國古代『類』觀念與知識的關係及兩種基本形態》，《學術界》2012年第8期。

〔註164〕「天官」即「耳目口鼻心體也。」（清）王先謙：《荀子集解》，中華書局1988年版，第415頁。

〔註165〕吾淳：《中國古代『類』觀念與知識的關係及兩種基本形態》。

〔註166〕〔英〕愛德華・泰勒：《原始文化——神話、哲學、宗教、語言、藝術和習俗發展之研究》（重譯本），連樹生譯，廣西師範大學出版社2005年版，第93頁。

念」治病的例子，最能體現巫文化時代人們的「比類」思想：

> 如治法之多用「服」——二十三則中，服（佩服）者占十一則，
> 其他各種用法共占 12 則——甚至有用「秦養」的，這明是法術上的
> 「厭勝」（Charms）的方法。就是吃食法的藥物中，亦多是應用法術
> 中的類感觀念的。例如，吃了獸類的肉，能使人不生妒心，這恐怕
> 是因此種動物被認為「自為牝牡」之故聯想到的。佩服的藥品，其
> 應用類感原則的，當更不少了。〔註 167〕

這種「比類」是通過「聯想」「類感」來實現的，而促使其建立「聯想」或「類感」的是二者或數者之間某種相同或相似的直觀屬性、特徵。其中亦可窺見巫術的思維長於「比類」但弱於「分類」的特點。由於這種巫術是以實效性為旨歸的，這裡可舉《山經》中具「不迷（昧、眜）」效能的系列例子來看：

> 有木焉，其狀如穀而黑理，其華四照，其名曰迷穀，佩之不迷。
> （《南山經》）

> 是多冉遺之魚，魚身蛇首六足，其目如馬耳，食之使人不眜，
> 可以禦凶。（《西次四經》）

> 有草焉，其狀如葵葉而赤華，莢實，實如棕莢，名曰植楮，可
> 以已癙，食之不眜。（《中山經》）

> 有獸焉，其狀如麂而有角，其音如號，名曰𧰼𧳆，食之不眜。
> （《中次二經》）

> 其中有鳥焉，狀如山雞而長尾，赤如丹火而青喙，名曰鴒鵖，
> 其鳴自呼，服之不眜。（《中次六經》）

> 有草焉，其狀如苨，白華黑實，澤如蕈蕒，其名曰遙草，服之
> 不眜。（《中次七經》）

這些能產生「不迷（昧、眜）」效能的生物或光澤紋理鮮明（如迷穀、植楮、鴒鵖、遙草）、或眼目形狀特殊（如冉遺之魚）、或聲音響亮（𧰼𧳆），都具有與「迷」病迷蒙症狀完全相反的、非本質的屬性或特徵，這或許是它們被認

〔註167〕「服（佩服）者占十一則」初發表時作「服者占九則」（見鍾敬文：《我國古
代民眾關於醫藥學的知識（『山海經之文化史的研究』中的一章）》，《民眾教
育季刊》1931 年第 2 卷第 1 號，第 28 頁），此處據《謠俗蠡測》（見鍾敬文
著、巴莫曲布嫫、康麗編：《謠俗蠡測》，上海文藝出版社 2001 年版，第 60
頁）本改。

為有「不迷（昧、眯）」的重要原因。這種具有相似屬性（主要是非本質的屬性）的一系列未必同「種類」的事物，在先秦人眼中屬於同「類族」（《周易·同人·象》）。從中也可以看出，這些巫藥在「種類」上有草、木、鳥、獸之別，但其共同的功效僅僅是因為某種直觀的特徵相似，至於它們屬於何種物類似乎於功效而言並不重要。這是不是說明《山海經》在長於「比類」的同時，「分類」的意識卻相對較薄弱呢？實際上，「分類」的思維機制較之上述這種「比類」要複雜得多：「分類」所依據的也是事物的屬性或特徵，不過需要涉及事物的本質屬性；而且「分類」至少須要兩個環節，首先要確定「同類同情」也即「類同」，在此基礎上才能歸納、劃分「類別」。這僅憑直觀、寫意顯然是不夠的，還需要足夠的抽象思維能力。

《山海經》中這種物類之間「分類」上混沌不明的現象表現在多個方面。比較明顯的還有如「異類合體」現象。所謂「異類合體」就是指將不同物類合為一體構成新事物的現象，如上文所舉的人蛇合體諸例即是；此外還有如人獸、鳥獸等之間的「合體」，最典型的例子就是各《山經》末尾所附「鳥身而龍首」（《南山經》）、「龍身而人面」（《南次三經》）等等的山神形象。這些例子一方面反映的是先民對於動物「崇拜」的態度，另外反映的就是先民物類意識的混沌不明，正如學者所說「人獸組合的神人形象是『混沌思維』的產物，是人獸未分時代的產物，反映了先民崇拜這些怪獸猛禽以求得保祐的心理。」〔註168〕

還有一類「異物同名」現象，反映得也是這種情況，如：

有蛇焉，名曰肥蟥，六足四翼，見則天下大旱。（《西山經》「太華之山」）

有鳥焉，其狀如鶉，黃身而赤喙，其名曰肥遺，食之已癘，可以殺蟲。（《西山經》「英山」條）

有蛇一首兩身，名曰肥遺，見則其國大旱。（《北山經》「渾夕之山」條）

肥水出焉，而南流注于牀水，其中多肥遺之蛇。（《北次三經》「彭毗之山」）

〔註168〕梁奇：《〈山海經〉形象管窺——以人獸伴生類與異形神人類為例》，《文藝評論》2011 年第 4 期。

這些「肥遺」均屬《山海經圖》所述陌生動物。它們或被歸為鳥類，或被歸入蛇類；即使同為蛇類者，「六足四翼」者和「一首兩身」者也顯然非一物……這種同名異類情況與「異類合體」諸例本質上是一致的：都是物類意識不明確、尚未上升到自覺狀態的產物。此類事例還有如「囂」（《西山經》「羭次之山」的「囂」獸與《北次二經》「梁渠之山」的「囂」鳥等）、「窫窳」（《北次二經》「少咸之山」的「窫窳」獸與《海內南經》、《海內西經》的「窫窳」尸等）等。

最典型的例子還當屬「異類化生」現象，包括異物化生與人、物互生。如《海內北經》「犬封國」條：

> 犬封國曰大戎國，狀如犬。有一女子，方跪進杯食。

《大荒北經》則載：「大荒之中，有山名曰融父山，順水入焉。有人名曰犬戎。黃帝生苗龍，苗龍生融吾，融吾生弄明，弄明生白犬，白犬有牝牡，是為犬戎，肉食。」人類可以生育動物，動物又成為異族人的祖先。這可以與《清華簡三·說命上》所載赤俘之戎的故事比較而觀：

> 失仲是生子，生二牡豕。失仲卜曰：「我其殺之」，「我其已，勿殺。」勿殺是吉。失仲違卜，乃殺一豕。說於圍伐失仲，一豕乃旋保以逝，乃踐，邑人皆從，一豕隨仲之自行，是為赤俘之戎。〔註169〕

李學勤認為此文內容符合商代人的認識。〔註170〕其中失仲可生豕，而豕子又可以帶領邑人建立赤俘之戎族。這則故事反映的同樣也是早期物類分別的認識尚不明確的情況。

上文我們考察了《山海經圖》物類描寫方面的各種敘事方式，認為這背後反映的是先民「分類」意識不明確的情況。當然這並不是說當時人們還處在物我不別的原始狀態，實際上無論是從《山海經圖》還是從甲骨卜辭看，當時人對於事物的辨識的能力還是很強的，如據程浟統計《山海經》所載陌生生物有 218 種之多，甲骨卜辭地名中涉及地形地貌的詞彙也有 60 多種。〔註171〕但歸根結底，「辨識」更多指向個體生物之間表象特徵的區別，相比之下還是歸類、分類更能體現人們對生物本質屬性認識的水平。

〔註169〕清華大學出土文獻研究與保護中心編：《清華大學藏戰國竹簡》（三），第 122 頁。
〔註170〕參見李學勤：《論清華簡〈說命〉中的卜辭》。
〔註171〕孫亞冰、林歡：《商代地理與方國》，第 12 頁。

2. 關於物（人）地關係的認識。《山海經》中的方物性狀與其所處自然環境之間具有對應關係。李炳海認為，《山經》中精靈的樂音「與其依託之山的自然生態密切相關，與某些自然存在物構成某種對應關係。產玉之地的精靈音如擊磬，產雄黃之地的精靈音如鼓聲。生產琴瑟之材所在地的精靈，其鳴叫聲則如輕吟曼歌。還有的精靈由於充當所在之山守護神的角色，所發出的聲音則如擊柝。」〔註172〕如產玉之地的精靈之音：

　　　　騩山，其上多玉而無石，神耆童居之，其音常如鍾磬。（《西次三經》）

　　　　鳥鼠同穴之山，其上多白虎、白玉……濫水出于其西……多䱻魚……音如磬石之聲，是生珠玉。（《西次四經》）

　　　　鮮山，多金玉……其中多鳴蛇，其狀如蛇而四翼，其音如磬……（《中次二經》）

個中關係其文已論述詳備，上例中也有明顯表現。不惟如是，《山海經》中還描寫了很多具有藥用功能的奇草異木，「這些功能均是源於對所在之山所作的定位、定性」，就是說它們的神效乃是「所處之山與上天的關聯而被賦予特殊的功能。」〔註173〕這些精靈、草木，也正是《山海經》中的陌生生物。

　　可以在李說基礎上推而廣之，《山經》對於物產分布的描述多用「地理位置＋多×物產」的方式，如說「其上多×，其下多×」「其陽多×，其陰多×」之類。據我們上文的考察，這類知識被寫定的時代或許很晚，但生成時代卻未必晚於《山海經圖》。這樣的例子有數十處，略舉數處：

　　　　其陽多銅，其陰多鐵。（《西山經·符禺之山》）

　　　　其上多金玉，其下多青雘。（《南次二經·成山》）

　　　　其陽多玉，其陰多金。（《南次二經·堯光之山》）

「玉」性「溫潤而澤」（《禮記·聘義》），而「金寒」（《左傳·閔公二年》），正與其所處方位之陽、陰相對應；相對地，「銅」「金玉」較之「鐵」「青雘」等僅就色澤言就可以歸前者為陽而後者為陰，此解也符合我們上文所論先

<hr />

〔註172〕李炳海：《上古虛擬世界的天籟之音——論〈五藏山經〉有關精靈音樂的記載》，《文藝研究》2011年第2期。

〔註173〕李炳海：《〈山海經·五藏山經〉藥用植物文化生成蠡測》，《中州學刊》2013年第10期。

民直觀寫意的思維特點。陰陽二分的認識股商人已有，這些例子中山的陰陽方位與礦物陰陽屬性之間存在對應關係，正是陰陽二分觀之下人們「地理環境決定物類性狀及分布」生態認識的寫照。此外還有一些看不出陰陽對應規律的，如「猨翼之山」上並生的一系列「怪獸」「怪魚」「怪蛇」「怪木」（《南山經》）等等，認識方式則更加直觀。

表現在更宏觀的方面就是《山經》所記的 26 山系山神形貌與其所在環境之間也存在對應關係。如南方多魚龍之屬，南山諸經的山神皆有「龍」狀，正如西部地區畜牧業發達，西山諸經的山神就多作羊、馬、牛形一樣。

大體看來，《山海經》中特定族群、方物或神祇往往有特定的地理區域作為其「領地」，「物」與「地」之間在縱向上構成一個個自然或人文的有機、自足的生態圈，並與他地與他物所構成的生態圈區分開來——表現在文本層面就是其「物地對應」的敘事方式。

《山海經》所繪各山系或數座山之間幾乎都有其專門的山神，二者之間構成了一一對應的模式；而方國人民與其所在地之間，基本也呈這種對應模式分布而幾無重見——這是比較宏觀的例子；從微觀方面看，《山海經圖》中所繪山川中，很大部分都有相應的陌生生物存在。它們的分布同樣呈現出「物地對應」的特點：就是同一座山上、同一條水中這幾類物怪各自只有一種，再無第二種。例如《南山經》的「招搖之山」：

> 有草焉，其狀如韭而青華，其名曰祝餘，食之不饑。有木焉，其狀如穀而黑理，其華四照，其名曰迷穀，佩之不迷。有獸焉，其狀如禺而白耳，伏行人走，其名曰狌狌，食之善走。麗麐之水出焉，而西流注于海，其中多育沛，佩之無瘕疾。

其中就獸、草、木、水族四種陌生生物，但草類只有「祝餘」、木類只有「迷穀」、獸類只有「狌狌」、水族只有「育沛」，同類生物則並無其他。據唐明邦研究，《山經》中的山神具有「管轄範圍十分狹小」「各處山神形狀各異，都是某種動物的變形」、「山神除管轄一山外，少有特殊職司」等特點。〔註174〕無論是管轄範圍還是職司，都十分明確具體，這背後隱含的仍然是「物地對應」的理念。

綜上所論，《山海經》對物類關係的認識長於直觀寫意思維基礎上的「比

〔註174〕唐明邦：《從〈山海經〉看我國原始宗教與巫術的特點》。

類」，而弱於依賴抽象思維的「分類」；對物地關係的認識亦更多是對具體的方物與其所在地理環境之間「物地對應」的直觀認識，而缺乏更為抽象、系統的歸納和總結。一言以蔽，就是此時人們對於物類和物地關係的認識，仍有直觀、不系統和混沌不明的特點。

這點又可以與周人的情況略作比較：如《周易》雖然也是在圍繞八卦本象屬性建立起互相關聯的天象、地形、物類、色彩、人體、性格、行為等的「類族」，但它最終將世界萬物歸納統屬於八卦，進而歸納各「類族」的秩序與運作原理，較《山海經》的認識遠為博大精深；《周禮·地官·大司徒》將「地」分為「五地」，又分地上之「物」為五「動物」、五「植物」、五「民」，並與「五地」對應而形成「土宜」思想，其中「地」與「物」之間雖然也存在彼此對應、映照的關係，但其在歸納、分類思維上的先進，較之《山海經》又不可同日而語；其他如《尚書·洪範》之「五行」、春秋人的「五材」「六府」之說亦是如此，在物類觀念中又摻入了陰陽五行等觀念。物地關係的認識與「星——地——人」的星土分野理論，本質上都是對人與自然關係的認識。《左傳·襄公九年》載：

> 古之火正，或食於心，或食於咮，以出內火。是故咮為鶉火，心為大火。陶唐氏之火正閼伯居商丘，祀大火，而火紀時焉。相土因之，故商主大火。商人閱其禍敗之釁，必始於火，是以日知其有天道也。

最初的分野是根據族群的職事、封地劃分的，因之而形成「星——地」的固定對應。據《竹書紀年》記載，夏帝相「十五年，商侯相土作乘馬，遂遷於商」，商人的「禍敗之釁」（《左傳·襄公九年》）遂與大火星建立了關係。從《左傳》《國語》的記載看，到了西周春秋時期，發展成為以十二次、二十八宿為本而對應地上諸侯國的系統分野，[註175]大致如《周禮·春官·保章氏》所言，「以星土辨九州島之地，所封封域皆有分星，以觀妖祥」。

由此可見，先民在物類觀念上大致經歷了一個從長於比類到精於分類，從直觀比類到附數比類的過程；在「物」與「自然」對應關係的認識上，也經歷了一個從具體到抽象、從零散到系統的過程——而《山海經》其中「物」「地」關係的認識正處在這個鏈條的初始環節，體現的也應該是所處時代的

〔註175〕參見劉瑛：《〈左傳〉、〈國語〉方術研究》，人民文學出版社 2006 年版，第 28 ～36 頁。

認識水平。

此外，除「地學」方面之外，《山海經》所隱含的文化觀念之古老還表現在其他方面。如晁福林即指出，《山海經》中的「天」觀念雖然加入了春秋戰國編者的認識，但本質上只是自然之天而未被神化，仍保留著夏代先民的認識。〔註176〕

綜上則《山海經》中這些知識生成時代之古老性可見一斑。不僅如此，它們最早就可能已經被付諸相應的圖像、甚至文字了。這點比較明顯的是神祇物怪、方國異民類知識，從上文的介紹可見，學者對它們生成時代的考察也多是以出土材料中的相應圖像作比照，這說明它們古有圖像且《山海經》中相應的形貌描寫與其是一致的。而從今本《山海經》記載來看，其中山川類知識最早應該也是有圖像的，如其中不乏對各山形貌的描寫，如說成山「四方而三壇」、會稽之山「四方」（《南次二經》）、太華之山「削成而四方」（《西山經》）等等，陌生生物類也是如此，如「有木焉，其狀如穀而黑理，其華四照，其名曰迷穀」（《南山經》）等等。這些知識最早不僅有相應的圖像作為載體，可能還有相應的文字記載其專名。這點可考諸傳世文獻的部分自不必說，還有一些內容如《荒經》中四方神四方風名、白民、犬戎、巴、羌等等在卜辭中也已經存在。山川類知識也是如此，如前文我們曾提到的與《山經》性質相似的《詩經·周頌·般》中所說圖寫有大小山川的「猶」、也即山川祭祀圖。試想如果圖上無標識山川名的文字，如何按圖辨識山川並進行祭祀呢？——由於這涉及古《山海經圖》及其文體形態問題，因此這裡我們只就具體地景或方物略作說明。

《山海經》「行文」部分所載錄的關於動植物、礦產等現實地利方面這類知識雖然寫定的時間很晚，但其中的很大一部分生成時代同樣可能很早。這點首先可以從其中所載礦物種類、數量等方面可以看出。「行文」中載出鐵之山有三十餘處，以往研究者常常以此斷定「行文」知識生成甚晚。這是有失片面的，孫致中曾有申說，他認為：在《山海經》（屬「行文」部分）所記89類礦物中，鐵只占其一；各類礦物產地六百餘處，其中出鐵之地僅占0.054%；並以商代出土鐵器實例尤其是槁城臺西遺址出土鐵礦石和鐵渣，以及《逸周書·克殷解》等所載「玄鉞」等例，說明商代中晚期已有冶鐵技

〔註176〕晁福林：《〈山海經〉與上古時代的「天」觀念》，《中原文化研究》2016年第1期。

術，〔註177〕其說更為通達。只是學者多不認為槁城臺西所出鐵礦石和鐵渣屬於人工煉鐵，對「玄鈇」是否為鐵器也有異議；但山西黎城縣西周古墓發現的銅柄鐵刃劍已是人工冶煉之物，卻是事實。再者，從其他類礦物所佔比率看，也足以說明「行文」知識的古老性。根據陳國生等的統計結果，《山經》（屬「行文」部分）所載礦產分布最多的是玉類，有230處、計玉24種；其次是名為金、黃金、赤金、白金、銅、赤銅、青銅、美銅、錫等的金屬類，有190多處；然後是石類，其中石類35種、120餘處，土類9種、33處。〔註178〕總體來看情況確如孫致中所說，鐵及出鐵之山的分布比率極小；單從金屬來看，其中名「金」的諸類多可視為銅，那麼銅的分布和使用也遠大於鐵。這些統計結果，反映的不僅是當時人對各類礦物分布的認識和利用情況，更反映了他們對各類礦物價值的認識情況。這與《山經》末所引「出銅之山四百六十七，出鐵之山三千六百九十……是謂國用」的「周秦舊語」〔註179〕所反映的後世的情況截然不同，前者反映的應該是更早時候情況。

其次從文體形態上看，很明顯地這部分知識是很難通過圖畫表現出來的，而同時《山海經》記載這部分知識的語句卻明顯有口頭化、程式化的特點。典型的如西次三經22山之4的「峚山」條：

其上多丹木，員葉而赤莖，黃華而赤實，其味如飴，食之不饑。
丹水出焉，西流注于稷澤，其中多白玉。是有玉膏，其原沸沸湯湯，
黃帝是食是饗。是生玄玉。玉膏所出，以灌丹木。丹木五歲，五色
乃清，五味乃馨。黃帝乃取峚山之玉榮，而投之鍾山之陽。瑾瑜之
玉為良，堅粟精密，濁澤有而光。五色發作，以和柔剛。天地鬼神，
是食是饗；君子服之，以禦不祥。

據吳曉東的考察，存在這種韻文因素的還有招搖之山、柢山、白於之山、玉山、不周山、半石之山、女几之山、北嚻之山等，此外「其上多×，其下多×」「其陽多×，其陰多×」「有×焉」、「×水出焉」之類語例也可以認為是口頭程序的表現。〔註180〕口傳的傳承方式雖然也可以很大程度上保留這類知識原初的痕跡，但相比起圖像或文字則更不穩定，因此不能因為其中有後世的

〔註177〕孫致中：《〈山海經〉與〈山海圖〉》，《河北學刊》1987年第1期。
〔註178〕陳國生、楊曉霞：《〈五藏山經〉中礦物名稱考釋及其地理分布研究》，《自然科學史研究》1997年第4期。
〔註179〕郝懿行語，見袁珂校注：《山海經校注》，第221頁。
〔註180〕吳曉東：《〈山海經〉語境重建與神話解讀》，第38～48頁。

印記就否定其古老性；正如《山海經》另一類知識中神祇、方國等內容雖然很可能早被圖寫下來，但仍免不了有大量後世的內容一樣。

類似的例子就是今本《禹貢》的九州貢賦部分：邵望平通過對公元前 2000 年左右夏代時期考古研究的成果相比照，發現其九州分域符合當時黃河、長江流域人文地理區系的分布情況，並據此認為《禹貢》九州之說或商史追述夏史口碑或「周初史官對夏、商史蹟的追記」。〔註 181〕韓高年則發現，這部分知識在「敘述禹敷九州的事蹟時，多用傾向性很強的詞語，帶有強烈的歌頌的語氣」，而且它們以九段成體、可以韻讀，很可能是「《大夏》之頌的文本」，因此認為「今本《禹貢》是在夏代以來流傳的歌頌大禹的『九歌』的基礎上經後人增益而成的」，〔註 182〕這是很有創見的看法；更重要的是，與「行文」中的知識相似，《禹貢》中的這部分知識同樣也主要是指向物產等現實經濟方面。

據此可以推論：《山海經》的知識中有很大一部分在商代及以前已然生成，這些內容按其性質和功能主要分為兩類：第一類就是《山經》「行文」部分關於物產部分的知識，它們中的很大一部分最早可能以口傳的方式傳承；第二類是《山海經》中的山川、山神、方國、陌生生物等知識，其中的很大部分也可以追溯到商代及以前。與第一類不同，從《山海經》文本看它們均有述圖的痕跡，而且描繪其形貌的圖像以及記載其專名的文字幾乎與其知識生成時代一樣早——更進一步結合前兩節我們對《山海經》中心區與夏王畿區的考察結果則可以認為，傳統關於《山海經》知識產生並系統整理於「鼎圖」時代的說法也並非毫無根據。

（二）早期官方對地學知識社會功能的認識

第一類知識主要是《山海經》「行文」部分中關於物產的內容和「描寫」部分關於陌生生物的功效等方面的內容，它們主要指向現實地利，這點不需多言。

第二類知識的情況比較複雜，它們不僅屬於同一知識體系的有機組成部分，而且從內容看它們之間有一個共同的特點：「陌生」。首先從「地」的角度看，這類知識最關注的自然地景是「山」。劉歆在《山海經敘錄》中提到上古

〔註 181〕見邵望平：《〈禹貢〉九州的考古學研究——兼說中國古代文明的多源性》，《九州學刊》1987 年第 2 卷第 1 期。

〔註 182〕韓高年：《禮俗儀式與先秦詩歌演變》，中華書局 2006 年版，第 124～137 頁。

人民丘居的情況：「昔洪水洋溢，漫衍中國，民人失據，敓隉於丘陵，巢於樹木」，類似說法還見於「古我先王將多於前功，適於山」（《尚書・盤庚下》）、「古之民未知為宮室時，就陵阜而居」（《墨子・辭過》）等等。胡厚宣有《卜辭地名與古人居丘說》〔註183〕據甲骨卜辭申論此說，考古材料中也不乏這方面的證據。然而這裡的「丘」與《山海經》的「山」並不能等同。「丘」，《說文》解曰「土之高者，非人所為也」（《爾雅・釋地》略同）、《廣雅》說「小陵曰丘」，乃如今所謂丘陵、臺地等地貌，與《山經》所載「其下多水，不可以上」（《南次三經》「天虞之山」）、「削成而四方，其高五千仞，其廣十里，鳥獸莫居」（《西山經》「太華之山」）等等乃至於無草木、多水火之類人跡難至的高山峻嶺顯然不是一回事。據現代學者研究，早在商代卜辭中即有屬於平原地貌的地名17種以上，如：原、野、濕、隰等，且「商代是農業社會，農業地名是甲骨文地名中的大類」，〔註184〕無論是屬於平原地貌的地名還是農業地名，都是與日常生產生活密切相關的知識。儘管商代以前的這方面情況我們知之甚少，但我國農業早在石器時代就已經有相當程度的發展，因此商代以前人們對於這類知識的掌握較之商人也最多只是程度上的差異。但在《山海經》山川、方國專名中這些現實的地名卻很少，偶有如范林、大樂之野之類，它們也都是具特殊價值的地景，與世俗生產無甚關係。據此可見，《山海經》中這類知識特別重視山川等自然地景，並不是出於「丘居」背景下的認識，而是有意為之。

　　方國知識也是這類知識的重要內容，而他們基本上也散佈在中心區之外的遠方空間中，它們與山川一樣都具有「陌生」的特點。這是就其宏觀而言的。

　　從微觀角度和「物」的方面看，陌生生物、鬼怪神祇等也是這類知識的重要內容。它們並不只存在於「四方」或「遠方」，還存在於近處但幽昧難以涉入的空間中。輝縣琉璃閣、淮陰高莊出土的一些春秋戰國時期銅器上的紋樣：〔註185〕

〔註183〕　胡厚宣：《甲骨學商史論叢・初集》，齊魯大學國學研究所1945年版，第661～677頁。

〔註184〕　孫亞冰、林歡：《商代地理與方國》，第12頁，第186頁。

〔註185〕　琉璃閣M1墓出土銅盍時代「下限在春秋戰國之際」（參見劉緒：《晉乎？衛乎？——琉璃閣大墓的國屬》，《中原文物》2008年第3期）；淮陰高莊墓時代在「戰國中期前後」（參見淮陰市博物館：《淮陰高莊戰國墓》，《考古學報》

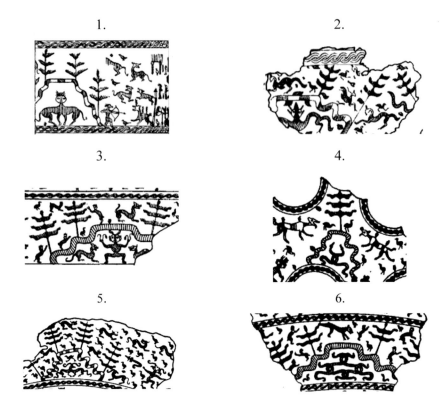

1. 樂舞狩獵紋銅奩刻紋局部（摘自郭寶鈞：《山彪鎮與琉璃閣》，科學出版社 1959 年版，第 64 頁）。

2. 刻紋銅匜腹外壁刻紋局部。

3. 刻紋銅匜刻紋局部。

4. 銅算形器紋殘片刻紋局部。

5、6. 刻紋銅器殘片內壁刻紋局部（圖 2-6 摘自淮陰市博物館：《淮陰高莊戰國墓》，第 204～211 頁）。

　　上面所採圖樣均包含有以帶狀紋圍其的平頂的山，山腹中均有把蛇珥蛇的人、數蛇相圍、兩身的怪獸以及鳥等圖樣，山上有樹木鳥獸等紋樣。王立仕從中分辨出了與《山海經》吻合的窮山、融父山、登葆山、鹿吳山、虢山、驕山等 6 山以及九尾狐、陵魚、窮奇、窫窳、驩頭、豎亥、君子民、夸父、術器、奢比尸、鰩魚等 11 種物怪或異民，〔註 186〕通過這些圖像也可以大致推

<hr />

1988 年第 2 期）。

〔註 186〕見王立仕：《淮陰高莊戰國墓銅器刻紋和〈山海圖〉》（《東南文化》1991 年第 6 期），這些山以及物怪內容，涉及《山海經》三部分經文。

測《山海經》知識最初的面貌。雖然這些精靈物怪均處於山腹之中，而在《山海經》中這類陌生動植物是在山上而非山腹中的，但本質上都是說它們的所處是在幽遠的山川中。《國語·魯語下》載孔子曰：「木石之怪曰夔、蝄蜽，水之怪曰龍、罔象，土之怪曰墳羊」（《莊子·達生》所載略同而更細）、《楚辭·山鬼》：「余處幽篁兮終不見天」、《河伯》：「靈何為兮水中」，乃至出土簡帛如睡虎地秦簡所載鬼出沒的丘、道、地下、牆下、井底等等……這些處所都有一個共同特點，那就是都是「陌生」的空間。所謂「陌生」，不僅表現在空間距離上的「遠」，還包括人們行為或感官難以涉入或極少關注的關係距離意義上的「遠」〔註187〕和「陌生」。惟其「陌生」，日常經驗的知識十分薄弱，也就恰好給巫術思維提供了馳騁的空間。

過常寶師指出，「《山海經》中的動物可以分為兩類，一是各山之獸，二是山系之神。前者「服之」、「見之」等往往有神奇功效，故與某些神奇植物相提並論，屬於巫醫、巫術範疇，後者則是一方之神，需要特別祭祀，屬於原始宗教性質。」〔註188〕雖然只是就動物而言，前一類動物正屬於《山海經》知識中的陌生生物之列，其他陌生植物功能也與此相似；而後者「基本上都是採用人、鳥、獸、龍四者進行組合的結果」，〔註189〕這正與前文所舉蛇紋之「崇拜」主題思維方式一致。程浟考察發現，這類陌生生物在中山諸經中分布比率遠較四方山經為低，這說明《山經》作者對於中心區地域範圍內生物的熟悉程度遠較四方為高。

無論是幽隱遙遠的高山大川、遠方方國，還是凡人難接觸精靈物怪、神聖地景，它們具有共同的特點，就是疏離於世俗生活之外，簡單地說就是「奇」和「陌生」。這種「陌生」的特點正說明，其功能主要不是指向現實生產生活所需的地利，而是指向其他方面。

那麼這一類知識有何用途、也即性質和功能是什麼？古今學者提出了多種不同的見解。這些見解雖然直接討論的是《山海經》一書的性質，實際

〔註187〕段義孚將人類所處空間分為「地方」和「空間」兩大部分，二者的基本區別就是作為主體的人的熟悉、認同的程度，也即以人為出發點的「距離」的遠近，『距離』意味著可獲得性的程度和關係的程度」。見〔美〕段義孚（Yi-FuTuan）著：《空間與地方——經驗的視角》，王志標譯，中國人民大學出版社2017年版，第36頁。

〔註188〕過常寶：《論上古動物圖畫及其相關文獻》。

〔註189〕陳連山：《〈山海經〉學術史考論》，北京大學出版社2012年版，第24頁。

上則是指向其知識的性質和功能。其中比較有影響的有如「形法家」「鼎圖」「巫書」「地理書」「小說」「神話」及「國家統一編製的自然地理志和人文地理志」〔註190〕等等。這些說法中有幾種值得注意:「鼎圖」說就其知識淵源,「巫書」說就其知識的文化屬性,這二說具有相通性;而「地理」則說是就其知識門類而言。它們均有合理性的因素,而且本質上並不矛盾。其中顧頡剛的觀點最為中肯:

> 這是一部巫術性質的地理書。在神權時代,知識界的權威者是巫,他們能和天地交通,能決定人類社會的行動,能醫療人們的疾病,能講述古今中外的故事……在他們的頭腦中,真中有幻,幻中有真,所以由他們寫出的《山海經》也是撲朔迷離,真幻莫辨;要做分析真幻的工作幾乎是不可能。我們現在讀它,必須隨順著它的巫術性,而不要處處用真實的眼光去看,才可顯出它的真價值來。
> 〔註191〕

從生成時代、文化屬性來看,《山海經》知識最初在是巫政合一時代由王朝巫覡人員主持搜集的、具有巫文化性質的地學知識。《左傳・宣公三年》載王孫滿語曰:

> 昔夏之方有德也,遠方圖物,貢金九牧,鑄鼎象物,百物為之備,使民知神奸。故民入川澤山林,不逢不若。魑魅罔兩,莫能逢之,用能協于上下,以承天休。桀有昏德,鼎遷於商,載祀六百。商紂暴虐,鼎遷於周。

明人楊慎據此立論,認為:

> 此(按:九鼎圖)《山海經》所由始也。神禹既錫玄圭以成水功,遂受舜禪以家天下。於是乎收九牧之金以鑄鼎。鼎之象則取遠方之圖,山之奇,水之奇,草之奇,木之奇,鳥之奇,獸之奇。說其形,著其生,別其性,分其類。其神奇殊匯,駭世驚聽者,或見,或聞,或恒有,或時有,或不必有,皆一一書焉。蓋其經而可守者,具在《禹貢》;奇而不法者,則備在九鼎。九鼎既成,以觀萬國,同彼象而魏之,日使耳而目之,脫軺軒之使,重譯之貢,續以呈焉。固以為恒而不怪矣,此聖王明民牖俗之意也。夏后氏……太史終古藏古

〔註190〕陳連山:《〈山海經〉學術史考論》,第219頁。

〔註191〕顧頡剛:《〈山海經〉中的崑崙區》。

今之圖，至桀焚黃圖，終古乃抱之以歸殷。又史言孔甲，於黃帝姚
姒盤盂之銘，皆緝之以為書，則九鼎之圖，其傳固出於終古、孔甲
之流也。謂之《山海圖》，其文則謂之《山海經》。至秦而九鼎亡，
獨圖與經存。(《山海經後序》) 〔註192〕

楊慎的說法雖然不無值得商榷之處，但許多見解的確堪稱灼見。先舉兩點如：

一、認為《山海經》所述內容具有的「奇」特點，這在地景和生物兩個方面都有表現。這就比畢沅、洪亮吉等僅認為《海經》《荒經》繼承了九鼎圖的「奇」〔註193〕要高明。「奇」也就是我們所說的「陌生」，陌生空間和陌生方物（也即「百物」）。

二、認為九鼎圖和《山海經》所載知識都具有「觀萬國」的功能。而上引王孫滿語謂其功能在於備百物以「使民知神奸。故民入川澤山林，不逢不若。魑魅罔兩，莫能逢之，用能協于上下，以承天休。」哪種說法是對的呢？可以參考後世出土簡帛文獻中的相關材料來辨析，如《睡虎地秦簡·詰》篇首段有這樣的話：

詰咎，鬼害民妄行，為民不祥，告如詰之，🔲，導民令勿麗凶
殃。鬼之所惡，彼屈臥箕坐，連行跨立。〔註194〕

這段話明確說《詰》篇因「鬼害民妄行，為民不祥」而作，以「導民令勿麗凶殃」。這與王孫滿所說不謀而合。從《詰》篇的內容看，其所記「物」多是鬼神物怪之類，其中以鬼神為主，此外還有物怪如「神蟲」、「幼龍」等，植物如「莎芾」「牡棘柄」「丘下之荼」等；〔註195〕所記空間均為丘、道、牆下、井底等等陌生空間——這與《山海經》第二類知識也是一致的。而同時《睡簡》墓主人「喜」是史官，曾「揄史」並歷任「安陸令史」「鄢令史」〔註196〕等職

〔註192〕（明）楊慎：《山海經後序》，見丁錫根：《中國歷代小說序跋集（上）》，人
民文學出版社 1996 年版，第 7～8 頁。

〔註193〕畢沅認為「《海外經》四篇，《海內經》四篇，周秦所述也。禹鑄鼎象物，
使民知神奸。案其文有國名，有山川，有神靈奇怪之所際，是鼎所圖也。……
劉秀又釋而增其文，是《大荒經》以下五篇也。」（見畢沅：《山海經新校
正序》，見丁錫根：《中國歷代小說序跋集（上）》，第 15 頁），洪亮吉《春
秋左傳詁》略同此說。

〔註194〕睡虎地秦墓竹簡整理小組：《睡虎地秦墓竹簡》，文物出版社 1990 年版，第
212 頁。

〔註195〕睡虎地秦墓竹簡整理小組：《睡虎地秦墓竹簡》，第 213 頁。

〔註196〕見睡虎地秦墓竹簡整理小組：《睡虎地秦墓竹簡》，第 6 頁。

務，與楊慎等所言職掌《山海經》知識的「太史終古」等巫史職事近似。由此可見，《山海經》第二類知識的確具有備百物、「使民知神奸」以「協于上下」的功能，這也正符合其「巫書」的性質。

　　然而從空間範圍上看，則《山海經》與《詰》篇有根本不同：《詰》所述房屋、丘、道等地景均為小範圍之內的空間，而《山海經》所述則是以中原王畿地區為中心的、時人所認識的整個世界。在此範圍之外的方國、物怪等內容最多，相反地在此範圍之內它們的分布率卻要低得多，尤其是陌生動物；〔註197〕而《山海經》中的植物功能則與《詰》近似，多係巫藥，與「魑魅罔兩」類動物大不相同。這樣問題就來了，若鼎圖和《山海經》知識的功能僅在於「使民知神奸」以「入川澤山林，不逢不若」，難道只有在那些王朝控制薄弱的遠方人民那裡才有這種需求、中原王畿地區的人民就不需要嗎？可見它們的功能絕不僅於此，王孫滿的說法是周人敬天保民語境下的見解，未必完全符合其最初的情況。

　　王孫滿所說的這類知識的主要功能是「備百物」以「協上下」，但實現這種功能的途徑卻主要不是通過「使民知神奸」來協和天人，而是通過對神祇物怪知識及相關宗教儀式的掌握。關於這點前人已有很多成果，尤其以文化人類學角度的考察最為深入。如葉舒憲就曾按此思路從知識角度將《山海經》知識的「本質」解為「文化對自然的改造，人類意象對野生蠻荒狀態的加工和提升」、「通過人的符號行為對『陌生對象』化生為熟」，「從而建立起可以把握的相互關係」；〔註198〕人文主義地理學者也有類似的說法，主要是從命名的功能方面去考察，如英國學者 Tim Cresswell 說，「命名是賦予地方意義的方式之一。段義孚曾經描述語言在「地方」建造中的角色，是「地方」建構基本但遭到忽視的面向，與建造地景的物質過程一樣重要」「命名尤其可以引發對地方的注意，將地方定位於更廣大的文化敘事中」。〔註199〕其說如下：

〔註197〕見程泆：《〈山海經〉考辨》。

〔註198〕葉舒憲認為《山海經》乃是以「方」類「物」，以此「將那些紛然無序、陌生異己的物象納入有條理有關係的空間圖式之中……通過命名來強化事物的類屬特性及相互區別，消解陌生感及由此引發的恐懼，使之成為人的理性……可以確認和歸類掌握的東西」（參見葉舒憲：《方物：〈山海經〉的分類編碼》），這與段義孚等人文主義地理學者的思路一致；我們認為，《山海經》最初是以山脈及其神祇為骨架的，準確地說應該是以「山」類「物」。

〔註199〕〔英〕Tim Cresswell：《地方：記憶、想像與認同》，徐苔玲、王志弘譯，群學出版有限公司 2006 年版，第 155 頁。

　　稱地景的某項特徵為「山」，就已經授予地景某種特質，但稱之為「苦難山」，就大幅提升了地景的特殊性，使它在其他較無想像力稱謂的高地中間凸顯出來。……命名是權力——稱謂某物使之成形、是隱形事物鮮明可見，賦予事物某種特性的創造性力量。〔註200〕

一言以蔽之，命名是將陌生的空間轉化為熟悉的「地方」、將世界從「非我所有（知）」轉變為「我所有（知）」，也即葉舒憲所說的「化生為熟」的過程。若將其放到《山海經》的語境中，由於其所描寫的空間及其中方物基本都是無法通過親身經驗來驗證其真偽的，因為此類知識為官方巫覡職事所壟斷，則其山事實上是否如其所描寫、甚至於是否真的存在都不重要，命名在意識形態意義上顯得比「建造地景」之類親身實踐更具有神聖性和正確性；這種對於「陌生」知識的壟斷，反過來也確保了巫史職事的神聖地位。這條思路若從巫文化語境下，單從知識、觀念的層面去解釋是沒什麼問題的。《淮南子·泛論》也說：「天下之怪物，聖人之所獨見；利害之反覆，知者之所獨明達也；同異嫌疑者，世俗之所眩惑也。夫見不可布於海內，聞不可明於百姓，是故因鬼神襪祥而為之立禁；總形推類，而為之變象……凡此之屬，皆不可勝著於竹帛而藏於官府者也，故以襪祥明之。……唯有道者能通其志」，也強調聖王對「陌生」知識的壟斷，對於以神道設教方式控制民眾思想的意義。

　　如果說壟斷陌生知識只是在認知層面的掌控，那麼《山經》每次經之末所載的山神及相應的祭祀儀式知識，其功能則是利用宗教手段來對天下名山進行儀式性地控制了。這點葉舒憲也已以南山諸經為例論述過，「現實世界中恐怕不易看到七千多里的群山之間都祭拜同一種龍身鳥首之神的盛況。至於『其祠皆……』如何如何的高度統一性顯然也是出於整齊劃一秩序安排而特意虛擬」，〔註201〕是「通過對各地山神祭祀權的局部把握，達到對普天之下遠近山河的法術性全盤控制」。〔註202〕

　　這是「山」的方面，「海」也即遠方方國之類知識的意義又何在呢？楊慎

〔註200〕〔英〕Tim Cresswell：《地方：記憶、想像與認同》，徐苔玲、王志弘譯，第155頁。
〔註201〕葉舒憲：《方物：〈山海經〉的分類編碼》。
〔註202〕葉舒憲：《〈山海經〉神話政治地理觀》，《民族藝術》1999年第3期。

說鼎圖和《山海經》具有「觀萬國」的功能，很有啟發意義。只是「日使耳而目之……固以為恒而不怪矣」則脫離了巫政合一的語境。據王孫滿語，「鑄鼎象物」的前提乃是「遠方圖物，貢金九牧」，也即是遠方方國對中原王朝的臣服態度和行為。日本學者林巳奈夫曾將商代青銅器中的圍繞在饕餮圖像（也即「把國族置於統治下的王朝之『物』……也就是帝」）之旁的 20 種「表現為侍從形象」的「小型『物』」，與甲骨文所記「國族名、地名、神名」等「先秦時期被稱作『物』的氏族的族徽標誌」做了比較，發現二者之間存在對應，也就是說饕餮圖像與「小型『物』」之間主從關係象徵王朝與地方國族之間的支配與被支配的關係。〔註203〕這些「小型『物』」中就包括了我們上面所引的「肥遺」紋等。《尚書·盤庚中》載盤庚訓誡臣族說：「故我先後既勞乃祖乃父，汝共作我畜民，汝有戕則在乃心！我先後綏乃祖乃父，乃祖乃父乃斷棄汝，不救乃死。」其中也暗示了人鬼層面商王祖先與臣族祖先之間支配與被支配的關係。九鼎鑄遠方所圖之「物」，應當也包含了這種功能在裡面；《山海經》中的這些「物」均在山中並被各系山神所統攝，甚至這些方國本身也散佈在各山系的框架之中、為山系山神所綱紀，這與鼎鑄百物本質上是一致的。這才是巫政合一時代「觀萬國」的本義──當然，說這些知識具有「備百物」「觀萬國」等的功能，一個基本前提是它們之間、尤其是《山經》的山川、神祇、方物知識與《海經》的方國知識最初即屬於同一體系之有機的組成部分，這點我們已有說明；而這兩大功能的切實發揮，還需要付諸同一文獻載體如九鼎、圖畫等，更重要的是要有相應的制度背景，才能切實地得到實現。這點楊慎已然提到，這也正是下一部分我們要論證的問題：古《山海經圖》存在的可能性及其知識構成、文獻形態、制度背景等。

　　綜上可見，《山海經》所保留的最早的地學知識的兩類內容，分別具有不同的社會功能：第一類關於物產的知識主要指向現實經濟的、功利的用途；而第二類知識的主要功能體現在宗教和政治意識形態方面──陌生生物及山川、神祇、陌生生物等〔註204〕的知識，主要功能是通過「備百物」以實現人

〔註203〕〔日〕林巳奈夫：《所謂饕餮紋表現的是什麼》，〔日〕樋口隆康編：《日本考古學研究者·中國考古學研究論文集》，蔡鳳書譯，株式會社東方書店 1990年版，第 154 頁，第 151 頁。

〔註204〕過師認為「上古鬼神難分，統以物怪稱之」，認為「物」包括了本文所說的山神、陌生生物等，是很正確的。見過常寶：《論上古動物圖畫及其相關文獻》。

與物怪的協和、與鬼神的交通（也即「協上下」）；其中陌生方國之類的知識主要功能在於通過對它們的認知和掌握，並在「協上下」的基礎上進而實現對他們的象徵性、儀式性地掌控（「觀萬國」）。

那麼早期官方對這兩類知識各自社會功能的更強調哪種呢？這點同樣可以從文體形態上發現蛛絲馬蹟。今本《山經》的敘事有一個微妙的不協調：一是第一類關於現實地利的知識，以「行文」的方式排列在前面，而最早它們卻是以口傳的方式存在；而第二類知識、也即關於陌生生物的「描寫」部分知識卻記載最詳、所佔篇幅的比重也最大，相反卻偏偏被排列在了後面。第一類知識之所以篇幅較短卻被排列在前，應該是《山海經》寫定的戰國時代地利意識高漲的反映；據此可以認為，後一類知識才是早期更被重視的部分。

這點可以結合《禹貢》關於九州物產部分的內容來看。根據邵望平、韓高年等學者的意見，這部分知識生成時代可以追溯到夏代，但在當時它們主要是當作《九夏》的文本，而被用來弘揚大禹的功績，主要並不是為王朝謀得更多利益。因為在夏商時期，王朝與方國之間的關係還比較鬆散，不像後世一統王朝時代那樣，地方的政治、經濟等被中央王朝直接控制。因此「貢納在當時主要是用於控制外服的一種手段，而不是主要的經濟手段」。〔註205〕也就是說《山海經》中關於地利的知識，即便生成時代與第一類一樣早，它們的經濟功能的實現也是主要侷限在中心區、甚至在此之內中央王國所直轄的更小的範圍內，而在中心區之外的地利知識則對於中原王朝的經濟利益影響不大，這點從其中金屬礦產的分布情況可以看出——伊洛及其周邊地區分布比例高達 35.2%，〔註206〕這顯然更多反映的使用情況而非實際分布情況。但即便如此，畢竟在此中心區之外的部分內容仍然佔了大多數，而它們實際上很難被切實地利用而認知功能更為主要，這種境況或許正是此類知識被附諸口傳的一個原因吧。

要進一步證實這點而不至於陷入先入為主，還需要結合第二類知識的最初被付諸的文獻載體——《山海經圖》來進一步看。

〔註205〕孫亞冰、林歡：《商代方國與地理》，第 201 頁。
〔註206〕陳國生、楊曉霞：《〈五藏山經〉中礦物名稱考釋及其地理分布研究》。

二、《山海經圖》及其產生的制度背景

關於《山海經》古有圖，經文乃是述圖的說法早在晉代郭璞、陶淵明等相關著作中即已提到，宋代朱熹則明確提出「疑本依圖畫而為之」，其後《玉海》《四庫提要》等皆有申述。此說在近現代為多數學者所接受，本文也贊同此觀點。但學者對於古《山海經圖》文獻形態的認識並不一致：或認為僅《海經》《荒經》有圖而《山經》無圖，或認為《山經》有圖但與《海經》《荒經》圖別本另行、各自獨立等等。對此本文有不同看法，認為前人之說多受今本《山海經》經文三分現象的干擾，實際上若將超出這種干擾而回到「知識」層面重新審視，則不難發現《山海經》中的第二類知識、也即山川及其神祇、陌生生物、方國等的內容，本是同一知識體系的有機組成部分，不應將其割裂開來看待。

這點通過上節我們所論《山海經》三部分經文重見內容及其空間分布情況、第二類知識的性質與功能等方面均可以看出；而在接下來對古《山海經圖》形態的推論中，這點也可以得到進一步證明。如關於「狌狌」的幾條記載：

> 其首曰招搖之山，臨于西海之上……有獸焉，其狀如禺而白耳，伏行人走，其名曰狌狌，食之善走……《南山經》)

> 狌狌知人名，其為獸如豕而人面，在舜葬西。(《海內南經》)

> 有青獸，人面，名曰猩猩。(《海內經》)

這幾條記載分見於《山經》《海經》和《荒經》。從所處方位看，「狌狌」在《南山經》中為《南山諸經》最北一列、「西海」之濱，在《海內南經》中處於「舜葬西」(《海內經》則暗示其位置在巴國之東北)，也在西南方，位置上是吻合的；從形貌看，《南山經》謂「狀如禺」，《說文》解「禺」曰「母猴屬，頭似鬼」，與《海內南經》描述的「人面」吻合。《南山經》還說其「伏行人走」則與《海內南經》「如豕」相近，由此兩方面看三者記載當是一物無疑。

從形貌描寫看，《南山經》強調其「伏行人走」，《海內經》則只說它是「青獸」；《南山經》說它是面目似「禺」，《海內南經》和《海內經》則說它「人面」；《南山經》說它有「白耳」，而《海內經》強調其身體為「青」色。從對其功效的記載來看，《南山經》言其功效為「食之善走」，《海內南經》則記其能為「知人名」……對此一物形貌、功效有如此不同的描述。而且相比之下，對於形貌的描寫尚比較一致，但對於功效的記載卻差別比較大，這應該是兩

類內容最早分別為付諸「圖像」和「口傳」而導致的。更重要的一點，這幾處記載中，對其專名卻均準確地記為「狌狌」，《海內經》記為「猩猩」也當是形近之異。這同樣也說明「狌狌」這樣的專名很可能就是《山海經圖》上標記的題記，正因為以題記的形式被寫定下來，其本字才更不容易被改寫。可見形貌與專名所反映的情況是一樣的，它們可能最早就分別是互相搭配的「圖」和「題記」。

　　僅就題記也即專名的方面看。上節我們統計《山海經》三個部分之間重見條目共計有 43 條 48 物，類似「狌狌」例的情況（含形近之誤）占 31 條 34 物，佔了三分之二以上。其餘 12 條 14 物又可大致可分為如下幾種情況：一種顯然是音近而異者，如《北山經》之「譙明之山」「涿光之山」與《海內北經》的「宵明」「燭光」；另一種是有圖無注者，如《北次二經》的「洹山」有「三桑生之，其樹皆無枝，其高百仞」，在《海外北經》和《大荒北經》中才被命名為「三桑無枝」；還有一種情況是《山經》有名而《海經》另命名者（其他各部分經文之間類似情況也屬其類），如《西次三經》「崇吾之山……其狀如梟，而一翼一目，相得乃飛」的「蠻蠻」鳥與《海外西經》《大荒南經》「南山」東的「比翼鳥」。《海經》述圖痕跡比較明顯，其中的某些現象可以與此互相參照：在劉秀校書時所見的他本異文〔註207〕「一曰」內容中也有同物異名的記載，其中不乏如讙頭國「或曰讙朱國」、三苗國「一曰三毛國」（《海外南經》）等音同而異者，但絕大多數或無「一曰」、或僅言方位如「一曰在南山東」（《海外南經》），反過來就是說這些不同版本雖然內容迥異但專名記載仍是高度一致。這些似都可以說明古《山海經圖》確應有記載專名或的題記存在——《海外東經》「帝命豎亥步」條題記特點尤為明顯：

　　　　帝命豎亥步，自東極至於西極，五億十選九千八百步。豎亥右
　　　手把算，左手指青丘北。一曰禹令豎亥。一曰五億十萬九千八百步。

其中兩個「一曰」與正文內容一致，但內容極為簡單、僅指向最核心的信息，既無「自東極至於西極」這樣的補充解釋的文字，又無豎亥圖像的描寫，這應該就是對題記內容的直接抄錄。

　　綜上可以推知與本話題有關的如下幾點：第一，今本《山海經》三部分之間有共同的知識和文獻的淵源，應是據古《山海經圖》作文，只是成書時

〔註207〕見袁珂校注：《山海經校注》，第 227 頁。

將「行文」部分的物產知識、「描寫」部分「佩之不迷」（《南山經·招搖之山》）之類最早被付諸口傳的知識補充了進去。這點還可以與《王會》的情況相比照：其中也存在類似《山經》「本體」和「喻體」之分的情況，如其外臺東方所述「揚州禺，禺，魚名」條，學者即認為其中有「經文」和「注文」之分，如：「揚州禺，經也。禺，魚名，注也。」〔註208〕其中「經文」中的「揚州」也就是《禹貢》中的方國島夷、類似《山經》「行文」部分的山川名和《海經》中的方國名，「禺」是陌生生物的專名、類似於《山經》中作為「本體」的陌生生物名；「注文」中的「魚」則類似於「喻體」的熟悉生物名。這種情況在《王會》中是普遍存在的，更典型的例子如：

> 奇幹善芳。善芳者，頭若雄雞，佩之令人不昧。皆東向。

其中「經文」中的「奇幹」是北狄之方國名，「善芳」是所載陌生生物的專名；「注文」中的「雄雞」是熟悉生物名；而「頭若雄雞，佩之令人不昧」語與上引《山經》「描寫」部分描寫陌生生物的內容很相似。只是《王會》中「經文」與「注文」前後相續、區別明顯，而《山經》中則將它們混融為一體罷了。再進一步看，「頭若雄雞」「皆東向」等很明顯有述圖的意味；而「佩之令人不昧」顯然是圖畫無法描繪的、只能借助其他方式（如口傳等）為注者所掌握，並在寫定之時補充了上去。類似情況在《山海經》中也表現得很明顯，如：

> 東海之外大壑，少昊之國。少昊孺帝顓頊于此，棄其琴瑟。

（《大荒東經》）

同樣地，「東海之外大壑」是方位標誌詞，「少昊之國」是方國專名，這些是可以訴諸圖畫的；而關於少昊在此地的相關事蹟的記載則同樣是圖畫無法描繪、而需要借助寫定者後來補充的。《王會》與《山海經》文體的相似性不僅限於《山經》《荒經》，更有單純類似《海經》以述圖為主的情況，如：

> 白民乘黃。乘黃者似騏，背有兩角。（《逸周書·王會》）

> 白民之國……有乘黃，其狀如狐，其背上有角，乘之壽二千歲。

（《海外西經》）

其性狀描寫、專名寫法皆一致，且均可以通過圖畫來表現；「乘之壽二千歲」語則可能是在寫定時據圖畫外的知識後補充上去的。

〔註208〕何秋濤注引畢沅語。見黃懷信：《逸周書匯校集注》（修訂本），上海古籍出版社2007年版，第825頁。

第二，古《山海經圖》中大多數事物皆有圖有題記，題記的內容包括一部分與山川、生物、山神、方國等圖像相配合的專名文字，以及僅記載核心信息如「五億十萬九千八百步」之類的簡單語句。這點需要略作補充辨析：首先從傳世及出土文獻中的相關材料來看，最早的圖畫文獻是有圖有注的，其中輿地圖如天水放馬灘出土的 7 塊秦代地圖中，就有對於山川谷邑關隘，甚至於樹木如「灌木」「楊木」（第 3 塊）〔註209〕等的注記；馬王堆漢墓出圖《駐軍圖》也採用「圖+題記」的方式；更早的實例當屬 1977 年河北平山縣中山王墓出土的《兆域圖》，它也屬於輿地圖。其中既有「中宮垣」「內宮垣」「門」等建築名，又有「丘跂」之類描寫地形地勢方位的題記，還有「從內宮至中宮廿五步」「王堂方二百尺」等注里距的文字，對於特殊地點則有如「夫人堂方百五十尺，其葬視哀後，椑棺、中棺視哀後，其題湊長三尺」等比較詳細的題記。〔註210〕再早的例子有沒有呢？《詩經・大雅》中的「史詩一類的作品實際上是祭祀時的圖贊詩」〔註211〕，其中諸如「牧野」、「師尚父」（《大明》）、「崇墉」（《大明》）、「隘巷」、「平林」、「寒冰」（《生民》）、「公劉」、「南岡」、「京」（《公劉》）等等人名地名，單純用圖畫是無法表達準確的，若非出於詩人既有知識對圖畫內容的補充，那就很可能是來自圖畫上的題記了；此外《管子・幼官圖》、子彈庫帛書月令圖等也是有圖有題記，雖非輿地圖，也可參考。

但是從這些圖畫文獻中不難發現，其中圖與題記的存在形態也不盡一致，如上述幾例輿地圖中的題記就僅是部分地景、物產等的專名；而《幼官圖》則是圖、題記分開且題記內容豐富、篇幅較長；子彈庫帛書月令圖雖然圖、題記相配，但題記內容既有月神等的專名又有相應的日忌介紹，其中央更有二十多行文字記述創世神話和天學起源。因此當學者以此推論《山海經圖》文本形態時，往往不能有準確結論，如王庸說：

　　（《山海經》）原來是有圖的，『經』不過是『圖』的說明或注
　　腳……它的原始形態卻是以圖為主體的《山海圖》，或是有圖無文的

〔註209〕何雙全：《天水放馬灘出圖地圖初探》，《文物》1989 年第 2 期。

〔註210〕參見劉來成：《戰國時期中山王礐兆域圖銅版釋析》，《文物春秋》1992 年第 1 期。

〔註211〕參見李山：《〈詩・大雅〉若干詩篇圖贊說及由此發現的〈雅〉〈頌〉間部分對應》，《文學遺產》2000 年第 4 期。

《山海圖》。〔註212〕

然而上引這幾類圖畫文獻中，受圖幅所限，往往圖像稀疏者題記詳備，而圖像豐富者題記則較簡約、多係專名。這方面更典型的例子還是《王會圖》，其中圖像極為豐富，而題記的內容也比較簡約，主要是人物、儀仗、方國及其貢物的專名、也即「經文」的內容，這與上述我們所推論的古《山海經圖》的情況正好可以互相參照。只是古《山海經圖》最早或無題記文字，它們更可能是商周人後補上去的。

第三，從「蠻蠻」（「比翼鳥」）這同一事物，在寫定時分別被劃入《山經》《海經》和《荒經》的情況看，最初的《山海經圖》上或並無「山」「海」之分，而是以 26 大山系為骨架，〔註213〕《海經》《荒經》所記方國人民等事物間錯其中——這點從「蠻蠻」在成書時分別被劃入南方、西方這兩個臨近經次的情況也可見一斑。當然就更加沒有「海內」「海外」或「海」「荒」之分了。

以上推論雖然主要是就《山海經》寫定時所參照的比較晚近的《山海經圖》版本的情況，但如上所述《山海經圖》中的這些山川及其神祇、陌生生物、方國等的內容、也即是第二類知識不僅知識生成時代很早，而且相應的圖像及專名的產生同樣也很早。因此據此推論《山海經圖》最初版本的文獻形態也是可以的：前後版本的差距應該也主要是內容詳略之異，基本形態則不會相去太遠。

上引楊慎說認為九鼎圖中的知識是《山海經》知識的重要來源，有一定道理。只是此說不應該簡單地認為《山海經》是對鼎圖知識的轉述，僅《山海經》多言顏色、聲音、植物、礦產等即不是鼎這種載體可以表現的。楊說寓意當如過常寶師所言「『九鼎』尊貴神聖，一般的巫師也不可能隨便得見，因此，還應該有更為簡易的關於『物怪』的圖畫文獻，以滿足他們的職業性需要」。〔註214〕可以認為鼎鑄百物知識與《山海經》知識是對同一事件、同一途徑（遠方圖物）所搜集的相同知識的不同方式的載錄和傳承，二者之間應該是同源關係。而除鑄鼎象物之外，這部分知識最早又以《山海經圖》的形態被寫定

〔註212〕王庸：《中國地圖史綱》，商務印書館 1959 年版，第 1～2 頁。

〔註213〕從整體來看，《山經》記述各山方位也往往用「其首曰招搖之山，臨於西海之上」「其尾踆於東海」（《南山經》）且用「又東××里」「東南××里」等描述性語句，這也可以作為山系知識乃係述圖的證據。

〔註214〕見過常寶：《論上古動物圖畫及其相關文獻》。

下來，只不過後者的內容要比前者更豐富——多了山川、方國人民等的形貌、專名等內容。因此說《山海經圖》的雛形乃是圍繞著夏鑄九鼎這一事件而產生是有可能的。此外，在貢金鑄鼎之時，遠方方國所帶來的知識還有一部分以口傳的方式被傳承著，也就是我們所說的《山海經》「行文」部分記載的物產地利之類的知識。

再者就是關於《山海經圖》為哪類人編定並傳承的問題。楊慎認為早期的巫史人員如夏史終古、商史孔甲等所「藏古今之圖」中包括《山海經圖》也是有道理的，而《國語‧楚語下》所載楚左史倚相所掌的「敘百物」的《訓典》性質和功能上與此相類，這點過師同文也有論證，不具引。其潛臺詞就是《山海經》最初文獻乃是由中原王朝巫史人員編定和職掌。這個認識不僅符合巫政合一時代的情況的，還可以在《詩經》《周禮》等相關記載中找到根據，如《周頌‧般》中所說的祭祀山川之圖「猶」，在《周禮》中為「神仕者」所職掌：「掌三辰之法，以猶鬼神示之居，辨其名物」——只是在《周禮》的時代，《山海經》各類知識已然被土訓、礦人、司險、職方等職官分掌，其中物怪之類的知識更是被邊緣化和世俗化了。

上文曾論及，在《山海經》最早的兩大類知識所分別具有的經濟功能和宗教及政治意識形態功能這兩者間，官方更重視後者。這點正可以在它們最初被付諸的文獻載體中得到最後的證明：正如這兩類知識乃是同時產生的，但鼎所鑄的內容是「百物」也即陌生生物、山神等，《山海經圖》與此略同而加入了方國等，而物產經濟類的知識則被付諸口傳——顯然前者更受重視。因此《山海經圖》的主要功能，也正是其所載錄的知識的功能——「備百物」與「觀萬國」。

然而還有一個問題並沒有得到解決：即使在巫文化濃厚的夏商時期，先民真的認為僅憑知識或儀式性的手段就能實現對于天下方國的實際支配嗎？這就需要進一步從制度背景去考察——這同時也可以補充上面我們未詳論的，關於《山海經》知識的搜集途徑尤其是《山海經圖》產生的制度背景問題。《左傳》王孫滿語已經提到：「夏之方有德也，遠方圖物，貢金九牧」，楊慎「同脫輈軒之使，重譯之貢，續以呈焉」等語也指出了這點。也就是說鼎備百物、「協于上下」或「化生為熟」之類的神聖效力得以實現的制度性前提乃是夏王朝的「有德」以及相應的遠方按制觀貢。

關於觀貢制度，學者已有頗多研究。大概而言可以分為常規性和非常規

性兩種。常規性的觀貢制度可以追溯到大約夏代時的王灣三期文化時期。如趙春青所說，其所在的夏王畿區「可以看到來自四面八方的文化因素」相反地「外圈卻很少看見內圈物品」，〔註215〕這種情況反映的顯然不是一般意義上的文化交流，而恰可以從側面說明其時常規性的觀貢行為已然存在。而在商代，對商王朝有觀貢行為的有如「南」「古」「唐」「周」等50個方國，貢物有「龜」「玨」「牛」「馬」「龍」等20多種，〔註216〕可見商代此制已經比較成熟。周代的情況就更明確了，《周禮・秋官》有「大行人」「小行人」「行夫」「相胥」等，《夏官》則有「職方氏」「土方氏」等職掌諸「方」事務的與觀貢制度相關的常設職務，《尚書・禹貢》、《國語・周語上》等關於服制的記載就說得更清楚——這是常規性的觀貢制度；還有一種是非常規性的觀貢和朝會制度，如《尚書・康誥》、《逸周書・王會》所記「成周之會」以及《國語・魯語下》所載「昔武王克商，通道於九夷、百蠻，使各以其方賄來貢，使無忘職業」而有「肅慎氏之貢矢」，《左傳・昭公四年》椒舉所列舉的「有德」之主所舉行的如「夏啟有鈞臺之享，商湯有景亳之命，周武有孟津之誓，成有岐陽之搜，康有酆宮之朝，穆有塗山之會」、無德之主所舉行的如「夏桀為仍之會，有緡叛之；商紂為黎之搜，東夷叛之；周幽為大室之盟」，等等。這一系列具體制度，我們可統稱其為觀貢朝會制度。

九鼎圖、《山海經圖》、《王會圖》等知識搜集的途徑均與觀貢朝會制度有關，這點還可以從《山海經圖》、《王會圖》中陌生生物專名形義不一致〔註217〕的情況可以得到證明：《山海經圖》中陌生動植物專名計有218種，其中形義不一致（包括形義全部不一致和部分不一致者）者占62%以上，其中形義完全不一致者占近48%；〔註218〕《王會圖》中有陌生生物59種，其專名形義完全不一致者有20種，占近34%。因為這類知識並非作者熟悉，其專名也是通過觀貢朝會得自遠方方國的舶來品，有音而無字，故假借他字記之，才導致了這種現象。後來的《禹貢》、〔註219〕《伊尹朝獻》等文獻也是「因其地

〔註215〕趙春青：《〈禹貢〉五服的考古學觀察》。

〔註216〕參見孫亞冰、林歡：《商代方國與地理》，第198～200頁。

〔註217〕如「櫟」本為木名，此處被用來記錄「鳥」名。

〔註218〕相關數據乃據程浹《〈山海經〉動植物名詞形義不一致情況現象分析》一文統計結果計算。

〔註219〕關於《禹貢》的成書時代，李山認為寫定於「西周中期的穆恭懿孝時代」，本文從其說。見李山：《〈尚書・虞夏書〉三篇的寫制年代》，《先秦兩漢學術》（臺灣輔仁大學）2011年第15期。

勢……必易得而不貴，其為四方獻令」，是為觀貢制度的順利實施而積累和編纂的，它們應該具有相似的功能。從內容看，後者的確要「經而可守」（儘管《伊尹朝獻》也述及貫胸、雕題等方國）得多，因為它們其著眼點在現實政治、經濟層面；而前者顯得「奇而不法」，因為主要是關注宗教和政治意識形態層面。

單就前者而言，尤其是「觀萬國」的功能若要切實發揮，還必須賴於王朝的「有德」、也即各方國的服從和認同，這表現在政治制度上就是觀貢朝會制度的順利實施。觀貢朝會制度的目的主要不在於經濟上的索取，而在於政治、宗教等方面的支配，正如商周貢納制度一樣。若從巫書的角度去看，此類知識發揮「備百物」、「協上下」的功能就如《睡簡·詰》那樣只能是在局部範圍之內，《國語·楚語下》說：

> 楚之所寶者……又有左史倚相，能道《訓典》，以敘百物，以朝
> 夕獻善敗於寡君，使寡君無忘先王之業；又能上下說於鬼神，順道
> 其欲惡，使神無有怨痛於楚國。

過常寶師認為此《訓典》即與鼎圖等知識性質類似。引文已然說的明白，《訓典》除「敘百物」「上下說於鬼神」「使神無有怨痛於楚國」之外，更重要的功能是「獻善敗」於楚君使其「無忘先王之業」，所謂「善敗」應該就是前引《左傳》楚大夫椒舉所舉三代有德、無德之王、伯所舉行的觀貢會盟之事了。若脫離了此語境，上古有「神不歆非類，民不祀非族」（《左傳·僖公十年》）、「三代命祀，祭不越望」（《哀公六年》）等規制，則《訓典》敘百物、說鬼神的功能也就只能在「楚國」這個小範圍內發揮效力了。

正因為古《山海經圖》具有上述「備百物」和「觀萬國」的神聖功能，所以一旦前朝失德、後王有德的朝代更替之際，這類知識及其文獻就被後者視為與「吉夢」（《清華簡一·程寤》）、〔註220〕「大寶龜」（《尚書·大誥》）相類的、預示天命所歸的吉兆了：

> 夏太史令終古，出其圖法，執而泣之。夏桀迷惑，暴亂愈甚，
> 太史令終古乃出奔如商。湯喜而告諸侯曰：「夏王無道……守法之
> 臣，自歸於商。」殷內史向摯見紂之愈亂迷惑也，於是載其圖法，
> 出亡之周。武王大說，以告諸侯曰：「商王大亂……守法之臣，出奔

〔註220〕清華大學出土文獻研究與保護中心編：《清華大學藏戰國竹簡》（一），第136頁。

周國。」（《呂氏春秋·先識》）

所謂「圖法」，乃是中原王朝巫史人員所職掌的文獻的總稱，相當於楚左史倚相能讀的《三墳》《五典》《八索》《九丘》（《左傳·昭公十二年》）之類，其中《八索》、〔註221〕《九丘》〔註222〕主要是地學知識。湯所「喜」、武王所「大說」的，應當不只是終古、內史向摯等「守法之臣」來奔，而是包括了他們所職掌和壟斷的、作為神聖權力重要根據的「圖法」——對於已得天命兆示的湯和武王而言，有什麼東西比這些與天命相配合的前朝王官知識及其職掌人員來奔，而使他們在獲得天命民心的實際力量之外、進一步佔據意識形態的制高點（也即「天命」），而更令他們「大說」的呢。

我們推測《山海經圖》的產生或可追溯到鑄九鼎的時代，這說得是最早的情況，相比後來的情況它可能只是一個雛形。而在《山海經圖》產生之後，在後世可能通過觀貢朝會等途徑「續以呈焉」，不斷獲得新的知識並被補充進去；在這個歷時長久的傳承過程中，產生的版本也應該不止一個。但是最早的《山海經圖》以山系為骨架、物怪和方國或位於其上或散佈其中的形態，以及「中心區——方國、陌生生物」的兩重空間分布模式等基本形態始終沒有被徹底打破，並在後來寫定的《山海經》中留下了痕跡。

〔註221〕過師認為「所謂《八索》當是一種描繪八方物怪的圖形文獻」，見過常寶：《論上古動物圖畫及其相關文獻》。

〔註222〕《尚書序》謂「九州之志，謂之《九丘》。丘，聚也。言九州所有，土氣所生，風氣所宜，皆聚此書也。」應當也即「八索」、九鼎、《山海經》之類早期地學知識；而《三墳》《五典》乃述「伏犧、神農、黃帝」之「大道」和「少昊、顓頊、高辛、虞」之「常道」，就是天學範疇的知識。就是說關於天、地、人的信仰、歷史、制度等知識均具有似地學知識類似的性質與功能，地學知識僅是其一端而已。見（清）阮元校刻：《十三經注疏》，第114頁。

第二章　西周春秋時期的地學及文獻

　　周文化是以禮為核心的禮樂文化。自周公時代即已開始的制禮作樂，使得之前尚「『自為』地統一於祭祀活動之中」的禮樂「『人為』地結合在一起，成為周代統治性文化結構的重要組成部分」，禮樂文化從此進入「禮樂制度」階段。〔註1〕西周春秋時期，禮樂制度被不斷完善並在社會生活中廣泛切實地發揮效用。

　　關於周禮的人文內涵，李山說得明白：

　　　　「禮」當然離不開敬神，然而敬神只是表象形式，借者敬神來
　　　調動人群的精神力量，協調大家的思想意志，開展各種人事活動，
　　　這才是「禮」的實質。〔註2〕

就是說周禮的核心已然不在敬神而在於人事，與巫文化時代的鬼神本位相比，這喻示著「人」主體意識的自覺。「夫禮，天之經也，地之義也，民之行也」（《左傳・昭公二十五年》），正是人取法天地之經而設定的統攝天、地、人的秩序。

　　從甲骨卜辭內容看，殷人幾乎每事必卜。這一方面固然是因為經驗科學發展水平較低、人力所不及的事情更多，更根本的原因則是當時人們對於「人」的力量的不自信和對鬼神的高度依賴。〔註3〕比起他們的自發性、被動性和直觀性，懷著「憂患」（《周易・繫辭》）意識的周人對於宇宙法則的探索更加自覺、主動和理性。吾淳指出：

〔註1〕楊華：《先秦禮樂文化》，湖北教育出版社 1997 年版，第 48 頁。
〔註2〕李山：《先秦文化史講義》，中華書局 2008 年版，第 84 頁。
〔註3〕徐復觀：《中國人性論史・先秦篇》，上海三聯書店 2001 年版，第 24 頁。

　　從周代到春秋，中國哲學思想中已經形成了十分明確而清晰的恒常性觀念，這些原則或法則是穩定甚至不變的。而為了證明這些原則、法則的穩定、不變性，當時的人們發現可以訴諸歷史經驗或是歷史典籍，由此遂形成了相應的經驗意識和經典意識。〔註4〕西周春秋文獻中表示「恒常性法則」的「綱」「彝」「秩」「常」「數」等詞彙大量出現且越來越豐富。這些語彙所代指的「恒常性法則」是人類社會和自然界所共同遵守的，其終極依據是對於「天」的信仰，周人稱之為「天命」「天道」。從西周到春秋時期，對於「天」的信仰有一個從「宗教天命觀」到「自然天道觀」的演變過程。二者是呈「交織與混融」〔註5〕狀態存在，如常見的「天道賞善而罰淫」（《國語・周語中》）之類方說法也說明，所謂「自然天道」也是作為終極依據的「天」的意志在自然天象上的一種呈現方式。

　　從「天命」到「天道」的信仰的變遷，是周人對宇宙「恒常性法則」自覺探索的最重大的成績。這在天學方面還表現為筮占的象數化改革、〔註6〕星占學的產生等諸多方面，在人事上則表現為對歷史事件、嘉言善語的搜集、整理和載錄等以探索人類社會的規律⋯⋯這些在周代都是由一類專門人員來職掌的，他們在《周禮》中主要是大史、大祝、大卜及其屬官，這類職官在西周初中期均屬「太史僚」。《周禮》載「掌建邦之六典」者僅有「大宰」和「大史」二職。「宰」職地位上升是西周中晚期的事，〔註7〕因此周初定六典、八法等的人員應該是史官，「而大宰只是最終的確立和頒布者」。〔註8〕總之，史官是周人最早探索宇宙「恒常性法則」的主導力量和意識形態建設的領軍人物。

　　據許兆昌考證，周代史官擔任了9類29個具體職事、涉及6類39種職能，幾乎遍布政治、文化生活的各個方面，其中又以「天」職為基礎和核心。這即說明周代的史官雖屬宗教官，但不像巫祝那樣專門從事神職工作，這又促成史官對於宇宙法則認識的自覺、主動和理性的態度。因此史官「在認識

〔註4〕見吾淳：《春秋末年以前經典意識與尚古觀念的形成》。
〔註5〕吾淳：《春秋末年以前經典意識與尚古觀念的形成》。
〔註6〕參見陶磊：《從巫術到數術——上古信仰的歷史嬗變》，山東人民出版社2008年版，第61～70頁。
〔註7〕參見張亞初、劉雨：《西周金文官制研究》，中華書局1986年版，第101～108頁，第106～111頁。
〔註8〕許兆昌：《先秦史官的制度與文化》，黑龍江人民出版社2006年版，第280頁。

和處理神人關係的時候，他們沒有完全匍匐在神靈的權威之下，而是充分調動和發揮人的主觀能動力量」，〔註9〕西周初期已然強調天命監於民意的理念，春秋時期更明確提出「神……依人而行」（《左傳‧莊公三十二年》史嚚語）的思想——這不僅是史官與巫官在文化性格上的本質區別，也是周代禮樂文化與夏商巫文化的一個根本區別。

　　西周春秋時期，社會政治方面的變革有三個階段：「大體上說，西周主要是『天子建國』的時代。春秋前期、中期主要是『諸侯立家』的時代。」〔註10〕表現在意識形態上就是西周是天子「立德」的時代，春秋的前中期是諸侯「立功」的時代。大體看來，史官所統攝的宗教性職官乃是「天子立德」時代知識和思想的主要掌握者。自諸侯「立功」時代已現端倪、到了春秋中晚期，大夫階層已然取代史官、公室人員而成為當時政治舞臺上的主角。這時，大夫「立言不朽」的價值追求被提了出來。「三不朽」本是有身份等級要求的，就是天子立德、諸侯立功、大夫立言。「立言」之「言」並不是簡單的「文辭」，而是「立法」。這就意味著大夫們以為新社會立法為己任，而這種「立法」又是涵蓋了社會生活的各個方面的。在春秋中期以前的「大夫稱伐」（《左傳‧襄公十九年》）到「立言不朽」，體現的是躋身政治舞臺主角的大夫階層主體意識的張揚和文化的自覺。〔註11〕在此之前，意識形態（包括知識）的先鋒群體主要是巫官和史官等宗教人員，而當這面大旗移交到主要身為政務官的大夫階層手中的時候，時代思想趨向自然也產生巨大變化。

　　以上是關於西周春秋時期社會文化、制度變革的一個大致描述。「地學」作為一種專門之學自然也會此變革影響而呈現出新的面貌，進而在文獻層面留下痕跡。

第一節　儀式空間

　　不同時代的文化語境中的「儀式空間」面目也各異：巫文化背景下的「儀式空間」基本是鬼神世界的代名詞，而周禮乃是一個以自覺的「人」的視角

〔註9〕許兆昌：《先秦史官的制度與文化》，第99～107頁，第219頁。
〔註10〕呂文郁：《周代的采邑制度》（增訂版），社會科學文獻出版社2006年版，第154頁。
〔註11〕見過常寶、高建文：《「立言不朽」和春秋大夫階層的文化自覺》，《北京師範大學學報（社會科學版）》2014年第4期。

出發的，以對於「天地之經」的探索和認識為終極依據的統攝天地人神乃至宇宙萬物的價值和秩序的體系，因而禮樂文化語境中的「儀式空間」也不再是鬼神所主宰的世界，而是神與人共同遵守其經界之禮的世界。

一、禮制中的神祇秩序及權能

就商代的地祀情況看，與舊派祭祀缺乏秩序性並具有「淫祀」特點相比，新派祭祀更加突出祖先神，而山、川、方、社等地祇地位則被人為地邊緣化，這隱含了商人試圖重整人神秩序的意圖，只是最終隨著商王朝的覆滅而夭折。這面旗幟被周人接過之後，情況就大不一樣了。禮樂文化中的西周春秋時期地祀，相比起前代主要特點主要是秩序化和人事化，這在地祇等級及其祭禮和各級地祇的權能上皆有表現。

據《周禮》，〔註12〕西周春秋時期地祇世界秩序化的第一個重要表現就是地祇在所有鬼神中的位置被確定了下來，成為天地人三大部分之一，並有了專門的類名「祇」（示）和相應的祭祀方式：

> 掌建邦之天神、人鬼、地示之禮，以佐王建保邦國。以吉禮事邦國之鬼神示：以禋祀祀昊天上帝，以實柴祀日、月、星、辰，以槱燎祀司中、司命、飄師、雨師。以血祭祭社稷、五祀、五嶽，以貍沈祭山林、川澤，以疈辜祭四方百物。以肆獻祼享先王，以饋食享先王，以祠春享先王，以禴夏享先王，以嘗秋享先王，以烝冬享先王。（《周禮·春官·大宗伯》）

與其中所記對於神、鬼、祇的專門祭法類似的記載又見於《禮記·祭法》《儀禮·覲禮》《爾雅·釋天》等，是可信的。這種祭祀方式很有特點：祭祀天神類的禋祀、實柴、槱燎「三祀皆積柴實牲體焉，或有玉帛，燔燎而升煙，

〔註12〕關於《周禮》的成書時代眾說紛紜，其中張亞初、劉雨比較發現《周禮》職官大致「與西周中晚期金文中的職官相當」（張亞初、劉雨：《西周金文官制研究》，第 140 頁），沈長雲認為《周禮》官制與春秋更接近（沈長雲、李晶：《春秋官制與〈周禮〉比較研究——〈周禮〉成書年代再探討》，《歷史研究》2004 年第 6 期），而陳漢章則舉六十例證《周禮》在春秋時為各級人群所奉行（陳漢章：《周禮行於春秋時證》，《華國月刊》1924 年第 1 期），洪誠等學者則從語言語法等角度證其為戰國之前的文獻（洪誠：《讀〈周禮正義〉》，杭州大學語言文學研究室：《孫詒讓研究》，中華書局 1963 年版，第 21～36 頁），等等。可見，《周禮》所載禮制很大部分是合乎西周春秋時代情況的。

所以報陽也」，〔註13〕「天」屬諸神位置在上，故用煙氣上蒸的禋祀類祭法；祭祖先人鬼用「六享」之禮，是遵循「事死者如事生」（《禮記·祭義》）之義。地祇的情況較複雜些，其中埋、沉法分祭山林和川澤同樣是「順其性之含藏」，〔註14〕也就是祭法的設定是基於對山林、川澤分別多土和多水的自然屬性的認識，這點很好理解；「血祭祭社稷、五祀、五嶽」，賈疏認為此三者「皆地之次祀」〔註15〕的理解則有誤。應當與天神三祀相備而「先積柴，後實牲，後取煙，事列於卑祀，義全於昊天」〔註16〕的理路相對照來看：「血祭」謂「陰祀自血起，貴氣臭也」，〔註17〕應理解為統言地祇之「義」更為妥當，正如孫詒讓所說：「凡貍沈者無血祭，而血祭則兼有貍。血祭薦血之時雖不貍牲，而薦血之後復有瘞貍之禮，則貍牲」，〔註18〕如此則「社稷、五祀、五嶽」就屬地祇最高級之列而非「地之次祀」了；至於地祇以血祭為義的緣由，除地祇係陰祀「自血起」以別於煙祭祭天「報陽」之外，還因為諸地祇位置在下，「地示血祭……疑當先薦神，後灌祭，使其氣下達」〔註19〕——這與《大司樂》言天神曰「降」、地祇曰「出」是一個道理。而商代地祇中即便是「埋」祭這種專門祭地祇的祭法，祭的也是河而不是山、且常與燎祭一起使用。〔註20〕周人的這種祭法表面看是祭禮的規範化，骨子裏依據的卻是對天、地高下位置和陰陽屬性的認識。

　　將祭祀對象分為神、鬼、祇三大類，相伴隨的是對三者的祭儀各不相同，涉及祭時、地點、器服、用玉等諸多方面。這非我們關注的重點，茲不一一詳論。其中有涉及地祇和社祀關係的，需要特別說明一下。《禮記·曲禮下》載：

　　　　天子祭天地，祭四方，祭山川，祭五祀，歲徧。諸侯方祀，祭
　　　山川，祭五祀，歲徧。大夫祭五祀，歲徧。士祭其先。

《禮記》的《王制》《禮運》等又有「天子祭天地，諸侯祭社稷」的說法，《周禮·春官·大司樂》說「冬日至，於地上之圜丘奏之，若樂六變，則天

〔註13〕（清）阮元校刻：《十三經注疏》，第 757 頁。
〔註14〕（清）阮元校刻：《十三經注疏》，第 758 頁。
〔註15〕（清）阮元校刻：《十三經注疏》，第 758 頁。
〔註16〕（清）阮元校刻：《十三經注疏》，第 757 頁。
〔註17〕（清）阮元校刻：《十三經注疏》，第 758 頁。
〔註18〕（清）孫詒讓：《周禮正義》，中華書局 1987 年版，第 1315 頁。
〔註19〕（清）孫詒讓：《周禮正義》，第 1314 頁。
〔註20〕李立新：《甲骨文中所見祭名研究》，第 109 頁。

神皆降，可得而禮矣……夏日至，於澤中之方丘奏之，若樂八變，則地示皆出，可得而禮矣」，可見社祀與地祀不可等同。清人秦蕙田例舉其不同 13 處，並認為二者「皆祭地示而廣狹不同：方丘所祭統乎職載之地，言無有疆域界限，此地與天對……；社之祭主乎所有之地，其不入版章者不與，此社與稷對」。〔註21〕其間之根本區別正如《大司樂》「天神皆降」「地示皆出」之「皆」字暗示的：「祭天地」的對象是統祭諸「天神」「地祇」，而社祀對象只是國土這一五土之總神。

再進一步看，《大宗伯》所記地祀實際上又具體劃分了「社稷、五祀、五嶽」「山林、川澤」和「四方百物」這三個等級的內容。當然《大宗伯》所述的內容並不完備，這裡我們著重考察第一、第二兩個等級的內容，並連帶梳理西周春秋時期地祀的相關問題。

第一等級中的「社稷五祀」實際上暗含了自商代就已有的四方神及祭祀。方祀在周代同樣地位很高，因此常被「方社」並稱，如《詩經》有「以社以方」(《小雅‧甫田》)、「方社不莫」(《大雅‧雲漢》) 等等說法。然而《大宗伯》載「以玉作六器，以禮天地四方：以蒼璧禮天，以黃琮禮地，以青圭禮東方，以赤璋禮南方，以白琥禮西方，以玄璜禮北方」，可見第一等級中各神祇地位也不是完全平等的：天地的地位高於四方，同理社稷的地位也高於四方神。春秋時晉太史蔡墨解「社稷五祀」說：

> 少皞氏有四叔，曰重、曰該、曰修、曰熙，實能金、木及水。
> 使重為句芒，該為蓐收，修及熙為玄冥，世不失職，遂濟窮桑，
> 此其三祀也。顓頊氏有子曰犁，為祝融；共工氏有子曰句龍，為
> 后土，此其二祀也。后土為社；稷，田正也。有烈山氏之子曰柱
> 為稷，自夏以上祀之。周棄亦為稷，自商以來祀之。(《左傳‧昭
> 公二十九年》)

其中的等級關係表述的很清楚：「社稷五祀」並非社稷之外又加五祀，而是指社（后土）、稷加句芒、蓐收、玄冥、祝融四祀。這四位神祇按蔡墨的說法是：

> 夫物，物有其官，官修其方……故有五行之官，是謂五官……
> 社稷五祀，是尊是奉。木正曰句芒，火正曰祝融，金正曰蓐收，水

〔註21〕（清）秦蕙田：《五禮通考》卷三七，光緒六年九月江蘇書局重刊本，第12～13頁，第5頁。

正日玄冥，土正日后土。

「五行之官」可以理解為五「物」之官，五物《左傳》又稱為「五材」，「這五種物質為一切器用之原」，〔註22〕這是五祀的表面意思；其實句芒、祝融、蓐收和玄冥最早應該是四方神，《禮記·曲禮下》有「天子祭天地，祭四方」語，其「四方」鄭注即謂是句芒等「五官之神」。〔註23〕又《山海經》載：

> 南方祝融，獸身人面，乘兩龍。（《海外南經》）
>
> 西方蓐收，左耳有蛇，乘兩龍。（《海外西經》）
>
> 北方禺彊，人面鳥身，珥兩青蛇，踐兩青蛇。（《海外北經》）
>
> 東方句芒，鳥身人面，乘兩龍。（《海外東經》）

除北方神不合外，其他三方均相同。丁山認為「芒」即是「萌」，句芒就是《禮記·月令》所謂的「季春之月……句者畢出，萌者盡達」；「『蓐』即農字別體」，「蓐收」即是《月令》「農事備收」的意思。〔註24〕據此則句芒義為春季草木初萌之態，與義謂秋季農事備收的蓐收一樣，都是就物候而命名。但祝融和玄冥的名字來源則與它們不同：祝融本義為「光明」《國語·鄭語》說：「夫黎為高辛氏火正，以淳耀敦大，天明地德，光照四海，故命之曰『祝融』」，相反地玄冥則應是幽昏之義。〔註25〕那麼祝融和玄冥就可以認為是由對南北方位的直觀感受為契機配屬、命名的了。如此則可見，蔡墨說的這四祀原本是四方神，後來才被當做五物之官來看待。這樣一來，蔡墨的社稷五祀說實際上也暗示，五祀中的后土社神地位與后稷農神相等，而高於其他四祀。

拋開其中五行的成分暫且不談，社稷高於四祀的尊卑關係卻是淵源有自的。《禮記》中的幾個例子可以佐證之：

> 嘗禘郊社，尊無二上。（《曾子問》）
>
> 昔者，周公旦有勳勞於天下……故賜之以重祭。外祭則郊社是也，內祭則大嘗禘是也。（《祭統》）

〔註22〕丁山：《中國古代宗教與神話考》，上海書店出版社 2011 年版，第 113 頁。

〔註23〕（清）阮元校刻：《十三經注疏》，第 1268 頁。

〔註24〕丁山：《中國古代宗教與神話考》，第 101～102 頁。

〔註25〕古人以北方象徵「幽隱」「死亡」等由來已久。《禮記·檀弓下》載三代葬制皆北首為通「幽」之義，甲骨文即借「背」為「北」，而考古所見「前朝後寢」或以北方為祭祀區的建築布局則起源更早。

> 郊社之禮，所以事上帝也。宗廟之禮，所以祀乎其先也。明乎
> 郊社之禮、禘嘗之義，治國其如示諸掌乎！（《中庸》）

嘗禘之祭即「春禘秋嘗」（《禮記・祭義》）是四時祖先之祭的代稱，郊是祭天
禮，社祀與這兩者地位相等，可見是地祀中之最高者。

關於社稷與山川神祇的等級關係，魏建震說得明白：「社為五土之總神，
五土之中，山林、川澤、丘陵、墳衍，均可以泛稱為山川。」〔註26〕但山川
神祇中自也有高下之別。「山林、川谷、丘陵，能出雲為風雨，見怪物，皆
曰神」（《禮記・祭法》），這是一般的山川神；《大宗伯》中的「五嶽」就屬
於山神中地位最高的一類。西周春秋文獻中關於「嶽」的記載數量不多但十
分雜亂：最早被確稱的「四嶽」是方伯職官。周書燦認為四嶽最初並非四座
山嶽而是泛指四方之山嶽，是洪水時代發生的山嶽崇拜的結果，其後與姜姓
祖先合一遂成為四嶽方伯，〔註27〕這個思路是很正確的。

《尚書・堯典》中已然明言「四嶽」是人而非山嶽。《左傳》也數言「嶽」：

> 夫許，大嶽之胤也。（《隱公十一年》）
>
> 姜，大嶽之後也。（《莊公二十二年》）
>
> 惠公蹶其大德，謂我諸戎（按：姜戎），是四嶽之裔胄也，毋是
> 翦棄。（《襄公十四年》）

《國語・周語下》又說：「共之從孫四嶽佐之，高高下下，疏川導滯」，並稱禹
及四嶽為「一王四伯」，這與《堯典》的記載是吻合的。可見作為職官的「四
嶽」本即四人，他們是共工的四位「從孫」，又是姜姓的祖先，這與《國語・
周語下》《詩經・大雅・崧高》等中的相關說法是一致的。在《舜典》中又記
載了舜「覲四嶽群牧」並到四方四嶽進行巡守，這四嶽中就有「岱宗」。那麼
其他三嶽也必是確定的山嶽，這是將「四嶽」方伯職官在空間上落實到四座
具體的山嶽上了。

顧頡剛、周書燦等都認為「五嶽」的出現是戰國秦漢間的事，這主要是
以將《堯典》等文獻的時代判定在戰國為基礎的。我們認為「五嶽」在西周
時形成是可能的：《禹貢》中即已以泰、華、衡、恒四嶽作為州境標誌，「之
所以沒有嵩山，可能就是因為嵩山居中，沒有界標意義」；〔註28〕《逸周書・

〔註26〕魏建震：《先秦社祀研究》，第 200 頁。
〔註27〕周書燦：《中國早期四嶽、五嶽地理觀念析疑》，《浙江學刊》2012 年第 4 期。
〔註28〕唐曉峰：《從混沌到秩序——中國上古地理思想史述論》，第 234 頁。

度邑》有「北望過於有嶽」，潘振、莊述祖皆認為是《職方氏》所說的豫州山鎮「華山」；〔註29〕《左傳・隱公元年》載「鄭伯請釋泰山之祀而祀周公，以泰山之祊易許田」、《桓公元年》又有「鄭伯以璧假許田，為周公、祊故也」等記載，杜注曰：「成王營王城，有遷都之制，故賜周公許田，以為魯國朝宿之邑，後世因而立周公別廟焉。鄭桓公，周宣王之母弟，封鄭，有助祭泰山湯沐之邑在祊。鄭以天子不能復巡守，故欲以祊易許田，各從本國所近之宜。恐魯以周公別廟為疑，故云已廢泰山之祀，而欲為魯祀周公，孫辭以有求也。許田，近許之田」，〔註30〕楊伯峻認為「許田」即今河南許昌南的魯城。〔註31〕據此則西周確實有在泰山舉行的定期巡守的制度；《左傳・昭公四年》更是明確說「四嶽、三塗、陽城、大室、荊山、中南，九州島之險也」——「五嶽」在春秋時期已然是常識了。

　　《舜典》所說的對天子五年舉行一次對四嶽的四時巡禮，是真的實行過還是僅是一種制度理想，很難斷言。不過其中有些禮制的確是符合周禮的，這裡我們主要提兩點：一是「東巡守，至於岱宗，柴」。據《左傳》則巡守岱宗事在西周確實存在。而「柴」乃是「燔柴祭天告至」，〔註32〕「告至」雖未必，但以在山上「祭天」卻符合周禮。周人祭天並不僅是在郊外圜丘，其手段也不僅通過郊祀、祭祖等。關於夏族、周族山嶽崇拜王暉曾有詳說，在周人那裡山嶽不僅是山神的領地和祭拜的對象，更是通天的場所和路徑、天室嵩山則直接就是天神所居了，〔註33〕「山嶽則配天」（《左傳・莊公二十二年》）、「山川所以儐鬼神也」（《禮記・禮運》）說的就是這種情況。所以巡守岱宗的「柴」祭並不是祭岱宗的，而是祭天的，這與《大宗伯》所載祭天神禮相合；《詩經・大雅・旱麓》「瞻彼旱麓……瑟彼柞棫，民所燎矣。豈弟君子，神所勞矣」說得正是穆王在南鄭附近的旱山祭天的事〔註34〕——旱山在周人那裡既非族望、又非五嶽更非山鎮卻仍可以通天，普通山嶽尚且如此，前三類就更不必說了——山嶽在周人眼中的地位可見一斑。第二就是巡守岱嶽之時「望秩於山川」，鄭注認為即「東嶽諸侯竟內名山大川如其秩次望祭

〔註29〕黃懷信：《逸周書匯校集注》（修訂本），第 482 頁。
〔註30〕（清）阮元校刻：《十三經注疏》，第 1733 頁。
〔註31〕楊伯峻：《春秋左傳注》（修訂本），中華書局 1990 年版，第 58 頁。
〔註32〕（清）阮元校刻：《十三經注疏》，第 127 頁。
〔註33〕見王暉：《商周文化比較研究》，第 66～75 頁。
〔註34〕李山：《詩經析讀》，第 358 頁。

之」，這可以與《詩經‧周頌‧般》互相印證：「陟其高山，墮山喬嶽，允猶翕河」，即謂按山川之圖（猶）依次祭祀高岳小山，並「徧天下之山川，皆聚其神於是，配而祀之」。〔註35〕《天亡簋》說「王凡三方，王祀於天室，降」，「凡」即是「望」，〔註36〕也即「望秩於山川」。據此除證明《舜典》中有周禮的因素之外，還可以看出在神聖維度上「五嶽」的確是高於其他普通山嶽的（岐山等少數特別的山除外），在「五嶽」級別之下的山川又各有秩次，這與《大宗伯》以次一級的貍祭祭祀普通山林的記載一致；而「望」祭對象主要是四方神、作為各諸侯國之「望」的名山大川及其他普通山川。「望，郊之細也」（此處「望」即祭魯國的海、岱、淮三望，見《左傳‧僖公三十一年》），郊、封禪均是以祭天為主要目的、「巡守」柴祭也是如此。這三大祭天禮都有作為附屬祭禮的「望」，則是說方、嶽之地位要低於「天」，而不是與天相等，郊社地位相捋，則方、嶽地位又低於作為五土總神的社神——這與我們上文的推論也一致。

此外，若超出祭祀的語境來看周代山嶽的文化地位，則在「五嶽」之間當以嵩山地位為最高，「五嶽」之外與嵩山地位等齊的則是岐山。這點王暉早已說過，茲結合我們的意見簡要轉述。在周人的空間觀裏，天下「王土」的中心區是「禹跡」「中國」，而「中國」的中心是「天保」洛邑。嵩山又被稱為「天室」，乃是周人「定天保」所依據的神山（《逸周書‧度邑》），嵩山則是周人繼承的夏代的山鎮、並將它當做周王朝的公共性神山（詳見本章第二節）；而岐山是周族之「望」，《周易》的「升」「隨」二卦爻辭已有「王用享於岐山（西山）」的記載。《詩經‧周頌‧天作》更是說：「天作高山，大王荒之」，《國語‧晉語四》釋此曰：「荒，大之也。大天所作，可謂親有天矣」，即是說周人眼中的岐山乃是天授予周族的神山，在周人未得天下之前岐山是其最高的通天神山。即便在周王朝建立、承夏族神山嵩山為「天室」之後，岐山雖未在禮典中特別強調，但文化地位卻一仍其舊。《國語‧周語上》的兩則記載可為佐證，一記周族之興曰「周之興也，鸑鷟鳴於岐山」，一記其衰曰「是歲（按：幽王二年）也，三川竭，岐山崩。十一年，幽王乃滅，周乃東遷。」可見周人眼中岐山之禨祥與周王朝之興衰息息相關。因此在周朝建立後，岐山既是周「族」之望同時也是周「朝」之望。岐山與嵩山

〔註35〕（清）阮元校刻：《十三經注疏》，第127頁。
〔註36〕林澐：《天亡簋「王祀於天室」新解》，《史學集刊》1993年第3期。

的地位一如世俗維度的岐周宗周和成周地位，一為族群性的鎮山、一為公共性的鎮山，難分軒輊。

再來看山與川之間的等級關係。以江、河、淮、濟為「四瀆」之說首見於《爾雅·釋水》。《大宗伯》中並沒有「四瀆」之說，然而鄭注認為「四竇，五嶽之匹」，不見四瀆乃是省文所致；〔註37〕《禮記·王制》說「五嶽視三公，四瀆視諸侯」，鄭注「謂其牲幣粢盛籩豆爵獻之數，非謂尊卑」，〔註38〕就是說五嶽祭禮如三公數、四瀆則如諸侯數，這沒問題。只是在周禮的語境中祭禮等級與尊卑等級是一致的，鄭玄說「非謂尊卑」是不符合周人信仰情況的。從《國語·周語上》所載伯陽父對「西周三川皆震」〔註39〕的解釋看，三川地震乃是陽氣為陰氣所鎮迫而不能烝騰導致的，天地陰陽之氣的常「序」應是陽鎮陰，相反則會導致地、山（相對於水、澤屬陽）震盪崩塌，故而導致川源閉塞而竭和「岐山崩」。這與《周禮·夏官·職方氏》各州先舉山鎮、後舉澤川的排列順序是一致的，也與王暉所論周人山嶽崇拜的信仰吻合。所謂山川地位相等、四瀆為五嶽之匹的錯覺，只是「天道」信仰下的周人試圖依「國必依山川」（《國語·周語上》）的理念，在山嶽信仰的族群文化基礎上自覺將川澤地位提升的結果——然而周族山嶽崇拜根深蒂固，畢竟無法徹底消除其痕跡，在這點上《禮記·王制》的說法顯然是合乎周人信仰情況的。

在地祀的第三等級，據《大宗伯》說是「四方百物」，其祭儀為「疈辜」。在這點上，研究周代四方祭祀的學者常有誤解，將「四方百物」理解為「四方」和「百物」，把「疈辜」當成是祭祀四方神的儀式。其實「四方百物」乃是「四方」之「百物」，與方祀無關。這點一方面可以以我們上文所考的「五祀」與「四方」關係為證；而鄭玄更明言「疈而磔之，謂磔禳及蜡祭。《郊特牲》曰：『八蜡以記四方。四方年不順成，八蜡不通，以謹民財也』，又曰：『蜡之祭也，主先嗇而祭司嗇也，祭百種以報嗇也。饗農及郵表畷、禽獸，仁之至義之盡也。』」〔註40〕即是說蜡祭的對象只是「百物」而與方祀無干。先秦時追述周禮祭儀的文獻中常將「四方山川」「四方百物」並列來說，很多情況下僅是指向「山川」「百物」而不是「四方」。

〔註37〕（清）阮元校刻：《十三經注疏》，第 758 頁。

〔註38〕（清）阮元校刻：《十三經注疏》，第 1336 頁。

〔註39〕韋昭注謂：「三川，涇、渭、洛，出於岐山也」。見徐元誥：《國語集解》（修訂本），第 26 頁。

〔註40〕（清）阮元校刻：《十三經注疏》，第 758 頁。

《大宗伯》將蠟祭「百物」儀式列入地祇範疇之內，同時反映的也是周人對於「地」所涵蓋內容的自覺總結。蠟祭「百物」的內容包括先嗇、司嗇、農、郵表畷、貓虎、坊、水庸、昆蟲等八大類，[註41] 這些內容裏同樣沒有天神也沒有祖先神，都是與「地」上所生之物的神祇。本文緒言部分曾總結古代地學傳統所涵蓋的基本內容是「地與物」，此種認識實始於周人。

周人地祇世界秩序化的第二個表現是縱向上按世俗權力等級來規範地祇對象、橫向上以諸侯實際統治地域、方位來規制各自方、望——其核心理念就是《孟子‧滕文公上》所說的「經界」之禮。《禮記》載「天子祭天地，祭四方，祭山川，祭五祀」（《曲禮下》）、「天子祭天下名山大川」（《王制》）、「天子大蠟八」（《郊特牲》），可見天子享有對所有級別地祇分祀或總祀的權力，正是「溥天之下，莫非王土」（《詩經‧小雅‧北山》）理念的反映。諸侯之下則各有等級和對象的限制，具體來看，社祀方面如魏建震所論：一是諸侯分封之初伴隨賜地還將該國社祀納入王朝社祀等級中，其中還可能有如《逸周書‧作雒》所載「將建諸侯，鑿取其方……以為土封」的儀式；二是如《禮記‧祭法》所說「王為群姓立社，曰大社。王自為立社，曰王社。諸侯為百姓立社，曰國社。諸侯自立社，曰侯社。大夫以下，成群立社曰置社」，按身份等級立不同等級之社。[註42] 與分封制相伴隨的，以各級行政區劃立社的現象在西周春秋時期也已出現。《周禮‧地官‧大司徒》說「以天下土地之圖……而辨其邦國都鄙之數，制其畿疆而溝封之，設其社稷之壇而樹之田主。各以其野之所宜木，遂以名其社與其野」，具體而言有如《地官‧州長》有「以歲時祭祀州社」，而春秋時期齊國、楚國均有「書社」（里社）等，這些都是以各級政區為單位的社。再就是諸如存亡之國社制不同：「天子大社必受霜露風雨」「喪國之社屋之」「薄社北牖」（《郊特牲》），以及「夏后氏以松，殷人以柏，周人以栗」（《論語‧八佾》）等等。

不僅社祀如此，方祭、山川祭等因其主體不同也均有各自的等級規定。《禮記‧曲禮下》在記天子遍祀群神之後又說：「諸侯方祀，祭山川，祭五祀，歲遍。大夫祭五祀，歲遍。士祭其先。」所謂「諸侯方祀」是說「諸侯既不得祭天地，又不得總祭五方之神，唯祀當方」，[註43] 只能祭祀其所在

〔註41〕（清）阮元校刻：《十三經注疏》，第 758 頁。

〔註42〕魏建震：《先秦社祀研究》，第 111～114 頁。

〔註43〕（清）阮元校刻：《十三經注疏》，第 1268 頁。

方位之方神。《禮記・曾子問》說諸侯從天子救日食之時「各以其方色與其兵」，也是這個意思。而所謂諸侯「祭山川」則如《祭法》所言「諸侯在其地則祭之，亡其地則不祭」，意即「諸侯……若山林、川澤、在其封內而益民者，則得祭之」，〔註44〕《公羊傳・僖公三十一年》等也有類似記載，其權限乃限於其封國的地域範圍之內。諸侯所祭國內山川之中，又有地位特殊而被稱為「望」的名山大川，如魯之岱、海、淮，齊之岱、海、河，晉之梁山、河，楚之江、漢、睢、漳，等等。對於這些「望」的祭祀，仍然以「三代命祀，祭不越望」（《左傳・哀公六年》）為原則。不僅如此，各國之「望」的範圍並不是一成不變，而是隨著現實疆域的變化而變化，如《左傳・昭公元年》子產為晉侯解祟語中有「沈、姒、蓐、黃實守其（按：汾）祀。今晉主汾而滅之矣」，即是說這種情況。

與各類地祇的等級秩序化相應的，其權能也表現出秩序化、人事化的特點。先秦社權能極為廣泛，這點魏建震、史志龍等歸納得極為詳細：如經濟方面如農業之助時、祈年和報償、禳災等，政治方面如社稷受命、政令頒布、刑法盟誓、助成行政管理等，軍事田獵方面如戎事祈祐、軍事訓練、獻捷獻獲、軍法刑戮等，社會道德方面如報恩、誠信、地域認同等等〔註45〕——這是泛而論之。若歷時地考察西周春秋社神權能與商代相比，有幾點值得注意：

一是自然權能方面，商代的社除影響年成之外，還有寧風、寧雨、寧疾、禳日月食等。西周春秋時期社神的自然權能見載於文獻者多為祈年、日食、水旱、火災等。略舉數例如：

> 祈年孔夙，方社不莫。（《詩經・大雅・雲漢》）

> 唯正月之朔，慝未作，日有食之，於是乎用幣于社，伐鼓于朝。

> 秋，大水，鼓、用牲于社、于門，亦非常也。凡天災，有幣，無牲。非日、月之眚不鼓。（《左傳・莊公二十五年》）

> 七月，鄭子產為火故，大為社，祓禳於四方，振除火災，禮也。

（《左傳・昭公十八年》）

除日月食及地學範圍內的事宜之外，風雨疾疫等之事尤其風雨據《大宗伯》乃天神職掌範圍，不再屬社神；不僅如此，社神所管轄範圍也取決於其所屬

〔註44〕（清）阮元校刻：《十三經注疏》，第1588頁。

〔註45〕見魏建震：《先秦社祀研究》（第253～267頁），史志龍《先秦社祭研究》（博士學位論文，武漢大學，2010年5月，第73～85頁）等。

政區單位等級；

二是社會權能方面，西周春秋時期的社常常與世俗政務糾纏在一起。這點早在西周時期已然，如周初分封諸侯就可能有取社土的環節，《逸周書・嘗麥》〔註46〕所記「授刑書於社」〔註47〕等。而見於三禮、《左傳》等的記載更多，涉及政令頒布、刑法等，如《周禮・地官・州長》所載祭州社時「屬其民而讀法」、《媒氏》說男女陰訟「聽之於勝國之社」、《禮記・禮運》「命降於社之謂殽地」……這些均體現的是周人「政必本於天」（《禮記・禮運》）的理念。其三是軍事田獵方面，西周春秋時的大致情況是：興師前須「宜於社」（《春官・大祝》）並「受脤於社」（《國語・晉語五》），大興師之時還「立軍社、奉主車」（《春官・大宗伯》），行軍法須「蒞戮於社」（《秋官・大司寇》），戰爭結束後「若師有功，則左執律、右秉鉞以先，愷樂獻於社。若師不功，則厭而奉主車」（《夏官・大司馬》），如有外寇入侵也要「祀於社」（《春官・小宗伯》）；周代田獵與軍事密不可分，田獵後也要「獻禽以祭社」（《夏官・大司馬》），春秋時齊國還曾在社祀時「搜軍實」（《左傳・襄公三十年》）。

方神的權能基本限於農事、田獵等，方祀主要在春、秋二季，春季祈年，秋季報成且多與田獵有關，如《周禮・夏官・大司馬》「中秋……致禽以祀祊」。〔註48〕

誠如張懷通所說，「西周、春秋時代是山川崇拜的重要發展時期」，〔註49〕其時禮樂文化背景下山川神祇的等級、權能及祭祀的秩序化和人事化特點最為鮮明。西周春秋時期山川神祇的自然權能（如風雨、水旱、疾病、生育等）較商代萎縮（如不再影響年成），但政治、軍事、盟誓等人事權能卻被強化，且山川神祇具有了功烈於民、公正德性的因素，其祭祀也體現了濃厚的民本精神。〔註50〕當然這種秩序化和人事化也是逐漸發展來的，如幽王二年三川震竭岐山崩，伯陽父的解釋雖然包含了「民亂陰陽之序」「民乏財用」等民本內容，但其要還是強調陰陽失序與「國必依山川」的神秘意義而

〔註46〕 李學勤認為《嘗麥解》可能作於穆王初年。見李學勤：《古文獻論叢》，中國人民大學出版社 2010 年版，第 74 頁。
〔註47〕 魏建震：《先秦社祀研究》，第 261～262 頁。
〔註48〕 李白：《周代方祀禮考略》，《黑河學刊》2012 年第 1 期。
〔註49〕 張懷通：《先秦時期的山川崇拜》《河北師院學報（社會科學版）》1997 年第 2 期。
〔註50〕 相關論述見張懷通《先秦時期的山川崇拜》和《周代山川祭祀的民本精神與政治功能》（《殷都學刊》1994 年第 4 期）等文。

歸於「亡之徵」(《國語‧周語上》);但魯成公五年晉望梁山崩「壅遏河三日不流」(《穀梁傳‧成公五年》):

> 晉侯以傳召伯宗……重人……曰:「山有朽壞而崩,可若何?國主山川,故山崩川竭,君為之不舉、降服、乘縵、徹樂、出次,祝幣,史辭以禮焉。其如此而已。雖伯宗,若之何?」伯宗……遂以告,而從之。(《左傳‧成公五年》)〔註51〕

梁山、河皆為晉望,這段話記載了國望災異的兩種態度:一是以晉侯、宗伯為代表。《周禮》中大小宗伯職掌神祇鬼之禮並司「國有災禍」或天地大災時之「禬祠」,晉侯召宗伯,可知是為「禬祠」之事,而以傳(驛車)召之則可見其惶恐,擔心此災異是否為亡國凶兆,其「禬祠」之禮仍與山川崇拜密切相關;而重人的見識顯然理性得多,認為山崩川竭只需國君祝史各以其職行其禮即可,「雖伯宗,若之何」意當是說宗伯禬祠之事大不必要——這顯然是將「禮」從山川崇拜中剝離出來僅以為人事規範、而有敬鬼神而遠之的意思了。這種人本思想雖是精英思想,但春秋史籍不乏其例,涉及山川權能的又有如疾病等,不再具論。

其中除將人的世界與鬼神世界特意區別的趨向之外,還有一種情況如《左傳‧昭公元年》子產「山川之神,則水旱癘疫之災於是乎禜之;日月星辰之神,則雪霜風雨之不時,於是乎禜之」的說法——以水旱癘疫等地事歸於地祇、以雪霜風雨等天候歸於天神;同文卜人認為晉侯之疾乃「實沈、臺駘為崇」,而實沈是參星神、臺駘是汾河神,皆為晉國主祭對象,意即一國所主山川神祇的權能範圍也僅限於該國,這跟「祭不越望」的意思是一致的;再進一步看,各級別、各政區內的社神權能範圍也取決於所屬地區,各方方神職司所在之方,天神、地祇、人鬼皆是如此……這實際上都是依據人間世的經界之禮對天神地祇的權能的進一步規範。

再進一步看,三大類神祇中,普遍意義的「人」之鬼而不單是神巫聖王的神靈,已經與天神、地祇鼎足而三,其本身即意味著人主體意識覺醒;而將神、祇、鬼三分,並在天神地祇內部各按人間秩序劃分等級、規定其權能範圍並制定相應祭禮,則說明周代禮制中的鬼神經界乃是本於人間的經界。

〔註51〕對於重人所語的記載《穀梁傳》與《左傳》大異:前者言祠禮後說「斯流矣」,後者則說「其如此而已」,涵義大相徑庭,今從《左傳》。

二、《聘禮》：人神經界之禮的動態呈現

上文所論內容基本是靜態地描述地祇之間、以及人與地祇之間的秩序。最能生動說明神聖空間中的這種秩序的，還當屬出行儀式，如征伐、田獵、聘問等等。先秦文獻中對出行儀式載錄最為詳細的當屬《儀禮·聘禮》。

關於《儀禮》的寫定時代，學者同樣意見不一。其中梁啟超、洪誠等學者認為其寫定在戰國以前、春秋晚期且與孔子及其弟子有關，近年來則有學者從文獻及學術傳承、《儀禮》所用器物與出土器物比照等方面對此觀點有進一步補充論證。〔註52〕這些觀點均有其道理。

無論是何種出行，在空間上都不離出發地、目的地和道路三個基本部分。各類出行儀式中所強調的神聖場所一致，所異者也只是具體儀節不同，因此本部分我們將以《聘禮》為中心，輔以軍禮等其他儀式作為補充。聘禮的儀式較繁複，大致可分為如下幾個階段：

準備階段，有謀劃圖事、命使、戒介、書幣具幣等環節，在出發日的前夕於國君寢門之外舉行夕幣儀式、檢視幣用，從者守幣於朝；

正式開始之後，第一個造訪的重要場所便是作為神聖中心的禰廟。這裡有幾個細節需要特別指出：使者從祝入禰廟，先釋幣於奠幾之下，然後出立於室門之外，「少頃之間，示有俟於神」；〔註53〕然後祝入，取幣、卷幣、埋幣。這個環節的目的很明確，就是告神。告神的原因是為了求取祖神的庇祐，因為在古人眼中居址之外的陌生空間不僅充滿了現實的危險而且鬼神遍布，更是在祖神、社神、室神等神靈的庇祐範圍之外而充滿「不祥」「凶災」，〔註54〕因此出行前需要通過告廟來獲取祖先神的特別護持。這點通過對使者入禰廟前後稱謂不同也可得到暗示：入廟前稱「賓」，是相對於受聘方而「尊」〔註55〕使者；而入廟之後稱「主人」，則是以使者為祖先神護祐的對象。從屬於告廟儀式的還有一個環節是告行神，行神位於廟門外之西方，因此告廟之後由祝埋幣於西階東、然後「釋幣於行」，將幣用陳示給行神看。《聘禮》所記主要是針對大夫階層，在告廟方面「天子諸侯出，告群

〔註52〕可參見丁鼎：《試論〈儀禮〉的作者與撰作時代》（《孔子研究》2002年第6期）、馮峰：《從出土器物看〈儀禮〉的成書時代》（《海岱學刊》2014年8月）等文。
〔註53〕（清）阮元校刻：《十三經注疏》，第1046頁。
〔註54〕（清）阮元校刻：《十三經注疏》，第1067頁。
〔註55〕（清）阮元校刻：《十三經注疏》，第1046頁。

廟，大夫告禰而已」，〔註56〕對自然神則大夫只能告行神；《禮記‧王制》
又說「天子將出，類乎上帝，宜乎社，造乎禰」還要「禡於所征之地。受命
於祖，受成於學」，而「諸侯將出，宜乎社，造乎禰」（《禮記‧王制》），各
以其等級祭祀神祇鬼、告以所征之地，並「命祝史告於五廟所過山川」（《禮
記‧曾子問》，乃諸侯禮，天子、大夫等當各以其制），目的是使神祇尤其是
祖先神瞭解自己的行進路線及所過險阻，以祈求護祐。聘禮如此，軍禮、會
同等出行儀式亦然，禮典多有記載，如《周禮‧春官‧大祝》云：

> 　　大師，宜于社，造于祖，設軍社，類上帝……大會同，造于廟，
> 宜于社，過大山川，則用事焉。（《大祝》）

這裡附帶一提，出行前對上帝、社、祖禰等的祭告因為是針對「我」所在出發
地的保護神，因此於「國」內舉行；而對於目的地（「他」地）的「禡」祭則
「於野」〔註57〕舉行，如《詩經‧大雅‧皇矣》「是類是禡，是致是附」即是。
這種祭祀儀式和場所的區別體現的是出發地與目的地、國與野的「我」「他」
之分。

　　第二個重要場所則是世俗的權力中心：朝。使者持「表識其事」的旜入
朝受命，得國君召後從者皆入受命、受聘玉。這一系列儀式核心在於受君命，
而旜和聘玉則是聘事和君命的象徵物。

　　第三個重要場所是：郊。結合下文入所聘國時「賓至於近郊，張旜」（《聘
禮》），返回時「舍於郊」（鄭注謂「近郊」）〔註58〕等，則可以這裡的「郊」
乃是近郊。《聘禮》原文說：「遂行，舍於郊，斂旜」，鄭注謂「於此脫舍衣服，
乃即道也」，〔註59〕是受《禮記‧曲禮上》「凡為君使者，已受命，君言不宿
於家」誤導，理解為受君命急行來不及更換朝服了。此「舍」當與《聘禮》前
文「舍於朝」同義，是停次於「郊」的意思，至於停次在此是不是為了脫舍朝
服則難以細考了。這個細節大有深意，為何到「郊」要停下來「斂旜」呢？若
結合西周春秋國野分立的制度背景來看就很容易理解了：國野制度下的「郊」
（「近郊」）乃是「國」的外圍，遠郊則是「國」與「野」的分界區，而「國」
與「野」在政治、文化等各方面都是存在「我」「他」對峙的兩個區域。而根

〔註56〕（清）阮元校刻：《十三經注疏》，第 1046 頁。
〔註57〕（清）阮元校刻：《十三經注疏》，第 522 頁。
〔註58〕（清）阮元校刻：《十三經注疏》，第 1067 頁。
〔註59〕（清）阮元校刻：《十三經注疏》，第 1047 頁。

據《聘禮》全文，「張旝」只發生在入朝、入所聘國境和入所聘國近郊三個場合中，這就暗示「張旝」行為乃是出於對君命臣事和他國經界的尊重。那麼「斂旝」發生在離開「我」（國）的區域、即將進入「他」（野）的區域的時候，實際上是在表達對「野」這種不具特殊價值的空間的一般態度，這才是「此行道耳，未有事也」〔註60〕的真正含義。

　　以上是「出發地」的情況。在接下來行道的過程中有兩種特殊場所是行者給予了特別重視的：一是所過邦境，至此地舉行的儀式有假道和誓境兩種。假道儀式先是使者停次於所過國國境處，介者束帛為贄入朝請為引導、并陳幣示之，所過國之下大夫取幣入告並返幣，再由士引路直至行人出境；誓境儀式行人皆參加，由史官讀誓辭、司馬執策示罰，以「敕告士眾，禁犯禮暴掠」。〔註61〕這兩種儀式中既有人事又有神事，表達的是「諸侯以國為家」〔註62〕時代，人們對各國經界的高度尊重。不僅如此，國境從來不是單純的地域經界，更是特定社會團體的活動經界，因此在禮制中的地位相當重要。這種經界之禮對於普通人的已有嚴格限制，「卿非君命不越竟」（《左傳·莊公二十七年》），若「大夫士去國逾竟」還要有一系列儀式上、生活上的限制（《禮記·曲禮下》）；而對於神聖場所、器物以及神職人員等的規定尤其嚴格，如《禮記·曲禮》說「大夫、士去國，祭器不逾竟」「哭於墓而後行」（《禮記·檀弓下》）；《左傳·定公四年》說「祝，社稷之常隸也。社稷不動，祝不出竟」只有「君以軍行」時才「祝奉以從」、嘉禮則不從行。因為神職人員與社稷神器等都是國家的象徵，除非出師這種凶事、非常之時，才隨君出行，這跟軍社社主隨軍是一個意思──《聘禮》的隨行人員中就有「史」，但沒提到「祝」。第二種特殊場所是所過之大山川。《聘禮》對此並無記載，這應該遵守「祭不越望」之禮的結果。而禮典所載出行儀式祭祀所過大山川，主要見於軍禮，如上引《周禮·春官·大宗伯》語。而且行軍途中似不必守「祭不越望」之禮，如《左傳·僖公二十八年》城濮之戰中：

　　　　初，楚子玉自為瓊弁、玉纓，未之服也。先戰，夢河神謂己曰：
　　「畀余！余賜女孟諸之麋。」弗致也。大心與子西使榮黃諫，弗聽。
　　榮季曰：「死而利國，猶或為之，況瓊玉乎？是糞土也。而可以濟師，

〔註60〕（清）阮元校刻：《十三經注疏》，第1047頁。
〔註61〕（清）阮元校刻：《十三經注疏》，第1048頁。
〔註62〕（清）阮元校刻：《十三經注疏》，第1048頁。

將何愛焉？」

子玉不祭河神，並未受到稱讚，反而被譏為「愛」、不「利國」。這一方面固然與出師乃「國之大事」（《成公十三年》）和非常規行為，另一方面更可能與軍社和巫祝神職隨軍出行有關——社主隨行意味著行軍所過山川屬於本國社主保護的範圍，所以不算「越望」。

在抵達目的地之後，也有幾個重要場所舉行有專門儀式。第一是所聘國的國境。在這附近舉行的儀式有三：一是入境之前畫壇練習聘儀；二是抵達國境後，先張旜、為誓，然後謁見主管國境的關人，之後由所聘國派士迎接使團；三是進入國境之後，斂旜並展幣檢視。這些儀式仍然是表達對職事及所聘國經界的尊重，不再重複。第二是所聘國的郊和遠郊附近的候館，在這兩個地方要各展幣一次。第三處是所聘國的近郊，在這裡行人須張旜，所聘國命下大夫請行並使卿以束帛勞之。這裡仍是就諸侯國間的普通聘問而言，若「天子巡守，諸侯勞於竟」（《禮記．祭義》）。在入館舍受所聘國各種勞儀之後，須至朝見國君，然後反館齋戒、〔註63〕受飧，不具言。第四處是聘問的最重要場所：所聘國的宗廟。它，而非國君，是所聘國國家的象徵，同時也是聘禮指向的對象。聘禮主要在這裡舉行，這裡我們僅關注空間場所，具體儀節不再細說。《左傳．昭公二十年》記載了齊公孫青聘衛事：

> 齊侯使公孫青聘於衛。既出，聞衛亂，使請所聘。公曰：「猶在竟內，則衛君也。」乃將事焉，遂從諸死鳥。請將事。辭曰：「亡人不佞，失守社稷，越在草莽，吾子無所辱君命。」賓曰：「寡君命下臣於朝曰：『阿下執事。』臣不敢貳。」主人曰：「君若惠顧先君之好，昭臨敝邑，鎮撫其社稷，則有宗祧在。」乃止。衛侯固請見之。不獲命，以其良馬見，為未致使故也。衛侯以為乘馬。賓將掫，主人辭曰：「亡人之憂，不可以及吾子；草莽之中，不足以辱從者。敢辭。」賓曰：「寡君之下臣，君之牧圉也。若不獲扞外役，是不有寡君也。臣懼不免於戾，請以除死。」親執鐸，終夕與於燎。

公孫青出聘途中聞衛亂，齊景公以衛君猶未出國境仍為國君，因此公孫青沒有去衛國宗廟而是到了衛君所逃亡的死鳥。然而衛君以失守社稷為理由拒絕

〔註63〕此處《聘禮》言賓見國君後辭命「曰：『俟間』」，其意一「不欲卒奄主人」、二是「道路悠遠，欲沐浴齊戒」（（清）阮元校刻：《十三經注疏》，第1052頁），如《禮記．玉藻》載「將適公所，宿齋戒，沐浴」。

按聘禮執行，公孫青辭以齊公之命，然而最後仍未行聘禮；既而衛侯請見公孫青，公孫青仍辭以聘禮未行，以其良馬贄見而不用玉，並堅持以外臣禮為衛侯執鐸守衛。這件事有幾點值得注意：一是齊公所說的「猶在竟內，則衛君也」。在周禮的語境中，君主身份並不取決於是否掌握著實際權力，而是取決於是否仍在國境之內（名分），正如《宣公二年》趙穿攻殺晉靈公，其時趙盾逃亡尚未出國境，因此被太史書為「趙盾弒其君」；二是衛君以不在宗祧拒絕按聘禮執行，這說明宗祧是聘禮決定是否可行的關鍵場所。再進一步說，相比起現在國君，宗廟社稷才是國家的真正象徵，因此國君並不能取代宗廟成為聘禮指向的對象，而賓所遵齊公之命也同樣不能高於聘禮的規定。最後公孫青以君臣禮這種最妥當的方式進行完了這次特殊的聘問。

其後是所聘國如賓館勞賓、享賓，最後賓拜所聘國賜於其朝，聘禮結束。

在返回途中的重要場所。首先是舍於所聘國之郊，其涵義一如出發時之舍於郊；在這裡還需要「展軨具視」，〔註64〕其涵義當如出發時出郊後的「斂膳」。

值得特別注意的是回到出發地時，「及郊，請反命。朝服，載膳，禳，乃入。」（《聘禮》）一定要「請反命」「朝服」才能入國，是因為「已久在外，嫌有罪惡，不可以入」、正行服以敬君命，而必「禳」而後「乃入」，是因為「行道累歷不祥，禳之以除災凶」。〔註65〕前者固然旨在尊君，但也是因為「久在外」而易生「罪惡」之「嫌」；後者就更明白了，郊以外、也即野中乃是「他」的地方，是充滿災凶不祥的「陌生」空間，因此途徑此地歸來之時要通過「禳」來淨化不祥，以保證「國」這個「我者」地方的純淨。這裡所要祓禳去的不僅有神聖維度的「不祥」和「災凶」，還有世俗維度的「罪惡」。《國語·齊語》載齊桓公得國後從魯國接回管仲，「比至，三釁、三浴之。桓公親逆之於郊」。這裡的「釁」乃「以香塗身曰釁，亦或為薰」，而「郊」也是「近郊」。〔註66〕這裡「三釁」「三浴」是說接連祓禳了三次，所要禳除的應該不止是管仲逃亡在外時帶來的「不祥」，還當有管仲射桓公等等的罪愆。由此可見，「郊」尤其是「近郊」既是世俗空間的一種經界線，同樣也

〔註64〕《禮記·曲禮下》「已駕，僕展軨」鄭注。（清）阮元校刻：《十三經注疏》，第 1252 頁。

〔註65〕（清）阮元校刻：《十三經注疏》，第 1067 頁。

〔註66〕韋昭注，見徐元誥：《國語集解》（修訂本），第 217 頁。

是儀式空間的重要經界線。

　　既返國之後，仍需要拜命於朝，並於禰廟釋幣、獻酬。其意義一如出發時，行軍等其他出行也是如此，如天子出師「反，釋奠於學，以訊馘告」（《禮記·王制》）。

　　以上就是西周春秋時期聘問、出師等出行活動相關儀式的大致情況。從空間上看，所經歷重要場所中既有神聖場所，如出發地的宗廟社稷，路途中所經的山川以及目的地的宗廟；又有世俗場所，如出發地和目的地的郊、國境，途經國的國境等……它們均統一於出行儀式中。可見周禮之出行禮中所述儀式空間，既含有鬼神信仰又有人事名分（如經界）的，是天地人神各得其所而有機融合的「禮」的世界，也是以人事為綱紀的人文的世界。

　　通過上述考察也可見，《聘禮》所載與《左傳》相關記載以及《周禮》等對於軍禮相關儀節的記載存在內在的一致性。正如楊向奎等學者所說，《儀禮》「其中的禮儀制度在西周以至春秋曾經實行過」，[註67]上文的論證也可以作為注腳。因此可以說，《聘禮》等所載的出行儀式，實際上對是周禮中人神經界之禮的動態呈現。

第二節　世俗空間

　　「溥天之下，莫非王土」（《詩經·小雅·北山》）。相比起商人自負天命的強勢與自我，「憂患」中的周人一方面積極地建構自夏及周的王權統緒以強調其承受天命的合法性，另一方面以天命為依託的「王土」世界建構中，卻透出理性的自信與弘大的心胸。這點無論在尋求公共中心的建都思想、以「中國」（「禹跡」「九州」）為中心而兼容「四海」的「天下」觀，還是「柔遠能邇」的分封制、五服制、國野制等地政制度上都有很清晰的體現。

一、權力與空間之「中」：周代都制

　　西周的都城建制也存在多都並存的現象。武王克商建立周朝之後的作為都城的大致有三：一是岐周，古公亶父所選「居岐之陽，在渭之將」（《詩經·大雅·皇矣》）的都城；二是宗周，也即文王所作之豐、武王所作之鎬，二者分居灃水兩岸，學者常合稱為宗周；三是洛邑成周，乃克商之後建立的

〔註67〕楊向奎：《宗周社會與禮樂文明》，人民出版社 1992 年版，第 293 頁。

「新大邑」(《尚書・康誥》)。這三座都城在不同時期有著不同的地位和功能,豐、鎬建成之前,岐周是當時的宗教、政治、軍事等中心;豐、鎬營建之初主要是作為政治、軍事前線,西周政權確立後則成為當時的主都,不僅是政治中心,還與岐周一起成為周王朝的宗教中心;而西周時期的洛邑雖然也有其宗教意義,但與宗周相比地位稍低,這種情況一直延續到西周覆滅、平王東遷。本文以西周和春秋時期都城建制及其思想為關注對象,因此將岐周和宗周作為一個部分、將成周單獨作為一個部分來討論。

(一)「立都為中」的傳承:岐周與宗周

先秦都城的遷徙多不外乎自然災害、政治、軍事、經濟、外族侵擾等方面的原因。先周時期周族的比較大遷徙大約有棄封邰、不窋失官竄戎狄、公劉(《史記・周本紀》謂其子慶節)遷豳、古公亶父遷周原(岐周)等幾次,其中就既有失官喪封地、戎狄數侵、選擇更適宜的農耕環境等幾種動機,而文王自岐周遷豐、武王自豐遷鎬均出自政治尤其是軍事方面的原因。〔註68〕然而自此之後,豐、鎬也即宗周一直是作為西周的政治和宗教中心而存在的;此外,岐周在西周是被作為祖源地之一的「聖都」。〔註69〕

首先看岐周。從考古發現看,陝西岐山縣鳳雛村發現的甲組宗廟就「可能沿用了三四百年,直至平王東遷洛陽前,由於犬戎侵略被戰火燒毀而廢棄」,〔註70〕這說明西周時期岐周的地位並沒有因宗周和成周的營建而被遺忘。相反地,在周代尤其是西周初期、宗周和成周建成之後,岐周的「聖都」地位越發凸顯並一直延續。表現在三個方面:一即是有宗廟設在此地;二是史籍所載周初文王、武王、周公、太公等均葬於此,如「(武王)崩鎬,殯於岐周」(《逸周書・作雒》)、「葬周公於畢,從文王」(《史記・魯周公世家》)等,「畢」屬於岐周範圍內;三是周公、召公、畢公等的采邑均被封在這周圍。〔註71〕

然而,「聖都」的功能相比起作為政治和宗教中心的宗周和作為政治和軍

〔註68〕潘明娟認為,文王遷豐乃是滅崇之後進一步東擴的需要,而武王不久後遷鎬乃是因為豐京營建匆促、狹小而難以轉圜,二都最初都是作為政治、軍事上東擴的前線而建立。參見潘明娟:《先秦多都並存制度研究》,第99~102頁。

〔註69〕潘明娟:《先秦多都並存制度研究》,第104~122頁,第127~129頁。

〔註70〕徐錫臺:《周原甲骨文綜述》,三秦出版社1987年版,第8頁。

〔註71〕潘明娟:《先秦多都並存制度研究》,第105~108頁。

事重鎮的成周,是相對有限的。其中一個重要原因就是作為一個都城最重要標誌的宗廟、社稷等在宗周和成周都有,如成周。《逸周書·作雒》言周公作成周時「設丘兆於南郊」作為「上帝」「后稷」「日月星辰先王」之祭所,又有「大社」以為分封諸侯之「土封」,還有「五宮、大廟、宗宮、考宮、路寢、明堂」等建築;金文所載成周的宗廟就有「大廟」(《集成》4232)、「京宮」、「京室」以及康王、昭王、穆王、夷王等廟;而在宗周也有「伊減」「辟雍」(《詩經·大雅·靈臺》、《文王有聲》),「大廟」(《同簋》)、「穆廟」(《克鼎》)等。這樣一來岐周與宗周和成周相比,就只剩下周族發跡地這個角色。

再來看宗周。宗周是西周諸王的長居之地,這是學者判定宗周是西周主都的一個重要標準。然而這只是表象。何為「宗周」?《帝王世紀》說:「武王自豐居鎬,諸侯宗之,是為宗周」。「宗」就是「認同」,學者或有從周代血緣分封的角度認為周天子為天下大宗,故名「宗周」,〔註72〕這是族群血緣層面上的認同。

然而宗周之所以為「諸侯宗之」,並不僅僅是因為這一點,因為諸侯中還有不少是異姓他族。上面我們提到的宗周建有辟雍、靈臺、大廟等,蔡邕《明堂論》認為清廟、太廟、太室、明堂、辟雍等「異名而同事,其實一也」。而從《詩經》的描述看,「靈臺」與其周圍的「靈囿」「靈沼」(《詩經·大雅·靈臺》)均屬於辟雍建築群的組成部分;〔註73〕辟雍的功能也有祭祀(祭祀「天」神、祖先等)、布政(朝覲會盟、頒朔告朔等)、學宮(太學、藏書、成禮等)等;〔註74〕此外,靈臺為天子所專設,其功能之一就是觀天象、望氣之妖祥等。這些內容都是天學知識的重要組成部分,而天學知識作為通天的重要手段乃是王權的重要依據。林甸甸說,相比起東夷族後裔的商人,周人缺少「『授時』的歷史,因而沒有合法性」。〔註75〕因此,靈臺、辟雍的修建則就意味著周家王權合法性的最終確立。因此作為集政教功能於一身、象徵王朝至高權威的核心建築,辟雍的所在,也即昭示了宗周的主都地位——這是宗教信仰方面的認同。

當然,僅僅宗族血緣或是宗教信仰等方面的「認同」顯然還是不夠的,

〔註72〕參見盧連成:《西周豐鎬兩京考》,《中國歷史地理論叢》1988年第3期。

〔註73〕參見李山、李貴田:《〈詩〉「辟雍」考》,《河北師範大學學報(哲學社會科學版)》2003年第4期。

〔註74〕可參見張一兵:《明堂制度研究》(中華書局2005年版)相關章節。

〔註75〕林甸甸:《上古天學知識及文獻研究》,第20頁。

還需要有政治、經濟、軍事等相關儀式、制度作為基礎和保障，如覲聘、朝會、貢納、助祭等。《國語·周語上》載祭公謀父說五服諸國「日祭、月祀、時享、歲貢、終王」，這幾種服職基本都是儀式性的，它們主要應當就是在宗周辟雍等地舉行，如《㝬鍾》「氒子乃遣間來逆昭王，南夷東夷具見，廿又六邦」。此外還有一些屬非常規性的大型儀式，如穆王朝修建辟雍的一個重要目的就是為了大祭文王，其目的一方面是顯耀文王等先王所開創的周朝德業，同時也是為了擺脫昭王南征不復所致穆王即位之初的困境而向先王乞靈，〔註76〕圍繞這次舉動產生的了很多祭祖詩如《大雅·文王有聲》、《周頌·清廟》等等。這場大祭文王的活動不僅是在宗周辟雍，還有部分在岐周宗廟舉行；〔註77〕而且這次大典還有其他族姓諸侯的助祭，如《文王》說「殷士膚敏，祼將于京」，並告誡助祭者「無念爾祖，聿修厥德。永言配命，自求多福」等即是。這些常規或非常規的儀式制度的長期、反覆地舉行，自然也是造成同姓和異姓諸侯「認同」的重要原因。

事實證明，周人對天下諸侯、貴族對於宗周這個象徵王朝政權的都城「認同」感的培養和建構是卓有成效的。因此當宗周覆滅之後，「周大夫行役至於宗周，過故宗廟宮室，盡為禾黍。閔宗周之顛覆，彷徨不忍去」，而「中心搖搖」、〔註78〕痛極呼天。不僅如此，還有一個表現就是：西周文獻中不僅稱洛邑為中心的中原地區為「中」或「中國」，有時候也以此稱呼宗周。如厲王時的《大雅·民勞》曰：「惠此中國，以綏四方」，又說「惠此京師，以綏四國」，這裡的「中國」「京師」就是指宗周，不過顯然它與《何尊》等最初指位於天下空間的成周「中國」不是一回事。《民勞》的這種稱謂實際上是商代及以前「立都為中」傳統思想的一種延續；相反地以洛邑成周為「中國」則只是周初為確立政權合法性而採取的一種策略，然而在後來特定的政治和文化背景下卻衍生出了不同的內涵，政治和文化地位也越來越高。

（二）從「土中」到「地中」：成周地位的變遷

關於作洛的記載，僅傳世西周文獻中涉及此事的就有《尚書》的《康誥》

〔註76〕李山、李貴田：《〈詩〉「辟雍」考》。

〔註77〕見李山：《〈詩·大雅〉若干詩篇圖贊說及由此發現的〈雅〉、〈頌〉間部分對應》。

〔註78〕《詩經·王風·黍離》毛傳，見（清）阮元校刻：《十三經注疏》第，第330頁。

《召誥》《洛誥》，以及《逸周書》的《度邑》《作雒》等篇，這在先秦建都史裏面是絕無僅有的。可見在時人眼中，作洛並不僅僅是一個王朝營建一座大都城那麼簡單，而是一件具有劃時代意義的大事。對此學者多從政治、軍事、地理形勢等角度去理解，認為「選擇伊洛之地營建成周，主要是出於當時的政治和軍事需要」，「新王朝以這裏為經略東方政治中心和軍事重鎮」，〔註79〕這自然是沒有問題的。洛邑雖然自覺「依天室」靠近嵩山，但卻不在夏都舊址上，因為夏都舊址「居易無固」（《逸周書·度邑》），地勢平坦沒有險固的地理屏障。因此經過周召二公相宅、卜宅，才選擇了「南繫於洛水，北因於郟山」的洛地營建成周，可見在周人在洛邑選址上不僅從意識形態層面著眼，更充分考慮了軍事地理因素的。

《作雒》說營建成周「以為天下之大湊」。「湊」即「聚集」。〔註80〕這可以聯繫《禹貢》九州貢道的記載來看，胡渭說道：

> 帝都三面距河，舟楫環通，諸侯之朝貢，商賈之懋遷，行旅之往來，外國之享王，皆以達河為至。其水道曲折，經悉志之於州末，兗、青、徐、揚皆由濟、漯以達河，荊、豫皆由洛以達河，梁、雍皆由渭以達河，冀之島夷由碣石以達河，揚之島夷由淮、泗以達河，崑崙、析支、渠搜由積石以達河，下文所謂「四海會同」，皆見於此矣。然當時粟米取之於甸服，無仰給四方之事，所運者惟貢物，故輕舟可載，山豀可浮，「逾於洛」、「逾於沔」是也。其間陸行，亦不過數十里，聖人之重民力也如此。（《禹貢錐指略例》）〔註81〕

因為有便利的水道運輸，最大限度上節省了九州各邦國貢納過程中所耗的民力，才使得「萬邦咸休」（《洛誥》）。這是貢納地理角度的考慮。根據邵望平、李山、韓高年等學者的研究，《禹貢》所述夏代九州貢納知識有其古老的淵源，儘管周初作洛之時《禹貢》尚未寫定成文，但內中知識很可能已經被周公們所掌握。可見洛邑的營建也確是在繼承以往地理知識的基礎上，充分考慮了經濟和政治地理因素的。

但這些只是其中一個方面。文獻中有一些說法更值得重視：「王來紹上

〔註79〕 張永山：《金文所見成周的戰略地位》，洛陽市文物工作隊：《洛陽考古四十年
——1992年洛陽考古學術研討會論文集》，科學出版社2006年版，第213～226頁。
〔註80〕 （清）段玉裁：《說文解字注》，浙江古籍出版社2006年版，第556頁。
〔註81〕 （清）胡渭：《禹貢錐指》，上海古籍出版社1996年版，第13頁。

帝，自服於土中」「自時中乂。王厥有成命，治民今休」（《召誥》），為何王只有在「土中」洛邑才能「紹上帝」？為什麼「用是土中致治」，周王就可以「有天之成命」？〔註82〕

《逸周書·度邑》記載了武王克商之後因「未定天保」而「王至於周，自鹿至於丘中。具明不寢」的憂慮。陸宗達解釋得明白：天保之「保」乃「來源於『部』」「又作葆」，也即古代車蓋頂端的蓋斗，引申到天學上，即指作為天之中樞的北極星，「所以北極星也叫部，或叫保，叫保斗，也叫天保」，「正因為古代以天之中樞為天保，所以引申稱政治的中樞也叫天保。雒邑為天保，並非指它的地理位置在地中，而是指它政治上的作用和地位猶如北極星之於其他星宿。」〔註83〕事實上「天保」之「天」字就已經透露出，武王所致力於建立的並不僅僅是一個軍事重鎮或政治中樞，更是一個以宗教信仰為中心的意識形態中樞——這在商末周初巫文化尚然濃鬱的文化語境下尤為重要。

周初面臨的並不僅僅是「小國」（《多士》）「周方伯」（周原甲骨 H11：82 等）取代「天邑商」（《多士》）所面臨的政治、軍事等方面的困難，更在於信仰上當時的周人正在努力以公共性的至上神「天」來取代商人「不兼覆他姓族」「特殊主義的」至上神「帝」。〔註84〕對於此，周人的策略一是強調文王因有德而通過大姒的「吉夢」「受天命於皇上帝」（《清華簡一·程寤》），〔註85〕這個話題在周初《尚書》諸誥和穆王朝產生的《詩經》祭祖詩中兩度通過舉行大規模儀式來強調；第二就是建構周族的聖王及其王德譜系。這些都以洛邑的營建為契機，以有夏及其聖王大禹為依託落實下來。

大禹傳說興起於西周，這點學者多無異議。早在《逸周書·商誓》〔註86〕中武王就強調說：

> 在昔后稷，惟上帝之言，克播百穀，登禹之績。凡在天下之庶
> 民，罔不維后稷之元穀用蒸享。在商先哲王明祀上帝，□□□□，
> 亦維我后稷之元穀用告和用胥飲食。肆商先哲王維厥故，斯用顯我
> 西土。

〔註82〕（清）阮元校刻：《十三經注疏》，第 212 頁。

〔註83〕陸宗達：《訓詁簡論》，北京出版社 2002 年版，第 178～181 頁。

〔註84〕見顏世安：《周初「夏」觀念與王族文化圈意識》。

〔註85〕清華大學出土文獻研究與保護中心編：《清華大學藏戰國竹簡》（一），第 136 頁。

〔註86〕郭沫若、顧頡剛、李學勤等均認為《商誓解》係西周甚至周初作品。見羅家湘：《〈逸周書〉研究》，上海古籍出版社 2006 年版，第 6～10 頁。

將文王受天命追溯到后稷遵上帝之言「播百穀」，這是強調周族以農德立族立國；並強調其功烈「登禹之績」，這句話乃是在強調周祖后稷的播百穀與夏禹的平水土是相互承緒、配合的，二者功烈相當。〔註 87〕寫製於西周中期的《尚書·舜典》〔註 88〕中更追述了大禹、商契、后稷、皋陶、伯益、夔等同在虞舜朝為官的情景。西周文獻中類似的記載還有不少。周初文獻中周人自稱「我區夏」（《尚書·康誥》）、「我有夏」（《君奭》《立政》），是從族群角度上的對周夏淵源的強調。《尚書·益稷》借禹之口追述說：

> 予乘四載，隨山刊木。暨益奏庶鮮食。予決九川，距四海，濬畎澮距川。暨稷播，奏庶艱食鮮食。懋遷有無化居，烝民乃粒，萬邦作乂。

就是說舜帝時禹平水土，並與「虞」官（《尚書·舜典》）益和后稷共同合作，成就了「烝民乃粒，萬邦作乂」的大功烈。《呂刑》「皇帝」所命的「三后」則是禹、后稷和降典刑的伯夷，最後「三后成功，惟殷於民」。所述三王不同乃是二篇關注點不同，但都與《舜典》的記載吻合；而且也暗示了舜諸臣工中，禹和后稷的關係最密切，天下「烝民乃粒，萬邦作乂」的局面，既是以禹平水土為基礎，與后稷播百穀的功德也是分不開的，因此后稷之德才可以與大禹相提並論。這樣一來，周人就不光與夏人一樣有了承受天命的合法性，而且繼承夏人開創的法統疆域也是順理成章的了。武王度邑、周公作洛，也正是在此基礎上開始的：

> 予克致天之明命，定天保，依天室……我維顯服及德之方明。

> 我圖夷茲殷，其惟依天室。其有憲命，求茲無遠。慮天有求繹，相我不難。自洛汭延於伊汭，居易無固，其有夏之居。我南望過於三途，北望過於有嶽，丕願瞻過於河，宛瞻於伊洛。無遠天室。（《逸周書·度邑》）

> 周公敬念于後曰：予畏周室不延，俾中天下。及將致政，乃作大邑成周於土中。……南繫於洛水，北因於郟山，以為天下之大湊。制郊甸方六百里，國西土為方千里……乃設丘兆於南郊，以祀上帝，配□后稷，日月星辰，先王皆與食。封人社壝，諸侯受命於周，乃建大社於國中……以為土封……乃位五宮：大廟、宗宮、考宮、路

〔註 87〕 高建文：《從〈詩經〉祭祖詩看『周德』的建構》。
〔註 88〕 見李山：《〈尚書·虞夏書〉三篇的寫製年代》。

寢、明堂，咸有四阿，反坫……（《逸周書‧作雒》）

《度邑》中兩度提及「天保」、三度提及「天室」。「天保」的意思上文已說過；「天室」，就是天室嵩山。為什麼武王再三強調要在「無遠天室」和「有夏之居」的地方建立「天保」這個政治和宗教的中樞呢？因為「自洛汭延於伊汭」乃是「有夏之居」。當然成周的營建並不是單純因夏都之舊，事實上洛邑也並不在禹都陽城舊址，而其中的關鍵是以「無遠天室」為原則。天室山也即嵩山，與鯀、禹、啟等夏代聖王關係密切：禹父鯀在古文獻中又被稱為「崇伯鯀」，「崇」乃是鯀的封國；《逸周書‧世俘》等有記載早在武王時即有《崇禹生開》的樂曲，「『崇禹』即夏禹，猶鯀稱崇伯也。開即夏啟」；〔註89〕《國語‧周語上》載內史過曰「昔夏之興也，融降於崇山」，這裡「崇」也即嵩山，「夏居陽城，崇高所近」〔註90〕……可見「崇山」也即嵩山，乃是夏朝國運所依之山鎮，猶如丕山之於商、岐山之於周一樣。這樣「依天室」嵩山而建的成周，就將夏、周兩族的王權統緒實實在在地連接了起來，成了周王於以「配皇天」（《召誥》）的神聖場所，《何尊》「唯王初壅宅於成周，復爯武王禮福自天（按：天室〔註91〕）」等記載即是明證。

史籍記載，「武王克商，遷九鼎於雒邑」（《左傳‧桓公二年》）或曰成王定鼎郟鄏（《左傳‧宣公三年》），上引《逸周書》文也說成周建有大社以及宗廟、明堂等五宮，實際上也是「定天保」系列活動的諸環節。東周天子在追述周初作洛的時候說道：「昔成王合諸侯城成周，以為東都，崇文德焉」（《左傳‧昭公三十二年》），而在周人那裡「文」與「德」乃是涵義相近的價值範疇，〔註92〕「文德」也即「王德」，「定天保」乃是崇王德的重要手段。由此可見在周人眼裏，成周營建的意識形態上的意義倒是比現實政治、軍事意義更重要。

事實證明，武王、周公們在作洛問題上的良苦用心，其效果是理想的。周公曾在這裡主持制禮作樂、平定四方，終於使周王獲得「成績」（《洛誥》）、

〔註89〕 劉師培注。黃懷信：《逸周書匯校集注》（修訂本），第 429 頁。

〔註90〕 徐元誥：《國語集解》（修訂本），第 29 頁。

〔註91〕 釋文采馬承源說，參見馬承源：《商周青銅器銘文選》卷三，文物出版社 1988 年版，第 20 頁；釋「天」為「天室」說見唐蘭：《西周青銅器銘文分代史徵》，中華書局 1986 年版，第 74 頁。

〔註92〕 李春青：《論「周文」——中國古代「文」的歷史之奠基》，《北京師範大學學報（社會科學版）》2012 年第 5 期。

「成命」（《召誥》），「成周」也因此而得名。〔註93〕可見周初營成周之時的確是想在此建立統治中心的，然而隨著周公致政成王和周政權的日益穩固，宗周的主都地位復又凸顯出來：原本以成周「土中」為中心的「中國」，到了《詩經・大雅・民勞》《蕩》《桑柔》等中卻被用來稱呼宗周；原本在《召誥》《洛誥》「自時中乂」裏作「土中」解的「中」，到了穆王時《祭公之顧命》的「其皆自是中乂萬邦」裏卻被置換成「中道」〔註94〕——儘管如此，作為天下公共之「中」的成周，其文化地位卻藉著周公文化聖人的地位和經典文獻的載錄而並未衰落，而是隨著宗周覆滅、成周成為東周的王城而重新高揚，並對後世的建都理念乃至「天下」空間觀造成了極深遠的影響。

比如《周禮》「地中」說，基於數理測算而對成周文化地位的新闡釋。《周禮》「地中」的相關記載有如下幾條：

> 以土圭之法測土深、正日景，以求地中。日南則景短多暑，日北則景長多寒，日東則景夕多風，日西則景朝多陰。日至之景，尺有五寸，謂之地中：天地之所合也，四時之所交也，風雨之所會也，陰陽之所和也。然則百物阜安，乃建王國焉，制其畿，方千里而封樹之。（《地官・大司徒》）

> 土圭以致四時日月，封國則以土地。（《春官・典瑞》）

> 掌土圭之法以致日景，以土地相宅而建邦國都鄙。（《夏官・土方氏》）

> 土圭尺有五寸，以致日，以土地。（《冬官考工記・玉人》）

這幾則材料中有幾個信息需要先行點明：

一是「地中」所在。關於這點，先後鄭的注解是有不同的：鄭玄注《天官》「惟王建國」條時謂「周公居攝而作六典之職，謂之《周禮》。營邑於土中。七年，致政成王，以此禮授之，使居雒邑，治天下」，〔註95〕明言是洛

〔註93〕楊寬說，「成王稱『成』，是由於他終於完成了昊天的『成命』，取得了『成績』。成周的稱『成』，也該是由於完成了『成命』和取得『成績』，建成了統一四方的國都。」（見楊寬：《西周史》，上海人民出版社 2003 年版，第 548 頁）。

〔註94〕清華大學出土文獻研究與保護中心編：《清華大學藏戰國竹簡》（一），第 175 頁；該句又見於《逸周書・祭公解》，字句略異：「尚皆自是中乂萬國」，「中」字孔晁注為「中道」（見黃懷信：《逸周書匯校集注》（修訂本），第 939 頁）。

〔註95〕（清）阮元校刻：《十三經注疏》，第 639 頁。

邑，馬融也認為「地中」是指洛陽；〔註96〕先鄭則說是「今潁川陽城地為然」〔註97〕……當然，先鄭所言也只是以東漢情況推測。近代天文學家高平子曾用現代理論推算古代晷影，茲略摘其結果如下：

地點（緯度）	時代（年）	夏至影長（尺）	冬至影長（尺）
洛陽 （34°49'）	-1100	1.517	12.969
	-600	1.526	12.939
	-100	1.535	12.908
告成（陽城） （34°26'）	-1100	1.462	12.777
	-600	1.471	12.746
	-100	1.480	12.718
	+400	1.489	12.685

其結論是：「在假定之周初年代及洛陽緯度實為密近，但不合於陽城。」〔註98〕可見，《周禮》本意「地中」應該就是指洛邑。

二是土圭及其用途。土圭，就是測度用的圭表，長度與「地中」夏至日的日影長度相同，為一尺五寸。其用途有兩種，一是「致四時日月」，也即通過測影以校定曆法；二是「測土深」，也即測量土地面積。

三、土圭的兩種用途之間通過一條隱含的「法則」聯繫起來，那就是《周髀算經》卷上所說的「周髀長八尺，句之損益寸千里」，後世總結為「日影千里差一寸」。

這樣一來問題就浮現出來了：

1.《周禮》明說「地中」的位置是以土圭之法測得的，「日至之景，尺有五寸，謂之地中」顯然是倒果為因，因為這在技術上行不通的。隋代劉焯已明確指出其「考之算法，必為不可」(《隋書·天文志》)，清人江永說得更明白：「所謂土中者，合九州道里形勢而知之，非先制尺有五寸之土圭，度夏至景與圭齊，而後謂之土中也。既定洛邑，樹八尺之表，景長尺有五寸，是為土中之景，乃制土圭以為法。他方度景，亦以此土圭隨其長短量之。是景以土中而定，非土中因景而得也。」〔註99〕就是說先有了洛邑這個「土中」，然後

〔註96〕李淳風語。錢寶琮：《算經十書·周髀算經》，中華書局 1963 年版，第 30 頁。

〔註97〕（清）阮元校刻：《十三經注疏》，第 704 頁。

〔註98〕高平子：《圭表測影論》，董作賓、劉敦楨、高平子編著：《周公測影臺調查報告》，商務印書館 1939 年版，第 117～119 頁。

〔註99〕（清）江永：《周禮疑義舉要》卷二，中華書局 1985 年版，第 12 頁。

在此地測影得夏至一尺五寸的數據，再以此數據製土圭制度。那麼「地中」的說法，就是《周禮》作者在毫不懷疑地繼承了周人洛邑為「土中」說之後，按照其時的思維方式理解和闡釋為「地中」；

　　2. 根據高平子的觀測結果，洛邑日影或是周初測得的數據；如果說《周禮》只是在此基礎上倒果為因地將夏至日影尺五寸周公作洛時確定「地中」的方式，那麼漢儒在這條「錯誤」的路上走得就更遠了。鄭注說「景尺有五寸者，南戴日下萬五千里，地與日月星辰四遊升降於三萬里之中，是以半之得地之中也。畿方千里，取象於日一寸為正。」〔註100〕鄭說乃採自《尚書考靈曜》：

　　　　地有四遊，東至地上北而西三萬里，夏至地下行南而東復三萬
　　　　里，春秋分其中矣。地恒動而不止，人不知，譬如人在大舟中，閉
　　　　牖而坐，舟行而不覺也。〔註101〕

因為《考靈曜》文說地上下東西四遊三萬里，故孔穎達認為鄭說乃「半之而得地中也」，〔註102〕意思即是說鄭說乃是將《考靈曜》三萬里的一半得萬五千里，然後再以「日影千里差一寸」的「法則」得出「地中」夏至日影尺五寸的說法。對此江永說道：

　　　　漢時天學未明……見日行有南北寒暑進退，求其故不得，遂為
　　　　四遊之說，又謂升降於三萬里中。鄭氏意地中半於三萬里，遂謂以
　　　　景常以千里差一寸，其說甚謬。〔註103〕

認為鄭說是依「地中」夏至日影尺五寸和《考靈曜》三萬里兩個「法則」，推出了「日影千里差一寸」的「法則」。孔、江二說看到了《周禮》說、鄭說和《考靈曜》三說中隱含的地中夏至日影尺五寸、地四遊三萬里和「日影千里差一寸」三個「法則」，但二人對於三者衍生關係的認識都有問題，根源就在於忽略了三者產生時代的早晚。《周禮》通常認為是春秋戰國人作、「地中」夏至日影尺五寸乃周初數據，《考靈曜》為鄭玄之前漢時緯書，最早記載「日影千里差一寸」的《周髀算經》「的成書應在西漢初期（在公元前200年左右）。書中有些內容則更古老」，〔註104〕這樣一來它們的邏輯順

〔註100〕（清）阮元校刻：《十三經注疏》，第704頁。
〔註101〕〔日〕安居香山、中村璋八輯：《緯書集成》上卷，河北人民出版社1994年版，第345頁。
〔註102〕（清）阮元校刻：《十三經注疏》，第704頁。
〔註103〕（清）江永：《周禮疑義舉要》卷二，第12頁。
〔註104〕馮禮貴：《〈周髀算經〉成書年代考》，《古籍整理研究學刊》1986年第4期。

序就比較明確了：周代即有尺五寸為「地中」和「日影千里差一寸」的「法則」載諸典籍，《考靈曜》以此二「法則」推出地四遊三萬里的說法。這樣一來就違背了先秦人的另一種認識，那就是地是靜止不動的，如《莊子・天運》說「天其運乎，地其處乎？」《鶡冠子・泰鴻第十》說「地者，承天之演，備載以寧者也」等等，因而不能自圓其說。而鄭玄從《考靈曜》說又反過來拿來解釋《周禮》「地中」的說法，自然就「甚謬」了——這是典型的以經驗性知識為基礎、以觀念性的「法則」為理據、通過推演而創造新知識的例子。此類事例在先秦乃至後世文獻中並不鮮見。

附帶一說，「日影千里差一寸」的「法則」最早載於《周髀算經》，漢人對此尚然堅信不疑，劉徽就自信地說道「雖天圓穹之象猶曰可度，又況泰山之高與江海之廣哉。」〔註105〕正是以此「法則」為前提。直到渾天說興起之後，在南朝宋、梁時期人們才通過實測證明了其說之非。現代學者如何駑、徐鳳先、黎耕、孫小淳、李德魯等諸對此也有專門研究，這些研究多從天文觀測角度去考察，其基本前提就是認為它是古人實測得出的結果，然而這些說法尚多有疑點。〔註106〕《周禮・地官・大司徒》「制其畿方千里而

〔註105〕 錢寶琮：《算經十書・九章算術注原序》，第 92 頁。

〔註106〕 如何駑等的觀點起源於陶寺遺址出土的「漆杆」。該杆復原全長 180 釐米，全杆由紅、黑、綠等色帶分為 44 段，在 39.45 釐米處有粉紅色帶；然後在此長度基礎上假設出陶寺里距單位是 1 里=200 步=1000 尺=250 米；通過復原漆杆實測得王城崗夏至日影約為 1.5 尺、陶寺約為 1.6 尺，二地距離 892 陶寺里，「理論上視為 1000 里」（參見何駑《山西襄汾陶寺城址中期王級大墓 IM22 出土漆杆「圭尺」功能試探》，（載《自然科學史研究》2009 年第 3 期），徐鳳先、何駑《「日影千里差一寸」觀念起源新解》（《自然科學史研究》2011 年第 2 期）等文）。此觀點尚有許多疑點，如陶寺里距單位的提出只是基於陶寺尺長度數據的一種假設，並無確定文獻證據，因而據此得出的結論有自洽嫌疑——實際上見於考古實物之商周尺長度在 16.95 釐米——23.261 釐米之間（見矩齋：《古尺考》，《文物參考資料》1957 年第 3 期）；根據此里距單位換算系統測出的數據顯得捉襟見肘，如王城崗測量數據中夏至日太陽上沿至太陽下沿分別約為夏至 1.44 尺到 1.52 尺、冬至 12.8 尺到 13 尺，陶寺夏至 1.6 尺到 1.73 尺、冬至 13.6 尺到 13.9 尺，這與先秦數據《周禮》1.5 尺和 13 尺、《周髀算經》1.6 尺和 13.5 尺有一定差距，且二者所謂「尺」是否是「陶寺尺」並無確定根據、《周髀算經》更明言是在「周」測而非在陶寺。至於陶寺到王城崗 892 里和 1000 里之間差距就更大了；此外，何駑等所論陶寺漆杆為測影及其具體使用方法也有可疑之處，如釋漆杆為「⼫」字原型：「⼫」漆杆與其色帶，「口」為標刻度的玉琮，不僅與「⼫」字形相去甚遠，且玉琮內孔徑為 4.4 釐米、漆杆完好者最粗處僅 3.3 釐米，若依其

封樹之」語鄭注謂「畿方千里，取象於日一寸為正」，孔疏說「鄭注《王制》，『象日月之大，亦取晷同』，此云取象於日一寸為正，不言象日月之大者，略不言之矣。云一寸為正者，即是景一寸地千里，與《王制》注『晷同』一也。案《元命包》云『日圓，望之廣尺，以應千里』」也。」〔註107〕其中的關鍵詞即是「畿方千里」「日景一寸」和「象日月之大」。筆者推測「日影千里差一寸」很可能並不是經驗性知識，而是據這幾個關鍵詞及其所隱含的「王者象日」的觀念推演出的知識，而其背後所依據的經驗性知識則可能是周公作洛、制千里王畿事。

　　行文至此，可以清理出如下線索：擇址洛邑以為「土中」和王者配天之地——測影得夏至尺五寸等數據，王者象日、王畿千里、日景徑寸——夏至日影尺五寸為地中、日影千里差一寸、地四遊三萬里中。可見，後起的這些「法則」均源自周初以洛邑「土中」及王者自此「配皇天」（《召誥》）的思想，在此「法則「之下產生的各類知識往往經不起實踐經驗的考察，正如劉焯所說「寸差千里，亦無典說，明為意斷，事無可依」（《隋書‧天文志》）。這種知識和觀念發展的過程自然是有其文化背景的。梅政清曾從天學角度描述此過程說：

　　　　先秦時代的天地結構觀主要是以神話詮釋「原始蓋天說」。從春秋中葉以後，圭表測量日影的辦法，從辨方正位，發展到發現日影與時間的關係，掌握了回歸年的長度，並開始以圭表測影的辦法來校正星象曆……同時透過圭表測影術，從一些簡單的假設出發，逐漸積累了許多的數據。並從這些數據開始更新天地結構觀的內涵，逐漸變成數理蓋天說。〔註108〕

時的治玉技術，以此為刻度計顯然太過粗疏；再者，其視為與漆杆配套使用的「景符」的玉戚與漆杆並不見於同墓，解為「由君王和天文官分別掌管」也顯牽強；而且玉琮為刻度計、玉戚為景符的說法並無文獻依據（參見何駑《山西襄汾陶寺城址中期王級大墓IM22出土漆杆「圭尺」功能試探》、《陶寺圭表補正》等文）。因此，儘管這些觀點在一定程度上有其合理性，但一方面尚需要有更切實的出土或傳世文獻依據，另一方面還要充分重視從其時文化背景以及人們思維方式的角度去考察。

〔註107〕（清）阮元校刻：《十三經注疏》，第704頁。

〔註108〕梅政清：《從原始蓋天說到數理蓋天說》，《社會‧經濟‧觀念史視野中的古代中國 國際青年學術會議暨第二屆清華青年史學論壇 論文集上》2010年1月。

而在當時人那裡，與天學密切相關的「天道」觀實在是認識「地道」「人道」的總綱——在周人那裡，「天」是最高的信仰對象，這是根本原因；且無論是對地理空間還是人類社會規律的認識，都不如天文那樣抬頭可見、明確直觀。因此基於天學觀測而得出的「天道之數」（《周髀算經》），常常會被拿來作為至上「法則」來推演地學和人類社會規律，於人事則有如《鶡冠子·王鈇》的「天曲日數」、於地學則如上述知識的推演等。

3. 在此基礎上再來看《周禮·地官·大司徒》中的那句話：洛邑之地為「天地之所合也，四時之所交也，風雨之所會也，陰陽之所和也。然則百物阜安，乃建王國焉」，表面看來是以陰陽數理的知識描述地理空間上的「地中」所具有的特殊價值，而內裏卻是指向「王」的：在周人那裡「王的身體成為王族祖先這條通天的垂直軸線與橫向征服四方的交接樞紐」，〔註109〕而作為神聖通天場所的「天室」也就成了這條「垂直軸線」的實體，周王因而能自洛邑「配皇天」。所謂天地、四時、風雨、陰陽在此地合、交、會、和，也周初人所謂周王在洛邑以其身「配皇天」，在數理語境下的新的闡釋。也正因為如此，當周朝王權衰落的時候，洛邑「天下之中」「地中」的地位就開始受到質疑和挑戰，如戰國時期出現的「大九州」說、「建木中心說」等。

孔子曾以《易》學為例總結了先秦思想發展的三個階段：「幽贊而不達於數，則其為之巫；數而不達於德，則其為之史……吾求其德而已。」（《馬王堆帛書·要》）〔註110〕若說周初以洛邑為「土中」「自時配皇天」等思想仍有巫文化「幽贊」的性質，那麼《周禮》等「地中」說云云就屬於史官「明數」性質的東西了。以此為管，不僅略可窺見周人對宇宙法則探索的進程，還可以發現其思想的幾個特點（尤其是「地中」說）：一是以「天道」法則總攝天、地、人之道；二是時人眼中的「法則」並無明確的自然的或是社會的區別，而是將兩方面的「法則」混雜使用，這反映的正是周人自然與人類社會相應、一體的宇宙觀；再者，正因為有這兩個特點，從今人的認識水平來看儘管周人對於法則探索的態度是自覺的、理性的，但這也只是相對於巫文化背景下的人們而言。無論是知識還是觀念，其發展都是有突破、斷裂同時又不可能不延續舊知識、舊觀念的，因此周人自覺探索來的「法則」，內

〔註109〕〔美〕王愛和：《中國古代宇宙觀與政治文化》，第93頁。
〔註110〕廖名春：《馬王堆帛書周易經傳釋文》，上海古籍出版社1996年版，第38頁。

中也難徹底擺脫巫文化那種混沌原始的因素，〔註111〕因此要正確理解周人的思想世界，仍需要辯證看待。

二、王土秩序的構建與文獻的生成

「中國」一詞最早見於作於成王五年的《何尊》：「余其宅茲中國，自之乂民」，這句話是成王在「初雍宅於成周……誥宗小子於京室」〔註112〕時所說的。這與《召誥》、《洛誥》等所說的「中」或「土中」意思是一樣的，具體就是指洛邑成周，這是狹義的意思。上節所論洛邑「土中」文化意義的部分，正是以此狹義義為中心的考察。《尚書·梓材》又說「皇天既付中國民，越厥疆土，於先王肆」，這裡的「中國」則可理解為與「西土」相對的、夏商朝統治的中原地區，這是相對廣義的意思。可見「中國」一詞的產生及含義的不斷豐富與周初作洛大有關係，且作洛的文化意義並不僅僅止於上節所論。洛邑「土中」「中國」的地位，與周人「中國」「九州」「禹跡」「四海」等地學概念，都是其「天下」觀不可分割的構成要素。

（一）商制的餘音：《國語》五服

以上概念都通過周代的服制綰合併呈現出來。關於周代的服制的記載，據傳世文獻大致可歸納為如下幾種：一是《國語·周語上》所說五服制「邦內甸服，邦外侯服，侯、衛賓服，蠻、夷要服，戎、狄荒服」；二是《禹貢》所說的五服制「甸服」「侯服」「綏服」「要服」「荒服」；三是《周禮·夏官·職方氏》的九服說，也即「王畿」之外的「侯服」「甸服」「男服」「采服」「衛服」「蠻服」「夷服」「鎮服」「藩服」；此外還有《逸周書·王會》篇經文所記各服位置及解文所注「方千里之內為比服，方二千里之內為要服，方三千里之內為荒服，是皆朝於內者」等的說法。

諸說產生早晚有別，當以《逸周書·王會》經文所記和《國語·周語上》時代較早，《禹貢》五服乃是西周中期的產物、次之，《周禮》九服最晚出。可嘗試以《國語》五服為中心具體來看：

1.「服」即政治職責；「邦內甸服」，韋昭注謂「邦內，謂天子畿內千里之

〔註111〕參見曹一：《〈周髀算經〉的自洽性分析》，《上海交通大學學報》（哲學社會科學版）》2005 年第 2 期。

〔註112〕馬承源：《商周青銅器銘文選》卷三，第 20 頁。

地……甸，王田也」。〔註113〕所謂「王田」當是指《周禮‧天官‧甸師》鄭注、賈疏所說「甸在遠郊之外」、「公邑之田任甸地，在二百里中」的意思，〔註114〕而不是「畿內千里」或《國語‧周語中》所說的「規方千里以為甸服」之類。如宋鎮豪所說，二者的區別猶如商代商邑郊外之「奠」和外服「戈田牧」「邊侯田」之「田」，〔註115〕後者在《國語》五服中被列入「賓服」；

2.「邦外侯服」。孔傳以「侯」為「候也，斥候而服事」，〔註116〕是很準確的。據《國語》本文，「侯服」之「侯」與「侯衛賓服」之「侯」同是以其功能而名其服職，但涵義不同；那麼此「侯服」當是哪些人群呢？周初保留了商制，如《尚書‧酒誥》「越在外服，侯、甸、男、衛邦伯；越在內服，百僚、庶尹、惟亞、惟服、宗工」等記載即是說商制。這裡提到了內服中的「惟亞、惟服、宗工」，不難令人想起商代的情況：李雪山認為，商代「凡稱亞者必是諸侯，並且又都曾在中央為官，是當時榮譽的標誌」，而在其所考 12 個「亞」國中有 5 個在商王畿本土，其他 7 個也在商王畿附近；〔註117〕「惟服、宗工」或與商同姓國族如「子某」國之類相近，他們同樣分布在商王畿附近的政治中心區。若按周制，則王畿內封給王朝中央官員的采邑當即是此類。若作此解，則可以認為，所謂「邦外侯服」乃屬內服且關係與周王室關係最近的封國封邑，在空間距離上他們也與周都相對較近；

3.「賓服」，《禹貢》對應的是「綏服」、《逸周書‧王會》對應的是「比服」，據《酒誥》所言此五種「賓服」屬於外服。「侯衛」是侯甸男采衛的簡稱；「賓服」，「謂之賓服，常以服貢賓見於王也」；〔註118〕「綏，安也……安服王者之政教」；〔註119〕「比服」之「比」義為「近也」「親也」「輔也」，孫詒讓說「比」當為『賓』，一聲之轉」。〔註120〕賓、比和綏意思大致相當，應當是同一種「服」的不同說法。顧頡剛、楊寬、葛志毅等將「賓」理解為賓客義，認為即「前代王族之有國者，以客禮待之，蘄其能服貼於新政權，

〔註113〕徐元誥：《國語集解》（修訂本），第 6 頁。

〔註114〕（清）阮元校刻：《十三經注疏》，第 663 頁。

〔註115〕宋鎮豪：《商代史論綱》，第 24～25 頁。

〔註116〕（清）阮元校刻：《十三經注疏》，第 153 頁。

〔註117〕見李雪山：《商代分封制度研究》，第 53 頁，第 148～162 頁。

〔註118〕韋昭注。徐元誥：《國語集解》（修訂本），第 6 頁。

〔註119〕（清）阮元校刻：《十三經注疏》，第 153 頁。

〔註120〕王應麟、陳逢衡、丁宗洛等說。見黃懷信：《逸周書匯校集注》（修訂本），第 808～809 頁。

轉而為今王之屏藩也」，〔註121〕並不完全準確——前代王族中的有國者或屬於賓服範圍內，如《國語・鄭語》載「妘姓鄔、鄶、路、偪陽，曹姓鄒、莒，皆為采衛，或在王室，或在夷狄」，此妘姓、曹姓分別為陸終之第四、五子求言和安之後，被歸入「采」「衛」服；而考諸《左傳》的幾例，賓服之「甸」「男」服卻均是同姓諸侯：晉為侯爵甸服（《桓公二年》）、鄭為伯爵男服（《昭公十三年》）、曹為伯爵甸服（《定公四年》）。其中「男」「甸」之類，當是從屬於「賓服」級別的具體服職名，由此也可見「侯衛」之「侯」，與「侯服」之「侯」含義不同，商代的「侯」屬於封國之列，是被封在王畿附近以保衛商國的武官；而西周的「『侯』是為了防備由舊殷勢力、戎和夷等異族對於周王朝的侵犯和叛亂，作為屏藩而被置於特定的地方的氏族所使用的稱號」，〔註122〕其所封地遠近不一，比較大的齊魯燕等國就距離周都很遠。再進一步看「賓服」五服之間的關係：西周金文中稱「侯」者的「特點是姬姓很多；非姬姓也和周王有近親關係」；〔註123〕《左傳》「甸」「男」服的三國裏，甸服的曹初封君振鐸為文王子、武王時封，晉唐叔虞為成王之弟、成王時封，而男服的鄭初封君桓公友為宣王弟、宣王時封，前二者輩分高、封時早且為昭，後者則輩分低、封時晚且為穆；「采」「衛」乃前代王族之後。綜上似可推知，侯甸男采衛的服職順序乃依尊卑親疏的關係距離依次列之，而與其國與周王畿空間距離的遠近無干；

　　4. 至於「要服」和「荒服」，「要」為「要約」，也即通過要約盟好的方式控制的一群人。「荒」則是「政教荒忽」〔註124〕之義，其涵括的正應當是蠻夷戎狄之國。之所以又有「要服」「荒服」之別，顧頡剛說，「夷蠻者，雖非前代王族，而久居中原，其文化程度已高，特與新王室之關係較疏，故不使躋於華夏之列；然猶服我約束，故謂之『要服』；要者，約也。戎狄者，未受中原文化陶冶之外族，性情強悍，時時入寇，雖欲躋之華夏而不可得，

〔註121〕顧頡剛：《畿服》，《史林雜識初編》，中華書局1963年版，第2頁。
〔註122〕〔日〕岡本真則：《從出土資料看周王朝和諸侯的關係：以分析河南、湖北、山西地區的西周墓葬為中心》，《「社會・經濟・觀念史視野中的古代中國」國際青年學術會議暨第二屆清華青年史學論壇論文集（下）》，2010年。
〔註123〕〔日〕岡本真則：《從出土資料看周王朝和諸侯的關係：以分析河南、湖北、山西地區的西周墓葬為中心》。
〔註124〕（清）阮元校刻：《十三經注疏》，第153頁。

故謂之『荒服』；荒，猶遠也。」〔註125〕其區分標準在於與受中原文化影響程度以及與周王朝政治關係的遠近，而非地理空間，因為東方九夷、南方百濮荊蠻實際比很多「戎、狄」之國距周王畿要遠。

綜上所述則可以推知：第一，《國語》五服的劃分標準基本上是以政治及文化關係的遠近親疏，只有「邦內甸服，邦外侯服」的劃分既包含了關係距離的標準又包含了地理空間的標準，且這種空間遠近也是大概而言的；第二，《國語》五服雖然只是就祭、祀、享、貢、王的儀式職責，但其輕重級別應當與貢賦輕重級別一致。子產說「列尊貢重，周之制也。卑而貢重者，甸服也。」（《左傳·昭公十三年》），意思是說，「邦內甸服」中即便其爵位卑其貢賦也須重，因為商周王畿的經濟主要是自給自足，而除此之外的諸服邦國遵守「列尊貢重」的原則，《國語》五服是遵守了這種原則的；第三，《王會》的「比服」排在內臺東邊「伯舅、中舅」〔註126〕等異姓諸侯之後、「要服」「荒服」之前，與《國語》「賓服」序次不同。原因是《國語》五服主要是基於「日祭、月祀、時享、歲貢、終王」這種政治職責的輕重、地位的尊卑以及相應控制方式的差別等標準，而《王會》則綜合考慮了政治、族群、血緣等各方面因素，並不單純按政治上的「服」職之尊卑輕重來排序。故周公、荀叔、唐叔等同姓諸侯排在堂上天了之西旁，而其他堂下「伯父中子」諸侯則在內臺西旁；夏公、殷公、唐公、虞公等本應為比服，但其代表排卻在堂下之右，然則其他「前代王族之有國者」應該就排在「伯舅、中舅」等異姓諸侯之次的比服之列了——總而言之，《國語·周語上》《逸周書·王會》所載五服是一致的，其劃分標準也主要不是按地理空間的遠近，而是按政治、文化上的關係。顧頡剛認為《國語》所述五服制「大體上猶合當時局勢，非純出臆想」，〔註127〕是很正確的。

（二）「王土」秩序的構想：《禹貢》五服

前文曾提到李山關於《禹貢》成書於「西周中期穆恭懿孝時代」的觀點，其論據除辛樹幟、邵望平等所見之外，還著重結合考古發現和金文材料考察了西周時期用鐵情況、關於大禹事蹟的銘文語句、《禹貢》的文體特點、五服

〔註125〕顧頡剛：《畿服》。
〔註126〕此上原有同姓的「應侯、曹叔」，同姓異姓間雜，唐大沛認為「是妄人之所增也」，今從。見黃懷信：《逸周書彙校集注》（修訂本），第808頁。
〔註127〕顧頡剛：《畿服》。

相關說法等方面的問題，〔註128〕結論令人信服。這裡著重通過《禹貢》五服制度的深入辨析來考察其生成的時代，進而對前人的觀點作一續貂。相比《國語》五服，《禹貢》五服內涵要豐富得多、表述也明確得多：

> 五百里甸服：百里賦納總，二百里納銍，三百里納秸服，四百里粟，五百里米。五百里侯服：百里采，二百里男邦，三百里諸侯。五百里綏服：三百里揆文教，二百里奮武衛。五百里要服：三百里夷，二百里蔡。五百里荒服：三百里蠻，二百里流。東漸於海，西被於流沙；朔、南暨聲教，訖於四海。

對此顧頡剛有段簡明的解釋：

> 在王都四面各五百里（即方五百里），這塊地方叫做「甸服」；那裡的人民應把農產品送到王都裏去，為了遠處運輸困難，所以規定近處送得多，不但送穀子，連秸稈也要送去作牛馬的飼料，遠處送得少，只須把打出的精米送去就是。甸服以外四面各五百里，這塊地方叫做「侯服」，這是帝王分封給諸侯的領土，近處封得是小國，遠處封得是大國。侯服以外四面各五百里喚做「綏服」，這是介於中原和外族間的地區，應當給它安撫和羈縻，所以一面要在那裡推廣中原文化，一面又要整頓武備來保護甸服和侯服的安全。綏服以外四面各五百里喚做「要服」，要服以外四面各五百里喚做「荒服」，這些地方都是外族所居，同時也是中國流放罪人所在。〔註129〕

若單從是否實行過或是否可行的角度看，《禹貢》五服這種道里整齊的規劃方式顯然只是一種設想，現實中無法如此整齊地實施。然而若僅以此便否定其價值，那就顯得偏頗了。因為《禹貢》五服本表達得本就不是客觀的真實，而是一種願景和主觀的「真實」，更何況它不僅有真實的成分在內、更是在西周初中期的思想背景下提出的：

首先看其中的真實成分。顧頡剛說「禹貢五服是從國語五服發展而來的」，〔註130〕可謂一語中的。兩種五服說不僅名稱相同，而且各服內容及各自間的關係也大致吻合。但其中又存在著根本的區別，其不同者主要是在

〔註128〕見李山：《〈尚書·虞夏書〉三篇的寫製年代》。

〔註129〕顧頡剛：《〈禹貢〉注釋》，侯仁之：《中國古代地理名著選讀》第一輯，學苑出版社 2005 年版，第 2 頁。

〔註130〕顧頡剛：《〈禹貢〉注釋》，第 52 頁。

「侯服」「綏服」（賓服）等內容上。《國語》五服之「侯衛賓服」韋昭認為乃以「侯衛」總言「侯甸男采衛」，〔註131〕是正確的；如此則《禹貢》「侯服」之采、男邦、諸侯云云也可以理解為是總言「侯甸男采衛」。這兩點不同分別是：其一，《禹貢》將《國語》本為「賓服」的侯甸男采衛五服置於「侯服」之下，這樣一來「綏服」的內容就被架空，而只是模糊地說「三百里揆文教，二百里奮武衛」。其二，《國語》五服是按由親到疏、關係由近到遠的順序依次排列，與商制一脈相承，而《禹貢》五服的關係模式大致是「我（親——疏——親）——他（疏）」。具體來看，從貢納物資及數量看符合商周王畿自給自足、其他各服貢物只作為一種控制外服的手段的現實；《禹貢》「侯服」由近到遠分別是衛采男甸侯。《禹貢》之「采」可以理解為「采」「衛」二服，上文曾引《國語·鄭語》說先代曾「成天地之大功」的妘姓「采衛」諸國「或在王室，或在夷狄」的境況，而諸如商代微氏受封國即也處周原，《逸周書·王會》中先代王族後裔諸「公」也位在堂下和同姓諸侯之前。這說明其與周王朝的關係較同姓疏遠、現實地位不高但作為先聖後裔的名義上的地位很高，是周人親親之義和尊崇前王聖德的公共精神的反映。在《禹貢》中他們被推到王畿之外，這實際上是周初既已形成的「土畿千里」的觀念（《逸周書·作雒》）在作怪。「侯服」中的「男」當代指「男」「甸」二服，如《左傳》晉、曹、鄭之屬。而「侯」服不見明確記載，可以推測是政治地位最高、關係距離最近、但空間距離較遠的外服諸侯。從周初分封衛、魯、齊、燕、晉五大「諸侯長」〔註132〕的情況以及《王會》堂上諸侯來看，此「侯」服或即是指衛、魯、齊、燕等諸侯長。侯服的規劃雖然道里上不完全符合實際，但封建諸侯近小遠大確也符合周代分封制度的現實。據此則可見「侯服」空間距離的構想實際上是綜合借鑒了周代分封制度中關係距離的遠近與空間分布的實情，並加以整飭化的結果。

在「要服」「荒服」中，《禹貢》以夷入「要服」、蠻入「荒服」，這與《國語》也不同，或與西周時期周朝與四夷關係的變化有關。此外以荒服最外層為「流」之所，這又與當時「投（按：四凶族）諸四裔，以禦魑魅」（《左傳·文公十八年》，事又見於《尚書·舜典》等文獻）的觀念一脈相承——這同樣

〔註131〕見徐元誥：《國語集解》（修訂本），第6頁。
〔註132〕葛志毅：《周代分封制度研究》，黑龍江人民出版社2005年版，第45～56頁。

是夷夏分別觀念的反映。

　　據此則《禹貢》五服與《國語》五服的根本區別又有二：一是《禹貢》五服將《國語》五服所強調的關係距離在地理空間層面表達了出來；二是《禹貢》五服不再以沿襲商制為主，而主要是基於西周人的思想觀念、并充分考慮了周代分封的現實，因此並不單純是對舊制度的再闡釋，而是一種立足現實的、對「王土」秩序的構想。

　　說《禹貢》五服是以西周思想觀念為基礎，首先可已從其中所守親親之義、尊崇前王後裔的公共精神等得到證明。而作為我國古代最早的地學元典之一，《禹貢》也比較全面地反映了當時的地理空間觀念。以《禹貢》為代表的周代文獻中，「中國（中邦）」「四海」「九州」「禹跡」「天下」等空間概念大量出現並被賦予了豐富的文化含義。這些空間概念有些可能是周代以前即有的如「九州」「海」等，有的則應是西周才出現或被強調出來，如以天命信仰為支撐的「天下」概念、〔註133〕以夏商周「王族文化圈意識」〔註134〕為背景的「中國（中邦）」「禹跡」等概念。其中「中國（中邦）」「禹跡」「九州」等可以看做是其中的核心概念。尊夏，是周人建構其王權合法性的一條重要途徑；尊夏的核心是尊禹，「禹跡」作為禹「單平水土，以品處庶類」（《國語·鄭語》）而膺受天命的功烈，自然就成了夏商周三代「王族文化圈」意識落實在地理空間上而畫出的法統區域。相關記載在西周春秋文獻中並不少見，較早的除《尚書》之外，還有如周初太史辛甲所命作《虞人之箴》有「茫茫禹跡，畫為九州島，經啟九道。民有寢、廟，獸有茂草；各有攸處，德用不擾」等語（《左傳·襄公四年》），《詩經》中西周初中期的詩歌中也不乏其例如「豐水東注，維禹之績」（《大雅·文王有聲》）、「天命多辟，設都於禹之績」（《商頌·殷武》）〔註135〕等，後世文獻更多；出土文獻中較早的有西周中期偏晚的《燹公盨》、春秋時的《叔夷鍾》《秦公簋》等。這些文獻並不僅出自周人之手，還有殷商逸民、秦人等，分布地域也既有中原、又有宗周西土、齊地、秦地等。這些記載往往將祖先聖王受天命與禹跡聯繫起來，如「不顯朕皇且受

〔註133〕參見李憲堂：《「天下觀」的邏輯起點與歷史生成》，《學術月刊》2012 年第10 期。

〔註134〕顏世安：《周初「夏」觀念與王族文化圈意識》。

〔註135〕《商頌》作時歷來有商代說、春秋說等，此外還有王國維、李山等的西周中期說，今從後說。可參見李山：《〈商頌〉作於「宗周中葉」說》，《北京師範大學（社會科學版）》2003 年第 4 期。

天命，鼎宅禹跡」（《秦公簋》）〔註136〕、成湯「尃受天命」「咸有九州，處禹之堵」（《叔夷鐘》）。〔註137〕可見經過西周初中期及此前長期的文化建構，「禹跡」不僅在文化上成了有別於蠻夷之地的文明之區的代名詞，更在政治上成了象徵正統的「元典區域」。〔註138〕

「禹跡」又有其他稱謂，如「我求懿德，肆於時夏」（《詩經‧周頌‧時邁》）、「貽我來牟，帝命率育。無此疆爾界，陳常於時夏」（《思文》）中所說的「夏」，還有如本節開始我們說的廣義的「中國」。單從空間範圍來看，其涵括區域也即《禹貢》等文獻所說的「九州」，如上引《虞人之箴》「茫茫禹跡，畫為九州島」者即是。《禹貢》「導山水」部分之末有這樣的話：

> 四海會同，六府孔修。庶土交正，底慎財賦，咸則三壤，成賦
> 中邦。錫土姓，祇臺德先，不距朕行。

「天」是周人的最高信仰，因此世界被稱為「天下」，在空間範圍上它則是無遠弗屆的。而「中國」和「四海」就是構成「天下」的兩個基本部分。《尚書‧益稷》也記載禹的話說「予決九川，距四海」，就很明確地表明了「中邦」（中國）和「四海」的對立統一關係。《益稷》顯然只是從地理空間遠近的角度分的，而《禹貢》則加上了另一個標準：是否「錫土姓」。胡渭說：

> 古者九夷、八狄、七戎、六蠻謂之四海。四海之內，分為九州，
> 制為五服，以別其遠近。甸、侯、綏為中國，要、荒為四夷，所謂
> 「弼成五服，至于五千」者是也。五服之外，尚有餘地，亦在九州
> 之數，所謂「外薄四海，咸建五長」者是也。九州之外，夷狄戎蠻
> 之地，不登版圖，不奉正朔，王者以不治治之，是為四海。此《禹
> 貢》五服、九州、四海之名義也。……甸、侯、綏三服則壤成賦之
> 區，名曰中邦。〔註139〕

此說指出了五服與九州、四海的「名義」及關係，是很正確的。顧頡剛的觀點與胡渭相似，認為「那時的天下（甸、侯、綏、要、荒）共計方五千里，中央勢力所及的地方（甸、侯、綏）所謂『中國』也者，是方三千里……」。〔註140〕胡渭此說也有矛盾之處：既以蠻夷戎狄所在的要服、荒服為九州之

〔註136〕馬承源：《商周青銅器銘文選》卷四，文物出版社1990年版，第610頁。

〔註137〕馬承源：《商周青銅器銘文選》卷四，第546頁。

〔註138〕見唐曉峰：《從混沌到秩序——中國上古地理思想史述論》，第213～216頁。

〔註139〕（清）胡渭：《禹貢錐指》，第13～14頁。

〔註140〕顧頡剛：《〈禹貢〉注釋》，第2頁。

外的四海，又說「四海之內，制為五服」。那麼，「中邦」是只包括甸、侯、綏三服，還是五服皆在「中邦」之列？「中邦」的範圍是三千里，還是「弼成五服，至于五千」？

胡渭等說法應該是受到了後世文獻記載的干擾，如戰國時就多有「中國」地方三千里的記載：

> 海內之地，方千里者九。（《孟子‧梁惠王上》）

> 凡冠帶之國，舟車之所通，不用象、譯、狄鞮，方三千里。（《呂氏春秋‧慎勢》）

> 西不盡流沙，南不盡衡山，東不近東海，北不盡恒山，凡四海之內，斷長補短，方三千里。（《禮記‧王制》）

孟子所謂「方千里者」指的是說齊地大小譬如一州、純方千里，按九宮格排自然四海之內方三千里；《禮記》和《呂氏春秋》則一從地理角度（四海之內）、一從文化角度（冠帶之國）界定「中國」，也說是三千里。除此之外，這幾種說法還有一個共同點，就是將「中國」（或「禹跡」「九州」）稱作「海內」，表面上看與《禹貢》等的說法是一樣的，但內涵卻大有區別。

這首先需要從「海」概念及觀念的演變開始說起。《爾雅‧釋地》說「九夷、八狄、七戎、六蠻，謂之四海」，孫炎注謂「海之言晦，晦暗於禮義也」，〔註141〕本質上是從文化關係的層面來界定空間，言外之意就是「海」乃是蠻夷戎狄所在之地。上引幾例中《呂氏春秋》例暗含了與此相近的意思，其他兩例雖然表面是從空間角度界定，實際上也應該受這種認識的影響。孫炎以「晦」解「海」是對的，《釋名‧釋水》也說「海，晦也。」單從文字音韻角度看，上古「海」「晦」的確是相通的，這點出土文獻中也不乏其例；但「晦」字孫炎解作「晦暗於禮儀」也只適用於《爾雅》等所言，劉熙解作「主承晦濁，其水黑如晦也」，〔註142〕就更是想當然之詞了。倒是《尚書考靈曜》的說法或更接近初義「海之言晦，昏無所覩也」。〔註143〕的確，從文獻記載看，「海」最早是空間概念，附加入教化的涵義應該晚出。作為空間概念的「海」自然不是海水的意思，統指遠方的地理空間。早在西周（甚至以前）文獻中就有此義：

〔註141〕（清）阮元校刻：《十三經注疏》，第 2616 頁。
〔註142〕（漢）劉熙：《釋名》，中華書局 1985 年版，第 15 頁。
〔註143〕〔日〕安居香山，中村璋八，《緯書集成》，第 346 頁。

> 其惟說邑，在北海之州，是為圜土。(《清華簡三・說命上》)
> 〔註144〕

> 予決九川，距四海……弼成五服，至于五千；州十有二師，外
> 薄四海，咸建五長。(《尚書・益稷》)

《說命》中的「北海」當是「君處北海，寡人處南海」(《左傳・僖公四年》)
之「海」，雖然其主要是指湯時都城區之外（包括商人統治的其他城邑）的區
域，與《禹貢》「海」指九州之外的遠方空間概念大有不同。但它們均可以理
解為是「他者」的、遠方的空間的泛稱，這應該是「海」作為空間概念最早的
含義；《益稷》的「四海」概念與《禹貢》是完全相同的，這裡不再是泛稱，
而是有著清晰的範圍，就是五服制所涵蓋的五千里範圍之外、也即「禹跡」
九州之外的遠方空間，這單是空間方面的意思。

那麼為什麼以「海」(「晦」) 來稱呼遠方空間呢？這應當來源於古人對遠
方空間的直觀感受，比如視覺上的昏暗與開闊，感受上的混沌與陌生等。人
文主義地理學者將人類生存的空間分為熟悉的「地方」和陌生的「空間」兩
個部分：「地方」是「我者」的區域和價值的中心，而「空間」是非「我者」
的區域和「缺乏意義的領域」。〔註145〕在先民那裡對於「空間」(也即「海」)
的這個特徵的認識，從「海」最初作為遠方空間泛稱，到《禹貢》等文獻中作
為明確與「中邦」相對應的遠方空間概念中都存在著。

然而「海」這種最初產生在直觀感受基礎上的空間概念，到了戰國時卻
變成了《爾雅》那種糅合了文化、族群及其所在地域的綜合性地理空間概念，
其間夷夏之辨思想的變化是一大關節。學者認為，華夏意識是從周初尊夏的
基礎上衍生出來的，而分別夷夏的標準經歷了「由種族地域而文化，由文化
而政治，更因政治考慮而由開放走向封閉」的過程。〔註146〕如果說周初最早
分別夷夏的標準是種族地域的，那麼經過周公到穆王朝長達百年的制禮作樂
活動，這個標準中已經有更多文化因素了(《禹貢》即有「東漸於海，西被流
沙，朔南暨聲教，訖於四海」之說)。而到了到了春秋戰國時期，現實軍政因
素的影響更加突出，諸如「戎狄豺狼，不可厭也；諸夏親昵，不可棄也」(《左

〔註144〕清華大學出土文獻研究與保護中心編：《清華大學藏戰國竹簡》(三)，第 122
　　　頁。

〔註145〕〔英〕Tim Cresswell：《地方：記憶、想像與認同》，徐苔玲、王志弘譯，第
　　　19 頁。

〔註146〕參見羅志田：《夷夏之辨的開放與封閉》，《中國文化》1996 年第 2 期。

傳·閔公二年》)、「戎，禽獸也」(《左傳·襄公四年》)之類的話比比皆是，表面看雖然似是講種族之意，但卻是在「夷狄也，而亟病中國。南夷與北狄交，中國不絕如線」(《公羊傳·僖公四年》)的背景下說的，因此骨子裏還是基於現實情況。與此相應地，《國語·周語上》言五服有「有不祭則修意，有不祀則修言，有不享則修文，有不貢則修名，有不王則修德」「刑不祭，伐不祀，征不享，讓不貢，告不王」等的說法，就包含了對蠻夷戎狄荒遠之國不治不理、以懷柔為主的態度，「體現了夷夏之辨開放的一面」。〔註147〕而到春秋戰國時期，王朝對四夷的態度就從「柔遠」「以綏四方」(《詩經·大雅·民勞》)變成了「德以柔中國，刑以威四夷」(《左傳·僖公二十五年》)，敵對的態度也就促成了夷夏之別的封閉性。

很顯然地，從西周到春秋，周人對「中國」「四夷」的態度發生了逆轉，這種逆轉反應在「中國——四海」天下觀上就是「中國」範圍從「弼成五服，至于五千」到「中國方三千里」的變化。這也就是理解《禹貢》五服的第二個關鍵——關於要服、荒服歸屬（中國還是四海）的問題。

可以按時代作簡要梳理：《國語·周語上》載「蠻夷要服」「戎狄荒服」，又《尚書·益稷》「弼成五服，至于五千」鄭玄注曰「要服之內四千里，曰九州。其外荒服，曰四海」，〔註148〕《逸周書·王會》載犬戎(《國語·周語上》載犬戎屬當時之荒服)所貢為「文馬」、位於外臺（四海）——三者記載吻合。不僅如此，要服與荒服確實從一開始就有質的區別：在《國語·周語上》中要服「歲貢」、荒服「終王」，按《禮記·明堂位》及《逸周書·明堂》所載，四塞九采等「世告至」之國朝會時位於應門之外，〔註149〕可見「世告至」(「終王」)諸國與要服以內諸國性質不同。這就是說，西周初中期的五服與中國、四海的對應情況應該就是「中國（甸、侯、賓、要）——四海（荒）」，中國方四千里。

但到了春秋戰國文獻中，中國的範圍就縮小到了三千里。與此相應地便是「天下觀」的變化——從「中國——四海」兩層空間觀演變為「中國——海——荒」的三層空間觀（詳見第三章第二節相關論述），從《禮記·明堂

〔註147〕羅志田：《夷夏之辨的開放與封閉》。

〔註148〕（清）孫星衍：《尚書今古文注疏》，中華書局 1986 年版，第 114 頁。

〔註149〕《禮記·明堂位》與《逸周書·明堂》的「天下」觀較晚出，為「中國——海——荒」的三層空間觀，但其中蠻夷戎狄之國與四塞九采等「世告至」之國分別處於應門內外，性質仍然不同。

位》及《逸周書・明堂》所載情況看，這種空間觀的變化，實質上是將原先位於中國的要服、荒服（也即蠻夷戎狄之國）排斥到「四海」，而將所謂四塞九采之國單列為「荒」。更重要地，這種空間觀的演變所伴隨的中國範圍從四千里到三千里的變化，其知識依據顯然就是《禹貢》——將《禹貢》要服的一千里單列出去，中國也就成了三千里。持《禹貢》成書戰國說的學者其論據之一就是《禹貢》幾乎不為戰國文獻所引用，單從這裡看，這種認識顯然是不對的。

再進一步看，夷夏觀念以及「中國」「四海」觀念的變遷不僅是社會自然發展的結果，更是與夷夏雙方關係的惡化同步的。學者認為「由和四夷到奮武衛這一轉折，約與周之東遷略同時」，〔註 150〕犬戎滅宗周固然是一個夷夏關係的一個大轉折，再早的西周時期有沒有類似轉折呢？據李山考察，「西周自昭王至於宣王時期，連年對西北（按：如玁狁）和東南邊地用兵（按：如淮夷、荊楚）」，〔註 151〕而昭王的南征不復自然會使本來就在惡化的夷夏關係雪上加霜；在加上穆王違背「先王耀德不觀兵」原則的行為，也促成了「荒服者不至」（《國語・周語上》）的敵對局面。因此到了穆王時期的《錄𢊍卣》中，就有了「淮夷敢伐內國」的話，其中已然隱含「內國」與夷族對峙的意思了。而這時期產生的《禹貢》五服就體現出了當時夷夏關係從綏文教到奮武衛、從開放到封閉的轉變階段的一些痕跡：一方面，要服仍然在四海之內，另一方面綏服的外層三百里區域卻被設定了「奮武衛」的功能，這就暗示了「中邦」的內三服三千里與外二服之間已形成了「我」與「他」的對立關係。這也就難怪後世學者會把要、荒二服當成是「四海」了。

《爾雅》以蠻夷戎狄為「四海」，體現的是春秋戰國時代封閉性的夷夏關係認識：一方面將「海」原本單純是空間上的「他地」置換成了族群上的「他者」，原本屬於「中國」外緣的要、荒服族群就完全被排斥到「中國」「九州」之外去了。這樣一來，「中國」就只包括了諸夏（「我者」）所居之地，變得更加「純粹」，與「四海」（「他者」）之間的界限自然也更加分明了。表現在地理空間的認識上，就是「中國」從《禹貢》的五千里「中邦」變成了戰國三千里的「海內」「冠帶之國」。

〔註 150〕參見羅志田：《夷夏之辨的開放與封閉》。
〔註 151〕見李山：《〈詩〉「二南」中的戰爭短歌——讀「金」說「詩」箚記》，《勵耘學刊（文學卷）》2009 年第 2 期。

（三）舊制的追述和闡釋：《周禮》九服

此外，尚有《周禮》九服之說，其理路與《禹貢》五服有相似之處，這裡附帶一說。《周禮‧夏官‧職方氏》說：

> 乃辨九服之邦國，方千里曰王畿，其外方五百里曰侯服，又其外方五百里曰甸服，又其外方五百里曰男服，又其外方五百里曰采服，又其外方五百里曰衛服，又其外方五百里曰蠻服，又其外方五百里曰夷服，又其外方五百里曰鎮服，又其外方五百里曰藩服。

與《國語》《禹貢》均不同，此九服中不含千里王畿；王畿之外最近的五服依次為侯、甸、男、采、衛。按照我們上文對《國語》和《禹貢》五服的相關分析可知，此五者大致地位由尊而卑、關係由親而疏、職貢由重而輕；只是《職方氏》所載它們的地理空間分布情況大體相反，卻又並不符合西周時期的實情。可見《職方氏》此五服基本是將《國語》五服制關係距離安排到政治地理空間的構想中，而不像《禹貢》那樣參考了西周的實際情況。最外層的四服為蠻、夷、鎮、藩，其間又有區別，若據《秋官‧大行人》「又其外方五百里謂之要服……九州島之外謂之蕃國」，要服即蠻服，則夷、鎮、藩三服俱在九州之外。相比《禹貢》「中國——四海」的空間經界，表面上看里距範圍是從五千里擴大到七千里，實際上所涵蓋族群的範圍卻是大大縮小了。結合周代夷夏之辨發展的大勢看，《周禮》九服說要較《禹貢》五服說為晚。再來看職貢。《秋官‧大行人》說：

> 邦畿方千里。其外方五百里謂之侯服，歲壹見，其貢祀物。又其外方五百里謂之甸服，二歲壹見，其貢嬪物。又其外方五百里謂之男服，三歲壹見，其貢器物。又其外方五百里謂之采服，四歲壹見，其貢服物。又其外方五百里謂之衛服，五歲壹見，其貢材物。又其外方五百里謂之要服，六歲壹見，其貢貨物。九州島之外謂之蕃國，世壹見，各以其所貴寶為摯。

關於朝覲頻次的記載與《管子‧幼官》「千里之外，二千里之內，諸侯三年而朝……二千里之外，三千里之內，諸侯五年而會至……三千里之外，諸侯世一至」的說法大同小異（《周禮》里程言邊長，《幼官》單言其一方），只是《幼官》將「三千里之外」、當《周禮》「要服」（蠻服）之外的方國均按《周禮》九州之外的「蕃國」來對待，規定其「世一至」。其「中國」範圍縮的更小、四夷均被排除在外了——這恰與《爾雅》以蠻夷戎狄為「四海」

的說法一致；由此又可推知，《周禮》九服或尚早於《管子‧幼官》。在貢物方面，《周禮》王畿外九服規定依次為祀、嬪、器、服、材、貨、貴寶，大致是從祭品、禮器、財貨、玩好，由神聖到世俗的次序為制，顯然是種理想而不合現實，《左傳‧僖公四年》載楚職貢「包茅」以為「王祭」縮酒用即是其證。

可見相比起《禹貢》五服，《周禮》九服幾乎只是將《國語》依關係距離所定的五服關係安排到了政治地理空間的設想中，而更少考慮現實實情；其觀念性極強而經驗性很弱，本質上只是對《國語》所載五服制度的追述和再闡釋。

三、《王會圖》：王土世界的縮影

學者多認為《王會》成書於春秋戰國、甚至西漢初。其中羅家湘從內容和風格上判斷其成書時代「大致在戰國早期」，而周玉秀從詞彙語序等方面研究也認為其作於戰國時代。〔註152〕這些觀點雖然各有道理，但均是就《王會解》而論。

《王會》行文有明顯的述圖痕跡：一是多描畫人物事物方位朝向的語句，如「唐叔、荀叔、周公在左，太公望在右，皆絻，亦無繁露，朝服，七十物，緇笏，旁天子而立於堂上」之類。但如《尚書‧顧命》等場景描述部分也不乏此類語句，因此僅此並不能作為證其述圖性質的充分條件。其行文又有「經」有「注」，尤其是外臺部分。如「揚州禺，禺，魚名」條中，「揚州禺，經也。禺，魚名，注也。」〔註153〕此類事例甚多，隨舉二例：

> 良夷在子。在子□身人首，脂其腹炙之霍，則鳴曰「在子」。

> 奇幹善芳。善芳者，頭若雄雞，佩之令人不眛。

「良夷在子」「奇幹善芳」等等也是「經」文，其與「揚州禺」「稷慎大塵」等等一樣都是「國族+貢物」的句法，這是經文的標誌；而其後闡釋性的文字皆可視為「注」文。這也就是黃懷信所說的《逸周書》中普遍存在的「經、解之體」，〔註154〕其中畢沅所說的「經」即經文，「注」即解文。

〔註152〕見羅家湘：《〈逸周書〉研究》（第35頁）、周玉秀：《〈逸周書〉的語言特點及其文獻學價值》，中華書局2005年版，第168頁）。

〔註153〕見黃懷信：《逸周書匯校集注》（修訂本），第825頁。

〔註154〕黃懷信：《古文獻與古史考論》，齊魯書社2003年版，第72～76頁。黃說證據之一即以「以數為紀」為「解文」，學者或否定此說而認為此本為原文內

　　《王會》中的經文大多數是以「良夷在子」「奇幹善芳」這種「國族專名＋貢物專名」的體例。這種文體正與第一章第三節我們所舉戰國輿地圖以及《山海經圖》題記的文體一致。因此可以認為，《王會》的經文即古《王會圖》的題記，它的產生時代要較解文為早；解文部分不僅有《山海經》那種以熟悉生物釋陌生生物的現象，還包括了形貌、聲音、功效等等內容，這部分知識只能是來自作者的既有知識，而非來自《王會圖》。

　　唐大沛認為：「此篇非作於成王之世，蓋後人追想盛事，繪為王會之圖。今則圖已泯滅久矣，幸此篇未泯，正如《山海經圖》失傳而《山海經》尚在」。〔註155〕說《王會》乃述《王會圖》，是正確的，然而說「蓋後人追想盛事」而繪圖云云，則就是將《王會解》與《王會圖》看成同時生成的文獻了。《王會圖》極有可能是成王「成周之會」結束後不久即被圖畫下來。安京認為最早的圖畫本《王會圖》和文字本「《王會篇》」成書於成周之會之後不久，〔註156〕這是很有道理的。此篇所描述之「成周之會」，其事昭然可考。潘振謂：「王會，王合諸侯於明堂也。《竹書》：『七年，周公復政於王，三月，召康公如洛度邑。甲子，周文公誥多士於成周，遂城東都。王如東都，諸侯來朝。』」〔註157〕孔晁亦謂是「王城既成，大會諸侯及四夷也」。〔註158〕其事又見《康誥》，曰「惟三月哉生魄。周公初基，作新大邑於東國洛，四方民大和會。」時惟「周公攝政七年三月」之「十六日」。〔註159〕可見《王會》

　　　　容（見王連龍：《〈逸周書〉研究》，社會科學文獻出版社 2010 年版，第 57～62 頁），然而《王會》篇確為「經、解之體」，如「穢人前兒。前兒若彌猴，立行，聲似小兒」條，孔晁注「穢，韓穢，東夷別種」（黃懷信《逸周書匯校集注》（修訂本），第 823 頁），其中「穢人前兒」為「經文」「前兒若彌猴」句為解釋「穢人前兒」的「解文」、孔注則在「解文」基礎上又補注了「穢人」。「經文」時代最早，「解文」為戰國秦漢人作（周玉秀、黃懷信等考論已詳），孔注最後出。因此，至少單就《王會》篇而言，黃懷信說為是。

〔註155〕黃懷信：《逸周書匯校集注》（修訂本），第 795 頁。
〔註156〕安京：《〈山海經〉與〈逸周書・王會篇〉比較研究》。
〔註157〕《尚書大傳》謂制禮作樂乃周公攝政六年事；潘振謂：「王會，王合諸侯於明堂也。《竹書》：『七年，周公復政於王，三月，召康公如洛度邑。甲子，周文公誥多士於成周，遂城東都。王如東都，諸侯來朝。』」（見黃懷信：《逸周書匯校集注》（修訂本），第 819 頁）；《尚書大傳・大誥》亦載「周公居攝六年，制禮作樂」（（清）皮錫瑞：《尚書大傳疏證》卷五，光緒丙申師伏堂刊本，第 7 頁）。
〔註158〕黃懷信：《逸周書匯校集注》（修訂本），第 820 頁。
〔註159〕（清）阮元校刻：《十三經注疏》，第 202 頁。

所記與《康誥》等所載乃是一事。其陌生生物與熟悉生物專名的形義不一致情況也與《山海經》情況相似（見第一章第三節相關論述），這同樣可以認為是觀貢語境下的產物。

因此，古說認為《王會圖》是對成王七年成周之會的圖畫記錄並非臆說，其產生時代當在成周之會後不久，這點還可以在下文論述中得到證明；《王會》篇經文主要是抄錄《王會圖》上的題記而成。

成周之會的建築格局大致為內、外二重臺；內臺又名「中臺」，其上之中央為堂。若要具體考察，首先需要說明一下《王會》的述圖方位順序。其中描寫的天子諸侯臣工遠國及儀仗貢品等具體排列情況為：

堂上：天子南面；唐叔、荀叔、周公在左，〔註160〕太公在右；

堂下：唐公、虞公在右，殷公、夏公在左；

堂下阼階之南：祝淮氏、榮氏、彌宗在右，面朝西；相者太史魚、大行人在左，面朝東；郭叔為天子籙幣於堂下之東方；

堂之下、內臺中：同姓諸侯應侯、曹叔及伯舅、中舅等異姓諸侯，以及比服、要服、荒服，皆位東面西、自北向南依次排列；伯父、中子等同姓諸侯皆位西朝東、自南至北依次排列；

堂後：東北角有赤弈，浴盆在其中；在此以西為天子車馬；

中臺之外也即外臺內緣，有受贊者八名，分別是：臺左為泰士，應居臺西西面；臺右〔註161〕為彌士，應居臺東東面；

外臺：東方臺自稷慎至會稽，西面、以北方為上；西方臺自義渠至奇幹，東面、以北方為上；北方臺自高夷至山戎位處東半段，自般吾自匈奴位於西半段，整體為自東向西排列，皆面南；〔註162〕

〔註160〕按：此處所謂「左」「右」均是以《王會圖》上北下南方位而言，「左」為西，「右」為東。

〔註161〕此處原文為「臺右」，朱右曾、盧文弨、黃懷信等均認為應是「臺左」，見黃懷信：《逸周書匯校集注》（修訂本），第813頁。

〔註162〕唐大沛改為「皆東向上北方」，解曰「臺東，外臺之東也。以下諸國皆北向者，北面東上，禮也。班次從東起逶迤而西也。」潘振謂：「北方臺，在明堂後，亦殿也。正東者，面西也。」朱右曾云：「北方臺正東者，在臺北方之東也。」何秋濤云：「自高夷以下至山戎凡七國，皆東北方之國也，故列於北方臺正東」。（見黃懷信：《逸周書匯校集注》（修訂本），第875～876頁）朱、何二說為是。在北方臺諸國之末又有「皆北向」語，何秋濤注云：「『皆北向』當作『皆南向』，以下文南方諸國皆南向推之可知。若均北向，則此句不必復出矣」（黃懷信：《逸周書匯校集注》（修訂本），第888頁）何注極

南方臺自權扶至長沙處東半段，自魚復至倉吾處西半段，整體為自東向西排列，〔註163〕皆面北。

外臺四隅：叉閭。

據上，上列內容先述內臺而後外臺，順序自內至外；內臺先言堂上後及堂下、外臺先北方後南方，則是以北方為上──惟內臺先堂下後堂後即先南後北，乃是基於先諸侯、後儀仗的順序，不可一概而論；除「堂上」部分外，中臺其他部分均是先右後左，外臺順序也是先東後西，因為本篇述圖以北方為上，因此實際上也是先右後左──這種述圖方式與《管子‧幼官圖》等正一致，這或與古人自右至左的書寫習慣有關。〔註164〕弄明白這些之後，《王會圖》的文體形態也就明瞭了。據此可以進一步看如下幾個問題：

1. 內外二層臺的設置與「中國──四海」的天下觀。這一點可以與戰國時期流行的「中國──海──荒」的三層天下觀略作比較，以《禮記‧明堂位》（及《逸周書‧明堂》）為例：

昔者周公朝諸侯於明堂之位：天子負斧依，南鄉而立；三公，中階之前，北面東上。諸侯之位，阼階之東，西面北上。諸伯之國，西階之西，東面北上。諸子之國，門東，北面東上。諸男之國，門西，北面東上。九夷之國，東門之外，西面北上。八蠻之國，南門之外，北面東上。六戎之國，西門之外，東面南上。五狄之國，北門之外，南面東上。九采之國，應門之外，北面東上。四塞，世告至，此周公明堂之位也。（《禮記‧明堂位》）

自天子至五等爵諸侯均在明堂堂上及庭中，蠻夷戎狄之國在明堂門外，四塞九采等「世告至」之國在應門之外，若結合《爾雅‧釋地》蠻夷戎狄之國為「四海」的觀念，則可知其中隱含的天下觀為「中國（諸夏）──四海（蠻夷戎狄）──四荒（四塞九采之國）」這樣的三層天下觀。這種新型天下觀的產生，顯然又是嚴夷夏之辨的結果。

是。北方臺諸國「自高夷以下至山戎」為「東北方之國」；則自般吾以下至匈奴乃是西北方之國。原因就是在敘述完「山戎」情況之後，又以「其西」引起「般吾」及以後諸國行文。

〔註163〕 西半段乃自東向西排列，可見黃懷信說（見氏著：《逸周書校補注譯》，西北大學出版社1996年版，第359頁），東半段也應如此。

〔註164〕 見張固也：《論〈管子‧幼官〉和〈幼官圖〉》，《齊魯文化研究》2004年總第3輯。

同記成周之會事的《尚書·康誥》云：「采衛百工播民和，見士於周」語中有「播民」二字，安京就將其視作是成周之會外臺所列的諸民族。〔註165〕「播」即「散」的意思，《尚書》有「又北播為九河」（《禹貢》）、「予惟以爾庶邦，於伐殷逋播臣」（《大誥》）等語，也可以解為「散」。如果參以《禹貢》等西周初中期文獻中「四海」概念的描述，那麼「播民」就可理解為是「散佈於四海之民」。以外臺的犬戎、肅慎（稷慎）為例，據《國語·周語上》記載，犬戎在周穆王時代還屬於荒服；《王會》中犬戎所貢為文馬，與《國語·周語上》白狼、白鹿不同，無獨有偶，《國語·魯語下》亦記載武王時肅慎氏貢獻楛矢、石砮，與《王會》中貢「大麈」亦不同。蓋因荒服之國「各以其方賄來獻」（《國語·魯語下》）、「各以其所貴寶為摯」（《周禮·秋官·大行人》），故而所貢之物無定規。

由此可見，《王會圖》形制所體現的天下觀則不僅在「中國——四海」的分層上與《尚書·益稷》《禹貢》等一致，與它們背後的五服制度也相合。

2. 各諸侯臣工的位次安排。上文所列位次中一個很明顯的特點是，在《王會圖》內臺處「左」（西）位者有古王族諸侯之時代較近者（如殷公、夏公）、史官（太史魚、大行人）、新封之同姓諸侯等，而處「右」位者是古王族諸侯之遠世者、巫醫官（祝淮氏、榮氏、彌宗〔註166〕）、新封之異姓諸侯〔註167〕以及比要荒三服諸侯。其中史官居左（西）、巫醫官居右（東）或與朝貢儀節有關，但其他諸侯臣工的位次卻值得玩味。

首先看堂下古王族諸侯。他們均位於堂下，至少在名義地位是很高的。這與周初史實相合，史載武王克商之後大封前代王族後裔，《左傳·襄公二十五年》陳人自述：

> 昔虞閼父為周陶正，以服事我先王。我先王賴其利器用也，與其神明之後也，庸以元女大姬配胡公（按：虞閼父之子），而封諸陳，以備三恪（按：周武王封黃帝、堯、舜之後為「三恪」）。」

〔註165〕見安京：《〈山海經〉與〈逸周書·王會篇〉比較研究》。

〔註166〕黃懷信據《儀禮·士喪禮》鄭注「巫掌招弭以除疾病」，調整此句文次為「彌宗旁之，為諸侯有疾病者醫藥之所居」，說甚確。見黃懷信：《逸周書校補注譯》，第343～344頁。

〔註167〕堂下東方諸侯中處舅氏異姓諸侯和比要荒三服之外，還有應侯、曹叔。唐大沛認為：「當先序同姓，後及異姓乃合。上條序伯舅中舅，又雜以同姓之應侯、曹叔，則不倫矣。竊疑『應侯曹叔』四字是妄人所增也」，其說可採。見黃懷信：《逸周書匯校集注》（修訂本），第808頁。

他們之間的位次按《王會》所述應當自圖右至圖左依次是唐公、虞公、殷公、夏公。若按朝貢儀式中近中為上〔註168〕的位次原則，那麼虞公要高於唐公，殷公高於夏公，而唐虞與殷夏之間孰高孰低，還需要瞭解西周朝貢制度中的排列原則。三禮中關於朝貢班次是尊左（東）還是尊右（西）的（此處按周王南向視角）的問題，記載並不統一。但西周春秋的情況，是可以從史料中找出端倪的。

按《尚書・顧命》所載禮儀，禮器等級高者置於西方；〔註169〕《康王之誥》中「太保率西方諸侯，入應門左，畢公率東方諸侯，入應門右」，召公為太保故在王右、畢公為太史故在王左，仍以右（西）為尊。〔註170〕這種原則在春秋時期仍如此，《左傳・襄公十年》載「王叔陳生與伯輿爭政，王右伯輿」，即以伯輿為上；〔註171〕《昭公二十五年》「宋公使昭子右坐」，意即「坐宋公右以相近」，〔註172〕亦以右為尊。

據此，則可知堂下諸公的尊卑順序依次應是殷公、夏公、虞公、唐公，近世愈尊，這也合乎周人「內三代而外三皇五帝」的理念。〔註173〕

《王會圖》明堂之下庭中的安排是同姓諸侯居右（西）、異姓諸侯及比要荒三服居左（東），這就涉及朝貢班次中是以姓別還是爵位為原則的問題。

周初朝貢班次是先姓別的，「到了西周中期以後，隨著國家政治的複雜化，這種以姓來劃定國家等級理念就逐漸被五等爵等其他制度所替代了」，〔註174〕但仍未徹底消亡，春秋初的魯羽父仍以「周之宗盟，異姓為後」（《左傳・隱公十一年》）的原則排位。從這點上看，《王會》所載符合西周情況。

在堂上臣工的位次安排同樣遵循了這兩個原則：堂上左邊依次為「唐叔、

〔註168〕俞正燮語。見（清）孫詒讓：《周禮正義》，第2460頁。

〔註169〕孔穎達正義說「地道尊右，故玉路在西，金路在東」，差近。（清）阮元校刻：《十三經注疏》，第240頁。

〔註170〕見郭沫若：《周官質疑》，見《金文叢考》，人民出版社1954年版，第57～58頁。

〔註171〕此處古注曰「右，助也」（（清）阮元校刻：《十三經注疏》，中華書局1980年版，第1949頁），但下文晉士匄為二人平訴訟曰「天子所右，寡君亦右之；所左，亦左之」，可知「右」即以伯輿為尊官主政。

〔註172〕（清）阮元校刻：《十三經注疏》），第2107頁。

〔註173〕顧實論《周禮》外史「掌三皇五帝之書」時說：「不掌之內史而掌之外史，此周人之內三代而外三皇五帝，有以也」（氏著《漢書藝文志講疏》自序，上海古籍出版社2009年版，第2頁）。

〔註174〕于薇：《西周宗盟考論》，《史學集刊》2008年第2期。

荀叔、周公」而「太公望在右」，結合先右後左的述圖順序看，其尊卑次序依次為周公、荀叔、唐叔、太公。其中又包含了昭穆制度，唐、荀均為成王弟、「荀為文昭，唐為武穆」。〔註175〕

　　同姓居上、以右（西）為尊的排列原則背後，又隱含著周人對本族群自我認同。周人尊西，這在傳世文獻及考古材料中有多方面的明確表達。如《晏子春秋‧內篇雜下‧景公成柏寢而師開言室夕晏子辨其所以然第五》中晏子所言「古之立國者，南望南斗，北戴樞星，彼安有朝夕哉！然而以今之夕者，周之建國，國之西方，以尊周也」之語，這點在周代諸侯國都城如琉璃河燕都、齊都臨淄、晉都新田、鄭都新鄭等均有明顯表現，此外東周王城城址和魯都曲阜城址之西牆也均偏向西——如果說這些只是基於周臣屬諸侯對周建國所在之「西」方地的認同，那麼周王朝在方向尊位方面的自我認同更可以說明問題。這裡我們需要把話題適當放大，不僅「西」方、南和西南兩個方位在周禮中也均為尊位，這點文獻中多有明證，茲略舉數例：

　　　　主人就東階，客就西階。客若降等，則就主人之階。主人固辭，然後客復就西階。（《禮記‧曲禮上》）

　　　　席南鄉北鄉，以西方為上；東鄉西鄉，以南方為上。（《禮記‧曲禮上》）

　　　　西南喪朋，東北得朋，安貞吉。（《周易‧坤》）

　　　　《爾雅》曰：「西南隅謂之奧」。尊長之處也。（《太平御覽》卷一八零引《風俗通》）

這些說法在考古所見之周代宗廟、宮殿、墓葬的方位布局中均可得到證明，如洛邑王城、齊都臨淄、趙都邯鄲的宗廟、宮殿區均在西南方，而「兩周時期墓域安排在居址之西、南是一種普遍現象」。〔註176〕

　　這種尊位方式與「夏商皆居東土，而周獨起於西方」〔註177〕以及周伐商所借助的「庸、蜀、羌、髳、微、盧、彭、濮人」（《尚書‧牧誓》）這些位於西方、南方或西南的盟友勢力等有直接關係。《尚書》多載周人自居「西土人」「我西土」或「肇國在西土」（《酒誥》），《周易‧既濟》亦以「東鄰」喻商、

〔註175〕陳逢衡說，見黃懷信：《逸周書彙校集注》（修訂本），第800頁。
〔註176〕具體考證可參見胡進駐、肖小勇：《淺談中國先秦葬俗中的幾個問題》，《華夏考古》2006年第1期。
〔註177〕王國維：《觀堂集林》，中華書局1959年版，第452頁。

以「西鄰」自喻；典型例子是《大誥》所言「西土人亦不靜」，其中「西土人」應該是指與武庚同作亂的管叔、蔡叔而言的，二叔雖封國在東方，仍被視作「西土人」。這些表面上看是地域的自我認同，骨子裏隱含的則是族群的自我認同，在「族邦」制的時代，二者實際是互為表裏的。

孔子曰「周監於二代，郁郁乎文哉」（《論語・八佾》），可見周人對於傳統的繼承（因）和整合是自覺的，其革新的一面也仍是建立在尊重傳統的基礎上。顏世安認為，周人力圖「以公共性的神『天』取代殷人特殊主義的神『帝』……在此基礎上形成三代王國類同意識，也即王族文化圈意識」，〔註178〕也是這個意思。這種以「天」信仰為核心的「王族文化圈」的建構同樣體現在地學思想的建構上：以天室嵩山為通「天」軸心，以洛邑為「土中」，以「天下」為「王土」、世界的代名詞，而以禹跡、九州範圍為法統「中國」也即「王族文化圈」在地上的落實……周人對於「公共性」的重視可推而廣及三代以前。

西周末的史伯以虞幕、夏禹、商契、周棄並稱為「成天地之大功者」（《國語・鄭語》），可見周人後期「王族文化圈」的建構已追溯到夏禹之前；而這與周與遠近方國關係上「柔遠能邇」（《尚書・顧命》）的包容政策涵義也是一致的。正是以這種寬容的胸懷，周人在其王朝文化建構中對於各種相異的文化、尤其是三代王族文化，在強調周文化獨特性的前提下是以「和」的境界為追求，採取兼容中和態度的。〔註179〕

綜上可見，《王會圖》所描寫的場景，正是當時周王朝政治地理空間觀、及封國關係、畿服制度等的儀式化表達。

第三節　西周春秋地學形態及文獻表現

與商代及以前相比，西周春秋地學知識、觀念的特點更多將眼光投向「人」：不再專注於地學知識對於「王權——神權」為核心的宗教和政治意識形態功能，而更加重視地學的世俗價值和功能。其中比較突出的特點一是地學知識、觀念向著人文化的方向發展，二是重經界、守秩序。到了春秋尤其

〔註178〕見顏世安：《周初『夏』觀念與王族文化圈意識》。
〔註179〕如禮樂方面，作為「宗周國樂國舞」的「六樂」就是「對不同時代、不同地域的有代表性的部族樂舞，按照周代統治集團的需要重新加以總結和整理」而成。參見楊華：《先秦禮樂文化》，第70頁。

是中晚期的時候，地利意識急遽發展，大夫階層的崛起則在其中起到了推波助瀾的作用。

一、地學知識的人文化及文獻表現

「人文」是一個內涵豐富且涵義不斷變遷的概念。先秦天人合一語境中的「人文」是一個「人性的規則與宇宙的秩序兩相契合」的觀念，其要義有三：「人文以天道自然為起點」「人文法則強調對天道自然的仿傚」「以人為天地中心」。〔註180〕本文使用「人文化」這個說法，主要針對兩個方面：一是相對於宗教的神秘而言的，現實的「人」方面的價值開始被關注，在地學方面主要表現為地與物相關史蹟的重視和德義價值的闡釋；另則是相對於經驗的「自然」認識而言，「文」的成分參與並改造前者，主要表現在將特定觀念賦予自然地景或方物而使後者獲得豐富的文化內涵。這樣一來，「功利」和「人文」就似乎成了一對不兼容的矛盾的價值範疇。事實上禮樂文化背景下西周春秋人將這二者處理得恰到好處，因為禮樂文化的根本理念就是「敬天保民」——對「天」也即自然的態度是「敬」，但終歸旨歸在「民」。

（一）物怪知識及其文獻的變遷

大致來看，先秦物怪類文獻的數量波動呈現出這樣的特點：商代及以前巫文化鬼神信仰的背景下，「陌生」的物怪類地學知識乃是地學知識的更受重視的部分，對其壟斷乃是官方意識形態和現實政治權力的重要來源。正因如此，以載錄地祇百物、遠方萬國為主要內容的《山海經圖》，與鑄刻在鼎簋重器上的物怪紋樣等一樣，受到官方的特別重視。然而自西周禮樂文化成熟之後，這類知識逐漸被放逐到理性文明的邊緣。表現在文獻上，不僅傳世文獻中此類記載突然減少，而且在彝器載體和紋飾內容、風格上也有明顯變化；然而這種情況到春秋晚期之後則突然改觀。張光直在考察神話文獻時曾論道：

> 到了東周，尤其是戰國時代，我們可用的資料在數量上陡然地增加。在《諸子》（尤其《論語》、《老子》、《莊子》及《孟子》）、《詩》、《書》、《春秋二傳》（尤其《左傳》）、《國語》及《楚辭》中，可以確信為先秦時代的部分很多，其中又有不少富有神話的

〔註180〕馮天瑜：《循天道 尚人文——中華元典精神芻議》，《天津社會科學》1992年第 6 期。

資料。《山海經》、《三禮》和《易》，尤有很多先秦宗教與神話的
記載。《史記》常用的《世本》顯然是本先秦的書，雖然泰半佚失，
仍有不少輯本可用。晉太康間河南汲縣魏襄王冢出土的簡冊，包
括《周書》(《逸周書》)、《紀年》、《瑣語》及《穆天子傳》等，固
然也多半不存，所謂「古本」的輯文也未必代表先秦的本貌，而
現存諸書中無論如何也一定包括不少先秦的資料。〔註181〕

張光直所說的神話文獻很大程度上是與我們所說的物怪文獻重合的。據此可
見春秋晚期之後，物怪類文獻的數量確實存在「陡然增加」的現象。只是在
某些文獻的斷代上與本文見解稍有不同，如《逸周書·王會》《論語》《老子》
及《春秋》二傳等文獻雖然有的成書較晚，但反應的卻是西周春秋時代的情
況。而且這些文獻的時代分布也幾乎是非周初即春秋晚期以後，這種現象正
是我們接下來要詳細研究的。

　　物怪類知識相關文獻數量時代分布不均的現象，僅從書寫工具及載體材
質等方面去解釋無疑是簡單化的，其原因仍須要結合其時時代文化背景來歷
時、深入地考察。

1. 物怪知識人文價值的關注

　　地學知識的人文化是由西周史官領起的。夏商巫覡職掌的地學知識受到
在西周春秋時期受到具自覺主體性和理性的史官和大夫文化的影響，性質和
功能自然也會有所變化，其中又以記載「陌生」空間和物怪類的地學知識表
現得最為明顯。物怪類知識的人文價值，是在西周鑒戒意識的語境中就已凸
顯出來的。仍以《山海經》為例：

　　　　其上有獸焉，其狀如牛，蝟毛，名曰窮奇，音如獆狗，是食人。
（《山海經·西次四經·邽山》）

　　　　窮奇狀如虎，有翼，食人從首始。所食被髮。（《海內北經》）

　　　　少皞氏有不才子，毀信廢忠，崇飾惡言；靖譖庸回，服讒搜慝，
以誣盛德，天下之民謂之窮奇……舜臣堯，賓於四門，流四凶族……
投諸四裔，以禦魑魅。（《左傳·文公十八年》）

《山海經·西次四經》所記「窮奇」事主要著眼於吉凶的禁忌意義，乃是巫文
化背景下陌生地學知識的「敘百物」功能的體現；即便《海內北經》「窮奇」

描述係晚出，因為其性質屬於述圖，內容也僅限於客觀呈示而沒有發揮，因此也並沒有根本地違背最初的「觀萬國」的功能。《睡虎地秦簡‧日書甲種》還有一則關於「窮奇」的記載，可以與此相參照：

> 人有惡夢，覺，乃釋髮西北面坐，禱之曰：「臬！敢告爾豹埼。
> 某，有惡夢，走歸豹埼之所。豹埼強飲強食，非錢乃布，非繭乃絮。」
> 則止矣。〔註182〕

學者多認為「豹埼」即「窮奇」。它在《山海經》中的方位在《西次四經》19山之17的「邽山」、《海內北經》西北陬的附近，方位正在「西北」。而《左傳》例大史克語則不再關心禁忌，而主要從德義的角度評判其「不才」行為，並以此作為其被「投諸四裔」結局的主導原因——雖然其中有尊德義的價值標準，但其要仍在於歸納其行為方式與其興亡結局的因果關係，仍不出鑒於史以知天道、達天命的西周以來既已確定的史職的價值追求。同樣的例子還有如《山海經‧海內北經》和《逸周書‧史記解》各自所記「林氏國」珍獸「騶吾」與林氏「召遠不親者，危」（穆王使左史戎夫言之〔註183〕）歷史教訓的總結，等等。物怪知識單純禁忌認知的功能淡化和「德」等人文價值的賦予，是物怪知識人文化的第一個表現。

　　而其前提是將有意識地將原先的自然神祇、物怪與人間史蹟掛鉤並進行譜系化處理，如將原先的食人怪獸與少暤氏的不才子掛鉤，也就是學者常說的神話的歷史化闡釋的一個表現，這是人文化的第二個表現。

　　物怪知識的人文化畢竟只是理性文化思潮下的產物，除此之外更多數的物怪知識則因為無法適應時代思潮而被邊緣化和世俗化；直到春秋中晚期以後大夫立言引領的博物風尚到來之後，它們才重新受到重視。

2. 物怪知識的邊緣化和世俗化

　　與理性文明發展相應的是大多數物怪知識被邊緣化、世俗化。「邊緣化」的特點可以通過《周禮》中相關的職官的情況來考察。首先表現在周代職官體系中，職掌此類知識的職官級別普遍不高。考諸《周禮》，與《山海經》類知識相關的職務，與物怪有關的政務系職務有如《地官》中的土訓、誦訓，

〔註182〕見睡虎地秦墓竹簡整理小組：《睡虎地秦墓竹簡》，第210頁；《日書乙種》也有類似記載，可見同書第247頁。

〔註183〕潘振謂「二十四年，王（按：穆王）命左史戎夫作《記》」。見黃懷信：《逸周書匯校集注》（修訂本），第942頁。

《夏官》的山師、川師,《秋官》中的庶氏、穴氏、壺涿氏、庭氏等,以及宗教系職務如《春官》中的神仕者,也即諸巫職,此外宗伯、諸樂官等職務也有涉及;與遠方方國有關的還有如《夏官》的職方氏、懷方氏等等。這些政務系職務中職位較高的職方氏也僅僅是「中大夫」,其他諸職多為中士、下士等;而宗教系職事中的大宗伯等職位雖高,其職掌的重點卻並不在此。如大宗伯有「以血祭祭社稷、五祀、五嶽,以貍沈祭山林川澤,以副辜祭四方百物」(《周禮‧春官‧大宗伯》)的職責,其重點顯然不在於社稷山川百物知識本身,而在於相關的祭儀。而且「掌三辰之法,以猶鬼神示之居,辨其名物」的神仕者(《周禮‧春官‧神仕》)乃係巫職,更是在史職的統攝之下,在宗教系職事中也不占主導地位。另一個表現就是職掌的變易和分散。最早的虞官如伯益是身兼虞官與巫者雙重身份〔註184〕的人,相傳具有「備百物」「觀萬國」功能的《山海經》知識就出於其手。此事雖不可盡信,但從《尚書‧舜典》的記載以及益曾佐禹治水等的傳說來看,最初虞官的地位與司空、司徒、后稷等略同,是很高的;而《周禮》中虞職主要有掌山林、川澤之政令的山虞和澤虞,他們雖然也參與山林、川澤的祭祀活動,但扮演的角色主要是為主祭者「共時用相禮儀」,〔註185〕與商代及以前其先輩的崇高地位相去霄壤。而《荀子‧王制》所載「修火憲,養山林藪澤草木魚、百索,以時禁發,使國家足用,而財物不屈,虞師之事也」中固然提到「百索」、也即蠟祭所祭的「山川草木鳥獸之鬼神」,〔註186〕但是其要仍與《周禮》山虞和澤虞一樣,在於掌時禁、足財用。這是職能變易的方面。而最初巫政合一時代虞官所掌的「百物」類知識,在《周禮》中卻被分散到了上面我們所提到的諸多官職中,這是職能分散的一面。職能的變易體現的是宗教職能與政務職能的分離,而分掌這些知識的宗教系職事或居從屬地位、或不以此為職掌重點;而職能的分散意味著權力的分散,如上述《秋官》諸職各掌「毒蠱」「夭鳥」等的清除工作,而土訓、誦訓等職雖然掌「道地圖」「道方志」,也只有在「王巡守」的時候才派上備諮詢的用場,職權已經十分侷限了。

　　邊緣化的第二個表現就是「百物」類知識神性的褪色,也即世俗化,這

〔註184〕見謝秀卉:《虞官與巫者:傳世及出土文獻中所記載的「伯益」及其相關神話傳說》,《出土文獻研究視野與方法》2009年第1輯。

〔註185〕(清)阮元校刻:《十三經注疏》,第747頁。

〔註186〕過常寶:《論上古動物圖畫及其相關文獻》。

在「記載」此類知識的出土器物載體的變化上體現得最明顯。在第一章第三節我們曾介紹過一些春秋戰國時期刻畫有《山海經》內容圖樣的出土器物。這些器物包括盒、壺、盤、棺槨等，幾乎都是日常生活類的器具，如琉璃閣出土的春秋戰國之際的刻紋銅盒、獵紋銅壺等，江蘇六合和仁春秋戰國之際墓出土的銅匜殘片，江蘇淮陰高莊戰國中期墓中的薰爐銅蓋、銅盤、銅盆、刻紋銅匜、銅算形器、以及器屬不明的刻紋銅器殘片，曾侯乙墓的漆箱等等，而同地出土的鼎、簋等重要禮器紋樣中，卻不見有此類內容。而回顧一下商代及以前鑄有此類紋樣的器物，涵括了從「九鼎」、簋等禮樂重器到尊、壺等相對生活性的器物。單從載體的變化上也看得出，此類知識在春秋戰國時期已經邊緣化。根據張光直等的研究，商周時代動物紋樣的風格和主題變化大致可分三個階段：商代的後半到周初，風格高昂有力、莊嚴獰厲，表現的是借動物神力通天的主題，這與其載體彝器功能是一致的；西周中期到春秋中期，以往典型的饕餮紋被雲雷紋等取代，動物紋趨向程式化，動物的神性遞減；而到了春秋中期以後，這些動物已經從支配者、巫師通天的助手變成了敵對者和被征服者。〔註187〕上面我們所選的這些器物只是挑選了部分能完整表達時人生活場景中此類物怪所處地位的例子。與第一階段更多只是刻畫動物形象、以「重要彝器+動物紋」結合來實現通天功能不同，春秋中期以後此類知識已經完全被世俗化了，不僅表現在載體上的從禮樂重器到生活器具的變化，而且所刻繪的狩獵場景中，它們的地位也被邊緣化：從空間比例看，它們在整個場景中也並不占主要地位，而是與狩獵場景一起構成了「主體·人間生活——邊緣·陌生空間中的神怪」兩種相對獨立又主次分明、互相結合的場面。

3. 君子「博物」與物怪文獻的復興

自春秋中晚期以後，這類文獻復又大量出現，這說明此類知識重新受到重視。其間的轉關與春秋大夫階層的文化自覺直接相關——「博物」風尚正是其文化自覺的一個重要方面。有兩個人可以作為典型的例子來討論，一個是被譽為「博物君子」的子產，一個就是孔子。《左傳·昭公元年》有這樣一條記載頗為典型：

> 晉侯有疾，鄭伯使公孫僑如晉聘，且問疾。叔向問焉，曰：「寡

〔註187〕參見〔美〕張光直：《商周神話與美術中所見人與動物關係之演變》《商周青銅器上的動物紋樣》等文，見氏著《中國青銅時代》，第288～342頁。

君之疾病，卜人曰『實沈、臺駘為祟』，史莫之知。敢問此何神也？」
子產曰：「昔高辛氏有二子，伯曰閼伯，季曰實沈，居於曠林，不相
能也，日尋干戈，以相征討。后帝不臧，遷閼伯於商丘，主辰。商
人是因，故辰為商星。遷實沈於大夏，主參，唐人是因，以服事夏、
商。其季世曰唐叔虞……及成王滅唐，而封大叔焉，故參為晉星。
由是觀之，則實沈，參神也。昔金天氏有裔子曰昧，為玄冥師，生
允格、臺駘。臺駘能業其官，宣汾、洮，障大澤，以處大原。帝用
嘉之，封諸汾川，沈、姒、蓐、黃實守其祀。今晉主汾而滅之矣。
由是觀之，則臺駘，汾神也。抑此二者，不及君身。山川之神，則
水旱癘疫之災於是乎禜之；日月星辰之神，則雪霜風雨之不時，於
是乎禜之。若君身，則亦出入、飲食、哀樂之事也，山川、星辰之
神又何為焉？僑聞之，君子有四時：朝以聽政，晝以訪問，夕以修
令，夜以安身。於是乎節宣其氣，勿使有所壅閉湫底以露其體，茲
心不爽，而昏亂百度。今無乃壹之，則生疾矣。僑又聞之，內官不
及同姓，其生不殖。美先盡矣，則相生疾，君子是以惡之。故《志》
曰：『買妾不知其姓，則卜之。』違此二者，古之所慎也。男女辨姓，
禮之大司也。今君內實有四姬焉，其無乃是也乎？若由是二者，弗
可為也已。四姬有省猶可，無則必生疾矣。」……晉侯聞子產之言，
曰：「博物君子也。」重賄之。

這則記載圍繞對晉侯有疾的解釋，實際上涉及了巫官（卜人）、史官和作為
大夫階層一員的子產三個文化階層的表現。其中，卜人的解釋是「實沈、臺
駘為祟」，然而從「史莫之知」看，晉侯又就此事詢問過史官。這一方面反
映的是巫官文化地位的下降，在當時為君者眼中，史官仍然是足備諮詢的
文化權威，而巫官的職能卻似僅限於「幽贊」了；另一方面則暗示，卜人有
可能只知此二神與晉國有關，而不知其來龍去脈，其結論的得出很有可能
是來自卜書——正如僖公二十五年卜偃卜晉侯逆王曰「吉。遇黃帝戰於阪
泉之兆」，[註188] 而此事同樣詢諸史官而史官不知，也反映了其時史職衰
落的事實。另一方面還與「實沈、臺駘」事蹟本身的性質有關。說它們屬於
巫史知識，是沒問題的；再進一步從子產所說的看，它們倒是與《山海經·

[註188] 李鏡池認為卜偃語「當是根據卜書。相當於筮占『『遇公用享於天子』之卦』。」
　　　　見李鏡池：《周易探源》，中華書局 1978 年版，第 172 頁。

荒經》的表達方式很相似,如:

> 有人曰王亥,兩手操鳥,方食其頭。王亥託于有易、河伯僕牛。
> 有易殺王亥,取僕牛。河念有易,有易潛出,為國于獸,方食之,
> 名曰搖民。(《大荒東經》)

其功能僅在於故實的呈現和增廣見聞,而並不含有曉德義、鑒興衰的意義在內,又與掌六典、頒正朔、主禮事、辨邦國世系等史官主要職能(見《周禮・春官》大史、小史等職)沒有多大關係,那麼被史官忽略也就在情理之中了。然而這些被史官們所忘記的專業知識,到了子產那裡反而道來如數家珍,其中又有何緣故呢?

　　這與春秋大夫階層「立言不朽」的價值追求有直接關係。「立言」的內涵是很豐富的:「立言」即為當下和後世社會各方面的「立法」,其價值在時間上是永恆的、在地位上是可以與周公等聖賢比肩的,〔註189〕這體現的是春秋新興的大夫階層的價值追求;「立言」的理據、也即話語權力來源有三:文獻、歷史和儀式制度,〔註190〕這些內容幾乎涵括了以往由歷代巫官和史官們積累起來的、來自官方經典和民間謠諺等知識的總和。然而無論是從《周禮》的職事規定、還是從「使公卿至於列士獻詩,瞽獻曲,史獻書,師箴,瞍賦,矇誦,百工諫,庶人傳語,近臣盡規,親戚補察,瞽史教誨,耆艾修之」(《國語・周語上》)之類的記載看,巫覡和史官的知識職掌都有受到其職事的限制,這也是官學制度下不可避免的問題。然而大夫階層則不然,他們只是一種政治身份意義上的劃分,受職業規則和職業價值規定的約束較之宗教系職官要少得多,在春秋時期禮崩樂壞的社會背景下尤其是如此。這是春秋大夫階層較之之前的巫史人員的一個先天的優勢,這是其一。在世官世祿的社會裏,大夫階層多出身於公卿大夫子弟,也即「國子」。他們有著受教育和參加儀式的權利和義務。據《周禮》載,國子有師氏教以三德、三行與國中「善惡得失」之事,保氏教以六藝、六儀,大司樂教以樂德、樂語、樂舞,又有諸子春合學、秋合射以考其藝;《國語・楚語上》有申叔時以《春秋》《世》《詩》《令》《語》《故志》《訓典》教太子的說法,等等。雖然這些制度的實施情況未必如文獻記載這樣理想,但這至少說明大夫子弟是有條件受到系統教育的。此外,「立言不朽」的價值追求使得春秋

〔註189〕見過常寶、高建文:《「立言不朽」和春秋大夫階層的文化自覺》。
〔註190〕過常寶:《原史文化及文獻研究》,第210頁。

大夫不滿足於被動接受官方教育，而開始自覺的學習活動，其主要途徑就是「觀」和「問」。這方面最典型的代表就是孔子，這點過常寶師論證得很詳細，並認為「孔子『無常師』，能典型地反映出私學出現之前普通士人所獲得知識的途徑」。〔註191〕其實不僅士如此，大夫階層也如此。孔子本身就不能算「士」，其父叔梁紇乃是「郰邑大夫，即郰宰」，〔註192〕孔子本人不僅歷任過魯國季氏史、司職吏、司空、大司寇等職（《史記‧孔子世家》），《論語‧先進》《憲問》也兩次記孔子以「從大夫之後」自居，《鄉黨》言「朝，與下大夫言，侃侃如也；與上大夫言，誾誾如也」……這些記載均可以說明，儘管孔子「少也賤」（《論語‧子罕》），但身份仍屬於大夫階層。而且，以「觀」「問」著名的也不止是孔子一人，如吳季札曾於魯觀周樂、晉范獻子聘魯也曾問「具、敖」山掌故，等等。范獻子的話倒是道出了春秋大夫這種主動學習的姿態：

> 獻子歸，遍戒其所知曰：「人不可以不學。吾適魯而名其二諱，為笑焉，唯不學也。人之有學也，猶木之有枝葉也，猶庇蔭人，而況君子之學乎？」（《國語‧晉語九》）

獻子勸學當然不僅是就這次聘魯的遭際而發，而是強調為學對於「君子」人格養成的重要意義。而「『君子』既是包括『王』在內的貴族統治階級之尊稱，同時又是個道藝禮義擁有者的美稱。」〔註193〕而前者應該是最初的涵義，後者才是「春秋時期『君子』的新內涵」，〔註194〕乃是春秋大夫階層的理想人格。強調主動為學並不是范獻子一人所倡，如孔子也提倡「後進於禮樂」（《論語‧先進》）並賦予最早與「德」涵義相似的「文」以「敏而好學，不恥下問」（《論語‧公冶長》）的新涵義；與此相應的就是崇尚博學、以之作為實現君子人格的必要條件，如孔子多次強調說「多聞，擇其善者而從之，多見而識之，知之次也」（《論語‧述而》）、「友多聞」（《論語‧季氏》），並勸學《詩》以「多識於鳥獸草木之名」（《論語‧陽貨》）等等，明確以「多聞」「多識」為自覺追求；《詩經‧鄘風‧定之方中》毛傳更以「大夫九能」：「邦能命龜，田能施命，作器能銘，使能造命，升高能賦，師旅能誓，山川

〔註191〕參見過常寶：《原史文化及文獻研究》，第218～220頁。
〔註192〕楊伯峻：《春秋左傳注》（修訂本），第975頁。
〔註193〕閻步克：《士大夫政治演生史稿》，北京大學出版社1996年版，第94頁。
〔註194〕過常寶：《原史文化及文獻研究》，第201頁。

能說，喪紀能誄，祭祀能語，君子能此九者，可謂有德音，可以為大夫」為大夫階層必備的文化素養。其中大多數本是巫史職事所涉，而「升高能賦」「山川能說」乃是源於大夫階層的新價值，前者「謂升高有所見，能為詩賦其形狀，鋪陳其事勢也」與大夫的言辭修養有關，後者乃「說其形勢」「述其故事」，〔註195〕也即要求能掌握「實沈、臺駘」之類「博物」性的掌故。

大夫階層自覺以問學博物為追求，實際上表達的是自覺承緒巫史文化地位的意圖。巫政合一時代巫覡是知識最淵博的人群，史官也因掌握知識而成為「掌建邦之六典」的人物，王者也注意「詔觀事」「知地俗」以「博古」「博事」。〔註196〕這與「立言不朽」所蘊含的大夫階層成聖成賢的期待〔註197〕是一脈相承的，而事實上大夫中的不少佼佼「君子」的確也做到了這點。正因為如此，春秋時期的博學大夫往往受到人們的尊崇。上引子產道「實沈、臺駘」事而晉侯「重賄之」、昭公七年子產又教韓起祀夏郊禳晉侯祭而晉侯「賜子產莒之二方鼎」，昭公四年申之會楚國即以子產和向戎為「諸侯之良」而向其問禮；魯大宰以孔子「多能」而稱其為「聖者」（《論語・子罕》），《國語・魯語下》也記載吳王以防風氏骨節、陳國以楛矢事特地遣使請教於孔子等等。此類事蹟也常發生在晏子、管仲等賢大夫身上，此處不再一一列舉。《國語・楚語下》王孫圉對趙簡子言道：

> 又有左史倚相，能道訓典以敘百物，以朝夕獻善敗於寡君，使寡君無忘先王之業，又能上下說於鬼神，順道其欲惡，使神無有怨痛於楚國。（《國語・楚語下》）

言外之意頗以左史倚相通曉《訓典》等百物鬼神知識為豪。這一方面是因為此類知識在當時隨著理性文化發展而漸漸被邊緣化，而楚國「巫風濃鬱，仍然保留著較為原始的宗教文獻」〔註198〕所致；另一方面也說明受博物風尚影響，「百物」知識重新受到中原人的重視——也唯有如此，王孫圉的誇耀才是有意義的。

再回到昭公元年的話題。子產在道出「實沈、臺駘」的來歷之後，卻否定了二神作祟導致晉侯疾病的說法，認為山川星辰之神只與「水旱癘疫」

〔註195〕（清）阮元校刻：《十三經注疏》，第 315 頁。
〔註196〕（清）阮元校刻：《十三經注疏》，第 747 頁。
〔註197〕見過常寶、高建文：《「立言不朽」和春秋大夫階層的文化自覺》。
〔註198〕過常寶：《論上古動物圖畫及其相關文獻》。

「雪霜風雨之不時」等自然災害有關，而晉侯之疾乃是「出入、飲食、哀樂
之事」。認為自然鬼神之事與人事無關，實際上就是承認二者的相對獨立性。
事實上昭十九年有載：

> 鄭大水，龍鬥於時門之外洧淵，國人請為禜焉。子產弗許，曰：
> 「我鬥，龍不我覿也；龍鬥，我獨何覿焉？禳之，則彼其室也。吾
> 無求於龍，龍亦無求於我。」乃止也。(《左傳·昭公十九年》)

認為「淵固龍之室」〔註199〕而非人類活動的範圍，可見這種相對獨立性還
表現空間居處上。這與我們上文提到的幾件春秋戰國器物上的圖畫刻紋傳
達出的理念是一致的。如果說春秋早期內史過「神……依人而行」(《左傳·
莊公三十二年》)、內史叔興「吉凶由人」而非由「陰陽之事」導致(《左傳·
僖公十六年》)等認識，還有西周時「天聰明，自我民聰明；天明畏，自我
民明威」(《尚書·皋陶謨》)的影子。子產的這種說法已經從空間角度徹底
將人和鬼神「百物」生存的世界區分開來，看成是互不相關的兩個世界了，
這同樣有將之邊緣化的意味。無獨有偶，孔子也提出了「務民之義，敬鬼神
而遠之」(《論語·雍也》)的說法，並且也做到了「不語怪，力，亂，神」
(《論語·述而》)；然而孔子在回覆季孫斯穿井得狗以及吳使防風氏骨節等
事時，卻表現出對木石水土之「怪」以及防風氏、僬僥氏長短合於十「數之
極」之類「神」「怪」之事的肯定態度——一方面邊緣化，另一方面又並未
不屑一顧，而相反地較巫史人員更為諳熟。這種矛盾，也正是西周春秋大夫
階層的理性意識與其博物的價值追求之間的矛盾。

　　不僅如此，在春秋大夫那裡，這種物怪知識也是「立言」(「立法」)的重
要資料。比較典型的例子有如孔子「夔一足」(《韓非子·外儲說左下》)、「黃
帝四面」、曾子的「天圓」之說(《大戴禮記·曾子天圓》)等等。這些例子較
之前文我們以《逸周書·史記解》為例介紹的西周春秋史官對於陌生地學知
識的人文化(德義化、歷史化)闡釋也更進一步，那就是現實化。以「黃帝四
面」說為例：

> 子貢曰：「古者黃帝四面，信乎？」孔子曰：「黃帝取合己者四
> 人，不計而耦，不約而成，此之謂四面。」(《太平御覽卷七九引〈尸
> 子〉》)

〔註199〕楊伯峻注引顧炎武語，見楊伯峻：《春秋左傳注》(修訂本)，第1405頁。

　　　　昔者黃宗質始好信，作自為像，方四面，傳一心。四達自中，
　　　前參後參，左參右參，踐位履參，是以能為天下宗。(《馬王堆帛書·
　　　十大經·立命》〔註200〕)

如果將前一例看做是孔子將神話用理性邏輯重新構造出新的可供現世社會遵
守的「史料」，也就是「立言」之「言」(「立法」之「法」)，那麼後一例就已
經將這個孔子所「立」之「言」當做實際發生過的故事和「法」了。這是春秋
大夫立言的一個典型事例，如果說徵引巫史文獻是「立言」的前提和依據，
那麼所立之「言」被徵引才意味著「不朽」、才意味著「立言」的最終完成。
這也正說明，對於春秋大夫而言對於物怪類地學知識的關注，不僅是博物價
值追求的要求，更是因為此類知識有被新觀念改造而產生新價值的可能性。

　　大夫階層引領的博物風尚和由其進一步發揚的、自西周史官那裡就開始
的物怪知識人文化改造活動，儘管最後並沒有在春秋大夫手中真正得到落實，
但在戰國時代卻被延續了下去，最終影響了《山海經》的寫定。

(二) 自然知識的人文化闡釋

　　周人所孜孜以求的「恒常性法則」乃是以「天命」、「天道」這樣的最高
信仰為依託，它「對世間萬物以及人的行為也有規定性」，是「必須遵循的東
西」，〔註201〕具有絕對的「正確性」。周人判斷一件事情是否有「合理性」，往
往以是否符合這種法則為標準。在周代文獻中「恒常性法則」常以數字、制
度、經典、謠諺等為載體，因此這些內容也同樣具有絕對的正確性。周人的
這種思想不僅對周代禮制影響甚巨，如《周禮》以「天數六地數五」為官職設
置總綱、以四時序次官制序列、以年月設定行政週期〔註202〕等；在知識層面
同樣如此，如以先在的觀念、「法則」改造或創造知識的現象，地學知識當然
也不例外──這也就是我們說周代地學知識人文化的一個重要表現：以「人
文」理念改造經驗的「自然」知識；而這些表現在文體方面最明顯的現象就
是「以數為紀」。正如周人「天」的信仰無乎不在，地學知識的這種人文化現
象表現也是多方面的，難以盡舉。這裡我們僅舉「九州」的例子來說明。

　　關於「州」的記載以「九州」為多。若認同《尚書》虞夏周書成書於西周

〔註200〕馬王堆漢墓帛書整理小組：《馬王堆漢墓帛書·經法》，文物出版社 1976 年
　　　　版，第 45 頁。
〔註201〕陶磊：《從巫術到數術──上古信仰的歷史嬗變》，第 127 頁。
〔註202〕林甸甸：《上古天學知識及文獻研究》，第 58～116 頁。

中期的說法，則關於「九州」詳細記載當以《禹貢》為早。其「荊州」部分曰：

> 荊及衡陽惟荊州。江、漢朝宗于海，九江孔殷，沱、潛既道，
> 雲土、夢作乂。厥土惟塗泥，厥田惟下中，厥賦上下。厥貢羽、毛、
> 齒、革，惟金三品，杶、榦、栝、柏，礪、砥、砮、丹，惟箘、簵、
> 楛，三邦厎貢厥名。包匭菁茅；厥篚玄纁、璣組，九江納錫大龜。
> 浮于江、沱、潛、漢，逾于洛，至于南河。

其內容由該州經界（荊山以南，衡山以北）、重要川澤、草木物產、土壤、田賦及等級、貢物（含外族風俗及貢物）、貢道等組成。其中除土田貢賦等級等為人為規定外，其他如州境標誌、川澤物產情況等都是以自然地景和現實情況為本，主要是自然的、經驗性的知識而幾乎沒有附會觀念的痕跡，其人文性主要表現在理念上而非知識上。附會觀念的情況主要可能發生在「九州」的「九」數上。夏數多尚「九」，「九州」劃分之初很有可能就摻入了附會「九」數的意思，猶如同時成書的《尚書·舜典》所說「肇十有二州」，鄭注謂「禹治水之後，舜分冀州為幽州、并州，分青州為營州，始置十二州」，〔註203〕認為「十二州」從「九州」分化而來。那麼分化的根據又是什麼呢？伶州鳩曰：「律所以立均出度也。古之神瞽考中聲而量之以制，度律均鍾，百官軌儀，紀之以三，平之以六，成於十二，天之道也。」（《國語·周語下》）周人以歲星運行之年數「十二」為天道之成數，這在禮典中不乏記載，如天官掌十二歲、十二風（《春官·馮相氏》《保章氏》），樂律以十二律、十二聲為「度數」「齊量」（《周禮·春官·典同》），王之巡守年數、車旗、器服、饋食器數等也多以「十二」為度。那麼，試圖分王土天下為「十二州」也順理成章了。只是這種制度是否真的實行過並設「十有二牧」（《尚書·舜典》），就不得而知了。

　　到了《周禮·夏官·職方氏》「九州」中，附會觀念的人文化現象就明顯得多了：其中最明顯的一個特點就是描寫九州所在已不再強調各州的山川經界，而是多以所處方位綱紀之，依次為東南揚州、正南荊州、正北并州、正東青州、河東兗州、正西雍州、東北幽州、河內冀州、河南豫州，除兗州、冀州和豫州之外，其他六州均是試圖按九宮格的方位圖式加以安排。自《禹貢》而來的經驗知識固然還在被延續，如兗州等三州地望均以「河」

_____

〔註203〕　（清）阮元校刻：《十三經注疏》，第 128 頁。

為界標，但觀念性改造的痕跡還是很明顯的；不僅如此，與《禹貢》九州相比，《職方氏》少了徐州和梁州，而多了幽州和并州。徐州地在「海、岱及淮」（《禹貢》），與兗州、青州地望接近，然而東南位既有「揚州」，那麼徐州就顯得「多餘」了。不錄梁州，其原因未詳，但這種情況倒是與《上博簡‧容成氏》所載「九州」的情況一致。〔註204〕晏昌貴認為《容成氏》九州產生於「兩周之際或春秋前期」，〔註205〕與《周禮》內容的時代相仿，這或許反映了當時人的認識。

再看各州具體的情況，如「荊州」：

> 正南曰荊州，其山鎮曰衡山，其澤藪曰雲瞢，其川江、漢，其浸潁、湛，其利丹、銀、齒、革，其民一男二女，其畜宜鳥獸，其穀宜稻。

與《禹貢》相比，其特點之一是敘述內容及次序更加整飭：各州內容均按州名及方位，該州代表山鎮、澤藪、川、浸，民數、畜、穀物產等幾大門類依次敘述各州地理情況。具體到各項內容也是如此，如各州代表之川、浸多各取其二以為代表，除揚州（其川三江，其浸五湖）、冀州（其川漳）外，其他七州均是如此，等等。這種整飭化的表述方式，與按九方方位安排九州一樣，本質上都是試圖按數術圖示理解地理空間，是數術思維下的「經界」思想；其二是《周禮》所關注的內容，不再是《禹貢》那種以相對獨立的諸侯國等政治實體為潛在對象的「厥田」「厥賦」「厥貢」如何，而在於「辨其邦國、都鄙、四夷、八蠻、七閩、九貉、五戎、六狄之人民，與其財用、九穀、六畜之數要，周知其利害」（《職方氏》），隱然已經將「九州島之國」視作王朝的領土了。同樣地，《左傳‧昭公九年》周景王所說「我自夏以后稷，魏、駘、芮、岐、畢，吾西土也。及武王克商，蒲姑、商奄，吾東土也；巴、濮、楚、鄧，吾南土也；肅慎、燕、亳，吾北土也」等語，也含有領土國家意味；相比之下，《國語‧鄭語》所載西周末年史伯所說的「當成周者，南有荊、蠻、申、呂、應、鄧、陳、蔡、隨、唐……非親則頑」云云，則暗含諸侯國相對獨立的意味——這反映的是西周和春秋時期政治地理空間認識的變革，而其制度背

〔註204〕《容成氏》「九州」分別為夾州、塗州、競州、莒州、蓏州、荊州、揚州、豫州、虞州。與傳是文獻所記均差異較大，應是自成系統。此處據李零釋文，見馬承源：《上海博物館藏戰國楚竹書》（二），上海古籍出版社2002年版，第269～274頁。

〔註205〕晏昌貴：《簡帛數術與歷史地理論集》，第276頁。

景就是春秋後期國野制度逐漸崩壞而領土國家意識逐漸形成；而這種以領土為對象來認識各州地利的思想，則與《春秋》時代「重地」的理念互相呼應。

到了戰國時代，「九州」說附會觀念的痕跡更嚴重了，可以舉兩個例子：一是按九宮圖式以附千里之數，如《禮記‧王制》對於九州方圓的描述：〔註206〕

> 自恒山至於南河，千里而近。自南河至於江，千里而近。自江至於衡山，千里而遙。自東河至於東海，千里而遙。自東河至於西河，千里而近。自西河至於流沙，千里而遙。西不盡流沙，南不盡衡山，東不近東海，北不盡恒山，凡四海之內，斷長補短，方三千里……

從表面上看，《王制》的九州似乎延續了《禹貢》以自然地標經界九州的理念，實際則差異迥然：《王制》說「凡四海之內九州島，州方千里」，實際就是在山河標界的基礎上設定了「千里」這個標準里距，所謂「千里而近」「千里而遙」並非基於經驗的測度，而是刻意以「千里」為準的粗略估計。《王制》所述僅以東、北二方為準乃是我國自然地理環境使然，而「千里」的設定使得原本基於自然經界的經驗性知識被人為整飭化為以千里為單位的近九宮格的模式，此種改造所據「法則」正是戰國常見的四海之內「方三千里」的觀念。

二是《呂氏春秋‧有始》為代表的附會星土分野之天數：

> 何謂九州？河、漢之間為豫州，周也；兩河之間為冀州，晉也；河、濟之間為兗州，衛也；東方為青州，齊也；泗上為徐州，魯也；東南為揚州，越也；南方為荊州，楚也；西方為雍州，秦也；北方為幽州，燕也。

《有始》言「天地有始，天微以成，地塞以形，天地合和，生之大經也……天有九野，地有九州，土有九山，山有九塞，澤有九藪，風有八等，水有六川」，明確說明是在將天象與地形相對應。具體看，其中五州同樣是在按八方方位安排，其他四州仍是按自然經界劃分，且九山、九塞、九藪等不再如《職方氏》那樣與九州一一對應。這種現象產生的原因主要有二：一是《有始》是立足於「天下」而非各州，二是經驗性的知識並不能完全用觀念來強

〔註206〕據鄭注，《王制》此處雖未明言，但實際上是在說九州。參見（清）阮元校刻：《十三經注疏》，第 1347 頁。

行改造的現實，也導致了《有始》這種不徹底性——這種情況到了《淮南子‧墜形訓》中被通過以「神州」等按九宮圖式分布的「大九州」來取代傳統九州的做法，得到了更系統地處理。此外，若只看上面我們提到的「雍州」問題，其代表國家為「秦」，這裡應該是以戰國吞併巴蜀之後的秦國版圖來說的，那麼就應該包括《禹貢》的「梁州」，這樣其內涵就與《職方氏》所說雍州的情況有區別了——後者則與《禹貢》雍州範圍相吻合。

二、西周地學思想與《禹貢》的編定

唐曉峰說，「與《山經》的神人之際相對照，《禹貢》中全都是人人之際的內容」，〔註207〕這個判斷是很正確的。只不過對於《山經》和《禹貢》成書時間的判定，本文與他的意見不甚一致：《山經》能體現「神人之際」特點的是《山海經圖》所載的部分，而寫定之後的《山經》中很明顯地在強調地利，也即「人人之際」的內容，這反映的是戰國的地學思想；而《禹貢》的時代，本文認同劉起釪、邵望平、李山等的觀點，認為其知識產生時代可能很早、但是成書於西周中期——尤其是五服制部分反映的是西周中期的情況。因此《禹貢》所反映的乃是西周時期的地學思想。

《禹貢》內容胡渭總結為十二義，曰：地域之分、水土之功、疆理之政、稅斂之法、九州之貢、四海之貢、達河之道、山川之奠、六府之修、土姓之錫、武衛之奮、聲教之訖，〔註208〕可謂面面俱到。從此十二義看，其著眼點的確基於「人人之際」而不涉及地祀等宗教內容，且其著重點也只在貢納、政治地理架構而已。據前文所論，原初《山海經》知識的「備百物」「觀萬國」的宗教和政治意識形態功能更被強調，而對物產等經濟知識重視程度則相對低些；從《禹貢》本身來看，以「九州」部分為例，根據邵望平、韓高年等學者的研究成果，這部分知識淵源很古老，最初可能作為《九夏》之類頌詩的文本、以歌頌大禹功績為目的。《禹貢》則有意識地將宗教與現實分離開來而不再涉及宗教，其意識形態功能主要體現在文本之外，也即前文我們所說的「禹跡」「九州」與周人「中國」觀念的建構方面，其內容主要可以說是對以往現實地理知識的自覺總結——明顯在《禹貢》寫定之時，它們的這種意識形態方面功能已經退居次要地位，而被與山川之奠、五服之分等並列而觀了。

〔註207〕唐曉峰：《從混沌到秩序——中國上古地理思想史述論》，第179頁。
〔註208〕（清）胡渭：《禹貢錐指》，第14～15頁。

這同樣反映的是從地學思想從「神人之際」到「人人之際」的變遷。只不過這種變遷並不是單純表現在具體內容的增刪，而主要在於史官將此類內容抽離出來、并納入到現實王土世界的建構的這一行為。此其一；

《禹貢》講「地域之分」「疆理之政」「土姓之錫」，不僅如此，我們認為《禹貢》判分「中邦」「四海」而五服制專論「中邦」職貢而不及「四海」，其中「中邦」之內屬於「夏」的內三服甸、侯、綏，與屬於「夷」的外二服要、荒之間又判然有別……孟子曰：「夫仁政必自經界始：經界不正，井地不均，穀祿不平……經界既正，分田制祿，可坐而定也」（《孟子·滕文公上》），所謂「經界」即周代禮樂制度之下的國野、井田等「經界」之禮，這也正是《禹貢》要強調的。此其二；

唐代地學家賈耽說「中國以《禹貢》為首，外夷以班史發源」（《舊唐書·列傳第八十八·賈耽傳》）。的確從空間範圍看，《禹貢》即便提到九州之內屬要、荒服的諸「夷」，更多也只是述其方俗、表其地望，目的似只在於「知地俗」（《周禮·地官·訓誦》），只有「淮夷」被設定了貢物。原先《山海經》「觀萬國」的宗教和政治意識形態功能被「中國」現實地利的關注所代替，「萬國」知識則被邊緣化到了《周禮》的「職方氏」等職事那裡。此其三；

《禹貢》的九州劃分、貢賦物產、外族方俗、山系排布、五服架構等等知識都是有現實根據的。以山系為例，其「條說所治之山，本以通水」，〔註209〕因此山系排列乃是以水系為參照的，具體有馬融、王肅的「三條」說（「導岍」北條、「西傾」中條、「嶓冢」南條）和鄭玄的「四列」說（「導岍」陰列、「西傾」次陰列、「嶓冢」為次陽列、「岷山」為正陽列）。〔註210〕而《山經》中的山系劃分，本含有為山川祭祀時按圖為祭的目的，所以一方面以「東西各四、南北各三、中別十二」的模式將原本自然雜亂的山嶽劃分成條理明晰的 26 個山系；另一方面基本每次經之山都有相貌相同、享受祭禮也相同的一系列山神來職掌（其中一次經有兩系神者如《西次二經》等，還有「冢」之類特殊神山各有特別祭禮）。這種山系劃分很可能是在對自然山川經驗知識的基礎上、將山神分布進行圖式化的結果。相比之下，《禹貢》以水條山、並使之「在人文世界中橫亘陳列，構成宏觀座標，分隔區域，所

〔註209〕（清）阮元校刻：《十三經注疏》，第 151 頁。
〔註210〕（清）阮元校刻：《十三經注疏》，第 151 頁。

謂『山勢相連而州境隔絕』」〔註211〕的做法，則顯然是立足於現實的。此其四；

《禹貢》中的人文地理設計是充滿現實考慮和人文關懷的，這點在貢賦輕重和貢路設計上表現最為明顯。從貢賦數量上看，五服制中說得最明白，距離越近意味著關係越近，因此貢賦最重，越遠越輕。在九州田賦部分，貢賦輕重的設定不僅考慮到田土質量，還考慮到水患輕重、後天人功等多種因素。比如將雍州之田劃為第一等上上、而其田賦卻是第六等中下，就是考慮到本州「人功少」；〔註212〕而兗州土田為第六等中下，田賦等級卻是「貞」、也即最下等，就是因為考慮到此地「水患最重，墾闢不易」。〔註213〕距王都最近的冀州、豫州等地開發充分因此田土質量雖只是中中、中上，賦卻是上上錯和上中。此外，貢路設計上也以多借水路、少以陸路、以「重民力」為原則。〔註214〕這正與「周公之籍」「籍田以力，而砥其遠邇；賦里以入，而量其有無」（《國語·魯語下》）的理念一脈相承。此其五。

三、《春秋》「重地」及其地利觀

重「地義」、重經界是西周禮樂文化在地學方面的重要體現，西周春秋時期經界之禮尚為人們所遵守。這當然也不是絕對的，作為禮樂制度的組成部分，經界之禮也是在逐漸崩壞，社會秩序的變動是導致其崩壞的根本原因，而地利意識的發展也同樣是衝擊它的重要因素。然而到了西周後期，以屬王「專利」以及宣王「料民太原」（《國語·周語上》）等諸多經濟策略的實施為標誌，「社會經濟觀念在西周後期已經發生很大變化」，〔註215〕地利意識也已經在不斷覺醒和發展。尤其宗周覆滅之後王權衰微，經界之禮已然無法穩固，歷史從此進入諸侯爭霸「立功」和大夫「立言」的時代。二者實際上可以統一考察的——諸侯立功以爭霸立「功」為最高價值，因此其本質上是重功利的。而從齊桓為伯的春秋早期開始，管仲等大夫階層就充當了諸侯立功的實際策劃者和踐行者；當政出多門的大夫時代到來之後，這種功利趨向就更成為大夫階層的自覺追求了。而如上文我們提到的，春秋大夫階層只是政治身份意

〔註211〕唐曉峰：《從混沌到秩序——中國上古地理思想史述論》，第180頁。
〔註212〕（清）阮元校刻：《十三經注疏》，第150頁。
〔註213〕顧頡剛：《〈禹貢〉注釋》，第12頁。
〔註214〕見（清）胡渭：《禹貢錐指》，第13頁。
〔註215〕參見晁福林：《先秦社會思想研究》，第208～213頁。

義上的劃分，因而受職業規則和價值規定的約束較少；同時從職事上看，他們基本上屬現實政務性的人員，因而他們比起巫史等宗教系職官來更多自由選擇且更多對現實功利的關注。這種主導時代文化的主體的變遷，必然會對當時社會思想造成重大影響，表現在春秋地學思想方面就是功利意識的急遽增長。唐曉峰曾這樣總結道：

> 春秋戰國時期……現實主義在社會意識形態中急遽發展，奠定了華夏傳統中實用理性的一面。在這個潮流中，面對各類政治、軍事、經濟的實用理性的需要，地理思想獲得豐富的發展。以領土大國的建設和發展為核心，經驗性地理知識日益受到重視，一些重要的認識與措施，為日後中央集權帝國的建立提供了經驗。〔註216〕

儘管其中有一些過渡性的變革環節還有待於進一步申論，但他對於春秋時期地學中的功利思想急遽發展、地利知識日益被重視的判斷，卻可謂一針見血。

《春秋》經傳曾數次提到「重地」「尊地」的說法，而且均是針對他國大夫以封地來奔之類事件而發。這類問題涉及到「義」與「利」的衝突，最能體現時人在對待「地義」和「地利」方面的複雜態度——這一點唐曉峰已經很敏銳地注意到了。只是他認為「《春秋》重地不是重地利，而是重地義，重『經界』之禮」，〔註217〕則是受了後世經學家言的干擾。《春秋》記他國大夫「來奔」者例頗多，明確說明以其封地「來奔」者均發生在春秋中後期，分別是「邾庶其以漆、閭丘來奔」（《春秋·襄公二十一年》）、「莒牟夷以牟婁及防、茲來奔」（《昭公五年》）、「黑肱以濫來奔」（《昭公三十一年》）等。以昭三十一年條為例，《左傳》評論說：

> 賤而書名，重地故也。君子曰：「名之不可不慎也如是：夫有所名而不如其已。以地叛，雖賤，必書地，以名其人，終為不義，弗可滅已。是故君子動則思禮，行則思義；不為利回，不為義疚。或求名而不得，或欲蓋而名章，懲不義也。齊豹為衛司寇，守嗣大夫，作而不義，其書為『盜』。邾庶其、莒牟夷、邾黑肱以土地出，求食而已，不求其名。賤而必書。此二物者，所以懲肆而去貪也。若艱難其身，以險危大人，而有名章徹，攻難之士將奔走之。若竊邑叛君以徼大利而無名，貪冒之民將寘力焉。是以《春

〔註216〕唐曉峰：《從混沌到秩序——中國上古地理思想史述論》，第253頁。
〔註217〕唐曉峰：《從混沌到秩序——中國上古地理思想史述論》，第258頁。

秋》書齊豹曰『盜』，三叛人名，以懲不義，數惡無禮，其善志也。
故曰，《春秋》之稱微而顯，婉而辨。上之人能使昭明，善人勸焉，
淫人懼焉，是以君子貴之。」

這裡面的「重地」應該作兩面觀：一是邾庶其、莒牟夷、邾黑肱等人「竊邑叛君以徼大利」的不義行為，一是魯國得地這一事件。「君子曰」自始至終只是就前者發論，可見這裡的「重地」的確是在強調地義。不過這裡強調的並不是恪守周禮既定的對於「地」的經界規定，而是對於人與人之間的「經界」之禮。因此其核心主要指向君命，因為從名分上看所來奔者之屬邑所有權屬於國君，並不是家族私有，不經君命而但為一己「徼大利」就屬於「叛」「盜」。

若從後一角度看，這種性質的得地雖然不合禮義，但站在魯國立場上看，得地就是事關國家利益和國君功德的大事。這點在宗法社會意義尤其重大。西周金文中有《五祀衛鼎》《格伯簋》《散氏盤》等幾件器物提及土地轉讓事宜，李學勤認為它們乃是「『書於宗彝』的約劑」；〔註218〕若再考慮諸器中「衛用乍朕文考寶鼎，衛其萬年永寶用」（《五祀衛鼎》）云云，也就是還有將此得地事呈告祖先並流傳後世的意思在裏面。同樣地，《春秋》所據的魯史之「策」本來也是呈告於宗廟神明的文獻，〔註219〕因此有著與諸器相近的功能。而先秦諸侯宗族領地乃是周王「錫土姓」（《禹貢》）得來的，因此宗族及其土地實在是不可分割的整體。這樣一來，能夠在「保姓受氏，以守宗祊，世不絕祀」的基礎上，擴充本國土地就意味著對宗族事業的貢獻和對本族後代的垂範，進而維持「不朽」的價值。《詩經・魯頌・閟宮》中就曾不無誇飾地將魯僖公「奄有龜蒙，遂荒大東。至于海邦，淮夷來同」「保有鳧繹，遂荒徐宅。至于海邦，淮夷蠻貊。及彼南夷，莫不率從」「居常與許，復周公之宇」等等增城擴地的功績呈告給「皇皇后帝，皇祖后稷」「周公皇祖」，並祈求國運昌而大——只是被奪地的對象是四夷而非華夏諸國。

這種情況在後來有所變化。「賤而書名」一方面意思是竊邑來奔者儘管職位地位不足以入史策，但因所獻土地貴重而獲得書名的待遇；只是這種做法為「君子」所不齒，通過書「盜」「賤而書名」等微言來對竊邑者行為作出否

〔註218〕 李學勤：《新出青銅器研究》，文物出版社1990年版，第108頁。
〔註219〕 參見過常寶：《先秦散文研究——早期文體及話語方式的生成》，第127～130
頁。

定評判，使得「雖有名尚不如無名」〔註220〕了。

　　在春秋之世，土地的獲得已經不再是非經王命之賜不可，獲地途徑的合理與否也只有「君子」輿論來約束。事實上春秋「君子」早就以仲虺「取亂侮亡」之言來肯定「兼弱攻昧」的正當性，並以此為「武之善經也」（《宣公十二年》士會語），只不過要需要有正當的理由。以僖公三十一年的分曹地事為例。在僖二十八年晉侯伐曹之戰中，魯國並未參戰。其後晉侯為親諸侯而分曹地，臧文仲聽重館人言先至晉，所分得「自洮以南，東傅於濟，盡曹地也」（《左傳‧僖公三十一年》）「獲地於諸侯為多」（《國語‧魯語上》），這件事現在看來似乎也並不公平。但是魯因察納重館人之「辭」而使得原本以「獲地」為目的的功利行為獲得了「君子」的肯定。可見《春秋》的「重地」並不是只重經界而不重地利，「君子」對於為本國爭得土地的行為是持肯定態度的，只是前提要合禮——而且這裡的禮也不再是之前既定的土地經界之禮。「君子」這種態度上的微妙變化，實際上與諸侯爭利的社會現實密切相關，體現的是他們對社會現實的有條件妥協。

　　「君子」尚且在地利和地義之間猶疑矛盾，大夫階層中的很大部分人實際上是不太看重地義的。比如魯當政者季武子就「以公姑姊妻之，皆有賜於其從者」，公然褒獎盜邑來奔的邾庶其，這種「賞盜」行為又受到「君子」的指責。

　　爭利取決於以軍事力量為主的國力的強弱，而國力的強弱又與領土大小和人口多少直接相關。這不僅會導致時代思想的變遷，還必然會導致社會制度的更新。春秋「重地」思想不僅體現在重視擴土、兼民上，還體現在對既有地力、民力的全面重視上。

　　如在都城選址方面，晉國遷都新田時就曾有兩派主張：一派認為「必居郇、瑕氏之地，沃饒而近鹽，國利君樂，不可失也」；韓獻子則認為「郇、瑕氏土薄水淺」民易生「沉溺重膇之疾」，國饒近寶易導致「民驕佚」、公室貧，而新田「土厚水深，居之不疾」「且民從教，十世之利也」（《左傳‧成公六年》）。看法雖然不一，但共同點都是重「利」遠害，尤其韓獻子的說法更是從新田自然和人文地理環境對於晉國長遠利益的影響來考慮的。

　　地政方面的變化更是多方面的。行政規劃方面晉、楚、秦、齊、吳等國已有縣的設置，這些縣最初多是兼小新得的土地，因此多分布在邊境，且多

〔註220〕楊伯峻：《春秋左傳注》（修訂本），第1512頁。

是徵兵單位。其中晉國走在了諸侯的前頭，春秋晚期的晉縣大夫已經在親親世襲之外任用外人，體現出明顯的尊賢尚功的傾向。〔註221〕如果說國家利益驅使下的開疆拓土、設置郡縣意味著國家權力在努力向邊遠四方延伸，那麼在國土內部權力向下、向基層強化則表明當時諸侯國已經不再執著於原先基於貴族、征服者立場設定的「『經界』之禮」（地義），而致力於本國全部民力的凝聚。於是原先國與野的壁壘開始被打破、血緣地緣合一的族邦性質的鄉村組織「開始向國家基層行政組織轉化」。〔註222〕原先被邊緣化的野人和鄉村居民通過這種制度的革新開始被統一到國家利益之中。最著名的例子就是《國語・齊語》所載管仲設計的「成民之事」「定民之居」和「制國以為二十一鄉」等制度。賦稅方面比較著名的有如齊國的「相地而衰徵」（《國語・齊語》）、魯國的初稅畝（《宣公十五年》）、「作丘甲」（《成公元年》）、「用田賦」（《哀公十二年》）等；

還有一個表現，就是原先禮制時代並不被重視的關塞等地險〔註223〕的經濟、軍事價值開始凸現出來。儘管對其真正的重視還是在戰國時期，春秋時期已經很重視通過關塞的設置來徵收稅賦。如孔子所說臧文仲「三不仁」之一的「廢六關」（《左傳・文公二年》），惠棟、洪亮吉等據《孔子家語》解「廢」為置立，而設置六關的目的在於「稅行者」、〔註224〕也即向商旅行人課稅。昭二十年齊景公從晏子諫「毀關」也說明大量設置關城徵稅在當時是普遍現象。

而可考的上述諸項制度的規劃主持者如韓獻子、季孫氏、韓宣子、臧文仲、管仲、晏子等均是諸侯政務的實際執行者——卿大夫。史官「建邦六典」的時代已經一去不返了。

四、以俗教安與采詩觀風

風俗是先秦地學知識的一個重要內容。何謂「風俗」？《漢書・地理志》說「凡民函五常之性，而其剛柔緩急，音聲不同，繫水土之風氣。故謂之風；好惡取捨，動靜亡常，隨君上之情慾，故謂之俗。」「風」強調的是生存環境

〔註221〕參見韓連琪：《春秋戰國時代的郡縣制及其演變》，《文史哲》1986 年第 5 期。
〔註222〕卜憲群：《春秋戰國鄉里社會的變化與國家基層權力的建立》，《清華大學學報（哲學社會科學版）》2007 年第 2 期。
〔註223〕唐曉峰：《從混沌到秩序——中國上古地理思想史述論》，第 251 頁。
〔註224〕楊伯峻：《春秋左傳注》（修訂本），第 524 頁。

所決定的人的秉性，「俗」強調的是後天教化致、約定俗成的習慣、情慾好惡等社會生活方式。「風與俗是古人對一定時空範圍下人們生活模式的概括……風、俗雖小有區別，各有側重，但其指稱說明的對象大體一致」。〔註225〕由於風俗作為一種強大的自然和社會力量，對人們的物質和精神生活都具有深層的影響和制約，因此為政者必知風俗。

　　「以俗教安」是西周春秋時期官方對於各地風俗的基本態度和政策。早在西周初期，周公們在總結商亡教訓時，就將酗酒失政作為其滅亡的重要原因：後嗣商王「惟荒腆於酒，不惟自息乃逸」，不僅商王、「庶群」也是如此，最後導致民心生怨、「登聞於天」。周公以此告誡衛康叔，並命令他倡導群飲者，「汝勿佚，盡執拘以歸于周，予其殺。又惟殷之迪諸臣惟工，乃湎於酒，勿庸殺之，姑惟教之有斯明享」（《尚書‧酒誥》）。周公對周人、商人酗酒的懲罰措施輕重有別，這應該不僅僅是對殷商舊族的寬大待遇，而是對殷人好酒的禮俗導有充分認識和尊重。這是周人對商周風俗之異比較早的認識。對於殷民的異俗，周公採取了比較溫和的政策，因俗施「教」、以「教」不以「殺」。

　　同樣的理念在周初分封諸侯時對封國的施政方針的規定上也普遍運用。史載周初分封之時即為遠封的諸侯國分配了所封地的遺民以為佐治：魯國地處東夷族故地，故以商奄之民六族隨封；衛國封地在故殷墟，故以「殷民七族」隨封；而唐國地處故夏虛，故封以「唐之餘民」──〔註226〕「懷姓九宗」。其基本原則就是以其民佐治其故地；不僅如此，為了他們統治的便利，又規定魯國、衛國「皆啟以商政，疆以周索」，而唐國則「啟以夏政，疆以戎索」（《左傳‧定公四年》）。這樣做好處是可以借助隨封遺民熟悉故地民俗的優勢快速有效地統治該地，但隨之而來的就是遺民諸族與周族統治者的相對獨立性；再加上當時社會「家族─宗族式組織」是生產生活的基本單位，〔註227〕具體到家族、宗族，這種獨立性就更明顯了。

　　這因為有這樣的制度背景，因而周人主張在推行禮樂教化時，應針對各地風俗採取因俗施教的政策。《周禮‧地官‧大司徒》「十二教」中其六就是

〔註225〕蕭放：《中國傳統風俗觀的歷史研究與當代思考》，《北京師範大學學報（社會科學版）》2004 年第 6 期。

〔註226〕（清）阮元校刻：《十三經注疏》，第 2135 頁。

〔註227〕見馬興：《堯舜時代社會組織探析》，《煙臺大學學報（哲學社會科學版）》2012年第 2 期。

「以俗教安」、又掌「以本俗六安萬民」。教化的前提是「以俗」，因為「不依舊俗創立制度，民心不安，若依舊俗，民心乃安。故以本俗六條以安民也」。〔註228〕究其原因，除了當時社會組織形式的現狀之外，還有一點就是周人對於風俗本質的認識是基於「五地之物生，動植及民生處不同，是其常法」這種環境決定論思想的。因此他們認為「人之生處習學不同，若變其舊俗，則民不安而為苟且」，〔註229〕並主張「君子行禮，不求變俗」（《禮記・曲禮》）、「先王之教，因而弗改，所以領天下國家也」（《禮記・祭義》）。但不改、不變並不是放任無為，而是強調要以「不易其俗」為前提來「修其教」（《禮記・王制》）。

因此，儘管周王朝禮樂教化的對於諸侯國層面的影響比較直接，效果也比較明顯。如西周諸侯國青銅器形制與周王朝的禮器的具有很明顯相同特徵，而且這些諸侯國分布範圍很廣，〔註230〕然而這種影響主要還是在諸侯這一級別、「國」的範圍內和「禮」這一層面。而對於基層社會（尤其是諸侯國中的）、「野」的範圍和「俗」這一層面，其影響力就要小得多。以魯國的商周二族關係為例。儘管伯禽封魯時著意「變其俗，革其里，喪三年然後除之」（《史記・魯周公世家》），其實做得也並不徹底，不僅保留了周社、亳社並立的制度，從考古發現來看，商周二族的禮俗一直到春秋戰國之際還未完全融合到一起。〔註231〕正因如此，西周末期存在「謝、郟之間」仍「未及周德」（《國語・鄭語》）的現象；更典型的例子是《國風》，它們雖然可能經過了史官、樂官多方面的潤飾，但其中保留的各地風俗情況仍清晰可辨。

西周春秋時期還存在一種「觀風俗」的思想。它其實是與因俗施教思想相表裏的，要「以俗教安」，就必須要瞭解「本俗」，這是觀風俗的一個目的；反過來看因為社會基層組織獨立性比較強，無法做到像戰國那樣在齊政的基礎上齊俗，那麼對待民間的風俗知識也職能「觀」了——二者乃是相同制度背景下的產物。

但觀風俗並不僅是為了以俗教安這種功利目的。如從《周禮》的說法看，訓誦氏職掌的「方志」知識似乎只有在王巡守的時候才能派上用場，其

〔註228〕（清）阮元校刻：《十三經注疏》，第706頁。
〔註229〕（清）阮元校刻：《十三經注疏》，第703頁。
〔註230〕李學勤：《西周時期諸侯國青銅器》，見氏著《新出青銅研究》，第33〜35頁。
〔註231〕楊寬：《中國古代都城制度史》，第64〜65頁。

中「知地俗，博事也」「以詔辟忌，不違其俗也」，〔註232〕可見此類知識的實際功能有限；小行人職掌的記載各國禮俗的文獻，功能也更多在於條辨方俗之異、「周知天下之故」這些認知層面上。

各地風俗獨立性和多樣化以及周人「博事」的訴求，使得風俗知識的認知意義受到重視。這類知識除覲貢朝會、巡守等所得之外，還有多種可能的途徑，如采詩制度就包含了采風觀俗的目的在裏面：

> 孟春之月，群居者將散，行人振木鐸徇於路以采詩，獻之大師，比其音律，以聞於天子。故曰王者不窺牖戶而知天下。此先王制土處民，富而教之之大略也。（《漢書·食貨志》）

不過，以采詩為「先王制土處民，富而教之之大略」則應該是漢人的揣測和他們的政治理想，在當時尚以國野為分的時代，這種理想不大可能產生、更難以付諸實踐。

東周采詩的目的多在於「講以多物，務和同也」（《國語·鄭語》）、「詩教」國子以成博物、觀詩（觀樂）知興衰存亡〔註233〕三端。所謂「務和同」，乃是「以他平他」（《國語·鄭語》）而不是齊同為一。更多用於王朝禮樂文化建設，以此保證其在文化上的地位和影響力；而在教化方面的，其對象更多是國子，而主要不是通過對其本俗的瞭解來教化四方之民。

而在春秋大夫那裡，「詩教」則更多了以博物增強文化修養的意味。如《孔子詩論》所謂「廣聞」「《邦風》其納物也博，觀人俗焉，大斂材焉」〔註234〕的意思，主要不是為現實為政服務，而主要是助成大夫「君子」文化人格的一條途徑。而與此相關的賦詩、觀詩、觀樂等行為，主要也與提高和展示君子的文化修養有關，而不全是為了付諸現實政教。

第四節　《詩經》中的空間體驗與意象群的生成

作為人生存空間的「地」並非只是冰冷的客觀存在，它們對於生存其中的人而言具有特定的價值。先秦人對於「地」的認識和體驗根據主體及其視

〔註232〕（清）阮元校刻：《十三經注疏》，第747頁。

〔註233〕參見韓高年：《〈孔子詩論〉「邦風納物」說與先秦詩學》，《青海社會科學》2010年第3期。

〔註234〕「廣聞」二字歧解甚多，今採廖名春說法（見氏著《上海博物館藏詩論簡校釋》，《中國哲學史》2002年第6期）。

角的不同可以分為兩種：一種是基於精英視野的宏觀地理認識（如「天下」
「九州」、名山大川及其祀典等），一種是基於個體視野的一般空間體驗。後
者作為一種普遍性的體驗，乃是人們對其生存的局域空間及其地理物象的一
種天然情感，這種體驗往往隱含在詩歌等文學作品中並通過特定意象組群生
動、細膩地表現出來，《詩經》即是其中的代表。

《詩經》（尤其《國風》《小雅》）中很多房舍、道路、山川、方位等空間
意象乃至採集、植物等相關意象均與這種空間體驗有關。這種從「空間體驗」
到「意象群」的生成過程，其核心在於「創作主體」的體驗與表達方式，因此
第三者視角的地理名物、歷史地理研究等方法不適用於此。關於這些意象的
生成機制及原因，學者也已從文化人類學、套語理論等角度展開過不少研究，
但由於多是針對具體的意象而作，因此得出的結論難免有不夠全面之處，還
需要從創作主體及其空間體驗為中心來作整體性的關照。

本部分即嘗試通過對《詩經》中所體現的詩人的空間體驗的考察，來對
相關意象群的生成及其文化涵義作出新的解釋。

一、「地方」「空間」的不同體驗及其意象群

地理空間本身是紛繁混沌的客觀存在，人的認識和體驗則賦予了它們一
定的價值秩序。人文主義地理學者根據這種價值秩序將地理空間分為「地方」
（place）和「空間」（space）兩個部分：人們因熟悉而賦予其價值的那部分空
間稱為「地方」，對生活其中的人而言，它是象徵著歸宿、穩定、安全或束縛
的價值中心；而在此之外的陌生空間稱為「空間」，它們則象徵著未知、開放、
不安或自由。〔註235〕

儘管每個人對其所生存的「地方」的認識和情感都各不相同，但同時「宰
制性的制度計劃大大地影響了每日途徑的類似性，內在經驗和地點感（按：
即「地方感」）的類似性」，〔註236〕相似「制度」背景下的個體之間，其空間
體驗在特殊性中也會呈現出某些普遍性的特點。以《國風》《小雅》情況論之，
「宰制性的制度」即主要體現為農耕文化背景下的政治經濟制度、社會組織
形式、禮俗等生活方式。

〔註235〕宋秀葵：《地方、空間與生存——段義孚生態文化思想研究》，第42～48頁。
〔註236〕〔美〕艾倫·普瑞德：《結構化歷程和地方——地方感和結構的形成過程》，
見夏鑄九：《空間的文化形式與社會理論讀本》，第122～123頁。

這點可以通過《豳風》中的《七月》和《東山》的對讀來理解。《七月》一般認為描寫了農耕生活方式下的人們在不同月份、時節的日常活動，無論這種生活方式是實然的還是應然的，〔註237〕它對於生活其中的人而言都具有宰制性。蔣見元認為其作者「並非一個人或同一類人，它是一份最後經人將多年來流傳在社會上的農諺、民謠、小詩等彙集、編纂的集合品」，〔註238〕那麼這種生活方式宰制下的人群就不僅限於農人而已。從中可以看到一年之內不同時節人們生產生活活動及其所涉入場所的情況：

時間	農事活動及其場所	祭祀等儀式活動及其場所
正月〔註239〕	于耜、舉趾（男）；田廬	納冰凌陰（男）；邑里
二月	采桑、采蘩（女）；桑田	獻羔祭韭、籍田、成婚〔註240〕（共同）；田廬，邑里
三月	條桑（女）；桑田	
四月		
五月		
六月	采鬱、薁（女）；山野	
七月	采葵、菽、瓜（女）；田廬	
八月	製衣（女），剝棗、斷壺（女）；邑里，田廬	
九月	叔苴、采荼薪樗（女），築場圃（共同）；田廬，山野	授衣（女）；邑里
十月	納禾稼、滌場（共同），執宮功、入室處（共同）；田廬，邑里	鄉飲酒禮（共同）；邑里（鄉校）
十一月		貉祭（男）；山野
十二月	會同田獵（男）；山野	鑿冰（男）；山野

〔註237〕 一般認為《七月》是對一個農耕家庭一年活動情況的描述，也有學者認為是觀象授時制度下對人們季節性活動的規定性表達。可參見（宋）朱熹：《詩集傳》（鳳凰出版社2007年版，第108頁）、張憲榮：《〈豳風·七月〉為具有祭祀性質的歌謠考》（《渭南師範學院學報》2013年第10期）等。

〔註238〕 蔣見元：《也談〈詩經·七月〉的作者——與趙樂民同志商榷》，《南京師大學報（社會科學版）》1981年第1期。

〔註239〕 高亨、張汝舟等認為，「一之日」「二之日」「三之日」「四之日」分指十一月、十二月、正月、二月。說見高亨：《詩經今注》（上海古籍出版社1980年版，第201頁）、張汝舟《二册室古代天文曆法論叢》（浙江古籍出版社1987年版，第201頁）。

〔註240〕 《七月》第二章所言月份不詳，馬瑞辰據《夏小正》考是二月（見（清）馬瑞辰：《毛詩傳箋通釋》，中華書局1989年版，第455頁）。

從居所上看，《七月》的情況與《漢書‧食貨志》的記載是一致的：先秦農夫的居處有廬、有里，「在野曰廬，在邑曰里……春令民畢出在野，冬則畢入於邑」。除邑里之外，田野生活在農夫一年生活中的佔據了很大部分時間，與其有關的廬舍、田地、場圃以及鑿冰、田獵活動相關的山野等場所因為有耕獵、採集等活動的經常性涉入，自然也就可能成為其「地方」的組成部分。

再進一步看，作為意義中心的「地方是由在特定地點會遇並交織在一起的社會關係之特殊組合構成的」，〔註241〕而非單純的空間場所，所以其價值的核心往往還是「人」。〔註242〕從結構及主題上看，《七月》首章總言衣食之始、〔註243〕二三言女子媵嫁與製衣事，五六章言男子田獵及回邑里事、七章言女子採集事、八章總言農事之終、〔註244〕末章言鑿冰與鄉飲酒禮公事。除農耕家庭中「女服事乎內，男服事乎外」〔註245〕的基本分工之外，又將家庭生活融入了宗族公事中，展示的正是西周春秋時的鄉村以家庭和宗族為基本的生活和生產單位的生活方式。〔註246〕「鄉村」人群固然如此，在「昔聖王之處士也，使就閒燕；處工，就官府；處商，就市井；處農，就田野」、「群萃而州處」(《國語‧齊語》)、「庶人、工、商各守其業」(《國語‧周語上》)的時代，其他人群又何嘗不是如此呢？因此，構成「地方」意義的核心，除了邑里田野等場所外，還有「婦子」「父母兄弟」等家庭成員與宗族成員。

同在《豳風》的《東山》可以作為注腳。本詩寫征夫歸家途中所思，〔註247〕全詩自二章以下均為懸想之辭。

> 我徂東山，慆慆不歸。我來自東，零雨其濛。我東曰歸，我心
> 西悲。制彼裳衣，勿士行枚。蜎蜎者蠋，烝在桑野。敦彼獨宿，亦

〔註241〕引自〔美〕Tim Cresswell 著，徐苔玲、王志弘譯：《地方：記憶、想像與認同》，第113頁。

〔註242〕段義孚認為，作為人的意義中心的「地方」，其範圍不限於地理場所，也可以是「人」(見宋秀葵：《地方、空間與生存——段義孚生態文化思想研究》，第43～44頁)。

〔註243〕(宋)朱熹：《詩集傳》，第105頁。

〔註244〕(清)阮元：《十三經注疏》，第391頁。

〔註245〕(宋)朱熹：《詩集傳》，第108頁。

〔註246〕馬新：《鄉遂之制與西周春秋之鄉村形態》，《文史哲》2010年第3期。

〔註247〕此詩毛詩認為是周公「勞歸士」之詩、是對征夫從征罷到歸家娶親的紀實性描寫，高亨等學者認為是征夫歸家後回思征途感受而作；朱熹則認為是征夫征罷歸家途中所懸想，程俊英、李山等學者從此說，更善。

在車下。

　　我徂東山，慆慆不歸。我來自東，零雨其濛。果臝之實，亦施于宇。伊威在室，蟏蛸在戶。町畽鹿場，熠耀宵行。不可畏也，伊可懷也。

　　我徂東山，慆慆不歸。我來自東，零雨其濛。鸛鳴于垤，婦嘆于室。灑掃穹窒，我征聿至。有敦瓜苦，烝在栗薪。自我不見，于今三年。

　　我徂東山，慆慆不歸。我來自東，零雨其濛。倉庚于飛，熠耀其羽。之子于歸，皇駁其馬。親結其縭，九十其儀。其新孔嘉，其舊如之何？

「家是地方的典範，人們在此會有情感依附和根植的感覺。」〔註248〕對於詩人而言，位處「西」方的家園才是唯一的歸宿，「東山」則始終是難以融入「他者的地方」，家的意義也正是通過對「我徂東山，慆慆不歸」的反覆詠唱和「敦彼獨宿，亦在車下」的辛苦孤獨的體驗襯托出來的。第二章起所涉「宇」「室」「戶」「町畽」〔註249〕等均是詩人歸途中思念的場景——這恰恰說明它們是詩人眼裏構成「家」的諸多景觀中，最親切熟悉的部分和標誌物。儘管詩人想像中的家園或因自己的離去而荒涼「可畏」，但更多的仍是「可懷」，「家」的意義在與「東山」淒涼征途的比照中愈發凸顯——這些場所正與《七月》農夫一年活動中最常接觸的幾個場所吻合，也印證了行為的經常性涉入對於人的「地方感」形成的重要作用，因而它們也就形成了《詩經》中的「地方」意象群。

　　但從後二章來看，「家」意義的核心卻不並在田地、房屋等外在的物質場所，而在於由「家」這個特殊場所所維繫的種種「社會關係」，比如「婦」，她才是真正的「家」意義的核心所在。於是在第三章詩人更進一步想像了歸家前妻子的思念之「歎」與初到家時妻子灑掃屋室迎接的場景，更由「瓜苦」（「瓜瓠」）「栗薪」，〔註250〕過渡到末章對象征夫婦情感最典型的婚禮盛況的

〔註248〕〔美〕Tim Cresswell 著，徐苔玲、王志弘譯：《地方：記憶、想像與認同》，第 42 頁。

〔註249〕「町畽」為「舍旁隙地」（見朱熹：《詩集傳》，第 110 頁），「鹿場」為「鹿蹊」（見聞一多：《詩經通義乙》，《聞一多全集·詩經編下》，湖北人民出版社 1993 年版，第 359 頁）。

〔註250〕「瓜苦」即「瓜瓠」，當與婚禮「合巹而酳」（《禮記·昏義》）儀式有關。參

追述；在空間上從遠方「他者的地方」漸近而及家園室內，相應地在情感上也相應地從歸途愁思漸變到追憶婚禮的喜悅。

事實上在征夫詩中，主人公作為宗族成員的公共身份更突出，相應地孝德為「禮之始也」（《左傳‧文公二年》）而更受重視，因此其思念對象也更多指向「父母兄弟」而不是家庭成員「婦」，諸如「王事靡盬，憂我父母」（《小雅‧杕杜》）之類表述在《詩經》中屢見不鮮。「此間男女差異，現出的是這樣的事實：思家情緒的本質是倫理性的，在含義上大於夫妻之情。」〔註251〕

總之，對於《詩經》中的詩人而言，構成「地方」意義核心的更多是「人」，而不是構成「家」的物質場所。在《詩經》思家為主題的詩歌中，詩人情感通常都明確地指向家中成員。因此構成「地方」的空間場所之所以能成為詩人眼中「地方」的象徵物並給予詩人以歸屬感，都是詩人對於家人的情感折射其上的結果。

當然，單純的血緣關係也未必能形成「地方」的意義，尤其是當社會動盪，人被迫離開家園被「安置」（或投靠）到異地同族（或姻親）時，〔註252〕往往遭到「不我肯穀」的冷漠待遇，無奈高呼「復我邦族」（《小雅‧黃鳥》）。所謂「邦族」，「邦」係地緣，「族」乃血緣。就是說只有在與本「邦」之「族」經過長期地共同生產、生活之後，作為血緣與地緣聚合體的「邦族」才成為屬於詩人的「地方」。單純親緣認同所產生的歸屬感相比之下則較薄弱，且隨世代的推衍而越甚。

《詩經》中這類「地方」意象群中不乏出現頻次較高甚至已成為構成套語的元素者，諸如「室家」「場」等，〔註253〕它們用來代指我者之「地方」的用法已較為固定。其中尤以「南畝」「南山」〔註254〕等意象最有代表性。

見李山：《詩經析讀》，第206頁。

〔註251〕 李山：《詩經的文化精神》，東方出版社1997年版，第110頁。

〔註252〕 李山：《詩經析讀》，第99～100頁、第258～260頁。

〔註253〕 按王靖獻所說「套語」標準，如《周南‧桃夭》「之子于歸，宜其室家（家室，家人）」，《豳風‧鴟鴞》《小雅‧雨無正》「曰予未有室家」等，《小雅‧白駒》「皎皎白駒，食我場苗（藿）」等皆是。參見〔美〕王靖獻著、謝濂譯《鐘與鼓——〈詩經〉的套語及其創作方式》，四川人民出版社1990年版，第49～51頁。

〔註254〕 《毛詩正義‧樛木》釋「南有樛木」之「南」時說：「諸言南山者，皆據其國內，故《傳》云『周南山』『曹南山』也」（（清）阮元：《十三經注疏》，第278頁），這也說明《詩經》中的「南山」並非專有名詞，而是各自對其「國內」南方之山的習慣性叫法。此處僅指《召南》、《雅》詩等中專指「終

「南畝」作為田畝的代名詞應當是來自井田制時代「房舍在北，田野在南」的布局方式，〔註255〕在《詩經》中則更多出現在「與其婦子，饁彼南畝，田畯至喜」這種與籍田禮相關的套語中，進而成為固定的用法。《詩經》中涉及「南山」的套語較多樣，其含義則較固定，或謂其穩固而為民望（如《小雅》之《節南山》《信南山》等）、或喻壽數「不騫不崩」（《小雅・天保》）、或以其物產豐富喻君子之盛（如《小雅》之《南有嘉魚》《南山有臺》等），這些均源自人們對於山川的普遍認識或情感體驗，它們又與宗族、家庭等關係融合一起，構成維繫「邦族」「地方」認同的信仰和情感紐帶。在精英文化的層面，山川又被提升為崇拜、祭祀的對象而被賦予「財用於是乎出」「為國必依山川」（《國語・周語上》）或「山川所以儐鬼神也」（《禮記・禮運》）的觀念，或與家國命運聯繫在一起，或被賦予某種道德品格，〔註256〕進而形成了一種較固定的生命體驗。當然，「南畝」意象是特定歷史時代的產物，「南山」意象也具有地域性特點，但由於它們在《詩經》中被作為套語反覆使用而突破了時代和地域的限制，並對後世文學創作產生了深遠的影響。

在「地方」之外則是屬於「他者」的「空間」，「空間帶給人自由的同時，也帶給人茫然不安之感」，因為它的「開放與自由意味著無保護和脆弱」。〔註257〕當然這只是理論意義上的自然體驗，征諸人情情況則往往複雜得多。如《小雅・漸漸之石》中，地形的險阻（「漸漸」「高」「卒」）或空間距離的悠遠（「山川悠遠，曷其沒矣」）都是導致征夫勞瘁的直接原因。身體的勞瘁自然較之陌生「空間」帶給人的不安之感更加真切；同時身不由主、不遑暫息的心理勞瘁也會加重詩人對征役生活的艱辛體驗。若參以他詩，如《小雅・四牡》「四牡騑騑，周道倭遲」「王事靡盬，不遑將父」，則思「家」情感的牽繫，又何嘗不是征夫肩頭的包袱呢？

在《詩經》中，對於「家」的依戀與對「空間」或「他者的地方」的拒斥感的表達，除地理空間方面的意象之外，還常常通過時間的遷延、惡劣的氣

南山」的「南山」而言。

〔註255〕此處從李炳海、曲英傑等說。參見李炳海：《〈詩經〉中的空間方位選析》，《中州學刊》1991年第3期。

〔註256〕吳翔明：《論〈詩經〉中「山」的主題內涵》，《江西社會科學》2011年第1期。

〔註257〕參見宋秀葵：《地方、空間與生存——段義孚生態文化思想研究》，第47頁。

候、饑渴疾病等描寫來綜合地表達，這甚至在《采薇》《出車》等詩中形成了如「昔我往矣，××××。今我來思，××××」的套語式的表達方式。

「空間」的開放性對於農耕生活方式下的人們而言，更意味著混沌未知或充滿危險的所在。特別在征夫思婦詩中，人們對於「家」的依戀常常與對於「他者的地方」或未知「空間」的拒斥糾合在一起。這種體驗可以通過《召南・殷其雷》與《周南・漢廣》的比照來理解。李山認為這兩首詩均與西周昭王至宣王時對江淮流域淮夷、荊楚等方國用兵的歷史背景有關。〔註258〕

以《殷其雷》為例，其中的「南山」應即終南山。〔註259〕從《召南》所及地域上看，「南山之陽」指的就是江淮流域的淮夷、荊楚等周人眼中屬於蠻夷的方國。但詩人並沒有明確說明丈夫遠征的地方，而是以「南山之陽」等含混的稱謂來形容這個對立於她家園之外的陌生地方。上引《東山》《漸漸之石》中「東山」「東」等對於遠方征伐地的稱呼同樣是含混的，這是因為對於詩人而言，所經之山、之地或山南異國的準確名稱為何、位置何在並不清晰或並不重要，重要的是這類不屬於我者的「空間」不惟是陌生、未知而令人不安的，更因為有異族征伐對象的存在而確定地成為可怕的地方——正如殷殷響徹於南山之南（「之側」「之下」）的雷聲，它雖未必是寫實的，卻顯然是對「他者的地方」不安印象的直觀、隱喻地表達。〔註260〕

對於農耕生活方式下的人們而言，「空間」拒斥感的生成不僅來自「遠父母兄弟」的直接經驗，還有其社會因素。「人們不但通過直接經驗建立起對熟悉地方的地方感，還通過間接經驗建立起對其他地區的地方感。」〔註261〕《殷其雷》作者對於「他者的地方」的不良印象和拒斥態度，更多可能是來自間接的認識，《周南・漢廣》正可以印證這種看法。李山認為這首詩涉及周王朝南征駐軍與江漢原住民關係的問題，「是一篇勸誡周家子弟不要招惹漢水一代『游女』的告誡詩。」〔註262〕朱子謂「江漢之俗，其女好遊，漢魏以後猶然，如大堤之曲可見也。」〔註263〕正說明此地禮法鬆弛，非周德

〔註258〕參見李山：《〈詩・二南〉中的幾首戰爭詩篇》，《詩經研究叢刊》2010 年第 20 輯。

〔註259〕李山：《詩經析讀》，第 29 頁。

〔註260〕「雷」意象在《詩經》中多喻威勢，如《小雅・采芑》「戎車嘽嘽，嘽嘽焞焞，如霆如雷」；或象徵「不寧不令」（《小雅・十月之交》）的緊張不安，此處乃用後義。

〔註261〕周尚意：《人文主義地理學家眼中的『地方』》，《旅遊學刊》2013 年第 4 期。

〔註262〕參見李山：《詩經析讀》，第 15～17 頁。

〔註263〕（宋）朱熹：《詩集傳》，第 7 頁。

所及。因此這種告誡反映的是周人對中原文化的認同和對異質文化的否定，
這樣的官方話語自然也就容易會成為人們認識江漢這個「他者的地方」的一
個間接途徑。

　　總之，在「地方」之外的「東山」(《東山》)、「南」(《漢廣》)、「東」「山
川」(《漸漸之石》)等地理空間物象，尤其是在那些涉及戰爭主題的詩歌中，
又構成了與「地方」意象群相對立的、象徵「空間」的意象群。這些意象群
的形成，除了自然體驗之外，還與特定的地理環境、時代背景等有關：如
「東」「東山」等雖然內含著以「西土」人自居的周人對於「他者」東方的
普遍態度，但由於它們多與周室與東夷的戰爭、周室的東遷等特定史事有
關，〔註264〕因此隨著時移世易，這種情感也就連同相應意象一起淡出了；
而「南」「南國」等隱含著周人南方印象的意象群，由於周人與東南淮夷荊
楚長期的對峙、交流，而在《詩經》中形成了相對穩固且內涵更為豐富的意
象群。〔註265〕當然，這些意象群多是建立在特定時代背景下特定人群的空
間體驗的基礎上，所以它們不僅在《詩經》中的分布比較集中（多分布在二
《南》、雅頌詩中），而且對於後世文學創作的影響也比較小。

　　不僅如此，山川因其天然的地理障礙或通道的屬性，又往往成為分隔「地
方」與「空間」的界限或溝通二者的媒介。就其前者而言，仍可以《殷其雷》
為例分析之：殷殷雷聲偏偏圍繞在「南山」周圍，已經說明了它的非寫實性。
這使我們想起王靖獻在分析《齊風·南山》中「南山」套語時指出的：

　　　　即使確認了『牛山』(按：陳奐釋『南山』為『牛山』)即『南
　　山』，而詩人避而不提其專有名稱卻以『南山』呼之，這一事實也
　　表明，在這種類型的詩歌創作中，詩人是怎樣寧願使用一個原已
　　具有套語特點的短語，而不用一個更精確的表示地名的專有名詞。
　　〔註266〕

〔註264〕如《豳風·東山》《豳風·破斧》等與周公東征有關，《衛風·旄丘》《小雅·
　　　　漸漸之石》等則與周室東遷有關。參見李山：《詩經析讀》，第206頁，第207
　　　　頁，第55頁，第343頁。

〔註265〕這類意象所隱含的南方印象不僅有諸如《殷其雷》《漢廣》這樣的警戒態度，
　　　　還隱含著「南有樛木」(《周南·樛木》)這種對於南方「洪荒」又「豐饒」
　　　　的複雜印象。參見李山：《西周禮樂文明的精神建構》，河北教育出版社2014
　　　　年版，第320～323頁。

〔註266〕〔美〕王靖獻著，謝濂譯：《鐘與鼓——〈詩經〉的套語及其創作方式》，第
　　　　87頁。

這個現象可以啟發《殷其雷》的解讀。若跳出套語理論的思路，將「南山」視作是由詩人對「家」與「山」空間關係的體驗而產生的一種習慣性稱謂，那麼相比起「終南山」這種指示特定客觀地理物象的專名，「南山」就成了一個具有情感傾向的主觀地理意象。這樣雷聲偏偏圍繞在「南山」之陽、之側、之下也就很好理解了：因為對於生活區域較為侷限的女性而言，「南山」實際上是分隔我者的「地方」與他者「空間」的一道界限。《漢廣》等詩中的「江」「漢」等與之類似。事實上山川等地形還常被用來作為不同區域（如九州、諸侯國境等）的分界線，這時候就被附加了人為設定的界限功能。這種人為所致的約束有時甚至超過了自然的空間障礙和阻隔。如《衛風‧河廣》所言，河雖廣、宋雖遠，但「義不可而不得往」，〔註267〕相比起人為設定的「義」的限制，單純的山川阻隔簡直一葦可航、跂而可望了。

在懷人主題的詩歌中，還經常會涉及到兩個空間相關的主題意象：「登高」與「道路」。「思家」（懷人）就是將思念的情感指向所懷之人及其所在的地方，那麼位處於二者之間山川道路等地景往往也就扮演了溝通「空間」「地方」的通道的角色。

除上引《魏風‧陟岵》《小雅‧杕杜》外，還有如《周南‧卷耳》（「寘彼周行」）、《召南‧草蟲》（「陟彼南山」）等等，亦多集中在《國風》《小雅》中。「登高」博見，企圖藉由視野的擴大來建立所在地與所懷「地方」之間感官上的連接，以尋得心理上的慰藉。

「道路」的意義與此相近，可以《檜風‧匪風》為例。李山將此詩置於西周覆滅的背景下，並以《國語‧鄭語》所載鄭桓公問史伯以「逃死」事為證，認為「這是一位流落檜地的西周人士懷念故國的詩篇。」〔註268〕戰爭、災害等因素常常成為強行剝離「人」與「地方」關係的外力。從「誰將西歸？懷之好音」句看，邦族之人有一部分如詩人一樣為「逃死」而被迫逃離家鄉，還有一部分人留守家園，他們就成為離家的詩人牽掛的對象。因此詩人在「逃死」之際，仍不忘要託人帶去「好音」。詩中反覆詠歎「顧瞻周道，中心怛兮」，「周道」即牽繫著兩端，一端是生的希望和背井離鄉，另一端是家園的羈絆與戰亂的威脅。詩人心中之「怛」、之「弔」，就不僅是因動亂局面而然，更包含著對留守家人的牽掛以及對生存的渴望，這表達的正是諸多情感糾結在一

〔註267〕（宋）朱熹：《詩集傳》，第46頁。
〔註268〕（宋）朱熹：《詩集傳》，第190頁。

起的矛盾心態。相比而言，循道懷人較之登高望鄉在情感體驗上略有區別：登高望鄉通常只是循著印象中的家鄉方向而望，給人的慰藉是虛幻的；而道路則是連接詩人與所懷之人、之地的實際線路。尤其是對於懷人者而言，所懷之人由此路去則當從此路來，較之漫漶的方位更能給人以明確的期待，「嗟我懷人，寘彼周行」（《周南·卷耳》）正是其寫照。一如《王風·君子于役》的「暝色起愁」，如果說「『日夕』是當歸之時」〔註269〕，那麼「道路」就可以看做是「當歸之地」了。

　　扮演著阻隔或媒介角色的山川道路等意象在漢樂府等非文人詩中也常可見到，如「青青河畔草，綿綿思遠道」（《漢樂府·飲馬長城窟行》）之類。與《詩經》相似，它們同樣是起自人們對於山川道路地景的自然體驗和「遠望可以當歸」（《漢樂府·悲歌》）的情感需求。受漢代《詩》學興喻文學觀的影響，〔註270〕它們在後來文人詩中更不鮮見，其中多化用或模擬《詩》句者，故而套語化也更明顯，諸如「改轍登高岡……我馬玄以黃」（曹植《贈白馬王彪》）之類不勝枚舉；當然，受漢儒解《詩》的影響，諸如「周道」「周行」等在後世文人詩中也多不再用其「道路」的初始義，而用其「周之列位」〔註271〕「周之政令」〔註272〕之類引申義了。

二、「地方」的束縛體驗與「野外」意象群

　　在特定情境下，「地方」於人還不僅意味著穩定與庇護，同時還意味著「束縛」。〔註273〕只是在《詩經》詩人那裡，這種「束縛」往往不是來自單純空間場所的侷限，而更多來自禮法、社會環境等的人為因素。

　　這種體驗的表達多見於戀情、懷人或怨刺類主題詩歌中。除了生活方式、活動範圍等的軟性影響之外，周禮對於人們的活動範圍、條件、方式等還有較硬性的規定，如：

　　　　天子非展義不巡守，諸侯非民事不舉，卿非君命不越竟。（《左傳·莊公二十七年》）

〔註269〕錢鍾書：《管錐編》上卷，第201頁。
〔註270〕參見尚學鋒：《樂語傳統與漢代的興喻文學觀》，《陝西師範大學學報（哲學社會科學版）》2006年第1期。
〔註271〕《卷耳》毛傳。（清）阮元：《十三經注疏》，第277頁。
〔註272〕《匪風》鄭箋。（清）阮元：《十三經注疏》，第383頁。
〔註273〕參見宋秀葵：《地方、空間與生存——段義孚生態文化思想研究》，第46頁。

> 社稷不動，祝不出竟，官之制也。君以軍行，祓社釁鼓，祝奉
> 以從，於是乎出竟。(《左傳·定公四年》)

> 婦人送迎不出門，見兄弟不逾閾。(《僖公二十二年》)

其中對於主「內」事的女性而言這種侷限更為突出，體現在戀情詩中就是空間的侷限性與戀情對於專屬空間的需求之間的矛盾。其中她們所被限定的空間——家尤其內宅，就更成了一處不容與外人接觸的禁忌之地，有「床笫之言不逾閾」(《左傳·襄公二十七年》)、「中冓之言，不可道也」(《鄘風·牆有茨》) 的規定。這就在家宅與外界之間構成了森嚴的壁壘，其中「閾」「牆」等所以「蔽惡」(《左傳·昭公元年》) 者，就成為區別「內」「外」、擯斥外惡的界限 (如《牆有茨》即以茨在牆而「不可掃」來喻指內、外應界限分明、不得逾越)。這樣內宅就有了兩重意義：對於合法夫妻而言是禮法專為二人分隔出的安全島，如《鄭風·女曰雞鳴》《齊風·東方之日》；而對於「非法」私會的男女卻意味著來自家人和禮法的監視：

> 將仲子兮，無踰我里，無折我樹杞。豈敢愛之？畏我父母。仲
> 可懷也，父母之言，亦可畏也。(《鄭風·將仲子》)

「里」以及後章的「牆」「園」等人為的空間障礙都是「家」與外界的分界線，它們同時具有自然和社會意義上的屏障和阻礙兩種功能。因此對於外人「仲子」而言是屏障，對於私會男女而言則意味著阻礙。「家」的這種束縛還來自於「父母」「諸兄」「人」的「監視」，即使他們不在場，監視作用也能夠通過女子內心自覺守禮的「畏」來發揮。

當然，禮法也不總是刻板的，諸如《周禮·地官·媒氏》載中春會男女等制度，就為創造男女歡會空間提供了方便。與此有關的詩歌多見於三衛、鄭、陳等風詩中。相伴隨的是「東門」、水邊等意象在這類詩中常常出現。這一方面與客觀地理條件有關：

> (鄭) 右雒左泲，食溱、洧焉。土陿而險，山居谷汲，男女亟
> 聚會，故其俗淫。《鄭詩》曰：「出其東門，有女如雲。」(《漢書·
> 地理志》)

另一方面從空間的角度看，城郭如同閾、裏、牆、園一樣，都是人為圈築起來的空間。這裡是安全感最強的地方，具有典型的「地方」意義；同時又是禮法掌控最嚴密的區域，束縛性也最強。將「會男女」的場地設定在城外、水邊等監視薄弱的野外既合乎人情又不至於侵犯到禮法的權威。然而情之

所至並不待於「中春之月」，這就難免有越禮行為的發生。《詩經》中這類案例也多發生在遠離「家」的地方，如《召南・草蟲》的「南山」、《邶風・靜女》的「城隅」等等。《漢書・地理志》云：「衛地有桑間濮上之阻，男女亦亟聚會」，顏師古注云：「阻者，言其隱阨得肆淫僻之情也。」〔註274〕地理空間上的遠離和「隱阨」為逃離禮法的監視提供了便利，而這種「空間」的選擇偏向體現在「時間」上就是如《陳風・月出》的歡會，發生在禮法監控同樣薄弱的月出人定之時。故而在戀情主題中，「東門」「城隅」「溱洧」「野」等等象徵自由的野外意象群，就與象徵束縛的家宅意象構成了對立的兩面。

「家」（「家人」）在私會主題的詩歌中具有束縛與監視的意義，這一如漢樂府之「雞鳴狗吠，兄嫂當知之」（《有所思》），都是來自普遍的生活體驗，很難說是後者受前者的影響，甚至在《詩經》中它們也由於數量稀少而並未成規模。相比之下，諸如「東門」「溱洧」等野外意象則因為有相應地理環境以及當時東門祭祀、「中春會男女」等儀式制度作為依託，〔註275〕在鄭風、陳風中反覆出現，形成了諸如「東門之×」之類的套語，並在後世成為「鄭衛之音」的標誌性意象，而與歡會定情等主題建立了較穩定的聯繫。

「地方」有時因禮法對人活動空間及條件的限制而形成一種非實質性的束縛體驗，這種體驗仍以女性懷人詩中尤為明顯。禮法規定中的女性通常是作為「從人者」（《禮記・郊特牲》）而缺乏主體性的，這在懷人詩中即表現為對遠方「君子」的呼喚。「君子」的遠離抽離了「地方」意義的核心，導致了女子「豈無膏沐，誰適為容」（《衛風・伯兮》）的價值缺失感，這時的「地方」反而成為表達相思這一專屬二人的情感的干擾。

「從人者」的身份當然也不能徹底消除作為她們作為「人」的主體意識，如「民性固然」的「民初之志」（《孔子詩論》）。〔註276〕這就使得她們常處於「父母兄弟」與「君子」的雙重羈絆之間，《衛風・竹竿》「泉源在左，淇水在右」「淇水在右，泉源在左」兩句正可以作為注腳：「泉源」象徵母家，是源；「淇水」象徵夫家，是歸宿。二者次序的顛倒隱含了詩人情感投射的不同方向，一向夫家，一向母家；一方面是「遠父母兄弟」的悵惘，另一方面是「巧

〔註274〕（漢）班固：《漢書》，第 1138 頁。
〔註275〕可參考孫立《〈詩經〉「東門」臆說》（《文獻》1997 年第 3 期）等文
〔註276〕廖名春：《上博簡〈關雎〉七篇詩論研究》，《中州學刊》2002 年第 1 期。

笑之瑳，佩玉之儺」得好歸宿的欣慰。〔註277〕除《周南·葛覃》那種得按禮數歸寧的情況外，這種雙重羈絆的矛盾伴隨女性終生。這時「從人」的禮制規定則會淡化夫家的歸宿意義，使之成為女性思念「父母兄弟」的束縛。

這兩種情況下「地方」場所所帶來的束縛感是多於歸屬感的，這時她們要麼自我隔絕於內室（如《伯兮》「焉得諼草？言樹之背」）、〔註278〕要麼「駕言出遊」（《竹竿》），以尋得可以自由思念的空間。

在怨刺詩中，「地方」的這種束縛則往往體現為實質性的傷害。在《邶風·北風》中，「政事一埤益我」的不公、「終窶且貧」的困厄與「室人交徧我」的窘迫交織在一起，原本應是詩人「地方」感核心的諸多社會關係這時也反過來變成了摧殘詩人身心的力量，而《魏風·園有桃》中「不知我者，謂我士也驕」的不被理解同樣也帶來了「心之憂矣」的傷害體驗。於是詩人不得不選擇「出自北門」（《北風》）、「聊行其國」（《園有桃》）來逃避這種傷害。但是相比起農人「逝將去汝，適彼樂土」（《魏風·碩鼠》）或是隱士「永矢弗諼」「弗過」「弗告」〔註279〕（《衛風·考槃》）的決絕，《北風》《園有桃》等中的底層貴族也只是選擇暫時性地逃避，「當詩中人有『行國』的念頭時，一句『士也罔極』的冷箭，就足以使之逡巡裹足了」。〔註280〕而這種決絕與軟弱的區別，除個體人格原因外還體現了社會階層及價值規範所決定的不同人群對「地方」依附程度的不同。

由於傳統女性「從人者」的特殊地位，「地方」的這種束縛和傷害在怨婦詩尤其棄婦詩中更為嚴峻。如《鄘風·載馳》中許穆夫人因歸唁衛侯而為許人止而「尤」之。在她看來自己的「善懷」是「有行」的，但許人的「穉且狂」使作為夫家附屬的她無力反抗。這裡許人的阻止和非議自然是「地方」傷害的表現，而她「我行其野」「陟彼阿丘，言采其蝱」以抒瀉憂思做法也正是遠離這種傷害以「自悼」的一種策略。

〔註277〕此處從傳統「美其（君子）容貌與禮儀」說（參見（清）阮元：《十三經注疏》，第 326 頁）。

〔註278〕《衛風·伯兮》末章之「背」即北堂，古代建築格局多為前堂後寢，則北堂實為內寢所在。

〔註279〕此數字各家解釋不同，今從李山說釋「諼」為喧，「過」為過錯，「告」為告人、與人交往（見李山：《詩經析讀》，第 80～81 頁）。本詩雖未及歸隱原因，但從此數字即可知歸隱實是逃離「地方」傷害的策略。

〔註280〕李山：《詩經析讀》，第 142～143 頁。

　　棄婦主題則通常與「山谷」意象相伴出現，並形成了「習習谷風，以陰以雨（維風及雨）」（《邶風‧谷風》《小雅‧谷風》）這樣的套語。關於其成因，學者頗有歧說。傳統注家多從「山谷」之「風」大、多「水」〔註281〕特徵出發去解釋，王靖獻則結合《老子》「谷神」「玄牝」之說認為「山谷」係隱喻女性及其生育繁衍能力。〔註282〕固然《邶風‧終風》《北風》等怨婦主題亦多以風雨起興，但一如《秦風‧晨風》《小雅‧蓼莪》等也以疾風起興，所隱喻的也只是淒涼不安的即時處境；而王說著眼於「谷」而非「風」，已然觸及了「山谷」主題與女性特殊生存狀態的隱喻關係，顯然更深入。事實上「山谷」意象不僅涉及棄婦主題，還有如下情況：

　　　　葛之覃兮，施于中谷，維葉萋萋。（《周南‧葛覃》）

　　　　伐木丁丁，鳥鳴嚶嚶。出自幽谷，遷于喬木。（《小雅‧伐木》）

　　　　皎皎白駒，在彼空谷。（《小雅‧白駒》）

《葛覃》「是一首反映周代貴族女子婚前教育的詩」。〔註283〕《孔子詩論》子夏解《葛覃》曰：「吾以《葛覃》得民初之志，民性固然，見其美必欲返其本，夫葛之見歌也，則以其葉萋之故也。」〔註284〕鄭箋謂：「此因葛之性以興焉。興者，葛延蔓於谷中，喻女在父母之家，形體浸浸日長大也。葉萋萋然，喻其容色美盛。」〔註285〕也認為此係以葛之葉萋隱喻婦德之成。但鄭箋以「中谷」喻母家，則與《孔子詩論》以葛之「本」喻母家義有所齟齬。其詩末章言「害澣害否，言告言歸」當是祝願之辭，謂婦德成之後在夫家處事得體，可以歸寧。那麼以葛的特性而言，「其葉萋萋」喻在夫家克成婦德，而以葛之「本」喻母家，所以「施于中谷」即言葛從谷外（母家）延伸其葉到谷中（夫家。《大雅‧桑柔》云「大風有隧，有空大谷……維彼不順，征

〔註281〕如毛傳、《詩集傳》等釋《邶風‧谷風》曰「東風謂之谷風」，聞一多亦著眼於「風」，只是將「習習」釋為風大貌、以「谷風」為「起自山谷之風」；毛傳釋《中谷有蓷》則曰「陸草生於谷中，傷於水」（可參見〔清〕阮元：《十三經注疏》，第303頁、第332頁；聞一多：《詩經通義甲》，見《聞一多全集‧神話編　詩經編上》，湖北人民出版社1993年版，第370～371頁）。

〔註282〕參見〔美〕王靖獻著，謝濂譯：《鐘與鼓──〈詩經〉的套語及其創作方式》，第128～129頁。

〔註283〕李山：《詩經析讀》，第6頁。

〔註284〕廖名春：《上博簡〈關雎〉七篇詩論研究》。

〔註285〕（清）阮元：《十三經注疏》，第276頁。

以中垢」,「中垢」即「內冓」「中冓」,〔註286〕亦是以「谷」喻內宅家事,
其意當取自「山谷」與「中冓」所共有的封閉性特徵。這點上引《伐木》《白
駒》等燕飲詩中的「幽谷」「空谷」意象用法略同:《伐木》寫鄉飲酒禮,當
是以鳥出幽谷、集喬木喻宗族成員走出家庭、來到宗族的公堂燕飲,「幽谷」
所喻即為個體家庭;《白駒》寫周人燕宋客,〔註287〕「空谷」喻遠方諸侯,
其與中冓、家庭一樣都具有封閉、獨立性的特徵。此外,這類「山谷」意象
還暗含著「遠方」的意味,作為「客」的諸侯國、個體家庭相對作為詩人立
場的周廷、公堂而言都可算作是「他者的地方」。據此再來看棄婦詩中的「山
谷」意象的含義,也就更明瞭了:丈夫的離棄則導致夫家失去了「地方」的
歸宿意義,而單純成了山谷般封閉、「暗冥」〔註288〕的場所;既嫁的身份又
往往導致母家的拒斥(如《衛風·氓》「兄弟不知,咥其笑矣」)、「民初之志」
的本能訴求也不得實現,這不又與獨處山谷的被遺棄感相似嗎?

　　如上所見,在這些怨刺、懷人主題的詩中,怨情或思情的抒發除了直抒
胸臆外,還多會伴隨一些遠離「地方」束縛或傷害的策略,如「遊」「行」於
「野」「山」等「地方」範圍外的空間,並形成了「駕言出遊,以寫我憂」(見
《邶風·泉水》《衛風·竹竿》)「我行其野,芃芃其麥(蔽芾其樗)」(見《衛
風·載馳》《小雅·我行其野》等)等套語。值得注意的是,逃離「地方」的
行為常常是與其他意象相配合而構成套語的,其中尤以「採集」意象最為典
型。

　　「採集」意象也常與懷人、怨刺主題有關。〔註289〕對此傳統注解常結
合植物本身「療疾」等特徵,〔註290〕從比興角度來解釋;〔註291〕現代學
者則常用文化人類學方法來解讀,或認為「採集」行為巫術性的祈禱行為

〔註286〕(清)馬瑞辰:《毛詩傳箋通釋》,第972頁。
〔註287〕關於《伐木》《白駒》主題說見李山《詩經析讀》(第222頁,第257～258頁)。
〔註288〕毛傳解《桑柔》曰「中冓,言暗冥也」((清)阮元:《十三經注疏》,第560
　　　　頁),實際上也點出了「山谷」「中冓」之類意象的「暗冥」體驗與詩人情感
　　　　表達之間的關係。
〔註289〕《詩經》中的「採集」意象涉及內容很廣,除此之外還有如與祭禮相關的《采
　　　　蘩》《采蘋》等、與定情有關的《靜女》《溱洧》等、與生產勞動有關的《七
　　　　月》等。
〔註290〕《衛風·載馳》毛傳。見阮元:《十三經注疏》,第320頁。
〔註291〕如鄭箋《小雅·北山》即謂「登山而采杞,非可食之物,喻己行役不得其事」。
　　　　見(清)阮元:《十三經注疏》,第463頁。

〔註292〕或愛情咒，〔註293〕或認為特定植物與生殖崇拜有關，〔註294〕等等
——總之，多從「採集」行為或「植物」意象入手。這些解釋放到特定詩歌
中自有其理據，然而若忽略「採集」「植物」背後的「空間」屬性，也會影
響對其內涵的全面理解。

即以《小雅・北山》「陟彼北山，言采其杞」句為例，鄭玄以為以杞「非
可食之物，喻己行役不得其事」，未必準確。《詩經》中8次言「杞」，〔註295〕
除《齊風・將仲子》為「大木」外〔註296〕均指「枸杞」。然而杞並非不可食，
〔註297〕且其餘7次均與「山」「隰」「棘」「栩」等有關，味其義當取杞之叢
生於野外「山」「隰」的特性以起興。〔註298〕因此，除結合「杞」的特性來解
釋之外，還應當向「杞」所生長的「空間」環境上尋意味。事實上「採集」意
象中的植物多為野生而不是人工養殖植物；體現在句法上就是「野外（山、
野等）＋採集」的結構，這也是懷人、怨刺詩中的「採集」意象的典型結構，
茲舉數例：

> 遵彼汝墳，伐其條枚。未見君子，惄如調飢。（《周南・汝墳》）
>
> 采苓采苓，首陽之巔。人之為言，苟亦無信。（《唐風・采苓》）
>
> 陟彼北山，言采其杞。王事靡盬，憂我父母。（《小雅・杕杜》）
>
> 陟彼阿丘，言采其蝱。女子善懷，亦各有行。（《鄘風・載馳》）

〔註292〕如白川靜分析《卷耳》時即認為「摘草祈求相逢的預祝，也是感應遠方戀人
　　　　心靈的精魄的行為」（見〔日〕白川靜著、杜正勝譯：《詩經的世界》，東大
　　　　圖書公司2009年版，第34～39頁）。

〔註293〕可參見葉舒憲《詩經的文化闡釋——中國詩歌的發生研究》（湖北人民出版
　　　　社1994年版，第74～87頁）等著。

〔註294〕如趙國華即持此說（參見氏著《生殖崇拜文化論》，中國社會科學出版社1990
　　　　年版，第217～224頁）。

〔註295〕含《秦風・終南》，其中「有紀有堂」三家詩作「有杞有棠」，馬瑞辰從三家
　　　　詩並有考證（見《毛詩傳箋通釋》，第388頁）。

〔註296〕聞一多：《詩經通義乙》，《聞一多全集・詩經編下》，第193頁。

〔註297〕陸璣謂杞「春生作羹茹微苦……莖葉及子服之輕身益氣爾」（見（三國吳）
　　　　陸璣著，丁晉校正：《詩草木鳥獸蟲魚疏》卷上，四部叢刊本，第2頁）。

〔註298〕孔穎達釋《小雅・四月》「山有蕨薇，隰有杞桋」時說「是菜生於山，木生
　　　　於隰，所生皆得其所」（（清）阮元：《十三經注疏》，第463頁），可以為證；
　　　　《小雅・湛露》三章「湛湛露斯，在彼杞棘」，鄭箋謂「杞也棘也異類，喻
　　　　庶姓諸侯也」（同上，第421頁），則詩或亦是以「杞」「棘」之屬叢生野外
　　　　的特性以興喻。

　　　　　　我行其野，言采其蓫。婚姻之故，言就爾宿。爾不我畜，言歸
　　斯復。（《小雅·我行其野》）

同樣地，這些詩中所採植物也多有其特定涵義，或叢生野外，或可「療疾」，或非其地所宜，或為「惡菜」，〔註299〕植物本身與詩歌主題存在隱喻關係。相應地還需要關注「野外」空間所蘊含的情感內涵：如「條枚」「條肄」（《汝墳》）等植物就很難說有何特殊象徵義，只能說詩人的野外採集意不在植物本身，而是與《載馳》《我行其野》中的「我行其野」一樣，是遠離「地方」的束縛一種策略；而《汝墳》《杕杜》等懷人詩中「陟彼北山」（「遵彼汝墳」）則同時又包含了藉由野外採集，來在空間、感官或心理上拉近與所懷之人的距離以獲得心靈慰藉的努力。

　　綜上，《詩經》中圍繞詩人的空間體驗形成了相應的意象群，它們因空間對於詩人的不同的意義而大致可分為象徵價值中心的「地方」意象群和象徵陌生空間的「空間」意象群、象徵「地方」與「空間」的界限或媒介的山川、道路意象群，以及因「地方」的束縛體驗而產生的意象群等三大類。

　　這些意象在《詩經》中多分布在「興」句中，它們很多時候並非現實情境的客觀再現，而僅是一種套語式的表達方式，〔註300〕是「非現實性」的。〔註301〕但這並不妨礙本文的結論，因為「興」本即「取譬引類」〔註302〕的隱喻性表達方式，通過套語式結構來引發聽眾「本能的、固定的反應」。〔註303〕這種機制的隱含前提自然是詩人與聽眾對於興句中相關空間意象情感內涵的普遍體認。因此，無論是發生在《詩經》詩歌初創作過程中的一般性表達（如

〔註299〕《載馳》「蝱」為貝母，可以「療疾」；《我行其野》「蓫」「葍」等均為「惡菜」喻所託非人；《采苓》「苓」「苦」「葑」則非首陽所宜有卻因其地「幽僻」而難徵（見（清）阮元：《十三經注疏》，第 276 頁；（清）馬瑞辰：《毛詩傳箋通釋》，第 357 頁）。

〔註300〕如「陟彼北山，言采其杞」句同見於《北山》《杕杜》等詩且與「王事靡盬」連用。

〔註301〕〔美〕王靖獻著、謝濂譯《鐘與鼓──〈詩經〉的套語及其創作方式》，第 89 頁。

〔註302〕「興」不僅是用詩法，同時還是基於興語與詩人情感之相「類」以觸發後者的一種作詩法。說見韓高年、赫琰：《「興」為「取譬引類」說──兼論風、雅詩篇的一個重要創作特徵》，《瀋陽師範大學學報（社會科學版）》2012 年第 6 期。

〔註303〕〔美〕王靖獻著、謝濂譯《鐘與鼓──〈詩經〉的套語及其創作方式》，第 125 頁。

《殷其雷》中的「南山」），還是再創作環節的套語式表達（如《北山》《杕杜》中的「北山」），歸根結底都是以這種空間體驗的普遍性為基礎的。

當然，詩人的空間體驗又往往受制於特定的生活方式、社會背景等，因此這些意象群在《詩經》以及後世詩歌創作中的穩定性、普遍性並不相同。那些較穩定的意象群多是基於農耕生活方式下普遍的「地方」體驗（歸宿或束縛），如「室家」「場」等意象，如《詩經》與漢樂府懷人詩中未必存在直接影響關係卻共同使用的意象（「道路」等），或那些既已在《詩經》中以套語形式固定下來、甚至在後世突破了時代、地域限制而反覆使用的意象（如「南山」「南畝」「山谷」、野外採集等）等等，皆是此類；而諸如「東山」「南」等產生於戰爭背景下的「空間」意象群，則不僅在《詩經》中多集中在特定時代、主題詩歌中，涵義也隨時代變化而變化，對後世詩歌創作的影響自然也比較小。

第三章 戰國地學及文獻

　　戰國是一個諸子並起、百家爭鳴的時代。戰國諸子這一知識人群，在身份上多屬於當時士階層的核心人群——文士和方術士〔註1〕之列，他們在當時扮演著社會立法者的特殊角色。〔註2〕諸子「立法者」的文化地位，以及各家思想的百花齊放，使得戰國地學也同樣呈現出多樣化的面貌。但這種多樣化中也存在著一致性，其整體上表現出重地利、重風俗和重人文的特點，這些特點在諸子文獻中涉及地學知識的部分、尤其是此時成書的《山海經》等文獻中表現明顯。

　　此外，出土文獻的大量發現，使得官方或民間、中原或楚地地學知識和文化觀念的情況也有所呈現。

第一節　儀式空間

　　戰國文獻中關於神聖世界的情況大致可以從三個方面去考察：一是傳統地祇信仰情況及時人對神聖世界的態度，其時代特點在中原各國表現比較明顯；二是古巫史傳統與楚地地祇信仰，及其在楚辭相關篇章中的表現。

一、地祇信仰的衰變

　　與春秋時期相比，戰國地祇信仰的新特點主要是信仰的衰落，與此相應的則是地祀中的功利意識十分突出，僭越行為也更加明目張膽，同時方神與人帝的配屬，山川神的形象、品格等都體現出明顯的人神化傾向。本部分仍

〔註1〕劉澤華：《士人與社會》（先秦卷），天津人民出版社1988年版，第20～33頁。
〔註2〕李春青：《詩與意識形態》，北京大學出版社2005年版，第176～177頁。

從社神、山川神和方神三方面來看。

在社祀方面。魏建震總結春秋戰國社祀特點有三：第一是官方社祀與行政關係密切。其具體表現一是社成為行政行為如政令發布、軍事檢閱等重要場所；二是各級社祀的制度基礎從西周時期以分封制為本到春秋戰國以各級政區為本，其中以「里」為單位的書社制度在管仲變法之後在春秋各國風行，成為與「里」相當的一級行政區劃的代名詞；第二是社祀與稷祀關聯到一起，「社稷」遂成為政權的象徵；第三是民間社祀迅速發展。〔註3〕然而具體考察則可發現其中不乏值得商榷之處。如社信仰與世俗政事掛鉤，早在西周時期已然肇端。如據《逸周書・作雒》記載，周公作洛之時「建大社於國中」，社壇以五方布五色土，分封諸侯則各以其方取社土封之。魏建震認為五方土云云當是後起，但從中反映的趨勢西周時期社祀與分封制有關聯，這點在出土材料中也有證明。〔註4〕但是這種做法說明「政必本於天」（《禮記・禮運》）的理念在西周即已確立。在這點上，《逸周書・嘗麥解》「授刑書於社」以及三禮關於西周春秋時期訴訟、布政、軍事田獵等政事常於社頒布執行等記載在理念上是一致的；而以政區為單位設置社祀的情況也在西周時期既已有之，至春秋戰國時代政區制度取代分封制，這種情況越發明顯，二者其實也是程度上的區別，理念上並無根本差異，仍然表達的是「政必本於天」、對天地神祇的禮敬態度。而社、稷祭祀發生關聯，與周人以后稷「農德」自重、以建立與虞幕聽協風、夏禹平水土、商契合五教（《國語・鄭語》）相併立的王朝德業有關。因此稷神地位在西周有從部族神到國家神的提升，而自春秋尤其後期以降，隨著周王權的衰落，后稷崇拜即已衰變。〔註5〕而民間社祀情況，在西周春秋時期的文獻材料極少，難以明瞭其具體情況。然而並不能據此認為西周春秋時期民間社祀完全是按官方理念施行的，因為實際上在西周春秋時期官方禮樂文化發生影響的範圍是有限的：不僅在地域上有限（如《國語・鄭語》所載謝西九州未及周德），而且在政治階層上也多侷限於王朝、諸侯、卿大夫、士等受官方統轄的階層，對於民間社神信仰的影響應該也是有限的。

〔註3〕見魏建震：《先秦社祀研究》，第116～132頁。

〔註4〕魏建震：《先秦社祀研究》，第113頁。

〔註5〕相關論述可參考李山：《西周農耕政道與〈詩經〉農事詩歌》（《中國文化研究》1997年總第17期）、曹書傑：《后稷傳說與稷祀文化》（社會科學文獻出版社2005年版，第308～359頁）、高建文：《從〈詩經〉祭祖詩看『周德』的建構》等。

　　戰國社祀的時代特點，雖然限於文獻材料失載而無法瞭解其詳細情況，但通過一些記載來看還是能夠見其一斑的。如《戰國策‧秦策三》載：

　　　　應侯謂昭王曰：「亦聞恒思有神叢與？恒思有悍少年，請於叢博，曰：『吾勝叢，叢籍我神三日；不勝叢，叢困我。』乃左手為叢投，右手自為投，勝叢，叢籍其神。三日，叢往求之，遂弗歸。五日而叢枯，七日而叢亡。

「恒思神叢」即是恒思地區的民間之社。〔註6〕戰國「悍少年」已然敢與社神博弈而勝社神，甚至使叢社之神「往求之」而不得、導致「叢枯」「叢亡」。類似事件又見於《韓非子‧外儲說左上》所載的秦昭王上華山「與天神博」，這與《史記》所載商族的武乙、紂和宋康王「射天」那種商周文化衝突下的行為不同。〔註7〕這些儘管是寓言之說，但至少可從一個方面反映出，戰國人對於神祇的態度已經開始不再如以往禮敬了。

　　與這種慢神態度相似的，是將神祇祭祀作為一種懷安民心的統治手段。如《呂氏春秋‧懷寵》「問其叢社大祠，民之所不欲廢者而復興之，曲加其祀禮。是以賢者榮其名，而長老說其禮，民懷其德。」這裡「典其祀、加其禮」，〔註8〕目的已經不再像周代那種以天地神祇為「本」來理政，而完全成為爭取民心的手段了。

　　戰國人地祇信仰的這種時代特點，在山川信仰方面表現最為明顯。張懷通將其總結為「山川神靈由神性向人性的發展」的「人神化」過程，其具體表現有二：「一是山川神靈除極盡變化的本領外，其品格、感情、形貌已與人無別。二、對山川神靈的祭祀已不再以祈求其對人事的保祐為目的，而是著眼於祭祀行為的政治教化功能」，以及與人神化相應的、一些山川神靈形象及權能受道家思想的影響而被「仙化」。〔註9〕

　　這個判斷是很正確的，但是不無微瑕。主要表現在所舉事例方面，如以從《山海經》到《穆天子傳》再到《莊子‧大宗師》中西王母形象的變化，以及《莊子‧逍遙遊》中的姑射神人的形象等為證。

〔註6〕見（漢）劉向：《戰國策》，上海古籍出版社1985年版，第198頁。

〔註7〕參見王暉：《周代天神形象與黃帝部落圖騰考》，《西安聯合大學學報》1999年第1期。

〔註8〕陳奇猷注以為「曲」當作「典」，並作是解。見氏著：《呂氏春秋新校釋》，上海古籍出版社2002年版，第423頁。

〔註9〕參見張懷通：《先秦時期的山川崇拜》。

　　說西王母形象從最早的「其狀如人，豹尾虎齒而善嘯，蓬髮戴勝」(《山海經‧西次三經》)、「有人戴勝，虎齒，有豹尾，穴處」(《大荒西經》)，到《穆天子傳》裏已經脫盡獸屬而成為「帝女」是沒問題的；但準確地說西王母並不是崑崙山神 (甚至最早也不在崑崙山，而是在玉山，《穆天子傳》卷三說在弇山，也即《西次四經》之末的崦嵫之山)，《山海經‧西次三經》說「司天之厲及五殘」，而該經之末更明確說「凡西次三經之首，崇吾之山至于翼望之山……其神狀皆羊身人面」(《西次三經》)。但是儘管用西王母形象的變化來證明山川神靈形象的變化不夠準確，但這反映的卻是戰國神靈形象的人神化是一個普遍現象，而不限於山川神。這種現象在楚辭中表現最明顯，如《九歌》中不僅山鬼、河伯、湘君、湘夫人等山川神靈不再是《山海經》那種人獸合體的怪物，就連司命、東君、雲中君、東皇太一等也都是一派帝王神女的氣象。

　　姑射神人也是如此。《山海經》所載三座姑射山所在的東次二經 17 座山的山神都是「其神狀皆獸身人面載觡」不假，但《列子‧黃帝》和《莊子‧逍遙遊》中的姑射神人只是住在姑射山上，但未必是該山之神；就猶如廣成子住在空同山上，但不是空同山神 (《莊子‧在宥》) 一樣。戰國仙道神話中的仙山只是被作為仙境和仙人的居所；仙與神本不同，仙是長生的人，因此戰國仙道神話多只強調仙人而幾乎不提山神。

　　這些事例也可以佐證他所說戰國神靈形象和品格更趨向「人」的現象存在的普遍性。

　　再者，張懷通認為山川祀更多著眼於政治教化功能也是正確的，尤其在精英文化和思想中這種傾向更重。如他所舉《管子》「牧民者……不祗山川則威令不聞」與《荀子》所說雩而雨猶不雩而雨「君子以為文，百姓以為神」等例即可為證；但祈求山川神祇保祐人事的做法仍然存在，如秦惠文王時的《秦駰禱病玉版》《詛楚文》等就是典型的例子。

　　利用鬼神信仰為手段行政令教化之事，反映的是戰國時期鬼神信仰的普遍衰落。這種情況不僅在社祀方面有，地祇乃至其他鬼神方面也有其例。而這種鬼神信仰的衰落和祭祀的功利化，還與戰國時期功利意識的膨脹密切相關。《管子》載：

> 上有丹砂者下有黃金……此山之見榮者也。苟山之見其榮者，
> 君謹封而祭之。距封十里而為一壇，是則使乘者下行，行者趨。若

犯令者，罪死不赦。(《地數》)

　　管子對曰：「君請藉於鬼神……君請立五厲之祭，祭堯之五吏，春獻蘭，秋斂落，原魚以為脯，鮧以為殼。若此，則澤魚之正，伯倍異日，則無屋粟邦布之藉。此之謂設之以祈祥，推之以禮義也。

　　然則自足，何求於民也？」(《輕重甲》)

前例為山設封、設壇祭祀的原因已不是針對山神、更不是為了祈求山神庇祐，而只是因為該山富有礦產；後例甚至於利用設置鬼神祭祀並典以蘭、落、脯、鮧等昂貴的祭品，以此重徵獲利以代替其他方面的課稅，又可以通過設祈祥來推行禮儀教化，可謂一舉兩得。

　　《墨子・明鬼》說「今執無鬼者曰：『鬼神者，固無有』」，故特作《明鬼》篇以辯白，可見當時懷疑鬼神存在的現象是很普遍的；然而又說，「今天下之王公大人士君子，實將欲求興天下之利，除天下之害，故當鬼神之有與無之別，以為將不可以不明察此者也」，其立說的起點正是興利除害。

　　這種現象不僅表現在思想學說中，現實中也是如此：如春秋周靈王二十二年「穀、洛鬥，將毀王宮。王欲壅之」，太子晉以天地之氣聚散循行說為據諫以「古之長民者，不墮山，不崇藪，不防川，不竇澤」並說「今吾執政無乃實有所避，而滑夫二川之神，使至於爭明，以妨王宮，王而飾之，無乃不可乎」(《國語・周語上》)；《孟子・告子下》載齊桓葵丘會盟辭之五即有「無曲防，無遏」。二者或重信仰或崇德義，都沒有唯利是視。而戰國時期水利工程的修築就很普遍了，出現了白圭、鄭國、李冰等水利專家，白氏甚至自誇其治水之能「愈於禹」(《孟子・告子下》)——正如《漢書・溝洫志》所說：「蓋堤防之作，近起戰國，壅防百川，各以自利」。

　　再來看方神。戰國時期的方神崇拜出現一個新現象，就是四方神與四方帝相配，這方面比較早的記載是在《月令》類文獻中。如《禮記・月令》所載的春季、東方「其帝大皞，其神句芒」，夏季、南方「其帝炎帝，其神祝融」，中央「其帝黃帝，其神后土」，秋季、西方「其帝少皞，其神蓐收」，冬季、北方「其帝顓頊，其神玄冥」。句芒等五「神」，春秋時被稱為「五行之官」：

　　少皞氏有四叔，曰重、曰該、曰修、曰熙，實能金、木及水。使重為句芒，該為蓐收，修及熙為玄冥，世不失職，遂濟窮桑，此其三祀也。顓頊氏有子曰犁，為祝融；共工氏有子曰句龍，為后土，此其二祀也。后土為社……(《左傳・昭公二十九年》)

這五正為地祇，也即《周禮・春官・大宗伯》所說的地祇之「五祀」；從神名字義看，這五位神最早應該如卜辭中的折、夾等四方神一樣都是自然神。按《山海經・海外四經》所載：

> 南方祝融，獸身人面，乘兩龍。（《海外南經》）
>
> 西方蓐收，左耳有蛇，乘兩龍。（《海外西經》）
>
> 北方禺彊，人面鳥身，珥兩青蛇，踐兩青蛇。（《海外北經》）
>
> 東方句芒，鳥身人面，乘兩龍。（《海外東經》）

《國語・晉語二》載虢公夢「有神人面白毛虎爪，執鉞立於西阿」，史囂認為即「天之刑神」蓐收；《墨子・明鬼》載鄭穆公見廟「有神入門而左，鳥身，素服三絕，面狀正方……曰：『予為句芒』。」出土材料中可見戰國早期的曾侯乙墓衣箱四面各有四方神分別為：東方神「芒」、南方神「且」，西方神「弇茲」和北方神「玄冥」；〔註10〕子彈庫帛書上的四季神分別是秉（司春）、叔（司夏）、玄（司秋）、荃（司冬）。其名稱以子彈庫帛書與文獻記載差別為大，但形貌上除「弇茲」和「玄冥」相似、但與「蓐收」絕不類之外，其他幾神都相似。《國語》、衣箱和帛書圖來看，這四方神又充當著四季神，屬「天」神列。

然而據《史記・封禪書》載，「秦襄公即侯（按：公元前771年左右），居西垂，自以為主少皞，作西畤，祠白帝；秦文公「作鄜畤，用三牲郊祭白帝焉」。而文公時的史敦明言其為「上帝」。若其事為真，則說明在西周春秋時期應該還存在另一套五方天帝神系統，這五方天帝均為「人神」，與句芒等為自然神不同；類似「五帝」記載在《周禮》太宰、掌次、大司徒等數處均有載，不具錄。但《左傳》《國語》等可靠文獻不見有以五行之官（或五方神）配五方上帝的記載，因此此種以地祇配天神、自然神配人神的做法應該是《月令》等後起的；而《左傳》蔡墨以人神配自然神，本質上是將自然神人神化，應該是人神上帝地位提高之前的一個過渡階段。

戰國地祇的衰變還有一個表現，就是原有經界之禮的越發崩壞。《史記・六國年表》說：「太史公讀《秦記》，至犬戎敗幽王，周東徙洛邑，秦襄公始封為諸侯，作西畤用事上帝，僭端見矣。《禮》曰：『天子祭天地，諸侯祭其域內名山大川。』今秦雜戎翟之俗，先暴戾，後仁義，位在藩臣而臚於郊祀，

〔註10〕劉信芳、蘇莉：《曾侯乙墓衣箱上的宇宙圖式》，《考古與文物》2011年第2期。

君子懼焉。」僭越禮制而祭祀的現象，春秋已然不乏其例。戰國時期這種僭越較之春秋的含蓄，就更是明目張膽了，如《秦駰禱病玉版》明確對華山神陳說：

> 周世既沒，典法散亡，惴惴小子，欲事天地、四極、三光、山
>
> 川、神祇、五祀、先祖，而不得厥方。〔註11〕

類似例子又見《楚辭·九歌》祭河伯等等，不再具引。

二、巫史傳統、楚地信仰與楚辭的神話世界

從知識淵源看，楚辭所描寫的神話世界大致可歸入兩個系統：一個源自古巫史傳統、以《山海經圖》《山海經》系統的知識為主要來源，《離騷》《天問》等篇描寫的神話世界屬於此系統；一個基於楚地地域信仰的神話系統，以《九歌》所描寫的神祇世界為代表。

（一）《山海經（圖）》系統的神話世界

這個問題可以分別從「中心」和「四方」描寫兩個方面來展開討論。

1. 屈辭中的崑崙與彭咸

若要考察楚辭神話的知識系統，首先需要確認的是該系神話中作為信仰中心的聖地及相應的偶像「人物」，這點屈辭中以《離騷》所述最有代表性，因此此處以《離騷》為中心討論。

過常寶師認為，《離騷》的情節結構由三段組成：「第一階段從開頭到『芳與澤其雜糅兮，唯昭質其猶未虧』，第二階段從『忽返顧以遊目兮，將往觀乎四荒』到『攬茹蕙以掩涕兮，沾余襟之浪浪』，餘下為第三階段。」〔註12〕從空間方面看，第一段主要描寫世俗世界的事，第二段是南征沅湘、向重華陳詞，第三段則是「掩塵埃而上征，去離世俗」〔註13〕的四方神遊。其中第二段的主要偶像是「重華」，屬於楚地域信仰系統中的主神，這點留待後文再說；第三段則是此處主要關注的，屈原信仰中的神話世界的面貌在這段中得到比較清晰的描繪。這段按出行環節可分為如下幾段：

〔註11〕 釋文採用李零：《秦駰禱病玉版的研究》，北京大學中國傳統文化研究中心：《國學研究》第六卷，北京大學出版社1999年版，第526頁；李學勤等認為秦駰即秦惠文王駰，見李學勤：《秦玉牘索隱》，《故宮博物院院刊》2002年第2期。

〔註12〕 過常寶：《楚辭與原始宗教》，東方出版社1997年版，第95頁。

〔註13〕 （宋）洪興祖：《楚辭補注》，中華書局1983年版，第26頁。

（1）出發地「蒼梧」。據《山海經》蒼梧乃舜葬之地，如《海內南經》說「蒼梧之山，帝舜葬於陽，帝丹朱葬於陰」，《大荒南經》說此地在南海之中、赤水之東、為「舜與叔均之所葬也」，《海內經》則記其現實地望「在長沙零陵界中」的九嶷山；而據《大荒南經》關於此地的場景描寫如有文貝、離俞、視肉云云，應當是祭祀舜的神聖場所。「蒼梧」作為出發地，乃是承上段「就重華而陳詞」而來。

（2）夕宿「懸圃」，在崑崙之上；又被稱為「靈瑣」，也即神居住的地方。因日暮而稍留此「靈瑣」，此後至「斑陸離其上下」，均是寫在崑崙懸圃上的停留和為次日出行的準備。據《大荒南經》「羲和」為帝俊妻，在此為日御；「崦嵫」山於《山海經》為《西次四經》最西的山，為日之所入處。鸞皇、鳳鳥當是《大荒西經》「王母之山」上的「鸞鳳自歌，鳳鳥自舞」，《大荒北經》的若木在西北海、位近崑崙；「總余轡乎扶桑」當是次日欲行的目的地，為設想之詞。過常寶師認為《離騷》乃仿《九歌》的索祭儀式為文，〔註 14〕很有道理，這是就其大而言。實際上《離騷》確實儀式性很強，具體而言如朝髮蒼梧、夕宿懸圃，朝濟白水、夕次窮石，朝發洧盤、巫咸夕降，朝發天津、夕至西極云云時間安排，則與出行儀式很相似：《聘禮》的時間安排即是如此，在出發地是朝告禰廟出發、夕宿國郊，至所聘國則是夕宿於館、朝受迎訝，夕受饋贈、朝拜於朝等等，二者朝發夕宿的時間安排是十分相似的。

（3）「飄風屯其相離兮」以下至「相下女之可詒」為出行前的準備和出行時的場景。其中「帝閽」「閶闔」為崑崙天門，「閬風」應即崑崙「涼風之山」，《淮南子·原道訓》《墬形訓》等可證；「高丘」即崑崙山；唯獨「白水」非《山海經·大荒南經》的白水，而是崑崙所出的白水，〔註 15〕或即《海內西經》出於崑崙的「洋水」——除「瓊枝」可與崑崙珠玉之樹相關之外，其他均不見於《山海經》，應該是後產生的知識。「春宮」仍然是言出行將往的目的地，非實寫。「忽反顧以流涕兮，哀高丘之無女」這句話頗有深意：從出土文獻可見，古代出行出門時忌「反顧」，如《睡虎地秦墓竹簡·日書甲·行》載「凡民將行，出其門，毋敢顧，毋止……小顧是謂小楮（佇），吝；大顧是

〔註 14〕（宋）洪興祖：《楚辭補注》，第 109～113 頁。
〔註 15〕（宋）洪興祖：《楚辭補注》，第 30 頁。

謂大楮，凶。」〔註16〕

（4）「吾令豐隆乘雲兮」至「余焉能忍而與此終古」為三次求女。其中「豐隆」即云中君，屬楚地神話人物，不見於《山海經》；「窮石」為弱水所出、「洧盤」出崦嵫山、宓妃所在，仍在崑崙附近，初次求女不得暫返崑崙；有娀佚女簡狄與有虞氏之二姚均為中原部族人物，在求之不得之後，復又從二姚處返回「九疑」。在這個過程中，崑崙與蒼梧九疑同時又是求女不得的暫返之地。

（5）「索瓊茅以筳篿兮」至「周流觀乎上下」是降靈氛、巫咸為占並決定最後去處。靈氛其人不可考，或是《大荒西經》的「巫盼」，不過從文意看地位低於巫咸；「巫咸」在《海外西經》《海內西經》《大荒西經》均有載；他在屈原賦中地位極高，常被「彭咸」並稱，如《離騷》「願依彭咸之遺則」「吾將從彭咸之所居」，《抽思》「望三五以為象兮，指彭咸以為儀」，《思美人》「獨煢煢而南行兮，思彭咸之故也」，《悲回風》「夫何彭咸之造思兮，暨志介而不忘」「照彭咸之所聞」「託彭咸之所居」等等，彭咸幾乎是屈原賦中唯一被強調的巫者；《離騷》又說巫咸來降之時，百神備降、九疑並迎。「九疑」為舜葬所在，言「舜使九疑之神紛然來迎」，〔註17〕則說明在屈原心目中巫咸地位至少與舜相當。而據《山海經》，巫咸所在或稱「登葆山」（《海外西經》）、或稱「靈山」（《大荒西經》），二者意思其實是一樣的：「登葆山」，《禮記·禮器》「因名山升中於天」，「葆」即「中」、巫師所以通天的旌旗羽葆之類，「登葆山」就是通天神山、「群巫所從上下也」（《海外西經》）；王逸說：「靈，巫也。楚人名巫為靈子」，〔註18〕那麼「靈山」亦謂巫者之山。登葆山有巫咸、巫彭等10巫，其位置與崑崙山臨近，在《海內西經》中，它位於守崑崙九門的開明獸之東、是崑崙區的一部分。

（6）最後一段乃是從東方返回崑崙。「瓊枝」，注者或以為是崑崙瓊樹，〔註19〕但從後文「邅（按：轉）道崑崙」「朝發軔於天津」語看，「天津」為析木之津、〔註20〕位於東北方，因此「瓊枝」當與《大荒東經》「東北海外，又有三青馬、三騅、甘華。爰有遺玉」等場景有關。該段西極、鳳凰、流沙、

〔註16〕睡虎地秦墓竹簡整理小組：《睡虎地秦墓竹簡·日書甲種·詰》，第200頁。
〔註17〕（宋）洪興祖：《楚辭補注》，第37頁。
〔註18〕（宋）洪興祖：《楚辭補注》，第58頁。
〔註19〕張揖注。參見（宋）洪興祖：《楚辭補注》，42頁。
〔註20〕（宋）洪興祖：《楚辭補注》，第42頁。

赤水、西皇（少皞）、不周、西海等等均可在《山海經》西方相關記載中見到；而「奏《九歌》而舞《韶》」「陟升皇之赫戲」云云，描寫的當是《大荒西經》「開上三嬪於天，得《九辯》與《九歌》以下。此天穆之野，高二千仞，開焉得始歌《九招》」，可見此地也是古聖王通天的地方；然而「偷樂」未畢，睠見「舊鄉」而中斷；最後的亂辭說「吾將從彭咸之所居」。

綜上，則此次神遊幾乎是始乎崑崙、求女不得暫返崑崙（與九疑），而又終歸崑崙，可見崑崙區是屈原心中的聖地和精神歸宿；相應地，位於崑崙區的巫彭、巫咸等神巫，與葬於蒼梧的重華可以說是屈原所認同的最高神。從屈原賦對於崑崙山的描寫看，其中有基本的構件是《山海經》所沒有的，如《離騷》中的「懸圃」「閬風」，《天問》中的「增城九重」「西北闢啟」等等，這些均在《淮南子》中有載，未必是屈原自創；而且從內容上看，這些新構件應該是在《山海經》知識基礎上衍生出來的。

2.《大招》《招魂》中的四方世界

《大招》和《招魂》主旨均是通過極寫四方的危險「不祥」和楚國之樂來招回死者魂魄，是楚辭中對於四方神秘世界描寫最為詳細的兩篇。

關於此二篇作者、時代以及招魂對象，學者歧說甚多。王逸認為《大招》為屈原（或景差）自招其魂以述志，《招魂》為宋玉招屈原生魂，〔註21〕明清以前學者多從其說。

其中關於《招魂》的歧說相對集中，影響較大的有兩派，一是明末黃文煥之後以方東樹、郭沫若、鄭振鐸、游國恩等為代表的屈原招懷王魂說；二是王逸之後傳統的宋玉哀屈原說，〔註22〕孫作雲、潘嘯龍等認為是宋玉招楚襄王魂。〔註23〕其中後說多為學者所接受。

《大招》的情況要複雜些，觀點大致也有兩派，一是王逸說，孫作雲等

〔註21〕《史記·屈原賈生列傳》有「余讀《離騷》、《天問》、《招魂》、《哀郢》，悲其志」語，然《招魂》有《大招》《小招》之說（（宋）洪興祖：《楚辭補注》，第 197 頁），司馬遷所讀《招魂》應即《大招》。

〔註22〕參見刁生虎、王曉萌：《〈楚辭·招魂〉作者研究述評》，《綿陽師範學院學報》2014 年第 7 期。

〔註23〕孫作雲說見《說〈招魂〉為宋玉招楚襄王之魂》（《孫作雲文集·楚辭研究》（下），河南大學出版社 2003 年版，第 772～790 頁）；潘嘯龍說見其《〈招魂〉研究商榷》（《文學評論》1994 年第 4 期）、《關於〈招魂〉研究的幾個問題》（《文學遺產》2003 年第 3 期）等文。

則認為是屈原招懷王魂，〔註24〕亦有主張為景差所作者；〔註25〕二是以朱季海、賈捷、張樹國等學者的漢人所作說。〔註26〕其中後說以朱季海所提出的「一字的妥當」「一句的講明」「一制的考明」為主要研究思路，考證最為詳備，其中考證尤詳者當屬賈捷、周建忠《〈楚辭‧大招〉創作時地考——兼評朱季海〈大招〉說之得失》一文。

持漢人所作說者主要從音韻、語詞及制度方面入手進行考辨，以賈文為例：「一韻之分合」，《大招》之合韻有七，其中賈文對宵魚合韻詳盡考察之後，得出「不會晚於西漢」的審慎結論；至於魚元合韻，其難斷處在「二八接舞，投詩賦只」句（賦為魚部）學者多有認為係脫文者，疑不能定；「一字之妥當」主要集中在《大招》之「只」與《招魂》之「些」上，王泗原、戴偉華等認為「些」乃「止止」重字，〔註27〕「之」「止」上古音分屬之、支部，之支合韻上古常見。「一制之考訂」中之「三公」「九卿」制度的緣起，學者本有爭議；至如「三圭」「重（徹）侯」本為楚制，「重」為避漢武諱而改——但鈔本時代的文獻本有不穩定性，改寫者未必一定就是作者，「一詞之講明」中「黛黑」等詞以及「捷徑」「接徑」之異等等亦是如此。

因此，將音韻、語詞等方面的論據來作為考訂時代的主要證據是有風險的，還需要結合文本結構、表達方式、知識觀念等傳播過程中穩定性更高的宏觀方面去作綜合考察。在這方面學者亦有多方面的關注，如孫作雲認為《大招》體現了美政理想而《招魂》則以娛樂為主，胡海英則從文章體式、行文風格、世界觀、儀式內容等方面作了更系統的總結。〔註28〕此處主要以《山海

〔註24〕參見孫作云：《〈大招〉的作者及其寫作年代》（《孫作雲文集‧楚辭研究（下）》，第758～771頁）。

〔註25〕如方銘認為是景差哀屈原所作（見氏著《〈九辯〉〈招魂〉〈大招〉的作者與主題考論》，《中國文學研究》1998年第4期），許富宏認為是景差招頃襄王生魂（見氏著《關於〈大招〉的作者、創作背景的探討》，《雲夢學刊》1999年第2期）等。

〔註26〕可參見朱季海《楚辭解故》之《大招第十六》（上海古籍出版社1980年版，第189～200頁），賈捷、周建忠《〈楚辭‧大招〉創作時地考——兼評朱季海〈大招〉說之得失》（《文學評論》2011年第1期），張樹國《〈楚辭‧大招〉：漢高祖喪禮中的招魂文本》（《文學評論》2017年第2期）等論著。

〔註27〕參見王泗原《楚辭校釋》（人民教育出版社1990年版，第121～122頁），戴偉華《楚辭體音樂性特徵新探——音樂符號「兮」的確立》（《文藝理論研究》2017年第4期）等論著。

〔註28〕參見胡海英：《論〈大招〉的創作早於〈招魂〉——〈大招〉〈招魂〉之比較》，

經》為參照，通過二《招》關於四方世界的知識、觀念及表達情況的考察，對它們生成時代的早晚加以辨析。

二《招》對於四方世界的描述，皆是按東、南、西、北的順序依次描寫：

東方。《大招》所突出的東方核心景觀是大海（以及大海中的螭龍、霧雨）和湯谷，而《招魂》突出的場景是大人和十日。其中湯谷、十日本是對同一景觀的描寫，說明其是二《招》作者視域中象徵東方的典型景觀。除《大招》的大海及螭龍可能是對現實自然景觀的想像外，其他均可以在《山海經》中找到相關記載；《大招》大海中的「霧雨」或可與《海外東經》湯谷之北的「雨師妾」相關，而湯谷、扶木在《東次三經》《海外東經》《大荒東經》均提到過；《招魂》中的「長人」應該即是《海內東經》《大荒東經》中的「大人之市」「大人之國」。

從表達上看，與《山海經》所記相比，《大招》主要描寫海水、霧雨、湯谷之蒼茫寂寥而沒有增加新的知識元素；而《招魂》則極言「長人」之長與兇悍（索魂）與湯谷之熱，尤其「長人千仞」與「惟魂是索」的特點卻是《山海經》所無。

南方。《大招》的核心景觀是炎火千里、蝮蛇、山林虎豹、鰅鱅、短狐、王虺、蟪，《招魂》是雕題、黑齒、蝮蛇、封狐、九首雄虺。除《大招》的炎火千里、山林虎豹可能是對現實世界的感受和想像之外，其見諸《山海經》者有：《南山經》「猨翼之山」、《南次二經》「羽山」、《南次三經》「非山」皆「多蝮蟲」。「鰅鱅」按洪興祖注當是《山海經·東山經》「枸株之山」的「狀如犁牛，其音如彘鳴」的「鱅鱅之魚」〔註29〕，但方位有所不合；「短狐」則應該是《南山經》「青丘之山」的九尾狐；「王虺」或即《海外南經》西南方的巴蛇；「蟪」當即《大荒南經》「射蟪是食」的蟪民國、位在南方偏西；《招魂》之「雕題」在《海內南經》東南部；「黑齒」在《海外東經》《大荒東經》的東方稍偏北；「封狐」亦即九尾狐；「雄虺九首」當即《海外北經》《大荒北經》中的相柳氏，其形貌、行走特徵均似，唯獨方位偏離太遠。

從表達上看，《大招》與《山海經》相比較吻合；《招魂》如雕題黑齒之食人、「封狐千里」、雄虺則行動倏忽且吞人益其心，這些知識元素仍為《山海經》所無。

《中國楚辭學》2014 年第 23 輯。

〔註29〕（宋）洪興祖：《楚辭補注》，第 217 頁。

西方。《大招》的核心景觀是流沙和並封，〔註30〕流沙即崑崙丘附近的流沙，並封即《海外西經》之「封豕」；《招魂》除流沙外，還有雷淵、赤蟻、玄蜂、五穀不生之怪土：「雷淵」或即《大荒西經》崑崙丘下的「弱水之淵」；赤蟻、玄蜂當即《海內北經》西北方「其狀如蛾」的朱蛾和「其狀如螽」的大蜂（《西次三經》崑崙丘附近「其狀如羊而四角……是食人」的土螻獸和「其狀如蜂，大如鴛鴦」的欽原鳥）；怪土當即是《海外北經》西北方「禹殺相柳，其血腥，不可以樹五穀種」的眾帝之臺（《大荒北經》描寫更細「其所歍所尼，即為源澤，不辛乃苦，百獸莫能處……其地多水，不可居也」）。

從表達上看，《大招》描寫並封只是寫其縱目被鬊、長爪鋸牙而無誇大，而《招魂》則極寫流沙之廣袤無水、誇大「赤蟻」「玄蜂」的體型並賦予「怪土」以「爛人」的特徵。

二《招》關於北方的描寫差別最大。《大招》除寫北方之寒外，還提到了現實存在的代水，而「盈北極」則說北極乃「太陰之中，空虛之地」，〔註31〕言此地為死者靈魂所歸之地；此外則是「絀」赤色的「逴龍」，也就是《海外北經》《大荒北經》西北海之外的「燭龍」。

《招魂》於北方只寫了「冰雪千里」，較其他三方遠為簡略。但是接下來卻多了《大招》所無的「上天」和「入地」。天上怪物有虎豹、一夫九首、豺狼從目、深淵，而地下被稱作「幽都」，有「角觺觺」「參目虎首，其身若牛」而「九約」的「土伯」。《山海經》中與此相似、方位相近者有如下幾條：

> 環狗，其為人獸首人身。一曰蝟狀如狗，黃色。
>
> 袜，其為物人身黑首從目。
>
> 戎，其為人人首三角。（《海內北經》）
>
> 大荒之中，有山名曰北極天樞，海水北注焉。有神，九首人面鳥身，名曰九鳳。又有神銜蛇銜操蛇，其狀虎首人身，四蹄長肘，名曰彊良。（《大荒北經》）
>
> 北海之內，有山，名曰幽都之山，黑水出焉。其上有玄鳥、玄蛇、玄豹、玄虎、玄狐蓬尾。（《海內經》）

〔註30〕　《補注》認為「豕首縱目」、「長爪踞牙」所描寫為一物（（宋）洪興祖：《楚辭補注》，第 218 頁）；《海外西經》巫咸之東有「前後有首，黑」色的並封，《大荒西經》作屏蓬。

〔註31〕　（宋）洪興祖：《楚辭補注》，第 218 頁。

從上引《山海經》文看，所謂上天入地，仍是圍繞在北方幽都之山的附近，描寫的也均是這附近的神祇物怪；而從《招魂》文意看，幽都之山不僅為昇天的場所，其所處亦在地下。《招魂》的這種世界觀顯然與《山海經》不同──《山海經》所描寫仍主要是時人眼中的「現實」世界而不是天上、地下的世界，其中通天之處也主要是在崑崙區、「肇山」（《海內經》）等地，幽都之山附近亦非地下世界、也非死者所歸之地──但是卻與馬王堆帛畫中所描寫的世界一致，如一號墓出土「T」形帛畫描寫的場景中，最下層是乘兩龍一蛇、託舉大地的裸身人（蕭兵認為裸身人為北海神禺強〔註32〕）、兩側有龜（玄武）和鴟梟、龍兩側則有三角羊狀怪獸（戎）；中層（大地之上，帷幕之下）為「從人間到天上的過渡階段」；〔註33〕在此之上為日（赤烏）月（蟾蜍）所在的「九天」。〔註34〕由此可以推論，《招魂》的世界觀與馬王堆漢墓帛畫相近，而較《山海經》世界觀為晚。

　　相反地，《大招》雖然對北方世界的描寫並未較其他三方更詳細，但以北方乃死者所歸的觀念卻比較明顯。這一觀念淵源甚古，如《禮記·檀弓下》說「葬於北方北首，三代之達禮也，之幽之故也」；《詩經·小雅·巷伯》「取彼譖人，投畀豺虎。豺虎不食，投畀有北；有北不受，投畀有昊」，《毛傳》釋「有北」為「北方寒涼而不毛」，〔註35〕實則應該是北方為死者所歸之地；放馬灘秦簡中的「志怪故事」中載，丹死後被掘出，由司命史公孫強帶到「趙氏之北柏丘之上」，柏丘即「鬼廷」，〔註36〕也即死者所歸之地。這種世界觀卻與《山海經》相似。

　　可見，二者所描寫的四方物怪知識基本可與《山海經》所載內容相合，方位敘述順序也相同，相異之處可以歸結為如下幾方面：

　　第一，關於死亡世界的觀念，《大招》要早於《招魂》；

　　第二，《大招》四方描寫中現實地理景觀（或據現實經驗想像的場景）與來自《山海經》的物怪知識數量比重差不多，且通常是先言前者、繼以後者（北方除外）；而《招魂》所述則絕大部分是物怪內容；

　　第三，從表達方式上看，《大招》的描寫主要是場景和情感描寫，知識元

〔註32〕蕭兵：《馬王堆〈帛畫〉與〈帛畫〉》，《考古》1979 年第 2 期。
〔註33〕孫作云：《長沙馬王堆一號漢墓出土畫幡考釋》，《考古》1973 年第 1 期。
〔註34〕姜生：《漢帝國的遺產：漢鬼考》，科學出版社 2016 年版，第 294～298 頁。
〔註35〕（清）阮元校刻：《十三經注疏》，第 456 頁。
〔註36〕見連邵名：《雲夢秦簡〈詰〉篇考述》，《考古學報》2002 年第 1 期。

素則與《山海經》知識一致；而《招魂》為了渲染恐怖氣氛增加了許多《山海經》所沒有的知識元素（如寫長人「惟魂是索」等等），而且類似「千仞」「千里」「九千」等等對長度、數量等的程度作極致化誇張描寫者甚多。晁補之謂「《大招》古奧，非原莫能作」，〔註37〕確有道理。

其中還透露出這樣的信息：對此類巫史知識，《大招》視作是真實存在而持虔敬態度，這又與屈原以「彭咸」為則的職業認同一致，而《招魂》隨意更改渲染、這類知識更多充當了文學話語材料的角色；再者《招魂》中無論是改造知識以為話語材料、還是極致化的程度誇張描寫，都是優語慣用伎倆，〔註38〕而這正與宋玉的身份相合——楚王的言語侍從、身份「介於俳優與文人之間」。〔註39〕

不僅如此，從篇章結構上看，《大招》「正文」末卻有魂歸之後美政治國的一段為《招魂》所無，孫作雲認為係反映了屈原的美政思想，〔註40〕是很有道理的；而《招魂》除「正文」外，篇首有「序」、偏末有「亂」，而且人稱有所變換（篇首「朕幼清以廉潔兮」為第一人稱，其後「巫陽下招」的對話部分為第三人稱，正文為第二人稱，亂辭為第一人稱），更像是「一種描繪古代招魂過程的文學作品」「更具演劇色彩」。〔註41〕尤其篇首的「序」則類似《神女賦》《大小言賦》《登徒子好色賦》等正文前的引子。

（二）楚地信仰中的神話世界

今本《九歌》共11章。聞一多認為《東皇太一》《禮魂》是迎、送神曲、是主體，「其餘九篇是客體」；〔註42〕過常寶師則進一步提出，「東皇太一」即「東皇」、也即「舜」，其祭為直祭，而其餘9者為索祭。〔註43〕這9者分別是雲中君、湘君、湘夫人、大司命、少司命、東君、河伯、山鬼、殤鬼。這10

〔註37〕晁補之語，（清）蔣驥《山帶閣注楚辭·楚辭餘論》卷下引（上海古籍出版社1958年版，第235頁）。

〔註38〕相關論述可參考高建文《論〈莊子〉故事性文本衍生的生成方式與優語的關係》（《新亞論叢》2013年總第14期）、《論〈莊子〉的變形策略》等文。

〔註39〕劉全志：《論先秦優語與西漢散體賦的淵源》，《甘肅理論學刊》2009年第1期。

〔註40〕參見孫作雲《〈大招〉的作者及其寫作年代》。

〔註41〕李慶：《〈楚辭·招魂〉的一點考察——關於「招魂序」的文獻學研究》，《中山大學學報（社會科學版）》2009年第4期。

〔註42〕聞一多：《聞一多全集·楚辭編》，湖北人民出版社1993年版，第354頁。

〔註43〕見過常寶：《楚辭與原始宗教》，第55～69頁，第73～74頁。

類鬼神都是楚地信仰系統中的神,這點隨著望山楚簡、天星觀楚簡、包山楚簡等的出土,基本可以確定。這方面湯漳平的研究甚詳備可從:具體對應情況略為太、蝕太——東皇太一,日月——東君,雲君——雲中君,司命——大司命,司禍——少司命,二天子——湘君、湘夫人,大水——河伯,高丘、下丘——山鬼,殤——國殤;順序按天神、地祇、人鬼排列;湯璋平還從墓主身份、所處地域、時代等與屈原的一致性出發,認為《九歌》乃本於楚王室祀典,其信仰系統產生於郢都地區而非沅湘民間,是屈原從這些王室祀典中挑選出來、改造而成。〔註44〕只是若說《九歌》所本的神祇系統屬於王室祀典稍嫌絕對。以包山楚簡所載為例,其中地祇近從居室到山川均不出楚地範圍,而人鬼亦是與本國、本族先王、祖先或附近的殤鬼,因此稍寬泛些說這些都屬於楚地尤其是王城附近的信仰系統則較為穩妥。

最能反映屈原擇取標準的是「河伯」和「國殤」。「河伯」所對應的「大水」,其祀禮皆用環和牘,規格與太一相等;〔註45〕《葛陵1號墓楚簡·卜筮祭禱》268簡又有「及江漢沮漳,延至於淮」語,而《夏小正》之「淮」在《月令》等文獻中正稱之為「大水」,葛陵簡又稱汧為「大川有汧」。因此簡帛中所說的「大水」應該是楚國四望的合稱。而從「大水」到「河伯」的轉變,體現的是戰國時期祭祀對象從以往「祭不越望」的地域神向天下範圍內的公共神轉變的趨向。楚簡中的諸「殤」如兄弟無後者昭良、昭乘、縣貉公、東陵連囂、殤東城連囂、殤等等也均是多限於墓主居處附近或宗族中的殤鬼;而《國殤》針對楚國陣亡將士的殤鬼,則提高到了「國殤」的高度。

從楚簡相關神祇祭祀規格看,太一、大水規格最高,后土、司命、司禍、二天子次之。如:

> 賽禱太,佩玉一環;后土、司命、司禍,各一少環;大水,佩玉一環;二天子,各一少環;危山,一珤。(《包山2號墓簡冊·卜筮禱祠記錄》213、214)〔註46〕

> 與禱太,一牂;后土、司命,各一牂;與禱大水,各一牂;二天

〔註44〕湯漳平:《再論楚墓祭祀竹簡與〈楚辭·九歌〉》,見氏著《出土文獻與〈楚辭·九歌〉》,中國社會科學出版社2004年版,第131頁。

〔註45〕參見陳偉:《包山卜筮簡所見神祇系統與享祭制度》,見陳偉:《燕說集》,商務印書館2011年版,第220~238頁,第237頁。

〔註46〕陳偉:《楚地出土戰國簡冊(十四種)》,經濟科學出版社2009年版,第93頁。

子，各一䍃；危山，一䊇……享祭竹之高丘、下丘，各一全豢。（同
上，237、238）〔註47〕

雖然不能一一列出所有神祇在本地信仰系統中的位置，但與《九歌》中東皇
太一、大司命、少司命、湘君、湘夫人等的主要神祇的地位比較吻合。

　　通過上兩個部分的比較不難看出，《離騷》第三段、《大招》等所描述的
神話世界與《九歌》的信仰系統顯然屬於兩個系統：前者不僅相關知識的數
量上與《山海經》重合程度要高得多，而且均以崑崙區為神聖場所的中心和
信仰歸宿，且以彭咸等巫者為宗；後者則主要是從楚地域信仰系統中昇華出
來，其主神為東皇也即舜。而兩相比較，尤其是將舜的地位與彭咸相比，在
屈原那裡實在難分高下。我們認為，前者體現的是作為「左徒」的屈原的職
業信仰與認同，而後者反映的是作為楚人的屈原的地域文化認同。

　　過常寶師認為屈原左徒之職近似春秋時的「左史倚相」。〔註48〕而據《左
傳・昭公十二年》和《國語・楚語下》載，左史倚相能讀《三墳》、《五典》、
《八索》、《九丘》，「又能道《訓典》，以敘百物……又能上下說於鬼神」。而
「敘百物」以「上下說於鬼神」，正是古《山海經圖》的主要功能之一。於
屈原賦而言，這方面的代表文獻是《天問》，過師認為《天問》「本來應該是
屈原所熟悉的一種巫史文獻」，〔註49〕是很準確的。《天問》的知識有相當
大一部分與《山海經》重合而可以互參，這點學者已有詳細考證。〔註50〕
其中關於崑崙的話有「崑崙縣圃，其尻安在？增城九重，其高幾里？四方之
門，其誰從焉？西北闢啟，何氣通焉？」看似寥寥數句，但在《天問》這個
龐大知識體系中所佔相對比重實在非其他任何一個場所或神祇聖王所能比
擬；而相反地，《九歌》、楚簡所據的楚地域信仰系統的神祇及事蹟、甚至關
於舜的內容，在《天問》中也並沒有被特殊強調——在《山海經》中同樣如
此，關於舜和其所葬的蒼梧、九疑、嶽山之類的記載也只寥寥數處，相比崑
崙區這個具有「特殊地位的神話中心」〔註51〕不可同日而語。這是其一。

　　其二則通過屈原的話可以看出：屈原多稱「願依彭咸之遺則」「吾將從

〔註47〕陳偉：《楚地出土戰國簡冊（十四種）》，第95頁。
〔註48〕過常寶：《楚辭與原始宗教》，第21～24頁。
〔註49〕過常寶：《楚辭與原始宗教》，第29頁。
〔註50〕可參見紀曉建：《〈楚辭〉〈山海經〉神話趨同的文化學意義》，《南京師範大學
　　　　文學院學報》2011年第2期。
〔註51〕顧頡剛：《〈山海經〉中的崑崙區》。

彭咸之所居」(《離騷》)等等，這本身就是職事認同的表現；而上文我們提到，屈原自崑崙出發時，不顧出行「毋敢顧」的儀式禁忌而反顧崑崙流涕，不僅表達了在信仰中求得自安與求得聖主賢臣以安楚國的努力二者之間的兩難心境，也表達了對於心中聖地的依戀之情；不僅如此，《離騷》伊始有兩句話「紛吾既有此內美兮，又重之以修能」可以窺見屈原的職業認同來源所自。何謂「內美」、何謂「重之以修能」？這點以往注家以「忠貞」云云為解不能令人滿意。劉信芳的說法很有啟發意義：《睡虎地秦簡‧日書甲種‧生子》云「庚寅生子，女為賈，男好衣配而貴」，屈原「庚寅以降」(《離騷》)又好奇服，據此說「屈原之名與字，主要決定於宗教方面的因素，並因對生辰吉日之崇拜，影響到屈原一生性格的形成」。〔註52〕而《睡虎地秦簡‧日書乙種‧生》又說「庚寅生，女子為巫」，〔註53〕男子情況雖不詳，但據此仍可推知「內美」的涵義乃是指天生之稟賦與職業命數而言；那麼「重之以修能」可以從後天職業要求和職業素養方面來解釋——屈原好著奇服、配飾香草、又以好修為常，這些都與巫覡職事的要求有關。《國語‧楚語下》說得明白「民之精爽不攜貳者，而又能齊肅衷正，其智慧上下比義，其聖能光遠宣朗，其明能光照之，其聰能月徹之，如是則明神降之，在男曰覡，在女曰巫」，可見巫者具備聰明遠照、德行衷正等才能和品格，乃是其能夠為巫並擁有降神能力的前提。因為相信神明是正直無私的且具有人的喜怒好惡等品格，因此禱祝詞中常申述巫者的這些才能品德，並輔以描述祭品的豐盛精潔、所保祐對象的正直虔誠等。如上面提到的《秦駰禱病玉版》即說：

> 犧殺既美，玉帛既精，余毓子厥惑，西東若惠。東方有土姓，
>
> 為刑法氏，其名曰陘。潔可以為法，□可以為正。〔註54〕

可見在先秦文化語境中，屈原高潔人格與特立獨行的行為固然有其人品因素在內，但這種對於自身天命職事及要求的虔誠認同，也是造成屈子堅持高尚忠貞、九死不悔人格形成的重要因素。在《離騷》等辭賦中，屈原一方面以彭咸為尚、以崑崙為歸宿，另一方面又不忘其作為楚人的身份、尊崇舜帝，正可以反映作為「左徒」和作為「楚人」的屈原雙重身份和文化的認同。

〔註52〕劉信芳：《秦簡〈日書〉與〈楚辭〉類徵》，《江漢考古》1990年第1期。

〔註53〕睡虎地秦墓竹簡整理小組：《睡虎地秦墓竹簡》，第252頁。

〔註54〕釋文採用李零：《秦駰禱病玉版的研究》。

第二節　世俗空間

「中國──四海」空間觀是西周「王族文化圈」建構在空間上的體現，本質上是通過「禹跡」「九州」（也即「中國」）這個「禹」造就的法統區域，來肯定周王朝紹緒天命的合法性，這是廣義「中國」的範圍；狹義的「中國」就是「依天室」而建的「天保」成周。「四海」則是在此基礎上形成的與廣義「中國」相對、代表「他者」的遠方地區。

時至戰國，政治局勢、民族關係、文化觀念包括地學思想都發生了很大變化。其中作為王權之「中」的空間象徵，也即西周被稱為「天保」「土中」的成周，其文化地位在這一世界觀的大變革中自然首當其衝，表現在文獻中就是大九州、建木中心等新的世界觀的出現；「中國──四海」的空間觀雖然已經隨著周王權的衰落而失去了最初意義，但卻並沒有被拋棄，而是以新的形式和內涵出現在新的時代，並成為《山海經》之《海經》《荒經》（二者之間及其內部經次）的劃分的依據。

一、「天下之中」的維護與消解

在西周春秋人那裡，以成周洛邑為「王土」「天下」的空間中心，最初是以天命王權的合法性為依託的。因此當王權夷陵之時，洛邑的中心地位就隨之受到挑戰。戰國到西漢初期，在對待「天下之中」的問題上有兩種基本態度，一種是重視，一種是無視。持「重視」態度的又有兩種情況：第一種就是堅持周代以來確立的「王者必居天下之中」的理念；另一種則在主觀上或客觀上否定了這種理念。無論是堅執還是否定，歸根結底都是對天下之「中」特殊價值的念茲在茲。

（一）「擇中立都」：成周地位的新闡釋

文獻記載周公們在描述洛邑地理位置時多稱其為「中國」「土中」或「天下之大湊」，戰國人則將其建都選址理念總結為「擇中立都」。《荀子·大略》云：「欲近四旁，莫如中央，故王者必居天下之中，禮也。」王先謙注云：「此明都邑居土中之意，不近偏旁，居中央，取其朝貢道里均。禮也，言其禮制如此。」〔註55〕《韓非子·揚權》遵承師說：「事在四方，要在中央；聖人執要，四方來效。」《呂氏春秋·慎勢》也說「古之王者，擇天下之中

〔註55〕（清）王先謙：《荀子集解》，第 485 頁。

而立國，擇國之中而立宮，擇宮之中而立廟。」漢代史學家也繼承了這種觀念，如《史記·周本紀》轉述周公的話說「此天下之中，四方入貢道里均」、班固《白虎通義·京師》也說「王者必即中土者何？所以均教道，平往來，使善易以聞，為惡易以聞，明當懼甚。《尚書》曰：『王來紹上帝，自服於土中』，聖人承天而制作。」

考察上述諸說，《荀子》和司馬遷、班固等的意思表達得最明確，就是說「天下之中」乃是距「四方」里程均等的天下的中央位置；《呂氏春秋·慎勢》說「立宮」「立廟」，意思也與二者相同。周初文獻中所說的「土中」的涵義則與他們的理解未必完全相同：

首先，「土中」的確包含了地理空間之「中」的意思，這點毋庸置疑。但這裡的「土中」也即「中土」「中國」更多乃是與「西土」相對的中原、中國，這裡是夏商二代尤其是夏代直接統治的區域；而荀子、史遷們所說的「天下之中」乃是基於「道里」「近」等空間距離而言。其間細微的差別，就如同周初所謂洛邑「為天下之大湊」而使「萬邦咸休」更多基於交通運輸的便利，而《史記》「四方入貢道里均」是基於里程的遠近是一樣的；從文獻看，從里程上來設計五服、尤其是確定「甸服」之「天下之中」的位置，只能追溯到《禹貢》。由此我們推測，西周人所說的「土中」，與後人所說的「天下之中」涵義並不完全相同。後人的理解乃是基於其時文化背景的，未必符合周初人的本義。

其次，選擇洛邑營建成周包含了依託夏統、「依天室」嵩山的宗教動機，因此這裡的「擇中立都」所依據的並不單純是地理空間上的「中」，而更是宗教信仰上的「中」——天室山。後世諸種「擇中立都」說如《荀子》從「禮」的角度、《韓非子》《呂氏春秋》從「要」和「勢」的角度、司馬遷和班固則從王德政教的角度重新賦予作洛以新的內涵。不僅諸說闡釋的角度各不相同，後世人的理解和周人本意也大不相同，這反映的是不同文化背景下的思想觀念。

然而有一點不可否認，後世「擇中立都」說的理據仍然是周初文獻中洛邑被作為「中國」「土中」的記載。過常寶師認為，「文獻」是春秋君子立言的理據和話語權力來源之一大宗，〔註56〕因為歷史文獻在時人眼中是社會乃至宇宙「恒常性法則」的一種載體，這點我們引言部分已簡要論及；而以荀子

〔註56〕過常寶：《原史文化及文獻研究》，第210頁。

等為代表的戰國以及後世士人階層的立言策略和思路，也是從春秋君子為代表的大夫階層那裡繼承來的。〔註57〕因此，即便是在不同的文化背景下做出與周初人不盡相同的、或是賦予了更多其他方面涵義的闡釋，然而其新闡釋仍然也是在堅持周初文獻記載中的幾點要素為的前提之下的。

對於經典記載的信奉是表象，對王權正統的認同才是本質。因此持「擇中立都」的諸說，本質上都是對周初作洛即形成的「王者居天下之中」的理念持認可的態度。前文我們曾用《馬王堆帛書·要》中孔子的話來描述西周春秋時期成周地位的不同闡釋：周初依「定天保，依天室」而作洛屬於巫文化「幽贊」性質的，《周禮》「地中」說乃是史官「明數」背景下的數理化闡釋，而戰國荀子們王者居「天下之中」以均教道、平往來、明善惡的說法則係遵循了春秋中晚期士人「求其德」（《馬王堆帛書·要》）〔註58〕的新思路。

（二）否定：大九州學說與「建木中心」說

持否定態度者，歸結起來大致有如下幾種情況：

1. 為打破成周為王者所居的「天下之中」的觀念而提出的，最有代表性的是鄒衍的大九州學說。鄒衍書已散佚，但漢代文獻中還保留了一些相關的記載：

> 鄒衍睹有國者益淫侈，不能尚德，若大雅整之於身，施及黎庶矣。乃深觀陰陽消息而作怪迂之變，終始、大聖之篇十餘萬言。其語閎大不經，必先驗小物，推而大之，至於無垠。……先列中國名山大川，通谷禽獸，水土所殖，物類所珍，因而推之，及海外人之所不能睹。以為儒者所謂中國者，於天下乃八十一分居其一分耳。中國名曰赤縣神州，赤縣神州內自有九州，禹之序九州是也，不得為州數。中國外如赤縣神州者九，乃所謂九州島也。於是有裨海環之，人民禽獸莫能相通者，如一區中者，乃為一州。如此者九，乃有大瀛海環其外，天地之際焉。其術皆此類也。然要其歸，必止乎仁義節儉，君臣上下六親之施，始也濫耳。王公大人初見其術，懼然顧化，其後不能行之。（《史記·孟子荀卿列傳》）

> 先列中國名山通谷，以至海外。所謂中國者，天下八十一分之

〔註57〕見過常寶、高建文：《「立言不朽」和春秋大夫階層的文化自覺》。
〔註58〕廖名春：《馬王堆帛書周易經傳釋文》，第38頁。

一，名曰赤縣神州，而分為九州。絕陵陸不通，乃為一州，有大瀛海圜其外。此所謂八極，而天地際焉。《禹貢》亦著山川高下原濕，而不知大道之經。（《鹽鐵論・論鄒》）

地部之位，起形高大者，有崑崙山，廣萬里，高萬一千里，神物之所生，聖人仙人之所集也，出五色雲氣，五色流水，其泉東南流入中國，名曰河也。其山中應於天，最居中，八十城市（八十一域布）繞之。中國東南隅，居其一分，是好城也。（《河圖括地象》）
〔註59〕

鄒衍之書，言天下有九州，《禹貢》之上，所謂九州也。《禹貢》九州，所謂一州也。若《禹貢》以上者，九焉。《禹貢》九州，方今天下九州也，在東南隅，名曰赤縣神州。復更有八州，每一州者四海環之，名曰裨海。九海之外，更有瀛海。（《論衡・談天》）

鄒衍論之，以為九州之內五千里，竟合為一州，在東南位，名曰赤縣神（「神」字脫，據劉盼遂說改）州。自有九州者九焉，九九八十一，凡八十一州。（《論衡・難歲》）

上述關於鄒衍「大九州」學說的兩種說法中，《史記》《鹽鐵論》《河圖括地象》等所說的「中國」（或「赤縣神州」）在「天地」間只佔了八十一分之一之說，是正確的；《論衡》所傳赤縣神州是天下九州之一、「八十一州」之「州」是《禹貢》九州，而明言「鄒衍之書」，又有「赤縣神州」「裨海」「瀛海」之類術語，可見「此誤解鄒衍說」，〔註60〕而不是別有依據。

關於大九州學說的來源，以往學者多僅是從鄒衍生活的齊地臨海的地理環境或戰國航海技術發展等來解釋，認為它是地理眼界開闊之後的一種猜想等等。這類說法不是全然沒有道理，但此類外在因素最多只能作為啟發鄒衍視野的外因，但並不能成為大九州說誕生的充分條件。其實對於這個問題，司馬遷已經強調得很明白：「推」。上引《史記》文總結鄒衍學說特點，竟四處言及「推」。這不僅是就大九州說，也是對鄒衍陰陽家知識生成方式的一個精

〔註59〕陳槃認為該段「亦大九州說」雖未必確，但認為《河圖括地象》等讖緯書與鄒衍書關係密切則無可懷疑。參見陳槃：《論早期讖緯及其與鄒衍書說之關係》（見中研院歷史語言研究所集刊編輯委員會：《歷史語言研究所集刊・第二十本》，中華書局1987年版，第159～187頁）

〔註60〕黃暉：《論衡校釋（附劉盼遂集解）》，中華書局1990年版，第1020頁。

關總結。「推」即推演。凡推演必有如下幾個要素：

首先必須要有先在的經驗性知識作為「推」的前提和依據，也即以已知推未知，《史記》所說「先驗小物」「先列中國名山大川，通谷禽獸，水土所殖，物類所珍」之類即是，這也正是鄒子推演大九州說所據的公共知識，以此為「驗」。

其次，「先驗小物，推而大之」，也就是暗示大九州說是以小九州也即《禹貢》九州學說推演而來，這正是所據以「推」的一個重要「法則」——「九數法則」。李零認為，鄒衍大九州說中的大小九州都是按九宮圖設計，〔註61〕這是很正確的。如《史記》所謂「中國外如赤縣神州者九，乃所謂九州島也」「如此（按：即赤縣神州）者九，乃有大瀛海環其外，天地之際焉」，實際上也透露出了這個信息。此外還暗含著「對稱法則」，這是數術觀念推演地學知識時常運用的法則。東海和南海的存在是戰國時人早已熟知的（這也正是「大九州」認為「赤縣神州」位居「東南隅」的原因），認為中國北方和西方也有海洋應當是基於「對稱法則」，而且中國四面環海的認識還進一步推演到大九州中——認為「九州島」各「有裨海環之」，「大九州」之外「有大瀛海環其外」。

再次，也是最重要的一點，大九州說並非是推演「至於無垠」，而是有「天地之際」的——這也是說陰陽家宇宙觀以數理為基礎的最重要證據。關於此，丁山、蒙文通等的看法最為卓見。丁山認為，「大九州說之構成：（1）得於戰國時域外交通之實際知識；（2）根據天文之測算；（3）受印度四大部洲說影響。」〔註62〕除「（3）」說可以忽略之外，「（1）」也即是我們上文所說的「推」所據的公共知識；而「（2）」是最重要的，丁山的論據有三：

一是鄒衍陰陽家家數及其知識來源，如上引《史記》文中「深觀陰陽消息而作迂怪之變」，《漢書・藝文志》所謂：「陰陽家者流，蓋出於羲和之官」等。對此學者也有詳細論證，〔註63〕可以信從。

二是「大九州名誼，率以天象為本」，如「天齊為沇，近天極為冀，日出為陽，日次為次，日入為弇」（據《淮南子・墬形訓》大九州名），「是知其構說之本，亦由天文之測算。」〔註64〕

〔註61〕李零：《中國方術續考》，第259頁。
〔註62〕丁山：《古代神話與民族》，商務印書館2005年版，第476頁。
〔註63〕林甸甸：《上古天學知識及文獻研究》，第255～273頁。
〔註64〕丁山：《古代神話與民族》，第483頁。

　　三是據上古文獻所保存的空間數據測算。丁山的算法是據《禮記‧王制》「凡四海之內九州，州方千里」語，則若以九宮圖式排布，則每邊長 3000 里；若依《史記》《鹽鐵論》說法，則裨海九州每邊長 9000 里，瀛海九州每邊長 27000 里，其邊長與面積均與《山海經》《管子‧地數》《呂氏春秋‧有始》、《淮南子‧墜形訓》等所載「地之東西二萬八千里，南北二萬六千里」相近。〔註65〕蒙文通也持此說：「晚周、西漢多言中國方三千里，（《孟子》王制》），如以鄒衍裨海內九州言之，則方九千里，以瀛海內九州言之，則方二萬七千里，長短相覆，則適得《淮南》、《括地象》所言四海內之數，此明為瀛海內九州之數，而以為禹治海內地數，則《淮南》、《括地象》之妄。」〔註66〕丁、蒙等的算法是將「中國」大小乘以三或九倍，其間就隱含了各州大小相仿的思路，這是十分符合數術圖式的，正如《墜形訓》「九州」與「八殯」、「八紘」皆「純方千里」，是一樣的。

　　他們的思路固然無可懷疑，結果也看似準確；然而若細心考察，則不難發現其中漏掉了「裨海」和「大瀛海」本身的里距和面積。《淮南子‧墜形訓》中還有如下記載：

　　　　闔四海之內，東西二萬八千里，南北二萬六千里，水道八千里，通谷其名川六百，陸徑三千里。

　　　　禹乃使太章步自東極，至於西極，二億三萬三千五百里七十五步。使豎亥步自北極，至於南極，二億三萬三千五百里七十五步。

　　　　九州之大，純方千里，九州之外，乃有八殯，亦方千里……八殯之外，而有八紘，亦方千里……八紘之外，乃有八極……（《淮南子‧墜形訓》）

這種「四海之內」和四極之內的里數，又見於《河圖括地象》，〔註67〕應屬於同一知識系統。關於「禹乃使太章步自東極，至於西極，二億三萬三千五百里七十五步。使豎亥步自北極，至於南極，二億三萬三千五百里七十五步」的說法，蒙文通認為《山海經‧海外東經》言『帝命豎亥步，自東極至於西極，五億十選（萬）九千八百步。』此應為《山海經》原有之文，此純以步

〔註65〕丁山：《古代神話與民族》，第 483～484 頁。

〔註66〕蒙文通：《古地甄微》，巴蜀書社 1998 年版，第 174 頁。

〔註67〕〔日〕安居香山、中村璋八輯：《緯書集成》下，河北人民出版社 1994 年版，第 1094 頁。

計。《淮南》顯取此豎亥之文，而改易其量詞以里計，復徒增七十五步之文，與他書所記言步者皆不合。乃《論衡》稱信《淮南》而疑鄒衍，而未知《淮南》之源於鄒衍，固矣。」〔註68〕除指出了《淮南子》與《山海經》所載兩組數據之間的關係外，更暗示了鄒衍與二者之間的關係。《山海經》、大九州學說、《淮南子・墜形訓》、《河圖括地象》之間知識和文獻上的傳承關係，劉宗迪、劉捷等學者也有梳理。〔註69〕若沿著前人指出的這些思路展開，還是可以作另一番推算的。

　　先來看中國所在「赤縣神州」的大小。其中，「九州之大，純方千里」從字面義看就是每州邊長千里，九州則每邊長3000里，是符合《王制》所說的；而《論衡》則明說鄒衍是依《禹貢》九州為據起推，故「九州之內五千里」，這是合於《禹貢》五服制所記里數的，《河圖括地象》記載與此同。〔註70〕《史記》說「赤縣神州內自有九州，禹之序九州是也」，並不是說「赤縣神州」中只有禹所序之九州；正如《河圖括地象》說崑崙周圍有81大區域環繞布列，也不是說各域緊密相連、環繞崑崙一樣。若將《淮南子・墜形訓》「純方千里」的「九州」以及其外圍的「八殥」「八紘」「八極」（「八極」為八至之點，本身未標里程，且與《鹽鐵論・論鄒》所說「八極」不同）等均視為「赤縣神州」的構成部分，「八殥」、「八紘」等分布八方，則每邊兩面各需加上2000里共4000里，則按九州3000里算「赤縣神州」邊長7000里，按《論衡》5000里算則邊長為9000里。按《史記》「中國外如赤縣神州者九，乃所謂九州島也」，每一「九州島」邊長分別是21000里或27000里。就與《河圖括地象》的說法比較接近了：「地廣東西二萬八千，南北二萬六千，有君長之州有九。阻中土之文德，及而不治」〔註71〕——這裡所說有君長然而中土文德所不及的九大州顯然正是《墜形訓》所載「東南神州」等九州，而不是《禹貢》九州；而且這裡的「海」或也不是指蠻夷戎狄之「海」，而是指「裨海」。即便前者21000里的結果差距較大，也無法在「神州」里距之內再按九數法則推一次。此「九州島」之間還「有裨海環之」，若設裨海里距與每一九州島相等，乘以5則「九

〔註68〕〔日〕安居香山、中村璋八輯：《緯書集成》下，第175頁。

〔註69〕參見劉宗迪《失落的天書——〈山海經〉與古代華夏世界觀》（增訂本）（第610～620頁）、劉捷《馴服怪異：〈山海經〉接受史研究》（第67～112頁）等。

〔註70〕〔日〕安居香山、中村璋八輯：《緯書集成》下，第1089頁。

〔註71〕〔日〕安居香山、中村璋八輯：《緯書集成》下，第1094頁。

州島」共計東西 14 萬里、南北 13 萬里。剩餘的東西 93500 里和南北 103500 里為環於四周的「大瀛海」的幅員。所以與其說《墜形訓》所載四極里距數據「是按鄒衍『大九州』面積再乘九倍而產生的」，〔註72〕不如說就是「大九州」本來即遵循的、來自《山海經》由天學步算所得出的「天地之際」的數據——這種計算方法更為圓通一些。

此外，對於四極東西、南北的距離，還有《呂氏春秋‧有始》記載的「東西五億有九萬七千里，南北亦五億有九萬七千里」，上古「億」有時作十萬、有時作百萬用，「五億」與「九萬」之間用「有」字連接，當用百萬義；《山海經‧海外東經》裏的億同樣是百萬。從《有始》該句高誘注看，《詩含神霧》《河圖括地象》《靈憲》《開元占經》等書記載均與《淮南子‧墜形訓》數據相近，〔註73〕唯《有始》數據大於此二十餘倍，或是誤記《海外東經》數據和單位。

2. 以各自理據確定新的「天地之中」，這在客觀上也消解了「立中」與王權的羈絆。主要有如下幾種說法：

（1）以都廣、建木為「天地之中」：

> 白民之南，建木之下，日中無影，呼而無響，蓋天地之中也。
> （《呂氏春秋‧有始》）

> 建木在都廣，眾帝所自上下，日中無景，呼而無響，蓋天地之中也。（《淮南子‧墜形訓》）

「建木」「都廣」「白民」等知識均來自《山海經》，有關它們的原始記載分別是：

> 有木，其狀如牛，引之有皮，若纓、黃蛇。其葉如羅，其實如欒，其木若蓲，其名曰建木。在窫窳西弱水上。（《海內南經》）

> 有木，青葉紫莖，玄華黃實，名曰建木，百仞無枝，有九木屬，下有九枸，其實如麻，其葉如芒。大皞爰過，黃帝所為。（《海內經》）

若從《海內南經》的敘述次序看，「建木」應當在「海內」的西南阪附近。「都廣」見於《海內經》：

> 西南黑水之間，有都廣之野，后稷葬焉。爰有膏菽、膏稻、膏黍、膏稷，百穀自生，冬夏播琴。

〔註72〕丁山：《中國古代宗教與神話考》，第 381 頁。
〔註73〕陳奇猷：《呂氏春秋新校釋》，第 675 頁。

《山海經》中有兩處「白民之國」，一處見於《海外西經》，在「海外」之西北陬附近；一處是《大荒東經》「銷姓」「白民之國」，位置約在正東方稍偏北。《呂氏春秋》說的「白民」當是前者。

　　據《山海經》的記載來看，這幾處地方均處西方，但《呂氏春秋》《淮南子》所載的各地所處位置關係並不是十分準確。如《呂氏春秋》說建木在「白民之南」，事實上而這二者一處西北、一處西南，距離並不算近；《淮南子》說「建木在都廣」，事實上二者所處位置雖近，但一在「弱水之上」、一在「西南黑水之間」，顯然不是同一個地方。然而「都廣」郭璞注謂：「其城方三百里，蓋天下之中，素女所出也。」〔註74〕此地又見於劉向《九歎‧遠遊》「絕都廣以直指兮」，王逸注謂：「都廣，野名也。《山海經》：『都廣在西南，其城方三百里，蓋天地之中也。』」〔註75〕郝懿行據此認為郭注內容本來是《山海經》經文裏的。〔註76〕不過從《海內經》文句看，與郭注、王注所言差別甚大，郝說未必可全信。從前面我們對《山海經》知識生成的時代看，恐怕那時候還沒有設定一個固定唯一的「天地之中」的觀念。那麼這些內容就可能漢代及以後人們的附益了。

　　說「建木」所在「日中無景，呼而無響」或「眾帝所自上下」，更是《山海經》所無的。關於「日中無景，呼而無響」，《山海經》中與之相似的記載是「壽麻之國」：

　　　　有壽麻之國。……壽麻正立無景，疾呼無響。爰有大暑，不可
　　以往。(《大荒西經》)

位置處在西「荒」偏南部，而建木、都廣等均在「海內」空間的西南部中，二者儘管方位上很接近，但顯然不是一地。因此可以認為是《呂氏春秋》《淮南子》將原本是「壽麻之國」的地理景象移植到了「建木」「都廣」那裡；而「眾帝之所上下」類似的記載在《山海經》中有「群巫所從上下」的「登葆山」(《海外西經》)和「柏高上下於此」的「肇山」(《海內經》)，因此也可以認為是《淮南子》的移植。

　　《淮南子‧墬形訓》的說法應當是繼承自《呂氏春秋》，不過後人似乎發現了這個矛盾，於是就有了同篇的「八紘」條的另一種說法：「南方曰都廣，

〔註74〕袁珂校注：《山海經校注》，第506頁。
〔註75〕（宋）洪興祖：《楚辭補注》，第310頁。
〔註76〕袁珂校注：《山海經校注》，第506頁。

－213－

曰反戶」。所謂「反戶」也即《爾雅・釋地》中位於南「荒」的「北戶」，即是「言其在向日之南，皆為北向戶，故反其戶也。」〔註77〕這個說法仍然是對既有知識的改造。

（2）以崑崙為「天地之中」，該說的理路與都廣、建木幾乎一樣。郭璞注《海內西經》「海內崑崙之虛，在西北，帝之下都」條時曾引《禹本紀》說：「去嵩高五萬里，蓋天地之中也。」〔註78〕《禹本紀》已佚，應當是一部性質與《山海經》相近的書，如《史記・大宛列傳》所說：「至《禹本紀》、《山海經》所有怪物，余不敢言之也。」可見此書在此之前已有。《水經・河水一》也有類似說法。

崑崙被視作天地之中不僅在於它最初作為神話中心和宗教中心的地位，除《山海經》所載外，還有如《淮南子》說：「崑崙之丘，或上倍之，是謂涼風之山，登之而不死。或上倍之，是謂懸圃，登之乃靈，能使風雨。或上倍之，乃維上天，登之乃神，是謂太帝之居。」因此有不少後世文獻將崑崙山看做「天柱」的。

還有一個原因就是它所處的方位——西北。《河圖括地象》中有數處記載實際上已經點出了這個問題：「地中央曰崑崙。崑崙東南，地方五千里，名曰神州。其中有五山，帝王居之」「天不足西北，地不足東南。西北為天門，東南為地戶。天門無上，地戶無下」〔註79〕等等。所謂「天門無上，地戶無下」就是說西北方地勢最高，東南方地勢最低；而作為神話中心的崑崙正好處於西北方，於是就順理成章地成了「地中央」，這是出於對我國地勢高低分布的經驗性認識。然而「天門」「地戶」等稱謂顯然是數術名詞，正如《河圖括地象》說的：「崑崙者，地之中也，地下有八柱，柱廣十萬里，有三千六百軸，互相牽制，名山大川，孔穴相通」，〔註80〕儼然已經將大地看成了一部以崑崙為總樞紐、依神秘數字組構起來的大機器了。用數術圖示設計崑崙區的，自《山海經》以後比比皆是，雖然面目各異，但設計理路一致，不再一一舉例。崑崙所在的西北為地勢最高的天門，而中國所在的東南為最低的地戶，也正符合鄒衍大九州學說的內隱之義，因而到了漢代的緯書如《河圖括地象》中，

〔註77〕何寧：《淮南子集釋》，中華書局1998年版，第334頁。
〔註78〕袁珂校注：《山海經校注》，第346頁。
〔註79〕〔日〕安居香山、中村璋八輯：《緯書集成》下，第1089～1090頁。
〔註80〕〔日〕安居香山、中村璋八輯：《緯書集成》下，第1091頁。

就順理成章地將兩種說法綜合到一處了。

　　上述幾種說法雖然主張、動機皆或不同，但至少有兩點是共通的：一是都否定了西周以來「王者——天下之中（洛邑）」的理念；二是都以天學知識為基礎，屬於數理意義上的空間認識，尤其是大九州說，更是以天學測算數據為基礎的。這與陰陽家微觀、抽象意義上的五行空間觀、純哲學意義上的如道家老子的「大方無隅」（《老子》41章）或莊子的「細大之不可為倪」（《秋水》）、名家惠施的「至大無外」（《莊子‧天下》）等空間觀，乃至巫文化時代以通天神山神樹為天地中心的觀念，都是有著根本區別的。

　　林甸甸認為，鄒衍大九州學說的目的在於「打破『立中』的權力魔咒」，〔註81〕這是很有道理的。上引《史記‧孟子荀卿列傳》文中言道鄒衍創立學說的動機在於「騶衍睹有國者益淫侈，不能尚德，若大雅整之於身，施及黎庶矣。乃深觀陰陽消息而作怪迂之變，終始、大聖之篇十餘萬言。」《鹽鐵論‧論鄒》也說：「鄒子疾晚世之儒墨，不知天地之弘，昭曠之道，將一曲而欲道九折，守一隅而欲知萬方……於是，推《大聖》、《終始》之運，以喻王公。」說得已然明白：鄒衍學說的創立是有強烈而明確的功利目的的：一是破除儒墨俗士的一曲固陋之見，二是曉喻「王公」、「有國者」。二者實際上是二而一的，所謂晚世儒墨的一曲一隅之見，在地學方面「王者——天下之中（洛邑）」的觀念也應包含在內；破除此類固說以「喻王公」，則點出了鄒衍學說所服務的對象——二者實際上都是在為戰國諸侯謀取周代王權提供意識形態上的合法性，正如慎到等的黃老之術、淳于髡《王度記》以及《周官》、《管子》（《幼官》、《四時》、《五行》）等的著述乃是「為了適應田齊政權帝制運動的政治需要」一樣。〔註82〕

　　鄒子等學者的這種動機不惟是當時社會思想背景使然，更直接地是取決於其所處的制度背景——稷下之學。稷下之學設立於齊桓公田午時期，其創立「顯示了齊桓公覬覦王權的野心」。〔註83〕到了「騶衍的時代，正是帝制運動的時代。騶衍的居地，正是東帝（齊）和擬議中的北帝（燕）。」〔註84〕基

〔註81〕林甸甸：《上古天學知識及文獻研究》，第246～248頁。

〔註82〕見白奚：《稷下學研究——中國古代的思想自由與百家爭鳴》，生活‧讀書‧新知三聯書店1998年版，第60～61頁。

〔註83〕林甸甸：《上古天學知識及文獻研究》，第242頁。

〔註84〕顧頡剛：《古史辨自序‧騶衍的略史及其時代》，河北教育出版社2000年版，第440～441頁。

於此，則大九州說提出的動機也就很明瞭了。

但僅有動機或理路顯然還是遠遠不夠的，要使學說具有說服力，必然要有所依據。過常寶師曾指出春秋君子階層「立言」的三種依據：「文獻、歷史和儀式制度」。〔註85〕然而到了戰國時期，隨著崇古意識的衰退和徵實、貴今觀念的高漲，僅憑此三類知識作為話語資源已然被認為是「明據先王，必定堯、舜者，非愚則誣」（《韓非子‧顯學》）。而本自天學數理的宇宙認識，則更容易被時人認可。正因為大九州學說既以此為理據，又是以公共知識立足點立論，在當時語境中是具有相當可信性的，因此才會產生「王公大人初見其術，懼然顧化」（《史記‧孟子荀卿列傳》）的接受效果，即便後世有認為「此言詭異，聞者實駭」者，也仍然是「不能實其然否」（《論衡‧談天》）。

《呂氏春秋》的「建木為天地之中」說情況與此相似。《史記》本傳載：

> 當是時，魏有信陵君，楚有春申君，趙有平原君，齊有孟嘗君，皆下士喜賓客以相傾。呂不韋以秦之強，羞不如，亦招致士，厚遇之，至食客三千人。是時諸侯多辯士，如荀卿之徒，著書佈天下。呂不韋乃使其客人人著所聞，集論以為八覽、六論、十二紀，二十餘萬言。以為備天地萬物古今之事，號曰《呂氏春秋》。

元人陳澔說得更明白：

> 呂不韋相秦十餘年，此時已有必得天下之勢，故大集群儒，損益先王之禮而作此書，名曰《春秋》，將欲為一代興王制典禮也。〔註86〕（《禮記集說‧月令》）

因此「建木為天地之中」說也應該包含了與大九州說相似的動機在內。

總而言之，無論是大九州說、建木中心說還是崑崙中心說，都是在周代王權衰落以及與此相應地洛邑中心說動搖的背景下產生的，這是其政治背景；也都是在人們自覺理性地認識世界的基礎上（其典型表現就是數理宇宙觀的發展）提出來的，這是其文化背景。二者互相融合、共同發生作用，尤其前者的影響力更明顯。正因如此，到漢代王權穩固，意識形態建設成熟和定型，這時中國中心說復又進入主流意識形態之列，於是就有了《淮南子‧時則訓》的「五位」說，其中「中央之極，自崑崙東絕兩恒山，日月之所道，江漢之所出，眾民之野，五穀之所宜，龍門、河、濟相貫，以息壤埋洪水之州，東至於

〔註85〕過常寶：《原史文化及文獻研究》，第210頁。

〔註86〕（元）陳澔：《禮記集說》，鳳凰出版社2010年版，第134頁。

碣石，黃帝、后土之所司者，萬二千里」，《尚書大傳・洪範五行傳》說得更明白：「中央之極，自崑崙中至大室之野，帝黃帝、神后土司之」。〔註87〕事實上即是將嵩山（洛邑）中心說和崑崙中心說相調和，再進一步看，就是將西周春秋經典空間觀和戰國數理空間觀相調和的結果。而《河圖括地象》所說的「崑崙之墟，下洞含石，赤縣之州，是為中則」，〔註88〕或是以赤縣神州為「地戶」，或是稱「地廣東西二萬八千，南北二萬六千，有君長之州有九。阻中土之文德，及而不治」等，實際上也是在繼承戰國數理空間認識的基礎上，從不同角度（或從空間，或從「文德」等）重新強調「中國」的「中則」地位而已。

（三）無視：地利對權力之「中」的戰勝

以上這幾種情況，歸根結底都是對「天下之中」或「天地之中」這一特殊空間的價值頗為重視的；還有一種情況就是更重視地利因素，而對「擇天下之中而立國」之類迂遠之說比較輕視。仍以建都思想為例。選擇都址乃是國之大事，必須要綜合考慮政治、經濟、軍事等諸多方面因素，這一點自不待言。但即便在先秦時期，不同歷史階段對於這些因素重視的程度也不相同。我們前文已經分析過商和西周和春秋建都思想的變遷，大率而言商代徙都皆是出於避水患、近銅礦等現實考慮，談不上有「擇中立都」之類自覺、系統的「政治法則」；周初洛邑的建築則除了考慮臨近山川之外，還有意識地在「有夏之居」的「中國」擇址、并強調「無遠天室」以「定天保」（《逸周書・度邑》），宗教意味仍然十分濃厚；而到了春秋，既有以晉國「諸大夫」為代表的以「沃饒而近鹽，國利君樂」主張在自然資源豐富之地建都的思想，又有韓獻子「土厚水深，居之不疾，有汾、澮以流其惡，且民從教，十世之利也。夫山、澤、林、鹽，國之寶也。國饒，則民驕佚。近寶，公室乃貧」（《左傳・成公六年》）和魯敬姜「昔聖王之處民也，擇瘠土而處之，勞其民而用之，故長王天下。夫民勞則思，思則善心生；逸則淫，淫則忘善，忘善則噁心生。沃土之民不材，逸也。瘠土之民莫不向義，勞也」（《國語・魯語下》）這種更重視風俗教化、以貧瘠之地鍛鍊民心等人文因素的建都思想。一言以敝，這時候的建都擇址標準對於地利的重視更多偏向自然資源的貧饒、環境的優劣等因

〔註87〕（清）皮錫瑞：《尚書大傳疏證》，第 314 頁。
〔註88〕〔日〕安居香山、中村璋八輯：《緯書集成》下，第 1089 頁。

素，而且人文因素也被重視。但到了戰國時期，情況就大不相同了，不僅地利因素得到前所未有的重視，而且以縱橫家為代表戰國策士更關注各國乃至天下宏觀地理形勢以及人口、資源、物產、風俗等綜合國力，這種地理思想對於當時乃至後世建都思想影響深遠。如楚漢之際，劉邦就一段時間曾「都雒陽」，在天下大定之後「欲長都雒陽」(《史記·高祖本紀》)。當時就有了劉敬、張良主都關中和山東諸臣主都雒陽兩種主張：

> 左右大臣皆山東人，多勸上都雒陽：「雒陽東有成皋，西有殽黽，倍河，向伊雒，其固亦足恃。」留侯曰：「雒陽雖有此固，其中小，不過數百里，田地薄，四面受敵，此非用武之國也。夫關中左殽函，右隴蜀，沃野千里，南有巴蜀之饒，北有胡苑之利，阻三面而守，獨以一面東制諸侯。諸侯安定，河渭漕輓天下，西給京師；諸侯有變，順流而下，足以委輸。此所謂金城千里，天府之國也，劉敬說是也。」於是高帝即日駕，西都關中。(《史記·留侯世家》)

這兩種主張的說辭都類戰國策士之言，其中並不提什麼「擇中立都」、更沒有什麼「定天保，依天室」的考慮，且即便是講地利也不再區區於自然資源的豐饒與否，而是立足於宏觀的天下軍事、政治、經濟地理形勢，其中尤多考慮軍事地理因素。

在此時，與立都相應的「立宮」思想也表現出同樣的價值傾向。劉自智曾考察東周列國都城的城郭形態，發現商周時代確有「擇國之中而立宮」的傳統，這種現象一直延伸到春秋時期；戰國時期則完全突破了這種模式的制約，多「將宮城獨立出來置於郭城的一側或一隅」，作為「強化王宮安全防禦的重要措施」，其目的就是為了防備卿大夫中的強宗大族對於公室安全的威脅。〔註89〕

二、三層空間觀與《海》《荒》分經

將「天下」分為「中國」和「四海」兩個對立統一的基本空間的觀念在西周早期即已成型；成書於西周中期偏晚的《禹貢》則更明確地描述了這兩個相對獨立的空間之間在地域範圍、族群服制等方面的具體內涵，而當時與關係漸趨緊張的新態勢影響了新的五服制的設想；到了春秋戰國時期，夷夏之別更趨封閉，相應地「海」的內涵也有了新變化：原先在西周被列入五服的

〔註89〕見劉自智：《東周列國都城的城郭形態》，《考古與文物》1997年第3期。

蠻夷戎狄被稱作「海」（《爾雅・釋地》），因而原本僅為「播民」所居的「海」的內涵發生變化，到戰國中期，「中國——四海」的雙層空間已經被「中國——海——荒」的三層空間所取代。而《山海經》從知識生成到最終成書，時間跨度極大，周代空間觀的這種變遷正好在《山海經》中留下了比較完整的軌跡。

（一）《海》分內、外與三層空間的雛形

弄清楚《海經》為何分為《海外四經》和《海內四經》的問題，是認識《山海經》三部分經文所述空間關係的一大關鍵。傳統認識以為《海外四經》所述空間範圍在《海內四經》之更遠故名。這一觀點多不為現代學者所接受。但若仔細比較，則會發現《海外四經》與《海內四經》的區分的確是以空間遠近為標準的，傳統認識並不是簡單的望題生義。

首先從「海外」「海內」的篇題看。今本《海外四經》《海內四經》各篇之首均有「海外自西南陬至東南陬者」「海內東南陬以西者」等等述圖之語，是「劉秀」「臣望」校書之時既有的；《淮南子・墜形訓》中「凡海外三十六國」一段乃摘錄自《海外四經》，這一點為學者共識。稱此內容為「海外」，也可以推知《海外四經》以「海外」為名是以「篇」流行之時即有的，《海內四經》的情況應該也是如此。

再來看《海外四經》和《海內四經》的重見情況。《海經》這兩部分關注對象均以遠方方國為主，兼及具神聖地景或方物。因此作為主體的山野林澤等自然地景與《山經》《荒經》不同，均是因其有特殊價值才被列入經文，此其一；除此之外的地景如「青水西」「赤水上」（《海外南經》）等等僅是作為定位的標誌物，並不能作為經文描述對象來看待，尤其是黑水、赤水、青水等河流這種跨度極大的「線」，不應作重見例，此其二。若以上述標準重新統計，則可得重見條目如下：

1. 三株樹；2. 不死民（不死樹）；3. 崑崙虛；4. 三首國（三頭人）；5. 滅蒙鳥（孟鳥）；6. 奇肱國、文馬（犬戎、文馬）；7. 肅慎之國、雄常樹（服常樹）；8. 鍾山；9. 相柳、眾帝之臺（帝堯臺、帝嚳臺、帝丹朱臺、帝舜臺）；10. 大人國（大人之市）

共計 10 條。若再考慮到這 10 條中一部分是集中圍繞著作為宗教和神話中心的崑崙區、以及《海內四經》多經後人改造的情況，則上述數條，相比起《海外四經》77 條、《海內四經》76 條，簡直就是微不足道了。這足以說明，

《海外四經》與《海內四經》絕不會是對同一區域內同一類事物的兩種描寫。

而另一方面，二者不僅在敘述體例、關注對象上看都應歸入《海經》系統；而且從被作為定位標誌的赤水、青水、禹所積石山、羽民國、畢方國等看，也能看出二者所描述的是兩個臨近的區域。這一點若結合《王會圖》外臺部分的情況來看就更明確了：《海經》與《王會圖》相近條目至少與《海外四經》重合者 13 條、與《海內四經》重合者 14 條（詳見《附錄二》）。對此安京論道：

> 由於臺是四方的，因而四方播民的排列也呈「四方形」。他們所處的方位雖然參照了他們實際居住的方位……那麼各地播民自然居住的方位受各種自然或人為條件的制約，也絕不可能是正方形的！因此……只能是對某個儀式中人及物排列位置的描述，而不可能是對人類自然居住位置的描述。由此可以推論：《山海經》所詮釋的『圖』很可能就是經過改造的《王會圖》。〔註90〕

安說頗有值得探討之處：

一、如上文我們所論的，《海經》中有大量關於自然地景的描寫，如《海外南經》的南山、三株樹、壽華之野、狄山、范林，「南山」條有「南山在其（按：結匈國）東南。自此山來，蟲為蛇，蛇號為魚」，明顯描寫地理景觀而非儀式。而且，「畢方鳥在……青水西」「三株樹……生赤水上」等說法，明確地以河流來為其地理位置定位，當然更不可能是來自儀式場景。

二、《海經》《荒經》中方國、地景、方物等的排列也並不是如《王會圖》儀式中那樣呈「四方形」整齊排列的。如《海外南經》中明言南山在結匈國東南、羽民國在比翼鳥東南、讙頭國在畢方鳥南、厭火國在讙頭國南、三株樹在厭火國北等等，而本經是從西南陬向東南陬敘述的。這就是說，《海經》雖然在篇首所說的「自西南陬至東南陬者」等等，僅是說明本經所述的順序，並不能簡單地認為《海經》中的內容像儀式中的排隊那樣呈直線狀排列；《山海經》敘述方位多取其大概，如《山經》「就整個一經而言，所載大方向是正確的」「就某山在前一山的某向而言，完全正確的不多……完全錯誤的也不多」，〔註91〕因此只能認為《海經》所描寫的是一個有一定空間範圍的環形區域、而不是儀式中的班次。也只有這樣認識，才可以解釋為什麼《王會圖》排

〔註90〕安京：《〈山海經〉與〈逸周書・王會篇〉比較研究》。
〔註91〕譚其驤：《論〈五藏山經〉的地域範圍》。

列在某方的邦族方物，在《海經》中卻分別列入不同方向經次中。比如在《王會圖》外臺東方西面的一列中，「青丘，狐九尾」「黑齒」「海陽大蟹」見於《海經》之「東經」；「周頭」「甌人」「會稽」見於《海經》之「南經」；而「肅慎」卻見於《大荒北經》。上文我們所列《海經》《荒經》與《山經》重見的條目中也有不少這樣的例子，如《南山諸經》下的9條既有見於《海經》《荒經》的「南經」的，又有見於「東經」和「西經」的，這種分經不統一的現象尤以「西」「南」兩方最為常見。上述現象只有在面對覆蓋面很大的一系列邦國方物時，因為對四方所包括區域有不同劃定標準時才會出現，在儀式那種整整齊齊的排列方式下是不可能出現的。

　　三、還有一種「自重」現象，如《海外西經》的一臂國與奇肱國、女祭女戚與女子國等或本為一事，但這裡被當作兩事一併記錄下來，若說是對《王會圖》內同一個場景記錄了兩次則更不可能。

　　據上述分析我們認為：第一，《山海經》所據之《山海經圖》中，「山」「海」「荒」相關內容應該是一體繪入的，其中《海經》《荒經》中的相關內容分布在《山經》「中部」之外的廣大區域，所以才會出現《山經》《海經》和《荒經》在記同一物時卻將其分入不同方經；第二，最早的《山海經圖》應該早在成周之會之前就有雛形了，只是在後世被不斷地積累和修改，所以才會出現「自重」等現象。《王會圖》的內容或曾被用來印證或補充《山海經圖》。比如《海內北經》：「有人曰大行伯，把戈。其東有犬封國。貳負之尸在大行伯東。」「大行伯」袁珂認為或即「共工好遠遊之子修」，〔註92〕不能令人滿意；安京認為即《王會篇》的「大行人」。〔註93〕但「相者，太史魚、大行人，皆朝服，有繁露」語其上文為「阼階之南，祝淮氏、榮氏次之，皆西南，彌宗旁之。為諸侯有疾病者之醫藥所居」、其下文為「堂下之東面，郭叔掌為天子菜幣焉，絻有繁露」，唐大沛注曰：「舊本『皆西面』三字在『彌宗旁之』上，沛案當在下，蓋祝宗與彌宗同是西面，故云皆西面」、潘振注曰：「堂下之東面，西階之南也。」〔註94〕然則「大行人」位置應在堂下阼階之南，位置在內臺之東南；而「犬戎文馬」位置在外臺之西北角附近，恰與《海內北經》所記「犬封國」位置相近，但卻與「大行人」的位置距離甚遠。但安京的說法仍很

〔註92〕袁珂校注：《山海經校注》，第359頁。
〔註93〕安京：《〈山海經〉與〈逸周書·王會篇〉比較研究》。
〔註94〕黃懷信：《逸周書匯校集注》（修訂本），第804～807頁。

有啟發意義，因為在《王會》中還有「中臺之外，其右泰士，臺右彌士」的記載。盧文弨謂：「『右泰士』之『右』或疑『左』」，孔晁謂：「外，謂臺之東西也……太彌之『太』，鍾本、何本作『大』」且認為位在「外臺」，陳逢衡謂泰士、彌士為「入衛之士，非相儀之士也」。〔註95〕若以《王會》以北為上的述圖方式看，則「泰士」位置正在外臺之西方和外臺西方諸邦國方物之東，不僅在方位上與外臺西北方的「犬戎」位置更接近，且是「入衛之士」，也符合《海外北經》「把戈」的描寫。因此，我們認為《海外北經》的「大行伯」應該就是《王會圖》的「泰士」（大士）。這說明《山海經圖》在積累和改造過程中確有可能借鑒過《王會圖》，而《王會圖》外臺方國所處方位「參照了他們實際居住的方位」，也為《山海經圖》借鑒《王會圖》提供了便利條件。第三，也是我們考察《山海經》「中——四方」空間觀演變的一個關鍵點：《王會》外臺所記述的內容既包含了《海外四經》的內容，又包含了《海內四經》的內容（《伊尹朝獻》篇也是如此），而且二者數量大致相當；再者，《海內四經》與《海外四經》存在重見的內容。這說明至遲在成周之會的周初，《山海經圖》中的「海」尚是一個與中心區相對的一體空間，尚沒有「海外」「海內」之分。

那麼，《海經》分別「海外」「海內」是基於何標準呢？可能的情況大約有三種：或是按關係距離之「內」「外」來區別，但這在文獻中找不到切實證據，故排除；或是按古書分內、外篇之例，如《左傳》與《國語》《莊子》《淮南子》之類。余嘉錫總結其特點謂：「凡以內外分為二書者，必其同為一家之學，而體例不同者也」「凡以一書之內，自分內外者，多出於劉向，其外篇大抵較為膚淺，或並以為依託者也」。〔註96〕《海外四經》和《海內四經》體例相近且前者較後者為整飭，「海外」之說又見於《淮南子‧墬形訓》，可見從這個角度也是解釋不通的。這樣，也就只能如顧頡剛那樣，從空間關係的角度去解釋：「《海經》也有一個總圖，另一個作經者就其遠近，割為《海外》、《海內》兩部」。〔註97〕然而他對此說並沒有進一步證明，此處聊作申說如下：

第一、首先從二經所述範圍來看，《海外四經》描寫範圍更大：

南方：從與《山經》重見條目（均在《南次二經》）看，二者所述範圍孰

〔註95〕黃懷信：《逸周書匯校集注》（修訂本），第813～814頁。

〔註96〕余嘉錫：《古書之分內外篇》，見《目錄學發微（含古書通例）》，中國人民大學出版社2004年版，第262～268頁。

〔註97〕顧頡剛《〈山海經〉中的崑崙區》。

者更南難以判定；若結合《大荒四經》考察，則《海外南經》條目更近南荒邊際，如作為南荒邊際 7 山之一的《大荒南經》「海水南入焉」的「融天」，其上條為「載民之國」也即《海外南經》的「載國」、其下為「有人曰鑿齒，羿殺之」也即《海內南經》「羿射鑿齒」條。據此似《海外南經》所述地景更為邊遠。

　　西方：（1）從敘述順序看，《海內北經》的「蛇巫之山」位置較西。《大荒南經》載：「黑水之南，有玄蛇……有巫山者，西有黃鳥……司此玄蛇」，《大荒西經》載「大荒之中，有山名曰鏖鏊鉅，日月所入者。有獸，左右有首，名曰屏蓬。有巫山者……有比翼之鳥」。「以此度之，巫山在屏蓬與比翼鳥之間。」〔註98〕據《海外西經》「並封」之西尚有巫咸國等，所涉範圍更大；（2）若以《山經》為座標考察，《海內四經》以《海內北經》之「窮奇」位置較西，「窮奇」在《西次四經》19 山之 17「邽山」。《海外四經》較西者為「神蓐收」與「駮」，二者分別位於《西次三經》22 山之 21「泑山」和《西次四經》19 山之 16「中曲之山」。若單純從《山海經》所言裏數看，《西次三經》共 6744 里，《西次三經》共 3680 里，而二者起點里距差距並不懸殊，自然「泑山」位置遠遠更西。但還應考慮到「《西次三經》東段的距離被人為的加大了」，〔註99〕泑山「西望日之所入，其氣員，神紅光之所司也」，與日沒所入的「崦嵫之山」（《西次四經》之末）靠西程度相仿。「邽山」距「崦嵫之山」約五六百里，似以《海外西經》「神蓐收」所居更西。此外，《海外東經》有載「帝命豎亥步，自東極至於西極，五億十選九千八百步」，已然涉及大地之最西端。因此從西向看，《海外四經》所述範圍更大。

　　北方：《海外四經》最北端當是《海外北經》的「三桑無枝」，也即《北次二經》16 山之 15「洹山」「三桑」，此地距「錞于北海」的「敦題之山」三百里；《海內四經》最北端當是《海內西經》西北陬的大澤，也即《北次三經》47 山之 45、46 的「雁門山」「泰澤」，以北五百里為本經之末「錞于毋逢之山」，此山「北望雞號之山，西望幽都之山」。《海內經》曰「北海之內，有山名曰幽都之山，黑水出焉」，既然有水出，則「幽都之山」至多臨於北海，而不可能在海水之內。因此可推知，「三桑無枝」當在「雁門」「泰澤」更北。又《北次二經》16 山之 9 有「敦頭之山」，在「洹山」「三桑」

〔註98〕郭世謙：《山海經考釋》，第 554 頁。
〔註99〕郭世謙：《山海經考釋》，第 46 頁。

之南 2280 里，郝懿行謂：「畢氏云『疑即雁門陰館累頭山。敦題、累頭皆音之轉。敦讀如自也。』今案，上文有敦頭山，與累頭聲尤相近，未審誰是。」〔註100〕郭世謙也認為「此敦頭山當即是累頭山。」〔註101〕若據此，則「三桑無枝」遠較「雁門」、「大澤」為北了。

東方：《海外東經》情況比較明瞭：

> 帝命豎亥步，自東極至於西極，五億十選九千八百步。豎亥右手把算，左手指青丘北。一曰禹令豎亥。一曰五億十萬九千八百步。
>
> 黑齒國在其北……下有湯谷。湯谷上有扶桑，十日所浴，在黑齒北。居水中……

東至於「東極」和日出之地，這已經是當時空間認知的最外緣。傳本《海內四經》遠不如《海外四經》整飭完備，其中《東經》缺訛尤甚。儘管如此，《海內東經》所記東方範圍也不可能大於《海外東經》。

第二、從述圖角度看，《海外四經》在各經之末分別記述了其所在「方」之神：南方祝融、西方蓐收、北方禺強和東方句芒，這與長沙子彈庫出土的帛書《月令圖》四隅所描繪的四色神木在方位上是一致的，因此應當是被安排在《山海經圖》的四隅位置上的，從敘述順序上看也當如此。因此說《海外四經》描寫的是《山海經圖》的最外緣部分是沒問題的；而相反地，《海內北經》卻寫到了《王會圖》外臺西方內側的「大士」（大行伯）。這是不是也可以說明《海外四經》主述「海」圖之外圍、而《海內四經》述其內緣呢？

第三、傳本《山海經》中《海外四經》排列在《海內四經》之前，這種排列方式是很特別的。吳曉東發現，《海外四經》的條目數乃是在附會「7」數，「目前我們所見到的《海外經》條目總數為 77 個，即《海外南經》21 個，《海外西經》21 個，《海外北經》21 個，《海外東經》14 個，都是七的三倍或兩倍。」〔註102〕唯獨《海外東經》14 條，或是因為先秦人對於東經所涉及的海洋地區瞭解較少的緣故吧。吳說並非故作驚人之談，與《海外四經》相對應的《大荒四經》的東西兩面各包含了 7 座日月出入的山，這是古今學者多注意到的。「七」在戰國時期是神秘「模式數字」之一，這早在《尚書·舜典》（「在璇璣玉衡，以齊七政」）中即有體現；在出土戰國簡帛文獻

〔註100〕（清）郝懿行：《山海經箋疏》卷三，巴蜀書社 1985 年版，第 13 頁左。
〔註101〕郭世謙：《山海經考釋》，第 238 頁。
〔註102〕吳曉東：《〈山海經〉語境重建與神話解讀》，第 105 頁。

的巫方中，更是經常以七或二七作為計量標準，對此呂亞虎等已多有討論，不具引。〔註103〕因此《海外四經》有可能是從原始《海經》圖中以 7 數為原則選取了靠近圖外緣的 77 種合纂成書，而其餘部分則被纂為《海內四經》。〔註104〕傳本《海內四經》遠不及《海外四經》齊整，病根或許就在這裡。

因此，先分「海外」可能是出於操作的便宜。從上文所引《海經》重見於《山經》（尤其是《中山諸經》）的條目可以看出，《海經》所載方國等圖像在《山經》骨架之中的分布實際上不是整齊劃一，而是參差錯落的。而「中國」「海內」「海外」等這種在觀念層面上對空間的整齊劃分，若沒有多遠為「海內」、多遠為「海外」之類的確定標準。但若從圖的外緣劃分，則因為有圖幅作為參照系，操作起來就方便多了。上面提到的《海經》內部、以及下文將要提到的《荒經》內部的重見現象（分別為 10 條和 9 條），或也可能是因為沒有確定的區別「海內」「海外」的標準，導致編、校者在歸類時見仁見智了。

至於為何將《海經》「海」的空間分為「海外」和「海內」兩部分，這還需要結合《荒經》來看。

（二）三層空間觀的成熟與《荒》分「海」「荒」

《荒經》部分有幾個方面值得特別注意：《荒經》與《海經》的關係問題、《荒經》內部也即《大荒四經》和《海內經》關係問題、《大荒四經》邊緣設計問題。

首先，關於《荒經》與《海經》的關係，顧頡剛認為：「這兩組的記載大略是相同的，它們共就一種圖畫作為說明書，所以可以說是一件東西的兩本記載」，〔註105〕單從內容來看，大致如此。那麼兩組四篇之間具體關係如何呢？畢沅認為《海經》成書在《荒經》之前，且「《大荒經》四篇釋《海

〔註103〕可參考呂亞虎：《戰國秦漢簡帛文獻所見巫術研究》，科學出版社 2010 年版，第 373～386 頁。

〔註104〕吳曉東統計了《淮南子》「海外三十六國」至「鼓其腹而熙」段所述共計 63 條，也是 7 的倍數；這些條目絕大多數見於《海外四經》或與之對應的《大荒四經》，少數不可考或見於《海內四經》和《海內經》。認為另外存在一個《淮南》本的《海外經》，或可佐證本文的推測，此備一說。見吳曉東《〈山海經〉語境重建與神話解讀》，第 143～153 頁。

〔註105〕顧頡剛：《中國上古史研究講義》，中華書局 2009 年版，第 30 頁。

外經》，《海內經》一篇釋《海內經》，〔註106〕郝懿行、陸侃如、侯仁之等先賢從其說；袁珂從神話學角度得出相反的認識：「如果要說是『釋』，與其說《荒經》以下五篇的某些小節是『釋』《海外》、《海內》諸經的某些小節，倒不如說是《海外》、《海內》諸經的某些小節『釋』《荒經》以下五篇的某些小節」。〔註107〕二者的共同點在於均認為《海外四經》和《海內四經》屬「海」體系、《大荒四經》和《海內經》同屬「荒」體系，且認為《荒經》兩篇與《海經》兩篇之間存在注釋關係。事實上，四篇兩兩之間成書或有先後之別，但其間關係與其說是注釋與被注釋的關係，則不如說是「對應」關係更確切，因為從所記述內容來看，兩者也不會是同種地學理念下的產物；四者之間兩兩對應的關係，應該是對古《山海經圖》的不同闡釋。

《大荒四經》與《海外四經》之間的對應關係比較明確：按我們上文所述的重見條目統計標準，《海外四經》77 條中，見於《大荒四經》的至少有 56 條之多（詳見《附錄三》），占其總數的 73%左右；而見於《海內經》確定者僅有《海內南經》的 2 條：三苗國（苗民）、不死民（不死之山）。〔註108〕

《荒經》與《海內四經》關係比較複雜：《海內四經》共 76 條，見於《大荒四經》的 17 條，見於《海內經》者 13 條（詳見《附錄四》）。表面看似乎《海內四經》與《大荒四經》對應程度更高，其實這應該辯證看待。通過統計條數可知，《大荒四經》共計 228 條，《海內經》僅有 51 條。《海內經》是殘缺不全的，這一點很多學者也早已說過。這樣《大荒四經》重見在《海內四經》中 17 條，實際上只佔了前者總數的不到 7%多點，比例就很有限了；相反地殘缺不全的《海內經》重見於《海內四經》的比例卻占到前者總數的 27%多，而《大荒四經》與《海外四經》重見的 56 條卻也不過占到前者的不到 25%。通過這些數字也可看出《海內四經》對應《海內經》的說法是可靠的，並非簡單的望題生義。

第二，《荒經》兩部分之間，《大荒四經》與《海內經》重見者有 9 條，

〔註106〕畢沅：《山海經新校正序》，見丁錫根：《中國歷代小說序跋集（上）》，第 15 頁。

〔註107〕袁珂：《〈山海經〉寫作的時地及篇目考》，見氏著《神話論文集》，上海古籍出版社 1982 年版，第 13 頁。

〔註108〕此外，《海內經》還有祝融、帝俊生三身 2 條，均係篇末帝系知識，與本經述方國神怪山川的主題不同，不計入內。

〔註109〕數量和比例也都不算大。而從行文上，也能看出二者所述空間之不同：
《大荒四經》有「×海之外」或「×海之外，大荒之中」者14處。意思很明
確：「海外」即「大荒」，「大荒」是一個比「海」更遠的空間。下引《大荒南
經》的這條記載也可以說明這點：

> 大荒之中，有不庭之山，榮水窮焉。有人三身，帝俊妻娥皇，
> 生此三身之國，姚姓，黍食，使四鳥。有淵四方，四隅皆達，北屬
> 黑水，南屬大荒……（《大荒南經》）

文中所載這個處於大荒之中的四方形的淵四角皆通達，向北注入黑水，向南
注入「大荒」。不正是說「大荒」是一個空間圈層的名字嗎？而文中所說的三
身國，恰好見於《海外西經》；「三身國在夏后啟北，一首而三身」，這不正說
明「大荒」即「海外」嗎？因此將「大荒」「海」作為標示所在空間圈層的標
誌詞是沒有問題的。除此之外，《大荒四經》中還有單以「大荒」標示位置的
30處。而《海內經》曾7次以「×海之內」標示空間位置，而說「×海之外」
者僅1次。結合上述統計結果可以推知，這裡所說的「海內」即相當於《海
內四經》的「海內」。這說明在《荒經》那裡，已經有了「中國——海內——
海外（荒）」這樣的三層空間觀。

「荒」作為一個空間概念最早見於、也常見於戰國文獻中，如「忽反顧
以遊目兮，將往觀乎四荒。」（《離騷》）、「經營四荒兮，周流六漠」（《遠遊》）、
「湯欲繼禹而不成，既足以服四荒矣」（《呂氏春秋·諭大》）等等。比較明確
地表述「荒」的概念的有如：

> 君有廣德，分任諸侯而敦信，曰予一人；善至於四海，曰天子，
> 達於四荒曰天王。四荒至，莫有怨訾，乃登為帝。（《逸周書·太子
> 晉》）

> 小臣自堂下授紝亢羹。紝亢受小臣而嘗之，乃昭然四荒之外，
> 無不見也；小臣受其餘而嘗之，亦昭然四海之外，無不見也。〔註110〕
> （《清華簡三·赤鵠之集湯之屋》）

> 《爾雅·釋地》：東至於泰遠，西至於邠國，南至於濮鉛，北至

〔註109〕注：以《海內經》為準分別是不死之山、若木、靈山、嬴民鳥足、苗民、鸞
　　　　鳥鳳鳥、桂山、五彩鳥和互人國9條。
〔註110〕清華大學出土文獻研究與保護中心編：《清華大學藏戰國竹簡》（三），第167
　　　　頁。

於祝栗，謂之四極；觚竹、北戶、西王母、日下，謂之四荒；九夷、

八狄、七戎、六蠻，謂之四海。

《太子晉》篇的說法顯然是按為人主境界大由低到高來說的，人主之德越崇厚，播布範圍越廣，所以這裡的「四荒」是一個比「四海」更遠、更大的空間概念，「帝」的境界最高，能綏服「四荒」使之來朝，相應地「四荒」在作者眼裏當然也是最遠、最外層的空間；紝巟所嘗赤鵠之羮，神效大，所見範圍遠，因此可見四荒之外；小臣嘗餘羮，功效略弱，所見也近，因此只能看到四海之外而不能及四荒。可見在作者眼中，「海」是遠方的空間，「荒」則是比「海」更遠且也是最遠、最外的空間。這種空間觀念正與《荒經》一致。《爾雅·釋地》條說得更清楚，此不具論。

「荒」字最早如《說文》說作「蕪」意，後引申為「廢亂」義，如《詩經·唐風·蟋蟀》「好樂無荒」〔註111〕之類，文獻中多用作此意。與空間有關的意思比較早的如《左傳·昭公七年》引「周文王之法」曰「有亡，荒閱」，「荒」即「大」〔註112〕，「荒閱」即「大閱」的意思。《詩經·周頌·天作》「天作高山，大王荒之。」通常也作此解。《國語·周語上》載祭公謀父語說：「夫先王之制，邦內甸服，邦外侯服，侯、衛賓服，蠻、夷要服，戎、狄荒服。」韋昭注謂：「在九州之外荒裔之地……故謂之荒，荒忽無常之言也。」〔註113〕這裡的「荒」確如韋昭說或還保留著「荒服終王」這種關係距離上的意思，但「戎狄荒服」屬於與周王朝的政治關係最疏遠的一群。這種關係距離上的「最疏遠」到了稍晚的《尚書·禹貢》「五服制」最外層的「荒服」那裡，已經被落實到政治地理空間的設計中了。這樣，《禹貢》「荒服」之「荒」字，就蘊含了「最外層」的意味在裏面，戰國時作為空間概念的「荒」應當就是從這裡生發出來的。

以上諸條引文似都已將「中國——海——荒」的三層空間觀視為當然。其所在文獻清華簡的寫定「時代為戰國中晚期」，〔註114〕這是內中各篇成書時代的下限：《赤鵠之集湯之屋》篇不晚於此；《太子晉》「應是前513年羊舌

〔註111〕鄭玄注，見（清）阮元校刻：《十三經注疏》，第361頁。

〔註112〕楊伯峻：《春秋左傳注》（修訂本），第1284頁。

〔註113〕徐元誥：《國語集解》（修訂本），第7頁。

〔註114〕清華大學出土文獻研究與保護中心：《清華大學藏戰國竹簡（一）·前言》，第2頁。

氏亡後……戰國中期前的作品。」〔註115〕這種三層空間觀在此以前應該就已經存在了，這也可見《荒經》分為《大荒四經》和《海內經》的依據正是戰國人這種新的空間觀的產物。而《海經》裏反映出的「中國──海內──海外」的三層空間觀或許也可以看成是從「中國──四海」到「中國──海──荒」觀念轉變的一個過渡階段。

第三節　戰國地學形態及文獻表現

　　與西周春秋時期的地學相比，戰國地學既繼承了其重現實、重人文的傳統，但又有鮮明的時代特色：首先是與當時社會現實相適應，地利問題較以前更受重視；隨著縣制等政區制度的普遍推行，國家對其基層的控制加強，風俗問題因關乎國力民力的凝聚而更受重視，這就導致了風俗觀的變化；地學知識在繼續向人文化方向發展過程中，也出現了一些新的特點，其中也有受陰陽五行等學說影響而流入概念化者。這幾種傾向表面上看似風馬牛不相及，但卻有一個共通點那就是基於「人」的立場。

　　侯仁之在比較《山海經》神話的文化特色時發現，《荒經》神話比《海經》更注重從「人」的立場出發追溯和構建「神」與「人」之間的譜系，他將這種特點稱為「人間化」。〔註116〕這裡我們不妨借用這個說法，來概括戰國地學重地利、重風俗、重人文等特點。

一、諸子對地利的多向關注

　　在第一節我們曾提到戰國地利意識的發展對於地祇信仰的衝擊。戰國地利意識的發展較之西周春秋時代已然不可同日而語，唐曉峰已經從土地和人民的爭奪、地利資源的關注、關梁津渡等地險的重視、郡縣制的實施、經驗性地利知識的增長，以及地義與地利思想的對立等方面對其作了比較詳細而全面的論述。〔註117〕這裡我們擬以諸家學說為綱在唐說的基礎上再對這個問題作補充討論。

〔註115〕羅家湘：《〈逸周書〉研究》，第34～35頁。
〔註116〕參見侯仁之：《海外四經海內四經與大荒四經海內經之比較》，《禹貢（半月刊）》1937年第7卷第6、7合期，第324～326頁。
〔註117〕唐曉峰：《從混沌到秩序──中國上古地理思想史述論》，第249～259頁。

（一）「務為治」諸家的地利追求

司馬談《論六家要指》以戰國陰陽、儒、墨、名、法、道德等六家宗旨歸為「務為治」、也即「治天下」為宗旨。在這六家中，對現實地利問題關注比較多、也比較能反映戰國地理思想變遷的是儒、墨、法三家。

1. 儒：「經界」與地利之間

對於單純憑恃武力來兼併土地、人民的做法，儒家基本持否定態度：孟子的態度相對更極端，認為「仁政必自經界始」（《孟子・滕文公上》），因此無論是「爭地」、「爭城」的暴力方式還是「闢草萊，任土地」的和平方式（《離婁上》），只要違背傳統經界秩序和仁政原則的，一概予以反對；荀子態度則更為通達，對於拓土兼民他並不全盤否定，而是主張「以德兼人」（《荀子・議兵》），這較孟子的「以德服人」（《孟子・公孫丑上》）更貼近現實。

戰國儒家著眼點在王道，因此對於地政、地利問題往往多述為政原則而少關注具體操作。以《孟子》為例：

> 不違農時，穀不可勝食也。數罟不入洿池，魚鱉不可勝食也。斧斤以時入山林，材木不可勝用也。穀與魚鱉不可勝食，材木不可勝用，是使民養生喪死無憾也。養生喪死無憾，王道之始也。五畝之宅，樹之以桑，五十者可以衣帛矣。雞豚狗彘之畜，無失其時，七十者可以食肉矣。百畝之田，勿奪於時，數口之家，可以無饑矣。謹庠序之教，申之以孝悌之義，頒白者不負戴於道路矣。七十者衣帛食肉，黎民不饑不寒，然而不王者，未之有也。（《梁惠王上》）

> 尊賢使能，俊傑在位，則天下之士，皆悅而願立於其朝矣。市廛而不徵，法而不廛，則天下之商皆悅而願藏於其市矣。關譏而不徵，則天下之旅皆悅而願出於其路矣。耕者助而不稅，則天下之農，皆悅而願耕於其野矣。廛無夫里之布，則天下之民皆悅而願為之氓矣。信能行此五者，則鄰國之民，仰之若父母矣……如此，則無敵於天下……然而不王者，未之有也。（《公孫丑上》）

類似的說法在《荀子》的《儒效》《富國》等篇也可以看到。這些說法多是立足於傳統制度和思想，如「不違農時」等語所體現的生態思想繼承的仍然是西周春秋「天道」信仰之下「生生不已、健行往復的自然環境」〔註118〕觀；

〔註118〕潘朝陽：《心靈・空間・環境——人文主義的地理思想》，第 363 頁。

「五畝之宅」「耕者助而不稅」等語則是以一夫百畝、公私田分制的井田制度為立說基礎；其他如「野九一而助，國中十一使自賦」（《孟子·滕文公上》）所本仍是古代國野、井田、賦稅等制度，這些思想雖然涉及地利內容，而且也有以個體家庭為單位的地政制度構想，但其最終目的仍在於通過保證民「有恆產」來保證其「恒心」（《孟子·滕文公上》），進而達到王天下的目的。這實際上是一套基於古制、消極自固的治國思想，與戰國重「封疆之界」「山溪之險」「兵戈之利」（《孟子·公孫丑下》）積極擴張的時代潮流格格不入，因而是迂闊難行的。

相比於孟子輕天時地利而偏重「人和」（《孟子·公孫丑下》），荀子主張「上不失天時，下不失地利，中得人和，而百事不廢」（《荀子·富國》），因而主張更為務實。儘管他同樣也反對以「險污淫汰」（《荀子·仲尼》）手段稱霸爭利的行為，也以「等賦、政事、財萬物」為養萬民的「王者之法」、以時生產使民有「餘食」「餘用」「餘材」為「王者之制」（《荀子·儒效》），但在地政制度的設計上更為細緻、系統，也更切合實際。如《儒效》序司徒、司空、司馬、司寇、治田、虞師、鄉師、工師、治市等官作為地政各方面職能的具體執行者，雖然這些職官多託古制，但它們中不少在古制中地位甚低（如治田等），這裡並列而提正是對其功利性職能的突出強調；荀子對現實狀況也有更多的包容和適應，如上文提到的「兼人」問題，再如主張和平時期「靜兵息民」「闢田野，實倉廩，便備用」、以賞罰「選閱材伎之士」、儲備兵器財貨糧米人才「安以其國為是者王」（《荀子·儒效》），主張以「稱數」原則使民、事、利相稱和「以政裕民」（《荀子·富國》）、「不富無以養民情」（《荀子·大略》）等等，雖然仍堅持王道主張，但已經試圖將地利問題納入其中了。

2. 墨：「興利」與「義政」追求

周春堤曾列舉《墨子》地理思想十二義，[註119] 比較全面。我們這裡謹以周說為本，對墨家地利觀念略作申述。與儒、道、陰陽等家相同，墨家地理思想尤其是生態觀同樣是以「天道」觀為立論的終極依據，主張人事應當循順天道而開展。墨家從天「兼而食」民（《墨子·天志上》）出發推出「天」具有「廣而無私」「愛人利人」（《墨子·法儀》）的品性，因為天道利

〔註119〕周春堤：《墨子地理思想評介》，《臺灣師範大學地理學研究報告》1979年第5期。

人，因而人應當遵循其道積極努力「力時急」以使「生財密」（《墨子・七患》），這樣才是對天道最好的呼應；而天對民「兼而有之、兼而食之」（《墨子・法儀》），因此只有順從天之此意「兼相愛，交相利」的才是「義政」，反之就是「力政」（《墨子・天志上》）；同時這種為政理念也用在臨時的凶災事件。墨家對天災有比較理性的認識：「豈能使五穀常收而旱水不至哉」（《墨子・七患》），聖王對此不是採取祈禳修德之類空泛的應對手段，而是注重豐年力時生財以固本並常有「備」策，就是使倉有備粟、庫有備兵、城郭備全、心有備慮，同時災患至則在上位的富貴者以身作則提倡節用養儉，才能夠有效應對「凶饑」（《墨子・七患》）。

與這一思路相呼應的就是墨家「興利」也即增強國力方面的主張：

> 聖人為政一國，一國可倍也；大之為政天下，天下可倍也。其
> 倍之，非外取地也，因其國家去其無用之費，足以倍之。聖王為政，
> 其發令興事，使民用財也，無不加用而為者。是故用財不費，民德
> 不勞，其興利多矣。（《節用上》）

何謂「無用之費」？不僅表現在飲食、衣服、兵戈、舟車、葬具（《墨子・節用中》）等純粹儀式而無關實用部分的耗費，還包括對「無功之臣」「無益之子」（《墨子・親士》）爵祿賞賜所耗的費用等等。以此理念為政，則天下國家之力「可倍」，並不待於「外取地」，這又與「天下無大小國，皆天之邑也」（《墨子・法儀》）的兼愛非攻理論達成一致。綜上，則墨家各重要理論看起來就環環相扣、無懈可擊了。不過在國力問題上墨家有點倒果為因，因為戰國諸侯重地利、求富國並不是最終目的，而是「外取地」的必要手段。即便如此，其「強本節用」（《論六家要指》）的主張是適應當時社會現實的，因此在諸子那裡也多有類似主張。

3. 法「盡地力」：從保守到擴張

與儒墨相比，法家對於地利的重視是赤裸裸的。除了積極鼓吹擴張之外，法家地利思想在地政方面也有明顯表現。戰國時期比較著名的變法有李悝在魏國、吳起在楚國和商鞅在秦國等幾次。《史記》曾數次提到李悝「盡地力」的經濟政策。根據楊寬的說法，其內容就應該是《漢書・食貨志》的如下一段：

> 李悝為魏文侯作盡地力之教，以為地方百里，提封九萬頃，除
> 山澤邑居參分去一，為田六百萬晦，治田勤謹則晦益三斗，不勤則

　　損亦如之。地方百里之增減，輒為粟百八十萬石矣。〔註120〕

據引文則該政策主要是強調後期人力投入對於糧食產量的重要影響：「治田勤謹」與否導致畝產增減量為三斗，這相對於每年每畝「一石半」的產量來說比較可觀，再乘以方百里六百萬畝的基數，那絕對數量就相當巨大了。儘管《食貨志》言盡於此，從《通典・食貨二・水利田》等文獻記載，我們仍可以推知李悝的「盡地力」主要在於最大限度提高單位土地的收益：「必雜五種，以備災害。力耕數耘，收穫如盜寇之至。還廬樹桑，菜茹有畦，瓜瓠果蓏，殖於疆場。」〔註121〕這句話實際上提出了三種途徑，一是雜種各種糧食作物，避免災害導致單一作物絕產；二是增加後期人力投入提高產量，收穫宜迅速「恐為風雨損之」；〔註122〕三是充分利用廬周、疆場等空閒土地種植經濟作物，提高收益。這三種途徑顯然是從既有土地的科學規劃和人力投入兩個方面來強調的，本質上還是以和平發展為前提的經濟政策，不像中後期法家那樣重視土地擴張，這反映的或是戰國早期地政的特點。

　　這個特點同樣表現在李悝的平糴法和《法經》中。平糴法要在通過物價調控來平衡「民」（也即「士工商」等「穀類商品的一般消費者」〔註123〕）與生產者「農」的利益：《食貨志》中李悝以一戶五口人百畝田的家庭為例來說明農夫家庭往往入不敷出，這容易導致農夫常困而「有不勸耕之心」，並且造成「令糴至於甚貴」而傷害到「民」的利益。因此他主張國家以「取有餘以補不足」的原則控制糴價，「使民適足，賈平則止」，提高「農」的積極性並保證「民不散」，這比起孟子主張顯然更具操作性；《法經》則主要是針對「盜賊」以及「輕狡、越城、博戲、借假、不廉、淫侈、逾制」等有損「王者之政」行為而立，同樣也是「為了維護統治秩序」，〔註124〕最大限度的凝聚國力。這兩者也主要是針對內政，而不涉及擴張。

　　相比之下，後來的吳起和商鞅變法要激進得多。盡地力策略同見於吳起的主張，《呂氏春秋・貴卒》載「吳起謂荊王曰：『荊所有餘者地也，所不足者民也。今君王以所不足益所有餘，臣不得而為也。』於是令貴人往實廣虛之地，皆甚苦之」，若結合《史記・孫子吳起列傳》《韓非子・和氏》關於建

〔註120〕參見楊寬：《戰國史》，上海人民出版社2003年版，第189～190頁。
〔註121〕（唐）杜佑：《通典》，中華書局1985年版，第33頁。
〔註122〕（唐）杜佑：《通典》，第33頁。
〔註123〕楊寬：《戰國史》，第191頁。
〔註124〕楊寬：《戰國史》，第191～192頁。

議楚王削奪「公族疏遠者」、封君和「不急之枝官」爵祿的記載看，就是將這些「貴人」外放到地廣人稀的地方去，一方面強化君權、減少冗費，另一方面又使空曠地區的地力得到開發，不失為一舉兩得之策。商鞅變法同樣也是激進的，而且要徹底得多。商鞅認為「夫地大而不墾者，與無地同；民眾而不用者，與無民同」，只有「盡地力而致民死」才能「名與利交至」(《商君書・算地》)，因此其變法主要圍繞「耕戰」展開，如《墾令》二十條以統一田賦、政令、徭役等措施保證農民的積極性，以打擊「學問」、加重貴族賦稅徭役、「廢逆旅」、「壹山澤」、無擅徙、連坐、重關稅等措施打擊邪僻游民、商賈等人員、減少私家傭工以保證務農人口等方式引導農耕之風，同時輔以「利祿官爵摶出於兵，無有異施」以刺激、以「壹刑」、「壹教」引導民之戰心(《商君書・賞刑》)，對外則針對秦國「人不稱土地」的現實，以「田宅」(《商君書・徠民》)等優惠政策招徠附近國家的人民等等；除外在的刑賞制度外，最根本從制度上「耕戰」提供保障的就是「集小鄉邑聚為縣，置令、丞，凡三十一縣」「為田開阡陌封疆」以及在此基礎上的授田制(《史記・商君列傳》)兩大地政制度了。關於授田制度下「普通農民所接受的國家授田是否有完全的土地所有權，是否可以將這些土地買賣，現在還不大清楚」，〔註125〕不過這種在戰國時期普遍實行的土地制度，對於「各國行政機構的功能趨於完善，各級行政機構更多介入社會基層，更多地參與各種經濟活動」乃至於各國君主權力前所未有的增強等等上層建築領域裏的巨變卻有至關重要的影響；〔註126〕造成這種劇變的還有縣制的推行，這同樣也不是秦國一國的情況。僅就秦國而言，睡虎地秦簡相關記載可見其具體實施情況：戰國中晚期的秦國有管理「宗室貴族所依據的舊邑」也即「都」的都官和管理各縣的令、丞等兩套相對獨立又彼此關聯甚密的基層官僚系統，都官的設置正是為了「拉攏宗室貴族所居封邑」(大都)和「管理因軍功褒獎制產生的封邑」(小都)，而且在某些財政等方面的職能尚需要通過縣來上通下達，〔註127〕這同樣也說明固有和新封的封邑也一定程度上失去了獨立自主的權力，而更多受到中央政權的直接控制了。此外，閭里什伍等最基層

〔註125〕晁福林：《先秦社會形態研究》，第644頁。

〔註126〕晁福林：《先秦社會形態研究》，第648頁。

〔註127〕〔日〕工藤元男：《睡虎地秦簡所見秦代國家與社會》，第65頁，第68頁，第31頁。

組織的設置以及「四境之內，丈夫女子皆有名於上，生者著，死者削」（《商君書・境內》）的戶籍制度的實施，則更是將中央的權力直接延伸到了家戶丁口，國家力量由此被前所未有地凝聚起來，法家「不擇手段攻城略地」正是在此基礎上進行的。

（二）專業諸家：地利知識的拓展

在此「務為治」六家之外，還存在一些專門之學，其中農家、兵家和縱橫家等對地利問題涉及較多。

1. 地利知識的發展與農家、兵家

呂思勉認為農家思想分兩派，「一言種樹之事。如《管子・地員》、《呂覽・任地》、《辨土》、《審時》；一則關涉政治……君臣並耕，乃《孟子》所載為神農之言者，許行之說」。〔註128〕「關涉政治」的一派除許行說之外，《呂氏春秋・上農》近是。這派除主張「天子親率諸侯耕帝籍田，大夫士皆有功業」「后妃率九嬪蠶於郊，桑於公田」也即所謂《漢書・藝文志》所斥「以為無所事聖王，欲使君臣並耕」的「鄙者」之論之外，也試圖將耕桑之事提升到治國之道的高度來認識，認為「民農非徒為地利也，貴其志也」：民事農功則「樸」、則「易用」、則「邊境安」「主位尊」；則「重」「少私義」而使「公法立」「力專一」；則「產復」而「重遷徙」「有居心」，等等。這與法家等追求的重地力、集君權、「民壹務」（《商君書・壹言》）等等目標實際上是同歸殊途。另一派「言種樹之事」的在專業知識如土壤、植物、農具、農時等方面更為精擅。比如《呂氏春秋・任地》將土壤分為「力」「柔」「息」「勞」等屬性相對的五類十種，《管子・地員》則將土壤肥力及所宜植物分三等各三十物和十二物，等等。

兵家特重軍事地理。「患兵者地也，困敵者險也」（《孫臏兵法・威王問》），故《孫子兵法・行軍》篇舉「山」「水上」「斥澤」「平陸」等地形及駐軍作戰注意事項，《地形》篇列「通」「掛」「支」「隘」「險」「遠」等六種地勢以及相應的作戰方法，《孫臏兵法》有《地葆》舉「生山」「死山」「生水」「死水」「五地之勝」「五草之勝」「五地之殺」等「地之道」及用兵宜忌，《雄牝城》則舉「雄城」「牝城」「虛城」「死壤」「死水」〔註129〕等城邑地形與可

〔註128〕呂思勉：《先秦學術概論》，上海書店 1992 年版，第 137 頁。

〔註129〕銀雀山漢墓竹簡整理小組：《臨沂銀雀山漢墓出土〈孫臏兵法〉釋文》，《文物》1975 年第 1 期。

攻不可攻等等。總體看來，兵家多從具體戰爭出發關注與行軍、駐軍、作戰等相關的局部地理形勢，如山林、川澤、城邑等。

兵家、農家的經驗性地利知識中均夾雜著很多據陰陽五行觀念推演而出的知識，這是戰國地學知識的一個重要特點，但它們終歸都是以農業、兵事活動中積累、發展的現實經驗性知識為前提的，這同樣是戰國地利意識高揚的表現。

2. 地理形勢的宏觀關照與策士話語

與兵家相比，縱橫策士的軍事地理認識主要主要區別，其一就是前者儘管其中不乏觀念性的認識但客觀性較強，縱橫策士則多是出於游說目的往往對現實情況做片面化處理；其二在於宏觀的視野——更注重通過各國宏觀地理形勢的把握來分析各國政治軍事局勢，進而達到游說的目的。就前者而言，縱橫家言地理形勢只是游說的一種手段，因此其地理「認識」往往是處理過的。如蘇秦以合縱說燕文侯道：

> 燕東有朝鮮、遼東，北有林胡、樓煩，西有雲中、九原，南有呼沱、易水。地方二千餘里。帶甲數十萬，車七百乘，騎六疋，粟支十年。南有碣石、雁門之饒，北有棗粟之利，民雖不由田作，棗粟之實，足食於民矣。此所謂天府也。夫安樂無事，不見覆軍殺將之憂，無過燕矣。大王知其所以然乎？夫燕之所以不犯寇被兵者，以趙之為蔽於南也……且夫秦之攻燕也，逾雲中、九原，過代、上谷，彌垩踵道數千里，雖得燕城，秦計固不能守也。秦之不能害燕亦明矣。今趙之攻燕也，發興號令，不至十日，而數十萬之眾，軍於東垣矣。度呼沱，涉易水，不至四五日，距國都矣。故曰，秦之攻燕也，戰於千里之外；趙之攻燕也，戰於百里之內。夫不憂百里之患，而重千里之外，計無過於此者。是故願大王與趙從秦，天下為一，則國必無患矣。（《戰國策·燕策一》）

這段說辭先言燕國周遭山川異族等地理形勢，再言其軍力、資源等國力，然後比較燕國與趙國、秦國的空間距離以及由此導致的政治軍事關係，最後得出與趙合縱可以「不憂百里之患，而重千里之外」而保證「國必無患」。從內容看，這顯然是綜合考量了地理、國力、軍事、政治等各方面因素的；只是有了「將為從」（《戰國策·燕策一》）這一預設的動機在前，因此這些考量並不純然是客觀的。這一點從其說辭的格套化、戲劇性模式可以看出：先是該國

「東有」「北有」「西有」「南有」和國土面積，以及軍力、糧食儲備和自然資源狀況，然後是與相關國家的利害關係等外在形勢的描述。這種模式同樣又被運用到游說其他國家上，如蘇秦說韓合縱時同樣使用了這個模式：先言韓國北、西、東、南四面的山川地理優勢和國土、軍力，再說其弓弩、劍戟之精良、士卒之勇力，再說求和於秦的危害，最後以「牛後」諺語激將，終於說得韓王「忿然作色，攘臂按劍」（《戰國策‧韓策一》）答應合縱。這種言說模式以及此模式下所涉的諸方面內容在其他說客游說時同樣也在使用，前者更說明這種模式是格套式、戲劇化的，後者使游說有效性則正說明這些充滿功利性的內容正是戰國時期各國君主最關心的。過常寶師曾指出戰國策士寓言有「戲劇性」（表現為「虛構」「自足」和「意義自明」三個特點）和「片面絕對性」兩個特點，這點可以使寓言具有簡化複雜的事實使其意義絕對而片面地呈現出來、「還將人的現實處境尖銳化、鮮明化」等效果。〔註130〕縱橫家的這些辭令當然不能視作「寓言」，不過它們同樣具有戲劇性特點，這不僅表現在格套化的模式上，還表現在內容上——這些內容並不是現實情況客觀呈現，而是屏蔽了對預設動機不利的部分同時往往也會誇大對其有利的部分，因而也是片面的。仍以韓國為例，與說合縱的蘇秦之說比較，在說連橫為目的張儀口中韓國截然是另一幅光景：

> 韓地險惡，山居，五穀所生，非麥而豆；民之所食，大抵豆飯藿羹；一歲不收，民不厭糟糠；地方不滿九百里，無二歲之所食。料大王之卒，悉之不過三十萬，而廝徒負養，在其中矣，為除守徼亭鄣塞，見卒不過二十萬而已矣。（《戰國策‧韓策一》）

同樣說韓國多山的地理形勢，蘇秦單言其四面險固的優勢，張儀則單言其「險惡」「山居」不利稼穡的劣勢；言國土、兵力，蘇秦說其「地方千里，帶甲數十萬」，而張儀則說「地方不滿九百里」「見卒不過二十萬而已」；蘇秦以誇飾之辭特別強調韓國武器和士卒的精良，張儀對此則避而不提反而強調；蘇秦口中「強韓」足可與秦國爭鋒，張儀口中秦與韓則「猶烏獲之與嬰兒也」（《戰國策‧韓策一》），等等。二人說辭涉及內容的方面大體一致，都是在講地利，但蘇秦單講優勢、張儀單講劣勢，個別內容還有意作了迴避或突出。由此可見，縱橫家的地理「認識」雖不似寓言故事是全然「虛構」，

〔註130〕 參見過常寶：《先秦寓言源流及其修辭功能》，《中國文學研究》2007年第3
　　　　期。

但也是特意經過片面化處理的，因此同樣也會產生將「現實處境尖銳化、鮮明化」的言說效果。然而需要注意的是，蘇秦、張儀之說之所以能產生效果，除了巧妙的話語技巧外，其較為一致的說辭內容——以地利為核心來綜述各國國力，而非西周春秋君子們口中的「德」「禮」——切合於戰國人國力決定成敗的價值觀，這才是根本所在。

從知識的角度看，縱橫家的地理認識並不是其知識水平的真實反映，但其中包含的宏觀視野卻反映了戰國地理思想（尤其是軍事地理思想）的特色。縱橫家說地理並不是其最終目的，而是游說的手段，所以一方面往往與該國內政外交等諸多方面交織在一起，另一方面往往是從國內國際這樣的宏觀視野來關照的。以軍事地理思想這一方面為例，王元林總結其四個特點為：諳熟各國地形宏觀大勢和微觀局勢，重視局部城池得失與各國疆域盈縮間的關係，強調關隘地險的軍事功能，「軍事地理思想與軍事戰略、供給等相輔相成」構成完備的軍事思想〔註131〕等。由此可以看出，儘管縱橫家也關注關隘、城池等局部地地理形勢，但通常是將其置於宏觀視野中強調其對於大局的戰略意義，如說魏國都城大梁乃「山東之要也……天下之中身也。秦攻梁者，是示天下要斷山東之脊也，是山東首尾皆救中身之時也。」（《戰國策·魏策四》）

宏觀的地理認識早在《山海經圖》《禹貢》的時代就比較成熟了，但這種將微觀自然或人工地景置於宏觀視野下辯證認識的地理思想，卻成熟於戰國，尤其是在以縱橫家為代表的戰國策士那裡。前文曾舉例簡要比較了商、周、春秋和戰國秦漢在建都擇址方面的地理思想，大致可見戰國以前建都擇址僅關注都城周圍山川險固、自然資源、風俗民情等局部地理要素，漢初建都則以天下的宏觀視野更多關注都城周圍廣大地域以及該地政治、經濟、軍事等方面的戰略意義。我們可以舉幾個例子來描述一下這種地理思想的產生和發展過程。在西周末際，鄭桓公問史伯「何以逃死」，史伯有如下一段話：

> 王室將卑，戎狄必昌，不可偪也。當成周者，南有荊、蠻、申、
> 呂、應、鄧、陳、蔡、隨、唐，北有衛、燕、狄、鮮虞、潞、洛、
> 泉、徐蒲，西有虞、虢、晉、隗、霍、楊、魏、芮，東有齊、魯、
> 曹、宋、滕、薛、鄒、莒，是非王之支子母弟甥舅也，則皆蠻夷戎

〔註131〕王元林：《戰國縱橫家的軍事地理思想》，《唐都學刊》1999 年第 3 期。

狄之人也。非親則頑，不可入也。其濟、洛、河、潁之間乎！是其
子男之國，虢、鄶為大，虢叔恃勢，鄶仲恃險，是皆有驕侈怠慢之
心，而加之以貪冒。君如以周難之故，寄孥與賄焉，不敢不許。周
亂而弊，是驕而貪，必將背君，君若以成周之眾奉辭伐罪，無不克
矣。若克二邑，鄢、蔽、補、丹、依、㽮、歷、華，君之土也。若
前潁後河，右洛左濟，主芣、騩而食溱、洧，修典刑以守之，是可
以少固。（《國語‧鄭語》）

這段話中無論是對成周周邊還是「濟、洛、河、潁之間」的地理形勢的分析，
都是基於宏觀視野的。然而與上引戰國策士的思路有幾點不同：一是言四面
形勢以國族等人文地理區域及其勢力為主，自然山川形勢因素為次；二是儘
管也說山川形勢，但仍注重資源、宗教（「主芣、騩」之「主」即「為之神主」
〔註132〕）因素，險固之類地利因素並不是最主要的，這與西周武王度邑、春
秋晉都新田一樣；三是言克虢、鄶二國的戰略意義，是缺乏上引大梁例那樣
的宏觀視野的，僅是強調克此而大國對於掌控周圍諸小「子男之國」的意義。
而且依、㽮、歷、華四地本身「皆古之鄶邑」，〔註133〕那就只是在說攻克鄶都
對於佔據其屬邑的意義了。這當然並不是說戰國以前的人缺乏大視野大見識，
除時代價值觀念（如「親」「頑」等）影響外，決定這種地理視野和地利觀念
的因素還在於地政制度：春秋及以前實行的主要是「以點帶面」的國野制度，
因此上到王朝下到封國都是以「國」這樣的統治據點為統治基礎，而「野」則
是被忽視的「面」。因此對於地理形勢的關注，微觀上只需要關注每一個「國」
周邊局部形勢、宏觀上也只需要釐清「國」與「國」之間的局勢即可，上述幾
個特點正是這種制度下的必然產物。春秋時期「有邊界、有大片主權範圍」
的「領土國家」形成，但還很不成熟，〔註134〕因此儘管有一些新變化，如地
險（如關隘）、國界等受到重視，但地理思想還更多是因襲了早期的認識；到
了戰國時期，國、野界線消失，縣制廣泛實行，「領土國家」已經比較成熟。
這樣一來，各種自然或人工地險的戰略價值就凸顯了出來，它們與城邑一樣
都成為護衛領土的有機組成部分；不僅如此，各國領土也隨著國野界限的消
失而連成一片，因此小到關山地險、大到相對獨立的地域，其戰略價值往往

〔註132〕韋昭注，見徐元誥：《國語集解》（修訂本），第464頁。
〔註133〕徐元誥說，見徐元誥：《國語集解》（修訂本），第464頁。
〔註134〕趙世超：《周代國野制度研究》，第263～264頁。

不受限於一國一地，而直接關係到天下局勢了。戰國初年三家分智氏地時段貴與韓王的一段對話就隱含了這新舊兩種地理思想的更替：

> 段貴謂韓王曰：「分地必取成皋。」韓王曰：「成皋，石溜之地也，寡人無所用之。」段貴曰：「不然，臣聞一里之厚，而動千里之權者，地利也。萬人之眾，而破三軍者，不意也。王用臣言，則韓必取鄭矣。」王曰：「善。」果取成皋。至韓之取鄭也，果從成皋始。（《戰國策·韓策一》）

韓王持的仍然是戰國以前重地理資源的舊觀念，段貴則看到了成皋這塊資源貧瘠的「石溜之地」具有「一里之厚，而動千里之權」的軍事戰略價值，這則是戰國時期興起的新思想。

二、風俗認識的發展與「齊政俗」

《管子·水地》曾總結各國民俗略曰：齊民貪粗而好勇，楚民輕果而賊，越民愚疾而垢，秦民貪戾、罔而好事，晉民諂諛葆詐、巧佞好利，燕民愚戇好貞、輕疾易死，宋民閒易好正。這是戰國文獻中對於各國風俗民情總結得比較系統的一篇。儘管《水地》將其歸因於各國之水屬性各異的思路有其時代侷限，但有兩點值得重視：一是其對於各國風俗的把握總體上是很準確的，如說齊人貪與《戰國策·齊策一》蘇秦謂臨淄民「富而實」工商業發達有關、其好勇又可與《荀子·議兵》「齊人隆技擊」說互參，楚民輕果而賊又有《商君書·弱民》「楚國之民，齊疾而均，速若飄風」及《荀子·議兵》類似說法為證，越民「愚」又見《越絕書·外傳記地傳》「性脆而愚」「疾」則類似楚風，秦民貪戾好事、戰國人亦多以「虎狼」目之、而《荀子·議兵》已從政教方式上探尋其成因，晉民巧詐好利又見《漢書·地理志》「民（按：韓都之民）以貪遴爭訟生分為失」，（《史記·蘇秦張儀列傳》說「周人之俗，治產業，力工商，逐十二以為務」，其時周晉地近可視類晉俗），燕民愚戇輕疾又見《漢書·地理志下》「其俗愚悍少慮，輕薄無威」，宋民閒易好正又可與《史記·貨殖列傳》「其俗猶有先王遺風，重厚多君子」互參。這些見於不同文獻的、對於戰國各國風俗的描述存在高度一致性，說明這些是當時普遍的認識；二是儘管片面注重先天「風」的因素而無視後天「俗」的思路顯得片面、神秘，但對於各國風俗成因積極探索的態度，至少表明了對風俗問題的高度重視。

　　戰國人對於風俗的重視在文學方面也有表現，如諸子寓言中對各國人物形象的刻畫就是以各國民風民俗為基礎的。根據王澍統計，戰國人物寓言中受諷對象以宋人為最多，其次是齊、楚、衛等國，其分布規律有三：「戰敗國」（如宋）、「敵對性鄰邦」（如齊、楚）、「個人所惡國」（如孟子筆下的齊人）。〔註135〕不僅如此，總結這些形象，大致可以看出他們所屬國人的文化性格，比如宋人的「愚」、齊人的好血氣之「勇」、秦人的「虎狼」本性等等，究其原因族群歷史文化、君王好尚的影響、地域民風及社會制度的變遷等等因素均可以從這些看似隨意性、主觀性很強的寓言中看出來。比如齊人的好「勇」，《孟子》《荀子》《晏子春秋》《呂氏春秋》等均有提到，這既是「齊人隆技擊」（《荀子·議兵》）的風尚使然，生於其間的景公、宣王等齊王「好勇」的性格一方面是此風所致、另一方面其好尚也確實助長了這種風氣。這類故事作為一種文學現象，折射出的正是戰國人對於各國人文化性格的準確把握；而自覺將它用作輿論武器並產生一定的政治效果，比如目秦為「虎狼」乃是「是東方六國只針對秦一國形成的觀念」，〔註136〕它表達的是合縱狀態下六國對於「我」政治、文化上的認同和對於「他」的敵對態度，這則更說明民風民俗尤其是其中的負面因素，在各國鬥爭中受到了重視。

　　從上可見，戰國人對風俗知識的重視程度比西周春秋時期更高，認識也更深入；其實這背後的原因不僅僅是由諸國爭鬥的文化策略，還有一個更根本的原因那就是戰國風俗觀念和風俗政策的變化。如果說西周春秋時期風俗知識有為因俗施教提供知識依據的功能，那麼在各國乃至族邦相對獨立的情況下，這種功能的實際發揮範圍也非常侷限；而對于天下各地人民風俗的宏觀把握，更多是指向「觀俗」「斂材」「博事」的文化功能。而到了戰國時代，情況就大不相同了。不僅在諸國之間，政治、軍事等方面的鬥爭也需要瞭解彼此的風俗民情，更根本的原因還有兩點：

　　首先大爭之世首務在富國強兵，要達到這個目的，僅憑盡地利還是遠遠不夠的，還需要高效利用民力。要高效利用民力，不僅要通過政區規劃等措施實行編制控制，還需要高度重視民風地俗並以合適手段利用，才能最大限度齊同民心、利用民力。《管子·立政》有「七觀」說，就是「立政」的七方面最高標準：

〔註135〕參見王澍：《先秦諸子新探》，齊魯書社2011年版，第277～280頁。
〔註136〕何晉：《秦稱「虎狼」考》，《文博》1999年第5期。

期而致，使而往，百姓捨己，以上為心者，教之所期也。始於
不足見，終於不可及，一人服之，萬人從之，訓之所期也。未之令
而為，未之使而往，上不加勉而民自盡竭，俗之所期也。好惡形於
心，百姓化於下，罰未行而民畏恐，賞未加而民勸勉，誠信之所期
也。為而無害，成而不議，得而莫之能爭，天道之所期也。為之而
成，求之而得，上之所欲，小大必舉，事之所期也。令則行，禁則
止，憲之所及，俗之所被，如百體之從心，政之所期也。

這「七觀」之間是存在邏輯關聯的。黎翔鳳說，「化在教訓之後，未之令，未
之使而為之，則已化矣，非『法』而為『俗』矣」。〔註137〕就是「教訓成俗」，
這樣就可以「刑罰省」（《管子‧權脩》）。之後再合以憲令、加以誠信、順以天
道，然後使民行「事」，就可以達到民從「上之所欲」如「百體之從心」、於是
「小大必舉」，這也正是立「政」的理想境界。這裡雖然是在講「立政」之道，
但其著眼點卻在功利性的「事」上，這也是戰國大爭之世的時代特點。

不僅如此，隨著郡、縣、鄉、閭里什伍等行政制度以及相應的授田、連
坐等政策的切實推行，自上而下的政區制度取代了相對獨立的族邦制度，這
就使得異風殊俗有必要、也有可能為官方所統一，實行「一體之治」（《管子‧
七法》）。因為「國不服經俗，則臣下不順，而上令難行」：

何謂國之經俗？所好惡不違於上，所貴賤不逆於令；毋上拂之
事，毋下比之說，毋侈泰之養，毋逾等之服；謹於鄉里之行，而不
逆於本朝之事者，國之經俗也。（《管子‧重令》）

而自古「因俗弗改」政策導致各地異俗的局面，以及戰國時雜說並起的社會
現實使得士民風俗不一，「無國而不有美俗，無國而不有惡俗」（《荀子‧王
霸》）。這些不利於凝聚民力、富國強兵的「惡俗」「雕俗」「詭俗」以及「傷
俗教」的「奸民」（《管子‧七法》）也就成了思想家和政治家們力圖打擊、
禁絕的對象，這些「惡俗」裏面還包括了兜售「奇說」、以「詭俗異禮」「逾
群」（《管子‧七法》）的各種「不牧之民」（《管子‧法法》）。

要做到「國有經俗」，不僅要擯棄惡俗，還要統一殊俗。關於如何做到這
點，各家主張不同，尤其以法家「法」派主張最能反映時代潮流所向。比如
《管子‧侈靡》主張「故法而守常，尊禮而變俗」，通過常守合於「禮」的古

〔註137〕黎翔鳳校注：《管子校注》，第81頁。

法「不革」來改變「流遁之俗」；〔註138〕而商鞅則強調順應時變，「不法古不修今，因世而為之治，度俗而為之法」，「制度時，則國俗可化，而民從制」（《商君書·壹言》），並通過統一法令，「壹賞，壹刑，壹教……而民知於民務，國無異俗」（《商君書·賞刑》），才能使「民壹務」（《商君書·壹言》）；不僅與傳統因俗施教理念迥異，法家齊俗的對象也不僅僅針對「流遁之俗」「不牧之民」，而是針對整個「巧以偽」的世風民心。正因如此，古民「樸以厚」可以德治，對今之民則必須用刑法方式「立民之所惡，而廢其所樂」，因為憂則思、度，樂則淫佚，這與傳統因民所樂而施教的「義教」（《商君書·開塞》）的思路更是背道而馳。因為傳統俗教目的在使民「安」，而法家俗教目的在求「利」；在施行主體上，法家反對「釋法度而任辯慧，後功力而進仁義」（《商君書·慎法》），而儒家則認為「儒者在本朝則美政，在下位則美俗」（《荀子·儒效》），等等。

儘管諸家對於移風易俗的看法同樣是爭鳴不一，但其主張也不乏共同點，比如都認為「變俗易教」就必須遵循一定的法則（如《管子·七法》所說的「則」「法」「象」「化」，）並長期遵守「著久而為常」（《管子·君臣》）、才能教訓成俗，只是具體如何操作，各家各有見解；都認為應該自上而下教化成俗，如荀子認為「上好禮義，尚賢使能，無貪利之心，則下亦將綦辭讓，致忠信，而謹於臣子矣」，這樣才能「政令不煩而俗美」（《荀子·君道》），同時對下要求「民德」「以從俗為善」（《荀子·儒效》），在上者以身作則、在下者從上循眾，齊心協力才能促成全社會統一的美俗；此外也多重視國家貧富對於風俗教化的影響，如《管子·治國》說「富而治」，《韓非子·解老》甚至看到了二者之間的循環影響：「國貧，而民俗淫侈；民俗淫侈，則衣食之業絕；衣食之業絕，則民不得無飾巧詐」，等等。

如果說這些還只是理論層面的考察，睡虎地秦簡的出土則為我們瞭解戰國不同階段秦國立法化俗政策的實施情況。《語書》是秦王政 20 年（前 227 年）南郡太守騰下達給轄地各縣、道嗇夫的一道關於「除惡俗」的法令，其中有這樣的話：

> 古者，民各有鄉俗，其所利及好惡不同，或不便於民，害於邦。
> 是以聖王作為法度，以矯端民心，去其邪僻，除其惡俗。法律未足，
> 民多詐巧，故後有間令下者。凡法律令者，以教導民，去其邪僻，

〔註138〕黎翔鳳校注：《管子校注》，第 661 頁。

除其惡俗，而使之之於為善也。今法律令已具矣，而吏民莫用，鄉
俗淫泆之民不止，是即廢主之明法也，而長邪僻淫泆之民，甚害於
邦，不便於民。〔註 139〕

因此郡守騰下達此令，且嚴令「自從令、丞以下知而弗舉論」者和「弗知」者
乃是「不廉」「不勝任」的「大罪」。判斷惡俗的標準是是否「不便於民，害於
邦」，顯然是從官方立場的出發的，與上引戰國諸家的出發點一致；對於惡俗
及邪僻之民，甚至於執法官員的要求都是嚴格依官方法令規定，似乎嚴峻不
容通融。但據工藤元男研究，從秦國的法治理念以昭襄王四十九年（前 258
年）的稱帝為轉折點，前期施行較「寬容而現實的法治政策」，之後開始追求
「一元化統治」。〔註 140〕這種理念轉變在職官方面表現在如縣級職官由傳統
嗇夫制度轉向令、丞制度，〔註 141〕在法俗關係處理方面則呈現出「寬容基層
社會習俗的具有柔韌性的法治主義和追求一元化統治的嚴格的法治主義並
存，這反映出秦法治主義的過渡性」。〔註 142〕而寬容基層社會風俗的法治政
策主要體現在秦楚兩種占法的日書並存、甚至交織使用的現象，〔註 143〕這說
明秦人是很注重從日書、曆法等知識中掌握所統治楚地的風俗，瞭解楚人的
生活和行為方式，法、俗並行，實施統治。

到了戰國晚期，有識之士已然看到了一統的曙光。大一統的政治體制必
然需要大一統的意識形態與之呼應，這也正是自古「天子立德」的題中之義。
於是原本以集中民力、富國強兵為目的的齊政俗思想，這時開始被賦予新的
內涵和價值期待：

論禮樂，正身行，廣教化，美風俗，兼覆而調一之，辟公之事
也。全道德，致隆高，綦文理，一天下，振毫末，使天下莫不順比
從服，天王之事也。（《荀子·王制》）

聖王以為法，士大夫以為道，官人以為守，百姓以成俗，萬世
不能易也。（《荀子·正論》）

昔舜欲旗古今而不成，既足以成帝矣；禹欲帝而不成，既足以

〔註 139〕睡虎地秦墓竹簡整理小組：《睡虎地秦墓竹簡》，第 13 頁。
〔註 140〕〔日〕工藤元男：《睡虎地秦簡所見秦代國家與社會》，第 338 頁，第 366 頁。
〔註 141〕〔日〕工藤元男：《睡虎地秦簡所見秦代國家與社會》，第 323～339 頁。
〔註 142〕〔日〕工藤元男：《睡虎地秦簡所見秦代國家與社會》，第 366 頁。
〔註 143〕〔日〕工藤元男：《睡虎地秦簡所見秦代國家與社會》，第 320 頁。

正殊俗矣。(《呂氏春秋‧諭大》)

不僅將「美風俗」「正殊俗」當做聖王事業的重要組成部分，更重要的是已經超出了法家等齊風俗以使「民壹務」的戰時暫時性的功利手段，而將之當做「萬事不能易」的文教宏圖。秦一統後作諸刻石，就頗以「匡飭異俗」(《琅琊臺刻石》)、「黔首改化，遠邇同度，臨古絕尤」(《之罘東觀刻石》)自矜其德。

三、《爾雅》：人文立場的知識擇錄

地學知識的人文化的傾向自西周春秋之世就已有之，戰國時代則得到進一步發展。以《爾雅》為例，《爾雅》乃是春秋以來博物風尚影響下的產物，自《釋地》以下十一篇，均可以歸入地學知識範疇。「博物」本就是人文化的一大表現，除此之外《爾雅》人文化傾向還有幾個比較明顯的表現，如：

一、自然知識的數術化闡釋。宏觀上看，「十藪」「八陵」「九府」「五方」「四極」等知識均是以數字架構起的體系，「五嶽」「四瀆」「五名丘」等等也是如此。這種做法本質上隱含著這樣一種企圖：將原本自然存在、雜亂無章的知識，放到整齊的數術化的宇宙圖式中，形成天地對應、秩序井然的模式。要實現這種對自然的、經驗性的知識的觀念化改造，方法通常有兩種：一是「改造法」，具體做法如移位、凸顯、淡化甚至隱匿等；二是「創造法」，就是依「應然」的觀念憑空創造知識。

《爾雅》中「改造」的情況比較多見，如《釋地》說「五方」：

> 東方有比目魚焉，不比不行，其名謂之鰈；南方有比翼鳥焉，不比不飛，其名謂之鶼鶼。西方有比肩獸焉，與邛邛岠虛比，為邛邛岠虛齧甘草，即有難，邛邛岠虛負而走，其名謂之蟨。北方有比肩民焉，迭食而迭望。中有枳首蛇焉。

此處雖然強調的是「此四方中國之異氣也」，實際上也是在有意按「對稱法則」在五方各安排了一個具有「相比」特點的生物。為什麼說「安排」呢？引文說「西方有比肩獸焉，與邛邛岠虛比」；而《逸周書‧王會》載：「獨鹿邛邛距虛，善走也。孤竹距虛」；《山海經‧海外北經》載：「有素獸焉，狀如馬，名曰蛩蛩。」二書吻合，則「邛邛」「距虛」為二物，且位在東北方。《釋地》將它們合成一物，且拉到了「西方」，不正是有意的「安排」嗎？——這是「物」方面的改造。

　　「地」方面更是不乏其例，如「空同」。《爾雅‧釋地》卻說「北戴斗極為空桐」；其實最初在《逸周書‧王會》所附的《伊尹朝獻》中說法是「正北空同、大夏、莎車、姑他、旦略、豹胡、代翟，匈奴、樓煩、月氏、裁犁、其龍、東胡……」。據這個記載，則空同之地應該在偏西北方，而不是《爾雅》所說的正北極。其間的轉關可以嘗試論之：《莊子‧在宥》有云「廣成子在於空同之上。」「廣成子」乃「體會自然無為之道的寓言人物」；「空同」，陳鼓應釋為：「『空』含空虛、空明的意思，『同』含混同冥同的意思」。但認為「空同」乃「杜撰的地名」，〔註144〕則失之空泛。此外《楚辭‧大招》有「盈北極」語，即謂「太陰之中，空虛之地」，〔註145〕這應該是當時人的普遍認識，《莊子》或以此設「空同」道境。北極又稱「太一」「大一」「天一」「天乙」「太極」「一」等等，這幾種稱謂名異而實同，乃是對於「道」這個作為宇宙本源和哲學意義上的最高範疇的不同說法，只是戰國諸子在此數稱謂的競爭中最終選擇了「道」而遺棄了其他。〔註146〕正如張影所說，「最早的『太一』應該是人們對於自然的一種理解……太一無論作為哲學概念還是作為神名、星名三者之間是有內在聯繫的」，〔註147〕「道」這一最高範疇地位最初借由天學上的「斗極」也即作為「中宮天極星」的北極星〔註148〕來表達；而「空同」在《在宥》中成為道境的象徵，或如陳鼓應所解，乃因「空」「同」二字為之提供了闡釋的方便。綜上，則「空同」本係西北方國，而後來被戰國諸子尤其是道家學說改造為與天之「斗極」相應的正北方之極的地理概念的過程，也就比較明晰了。這樣一來《釋地》說「戴斗極」的是「空桐」，與《山海經‧大荒北經》說北極所在是「北極天櫃」山，二者就互相矛盾了——這正是不同人各自試圖按「地形應天象」的觀念設計地景時，不可避免地會出現的矛盾。

　　同樣地，「十藪」「八陵」「五嶽」〔註149〕「四瀆」也是如此。客觀地說河流山川之類難以數計，但是《爾雅》或以方位配屬、或以方國對應、或以

〔註144〕陳鼓應：《莊子今注今譯》，中華書局1983年版，第305頁。
〔註145〕（宋）洪興祖：《楚辭補注》，第218頁。
〔註146〕詳說可參見劉全志《戰國知識形態與諸子文獻的生成研究》，博士學位論文，北京師範大學，2013年，第71～81頁。
〔註147〕張影：《漢代『太一神』略論》，《古籍整理研究學刊》2009年第4期。
〔註148〕《史記‧天官書》云：「中宮天極星，其一明者，太一常居。」
〔註149〕西周春秋時期已有「五嶽」「九藪」「九山」等，《爾雅》所擇錄的這類知識不僅較之前有繼承、有創新，更是種自覺系統的行為。

數字為紀，運用一定的圖式和標準將某些藪、陵、嶽、瀆等凸現出來並賦予特殊價值，就成就了這些名山大川——而且《爾雅》所強調的名山大川的特殊價值，不再如以往那樣強調祭祀儀式和信仰地位，而主要是以數字為基礎強調其對於大地的「綱維」意義。所以說，《爾雅》中相當數量的地學知識並不純粹是自然經驗性的知識，而是試圖按人為的觀念標準建構整飭有序的宇宙圖景。類似《爾雅》這樣的做法在當時文獻中並不少見，如《呂氏春秋·有始》的「九州」「九山」「九山」「九塞」「九藪」「六川」等說法，《淮南子·墜形訓》也有類似說法。此類記載並不完全吻合，尤其是諸如「九山」與「八陵」、「九藪」與「十藪」、「六川」與「四瀆」之類同類地景被具體強調出來的部分卻不同，這恰恰也正是「人為」特點的一個表現。不僅如此，這種做法又與後文我們將說到的《山海經·荒經》按天象設計地形的做法如出一轍，而且與之前我們提到的《禹貢》《周禮》《禮記·王制》中的九州描述的變遷等等也有異曲同工之妙。可見以「附數」方式推演新知識的現象，即便在經典文獻中也很普遍。

二、以「人」（國族）而非自然地景為空間界標的表述方式。比如前文我們曾論證過的，「海」字最早乃是基於直觀感受而來的空間概念，到西周春秋時期轉變成一個與「中國」相對應的標識「他者」的空間概念；而《爾雅·釋地》說「九夷、八狄、七戎、六蠻，謂之四海」，顯然是在西周春秋「四海」概念基礎上更隱去了空間之「他者」的涵義、而凸顯了族群之「他者」的因素，這應該是受春秋戰國時期夷夏之辨封閉化的影響。同樣，「四極」「四荒」等概念中也包含著這樣的因素在裏面：其以泰遠、邠國、濮鉛、祝栗為「四極」，以觚竹、北戶、西王母、日下為「四荒」標識方式，仍然是基於國族[註150]而非自然地景——這點也是戰國與此前地學知識側重點的一個明顯區別。

三、典章制度的記述。比如《釋水》在解釋各種「水」之外還涉及幾種渡水方式，其中對舟渡的解釋最詳細：「『汎汎楊舟，紼纚維之』，紼，䋫也。纚，綍也。天子造舟，諸侯維舟，大夫方舟，士特舟，庶人乘泭」。很明顯地，如果說對不同階層人乘舟的禮制規定的記載尚且還與「水」的關係較近，引述《詩經·小雅·采菽》的句子並專門解釋繫舟的語彙，似乎就偏離主題了——這正是由解經的主旨和引據經典的慣性思維導致的。

〔註150〕　（清）阮元校刻：《十三經注疏》，第 2616 頁。

四、戰國地學思想與《山海經》的寫定

從「知識」狀態到劉秀校定《山海經》，中間經歷了由「知識」到圖畫，再由圖畫到成「篇」流傳，〔註151〕再由「篇」到書的過程。其中最早的文本形態是《山海經圖》，其中包括《山經》中的山川、山神（祭儀）、陌生生物等，以及《海經》中的國族、地景等圖像，甚至很大部分的專名也以題記的形態標注其上。傳統觀點多認為《山海經》成書於戰國時期，今從此說。其中《荒經》最早不在劉秀定本之中，但其成書時間卻未必很晚。〔註152〕

在從《山海經圖》轉化為文字本的「篇」的過程中，戰國地學重地利、重風俗、重人文的「人間」立場在《山海經》三部分各自的成書中還是留下了很明顯的痕跡。也就是說《山海經》的圖文轉化，本質上是戰國人以當時的地學理念重新闡釋《山海經圖》知識的結果，當然其中還伴隨著後生成知識的補充等。

（一）地利意識與《山經》的寫定

戰國人地利意識的高漲在《山經》表現得最明顯。按照程洟的說法，寫定後的《山經》內容主要分為兩大部分：「行文」部分也即每自然段開頭的部分，是物產等地利相關的知識，它們或生產很早且被以口傳方式傳承；早在戰國之前就已寫定的山川、山神、陌生生物等的形貌和專名等內容，以及描述和闡釋它們的「描寫」部分。通過《山經》與《山海經圖》時代對這兩大部分內容的重視程度的差異，大概可以看出兩個不同時代地學思想的差異：

一、首先第一點如前文我們所論，古《山海經圖》是以山川及其方物神祇為骨架、方國及物怪（據《王會圖》可知主要是遠方方國物產）錯雜其間的。而《山經》僅擇取了前一類知識（後一類為《海經》所關注），這也是功利意識的表現，因為遠方方國相關知識難以如前者那樣帶來巨大的現實利益。

二、《山經》各章敘述順序的一個微妙的不協調：「行文」部分也即現實草木鳥獸礦產等地利性質的知識排列在前，「描寫」部分關於陌生生物的記載則排列在後，但是很顯然地陌生生物的記載又較前者詳細得多。結合前文對《山海經圖》內容的推論可知，這種矛盾現象反映的正是不同時代地學思想

〔註151〕劉秀《上山海經表》言係將原本三十二篇定為一十八篇。
〔註152〕《荒經》五篇可能是在劉秀定本之後又加入的，但其寫定時間未必很晚，應該當時已經單篇另行。相關論述可參見陳連山：《〈山海經〉學術史考論》，第38～46頁。

的差異：巫文化時代特重物怪、方國之類的知識，因此特地將它們著諸圖文；而戰國成書之時地利意識急遽發展，因此介紹物產等知識的「行文」部分就被排列在了在前面。成書之後的《山經》正如陳連山所說的：「《五藏山經》中記錄山區物產的先後順序也值得注意，它對每一山的介紹中一般都是先介紹礦產，金、玉、銅、鐵、錫等，然後才涉及草木動物等。這些礦產對於當時的普通民眾沒有特別意義，對於國家則意義重大」〔註153〕即便如此，由於被圖文著錄的知識不易散佚或更改，而被付諸口傳的則一方面因被重視程度較低而較簡略、另一方面又相對容易散佚或更改。因此儘管在《山經》寫定的戰國時代它們的序次被提前了，但在敘述詳細程度上仍較後者為簡略一些。

三、除《山海經圖》所載山川、方國、陌生生物專名及其位置、形貌等知識外，《山海經》的「行文」部分知識中有一部分或許產生時代很早，並以口傳形式流傳到戰國後被寫定下來——然而最初它們卻並沒有被載錄在《山海經圖》中，這就說明《山海經圖》作者對它們的重視程度相對要低一些。而在《山海經》成書的戰國時代，它們卻被一同寫定下來，甚至專門記載地利知識的「行文」被排列在前，而相應地陌生生物專名、形貌等知識在世俗生活中的地位則相對下降，這同樣也反映了戰國地學思想的變化。

四、也是最明顯的一點，就是《山經》之末附有「禹曰」的一段話：

> 禹曰：天下名山，經五千三百七十山，六萬四千五十六里，居地也。言其五藏，蓋其餘小山甚眾，不足記云。天地之東西二萬八千里，南北二萬六千里。出水之山者八千里，受水者八千里，出銅之山四百六十七，出鐵之山三千六百九十。此天地之所分壤樹穀也，戈矛之所發也，刀鎩之所起也，能者有餘，拙者不足。封于泰山，禪于梁父，七十二家，得失之數，皆在此內，是謂國用。

郝懿行說，「今案自禹曰已下，蓋皆周人相傳舊語，故《管子》援入《地數篇》，而校書者附諸《五藏山經》之末。」〔註154〕其說大部分有理，只是將之附於《山經》末的是校書者是否是寫定者郝說未詳加說明。然而在《海外南經》之首另有這樣一段話：

> 地之所載，六合之間，四海之內，照之以日月，經之以星辰，紀之以四時，要之以太歲，神靈所生，其物異形，或夭或壽，唯聖

〔註153〕陳連山：《〈山海經〉學術史考論》，第22頁。
〔註154〕袁珂校注：《山海經校注》，第221頁。

人能通其道。

畢沅參以《列子・湯問》相關文字認為「蓋此文上承『禹曰天下名山』云云，劉秀分為二卷耳」，〔註155〕袁珂認同此說。據此則這兩段文字並非「臣望」、劉秀等校書時新摻入的，而是寫定成書時候即附入；「臣望」、劉秀等只是在分篇時歸入二篇中而已。

劉宗迪認為《山經》之末的「這段文字在《山經》中與上下文毫無語義上的關聯，而在《管子・地數》中則與上下文密不可分，因此可以斷定《五藏山經》襲自《管子》」，〔註156〕是很正確的。《山經》末這段話儘管與正文在語義上關係不大，但在價值取向上則十分一致：重地利。或也正因為如此《管子》中的這段話才被拿來附到了《山經》之末。可見，到了《山經》中，《山海經圖》中的知識雖然也被記載了下來，但其最初「備百物」「觀萬國」的功能卻早已經被戰國重地利的價值取向所覆蓋了。

（二）博物宗旨與《海經》的析出

我們這裡所說的「博物」是比較狹義的說法，專指由春秋大夫階層引領的以多知為途徑、以促成君子文化修養為目的、而非指向現實功利性的人文性的行為。這一風尚早在春秋晚期就已蔚然成風，並使得物怪知識重新為學者所重視，這種風尚被戰國士人所繼承，其表現之一就是物怪文獻復又大量出現，尤其以《呂氏春秋》《楚辭》《莊子》等書中為多——其中最典型的文本當然還屬《山海經》，尤其是《海經》。這種博物風尚當然在《山經》和《荒經》中也有體現，如：

> 東五百里，曰漆吳之山，無草木，多博石，無玉。處于東海，望丘山，其光載出載入，是惟日次。（《南次二經》）

> 有宋山者，有赤蛇，名曰育蛇。有木生山上，名曰楓木。楓木，蚩尤所棄其桎梏，是為楓木。（《大荒南經》）

《南次二經》例關於「漆吳之山」的後半段描述是沒有什麼現實意義的，可以認為是博物意識的體現，但一方面《山經》中這樣的例子相對數量較少，且均排列在地利知識之後，因此不能反映《山經》編定的主導思想；而《荒經》如宋山、育蛇、楓木這樣博物性的知識極多，但也相對於《荒經》總體上

〔註155〕袁珂校注：《山海經校注》，第225頁。

〔註156〕劉宗迪：《〈山經〉出自稷下學者考》，《民俗研究》2003年第2期。

的「空間」本位同樣不能反映《荒經》的編寫思想。因此在《山海經》的三部分經文中，唯獨《海經》可以看做是以「博物」為宗旨編定的：

首先，古本《山海經圖》本來未專門對「山」「海」作區分；儘管《海外四經》與《海內四經》曾分別成書並單獨流傳，但從敘述體例及內容看，二者實際上屬於同一體系，是按同一標準和編纂宗旨從《山海經圖》中擇取出來而編定的。以《海外南經》為例，本經共計 21 條，其中山樹動物等 6 條（分別是南山、比翼鳥、畢方鳥、三株樹、崑崙虛、狄山與范林）；神怪及其所處場所 2 條（分別是「神人二八，連臂，為帝司夜於此野」「羿與鑿齒戰於壽華之野」）；其餘 13 條皆為方國。《海內四經》內容雖有錯亂、脫佚以及後人摻入的內容，但情況大致與《海外四經》相近。以《海內南經》為例，本經共計 17 條，其中描述：山樹動物等 10 條，分別是三天子鄣山、桂林八樹、兕、泛（范）林、狌狌知人名、犀牛、窫窳、建木、巴蛇食象、旄馬；神聖及其所葬場所 2 條，分別是蒼梧之山（舜、丹朱所葬）、孟塗神；方國共 5 條 8 國，分別是：甌、閩〔註157〕、相慮（伯慮國、離耳國、雕題國、北朐國）、梟陽國、氏人國。可見《海經》所關注對象以遠方方國為主，兼及具神聖地景或神怪，這些內容屬於古《山海經圖》錯落於山系骨架中的內容。這部分內容幾乎沒有什麼現實經濟價值，尤其於地利毫無關係，而屬於我們所謂「博物」知識的範疇，這是《海經》與《山經》關注點的根本區別；

再進一步從「物質」「空間」區別的角度看，《海經》以「海」為名，自然是關注「空間」的；而且根據我們接下來的考察，《海外四經》和《海內四經》的劃分標準也是按空間的遠近（詳見本章第二節）。但上論《海經》關注對象均屬於「物質」範疇，因此「空間」只是標識和劃分「物質」所在方位的經界，而「物質」才是它所要關注的。以「物質」為本位即意味著《海經》內容的擇取是以對這些「物質」相關知識的認知為根本目的，而關注點不在這些事物所處「空間」的經界，這是《海經》與《荒經》著眼點的根本區別；

第三就是《海經》的述圖性質，如：

讙頭國在其南，其為人人面有翼，鳥喙，方捕魚。一曰在畢方東。或曰讙朱國。（《海外南經》）

〔註157〕此二條經文分別是「甌居海中」和「閩在海中，其西北有山。一曰閩中山在海中」。《海經》「居」字的主語多為神、人、方物等；言閩「其西北有山」應當即後文的「閩中山」，而閩應當是國族名而非地名。

「在其南」的方位標識、「人面有翼」的性狀描寫以及「方捕魚」的靜態描寫都說明是在述圖，《海經》所有條目基本都是此例。述圖即意味著對既有知識的客觀呈示，這與其「物質」本位內涵上一致，都是指向知識的獲取與傳播，這也是我們說《海經》宗旨在「博物」的一個重要理由。

除對古圖內容作客觀呈示外，《海經》還有一些來自圖外相關知識的補充，如《海外南經·南山》條有「自此山來，蟲為蛇，蛇號為魚」語，這顯然不是圖畫可以表達的；而且這句話與述圖部分「南山在其東南」一樣，也是沒有現實地利意義，而只能增廣見聞。

（三）集大成性與《荒經》的編寫意圖

畢沅認為《荒經》所本之圖是「漢時所傳之圖……頗與古異」，〔註 158〕但從《荒經》與《海經》所存在的對應關係看，《荒經》同樣是據《山海經圖》成文，或據《山海經圖》另為圖本後又被轉錄為文字。關於這點劉宗迪的意見最為合理，他認為《海內經》的後半部分（也即「炎帝之孫伯陵」至篇末）乃是《荒經》圖的中央部分（類似於子彈庫帛畫內層的「創世章」部分），而最末鯀禹治水「以定九州」句「才是大荒世界創世紀的起點」。〔註 159〕也就是說《荒經圖》是一幅以《山海經圖》為底本，以「中國」「九州」為統攝的、以「海」「荒」內容為主體的地理圖。正因為它自成體系，闡釋性意味強烈，所以其內容自然「頗與古異」。

在《山海經》三部分經文中，《荒經》篇幅雖然不是最多，但思想傾向最為複雜，而且由於其內容以及文體構成最為多樣，因此編纂標準和宗旨也最難弄清。由於本部分的考察是以內容而非文體形態為主，《海經》和《荒經》中的內容都是以相對獨立的條為單位來載錄的。因此在展開討論之前，我們首先須交代一下《荒經》分條標準。因為以內容為本，故根據實際情況設定如下標準：

一、所述對象是單獨個體者，以句前「有」字為標誌，各計作一條。如：「有綦山。又有搖山。又有𧤙山。又有門戶山。又有盛山。又有待山」（《大荒東經》），計作 6 條。

二、明顯係描寫同一場景的，儘管句前有「有」字，不做單獨個體計，仍

〔註 158〕畢沅：《山海經新校正序》，丁錫根：《中國歷代小說序跋集》上冊，第 15 頁。
〔註 159〕劉宗迪：《創世，眾神用了「洪荒之力」》，《解放日報》2017 年 5 月 20 日第 5 版。

計作一條，如：

> 有甘山者，甘水出焉，生甘淵。(《大荒東經》)

> 有波谷山者，有大人之國。有大人之市，名曰大人之堂。有一
> 大人踆其上，張其兩耳。(《大荒東經》)

> 有五采之鳥，相鄉棄沙。惟帝俊下友。帝下兩壇，采鳥是司。
> (《大荒東經》)

據此，得《大荒東經》49 條，《大荒南經》60 條，《大荒西經》70 條，《大荒
北經》49 條，共計 228 條（自重條目各計作一條）;《海內經》51 條（不計「炎
帝之孫伯陵」以下單純記述帝系的內容）。這些內容按其性質可以分為如下幾
類：

一、並無特殊價值的山壑淵澤等自然地景，這樣的內容在《荒經》總 279
條中佔了 86 條之多。〔註160〕其類型大致有如下幾種：

（一）類似「有潏山，楊水出焉」以及「有東口之山」(《大荒東經》)，這
種頗似轉錄《山海經圖》題記的內容；

（二）似《山經》「行文」部分的格式，記載地利知識的內容，如：

> 又有隗山，其西有丹，其東有玉。(《大荒南經》)

> 流沙之西，有鳥山者，三水出焉。爰有黃金、璿瑰、丹貨、銀
> 鐵，皆流于此中。(《海內經》)

（三）在「（一）」類基礎上附加入與該地相關族姓譜系者、描述該地地
域民俗者、記載與該地相關聖王事蹟者，各舉一例如：

> 有緡淵。少昊生倍伐，倍伐降處緡淵。(《大荒南經》)

> 有弇州之山，五采之鳥仰天，名曰鳴鳥。爰有百樂歌舞之風。
> (《大荒西經》)

> 有雲雨之山。有木名曰欒。禹攻雲雨。有赤石焉生欒，黃本，
> 赤枝，青葉，群帝焉取藥。(《大荒南經》)

其中第一類數量最多，占 71 條；第二類僅有所引 2 條；第三類三種情況分
別是 2 條、1 條和 12 條（有一條之內兼具數類內容者，分別計作一條，下
同）。數量比例相差懸殊或受此類地景本身特性決定，儘管如此，戰國地學
重地利、重風俗、重人文的傾向仍皆有體現。

〔註160〕本部分統計數據可詳見本文《附錄五》。

　　二、記述方國人民和具有特殊價值的神怪方物知識的，分別有 86 條和 51 條。

　　（一）其中有近似《海經》述圖體、目的似在單純記錄知識者，如：

　　　　有波谷山者，有大人之國。有大人之市，名曰大人之堂。有一大人踆其上，張其兩耳。

　　　　有神，人面獸身，名曰犁䰠之尸。（《大荒東經》）

此類內容中方國有 31 條，物怪 47 條。

　　（二）附加入族姓譜系內容者，如：

　　　　有人食獸，曰季釐。帝俊生季釐，故曰季釐之國。（《大荒南經》）

　　　　有女子方浴月。帝俊妻常羲，生月十有二，此始浴之。（《大荒西經》）

其中方國 43 條，物怪 1 條。

　　（三）附加入該地地域民俗知識者，方國類有 43 條，物怪類無：

　　　　有蔿國，黍食，使四鳥：虎、豹、熊、羆。（《大荒東經》）

　　（四）加入相關聖王事蹟者，方國類 2 條、物怪類 3 條，如：

　　　　東海之外大壑，少昊之國。少昊孺帝顓頊于此，棄其琴瑟。（《大荒東經》）

　　　　有人無首，操戈盾立，名曰夏耕之尸。故成湯伐夏桀于章山，克之，斬耕厥前。耕既立，無首，走厥咎，乃降于巫山。（《大荒西經》）

這些知識與《海經》一樣也是沒有現實功利價值，而只可以增廣見聞，同樣是博物風尚的體現；但附加知識的數量卻遠非《海經》可比，戰國地學重風俗和人文化傾向在其中表現最明顯。這點可與《荒經》所本的《海經》相關內容比較而觀。

　　首先看《荒經》中的風俗因素。茲舉「深目國（民）」條為例：

　　　　深目國在其東，為人舉一手一目。在共工臺東。（《海外北經》）

　　　　有人方食魚，名曰深目民之國，盼姓，食魚。（《大荒北經》）

《海外北經》的描寫內容只是狀貌、方位，顯然是在述圖；《大荒北經》條雖了了數字，內涵卻很豐富：「有人方食魚」是述圖；「盼姓」言其族屬，是圖畫外的知識；「食魚」言其方俗，則是將「方食魚」這個靜態場景的描寫，轉向該國民俗常態上去解釋了——正是句首尾的兩處言「食魚」露出了「改造」

的馬腳。

人文化主要表現在自覺的歷史意識上。首先就是《荒經》較之《海經》，更加重視對方國族姓及其譜系的梳理。侯仁之認為，這「緣於人類心理上溯本求全的要求，而且時代愈後，追求已往之心亦愈切。於是本來是一個不知所自來的單獨的神，愈後反為他造出一大串的家譜」。〔註161〕撇開這些譜系是否是憑空捏「造」出的且不談，其「溯本求全」的歷史意識卻是很明顯的。如：

> 有人焉，鳥喙，有翼，方捕魚于海。大荒之中，有人名曰驩
> 頭。鯀妻士敬，士敬子曰炎融，生驩頭。驩頭人面鳥喙，有翼，
> 食海中魚，杖翼而行。維宜芑苣，穋楊是食。有驩頭之國。（《大荒
> 南經》）

上文已論，《海經》「讙頭國」例僅是在以述圖的方式客觀地呈示知識，而《荒經》除有相同做法外，還增添了從鯀到驩頭人之間的譜系關係。與地景、方國異民等相關的歷史事件尤其是聖王事蹟的載錄，則是人文化的另一個表現，這與大夫九能「山川能說」的博物風尚也是一脈相承的。

通過比較可見，《荒經》知識重風俗、重人文的特點是戰國人以其時地學理念自覺為之的結果，其主要手段是改造和附加。

三、也是《荒經》相比其他二經最明顯的一個特點：就是自覺、系統地以「天數」觀念在世界邊緣的特定位置改造或設計出一批具有特殊價值的地景，保守統計有 56 條之多。李零曾經說過：「中國古代的地理思維有一種傾向，這就是它總喜歡把邊緣很不整齊、內部差異很大的東西塞進一種方方正正，具有幾何對稱性的圖案之中……實際上，他們的做法只是想用一種抽象的東西來簡化差異，控制變化，使其直觀性和差異性能夠統一起來。」〔註162〕《荒經》在邊緣地景的設計中就很明顯地採用了這種做法。

（一）分布在《大荒四經》四緣的 28 座山。《大荒東經》和《大荒西經》中記載了日月所出（生）入的各 7 座山，這一點清人陳逢衡已注意到，現代學者如呂子方、鄭文光等也已提到。最早全面系統地論述此問題的是劉宗迪，在他的著作《失落的天書──〈山海經〉與古代華夏世界觀》第一章中已有詳細論述，並提出了「天上的二十八宿就是將地上的二十八山投

〔註161〕侯仁之：《海外四經海內四經與大荒四經海內經之比較》。
〔註162〕李零：《中國方術續考》，第 269 頁。

影到星空上的產物」的推測。〔註163〕此後吳曉東考出了這 28 座山——這些山前都有「大荒之中」作為標誌詞,這裡不再一一羅列,茲摘其所繪圖如下:

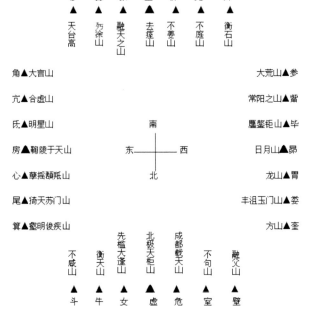

吳曉東所繪大荒 28 山與 28 宿對應圖〔註164〕

對於這些山的用處,吳曉東的解釋與劉宗迪略同,都認為是用來定位星象的。〔註165〕不過 28 宿分布在黃道帶周圍,不會同時出現在天穹中。若要用山來為 28 宿定位,也不必四個方向都各選擇 7 座山;而且有的山顯然不是在對應 28 宿,如處於「北極」的「北極天櫃」(《大荒北經》,應作「北極天樞」〔註166〕)山,顯然是對應「北極星」的,與 28 宿無干。更根本的,他們的觀點都是以《大荒四經》作為視野可見的小範圍描寫為前提的,我們則認為它描寫的是「荒」這個世界最外層的空間。儘管大地就在人腳下,卻不像天空那樣抬頭即見一目了然,一山一樹,都可以阻隔人的視野,侷限人對大地的認識。然而古人深信「在天成象,在地成形」(《周易・繫辭上》),天象與

〔註163〕 劉宗迪:《失落的天書——〈山海經〉與古代華夏世界觀》(增訂本),第40頁。
〔註164〕 吳曉東:《〈山海經〉語境重建與神話解讀》,第52頁,第63頁。
〔註165〕 吳曉東:《〈山海經〉語境重建與神話解讀》,第64~65頁。
〔註166〕 吳曉東:《〈山海經〉語境重建與神話解讀》,第55頁。

地形是對應的，這才合乎宇宙的秩序。因此「古人講地理雖可自成體系，但其認識背景是天文，東西是靠晝觀日影，南北是靠夜觀極星。他們是在『天』的背景下講『地』，所以『地』的總稱是『天下』」。〔註167〕所以我們認為，《荒經》的四方邊緣儘管恰好有 28 座山，卻未必一定是與 28 宿對應。比較保守一點可以這樣認為，《大荒西經》《大荒東經》所突出的日月出入的各 7 座山生成應該是最早的，數為 7 座則有 6 格，這就與《周髀算經》「七衡周而六間，以當六月節」的思路相近，只是《荒經》的世界觀是更古老的穹天覆地觀念而非後者的平天說。而南北的各 14 座山除了前面有「大荒之中」的標誌語之外，並無其他特別說明，所以應該是遵循了以南北軸對應東西軸的「對稱法則」來設計的。最後得出的數字卻恰好與 28 宿數字相合。這看起來很巧合，其實這在數術類知識中比比皆是，比如「男生而成三，女生而成兩。五以成室，室成以生民，民生以度。左右手各握五，左右足各履五，曰四枝，元首曰末」（《逸周書‧武順解》）等等，同樣地很「巧合」。

　　上面我們提出了與劉、吳二說相反的思路，還有一個原因就是《大荒四經》28 山即使在《山海經》中找內證，也絕大多數難以考實，能考著少之又少，僅如：

　　　　大荒之中，有山名朽塗之山，青水窮焉。（《大荒南經》）

這座山是《大荒南經》7 山的第 6 座，當與《山經‧西次三經》22 山之 8「崑崙之丘」條的「醜塗之水」有關。經文曰「洋水出焉，而西南流注於醜塗之水。」「崑崙之丘」已被《大荒西經》列入「荒」的範圍內，則引文的「朽塗之山」可能真是《山海經圖》「荒」範圍內的一座原本不被特別重視的山。其他的如「孽搖頵羝」（《大荒東經》）之類的地名，難以考實。但歸納其知識來源不外乎兩種：一是「改造法」，如將原本並不被特殊強調的山，按先在觀念模式「突出」出來以應天象，如「朽塗之山」；另一種「創造法」，就是按「地形應天象（天數）」的觀念憑空虛構。有的是僅從名字就看得出的，如上面說的「北極天櫃」山是為了對應北極星，「西極」的「日月山」（《大荒西經》）略同。而有的如《大荒西經》7 山最南邊的「大荒之山」及其旁邊的「大荒之野」，不僅不見於別經，且以「大荒」這種表示大範圍空間的概念來命名具體的山、野，就不免有湊數的嫌疑了。

　　（二）關於《大荒四經》中安排的四極、四隅、四方四風神、四渚（陼）

〔註167〕李零：《中國方術續考》，第 256 頁。

等關於世界邊緣的特殊地景，以吳曉東的考證最為詳備〔註168〕，再綜合我們的不同看法，簡述如下：

四極：鞠陵于天、東極、離瞀（《大荒東經》）；去痊（《大荒南經》）；日月山（《大荒西經》）；北極天櫃（《大荒北經》）。

四隅：皮母地丘（東南、《大荒東經》）；凶犁土丘（東北、《大荒東經》）；偏句、常羊（西南、《海外西經》）；不周負子（西北、《大荒西經》）。

四方神及其職能、四方風：東方，折丹，單呼為「折」，〔註169〕風曰俊，出入風（東極、《大荒東經》）；北方，鵷，風曰狻，止日月（東極隅、《大荒東經》）；南方，因因乎（因乎），風曰乎民（南極、《大荒南經》）；石夷，風曰韋，司日月長短（西北隅，《大荒西經》）；噎（「嘘」也即《海內經》「噎鳴」〔註170〕），行日月星辰之行次（西極、《大荒西經》）；九鳳、彊良（北極，《大荒北經》）。〔註171〕

四渚（陼〔註172〕）與四海神：禺貌（東）；不廷胡余（南）；弇茲（西）；禺彊（北）。

上述考察中有兩個明顯的問題值得注意：

第一，《荒經》內所見四方風、四方神與《海外四經》四方神不同，而與甲骨文所載四方風及神名一脈相承。單純從上列六組七位神所處方位看，北方、西方神鵷和石夷分處東北和西北隅，其職能除掌管風（據甲骨四方風神說法）之外還有司、止日月；而東方和南方的神折丹、因因乎則分處東極和南極，職司只有「出入風」；無論是從空間方位、還是職司上都對甲骨四方風、神知識做了改造。這樣一來，問題就浮現出來了：若從職能論，甲骨四方神附加上司日月運行職能的就被安排到了四隅中的兩隅——東北和西北，則在方位上就空出了西極和北極這兩個極重要的方位，為了補足這兩個方位上的神祇，《荒經》作者又補上了「噎」和「九鳳」「彊良」兩組三神（或來自其他方神風神系統）。但「噎」的職能只在「日月星辰之行」而不涉及

〔註168〕 可參考吳曉東：《〈山海經〉語境重建與神話解讀》一書相關章節。
〔註169〕 按郭璞、郝懿行等注，見袁珂校注：《山海經校注》，第401頁。
〔註170〕 按郝懿行、袁珂說，見袁珂校注：《山海經校注》，第462頁。
〔註171〕 此處所列神名及其功能、風名等，一方面據甲骨四方風、神卜辭，另一方面兼以「四極」這個特殊方位概念為標準統計。
〔註172〕 據郝懿行說，「《爾雅》（《釋地》）云：『小洲曰陼。』陼與渚同。」參見袁珂校注：《山海經校注》，第459頁。

「風」；「九鳳」和「彊良」甚至沒有專門職司，顯然是為了湊合「極──神」對應的觀念而加進去。

若結合《海外四經》、子彈庫帛書《月令圖》等文獻看，最初將四方神安放在「四隅」這個位置才是最簡便的。但《大荒四經》的作者一定要按「四極四隅」的成熟宇宙觀來安排，又要兼顧前者的思路，這才難免左支右絀。

四渚（陼）與四海神例中：「禺彊」在《海外四經》中是北方之神，這裡卻被改造成北海神；而「弇茲」也即「崦嵫」在《山經‧西次三經》中還只是一座山，到這裡卻被人格化為西方之海神。其中暗含的玄機與四方風、神的改造大同小異，這裡不再一一展開論述。

第二，上文我們曾舉例說明了數術文化時代創改既有地學知識以迎合「天數」的方法和實例：一是「改造法」，例如「突出」「移位」等；二是「創造法」，就是為迎合某種觀念圖式而憑空創造。

改造法中的「突出」如「朽塗之山」例，「移位」例則有如前文我們提到的《爾雅》中的「空同」山例。《荒經》中以「移位」法改造山川的也不乏其例，如不周山原位置在《山經‧西次三經》22 山之 3，至日所入之地尚有約六千里，北面還有《西次四經》諸山，而且也並沒有被當作西北隅的標誌山，但《大荒西經》顯然將它挪換了方位、并加以突出。不周山的地位最晚在《呂氏春秋‧論大》「地大則有常祥、不庭、歧毋、群抵、天翟、不周」那裡就已經定型；《淮南子》的《天文訓》《墬形訓》就明確說不周山是「八極」之一的「幽都之門」，並將西北風稱作「不周風」了（《呂氏春秋‧有始》尚稱西北風為「厲風」）。

有「突出」就有「淡化」。如「孽搖頵羝」乃「扶木」之所在（《大荒東經》），按《山經》《海經》的意思應是東極日出之地，但在《大荒四經》裏的地位卻被「淡化」到次要地位，而把「鞠陵于天」突出為「東極」之地（《大荒東經》）了。

同樣地，在這些改造或創造的特殊地景中也包含了不少關於族姓譜系和聖王事蹟的知識，相關條數分別是 4 條和 14 條，此處不再一一舉例說明。

綜上可見，《荒經》所述內容不再像《山經》那樣專門記述山川百物和物產，也不再像《海經》那樣單純記錄方國、物怪和特殊地景，而是既有特殊地景又有一般地景、既有自然地景又有人間方國、既有地景又有神祇物怪；而且從《附錄五》統計情況可見，這些內容在《荒經》中所佔比例比較均衡，所

以說《荒經》與《山經》《海經》皆不同，它在內容的收錄上是兼收並蓄的；其次，從《附錄三》《附錄四》的統計可見，《大荒四經》與《海外四經》、《海內經》與《海內四經》之間存在對應關係（詳細論證見本章第二節），對應條數占《海經》的比重很大而占《荒經》的比重很小，說明《荒經》與《海經》的對應主要是「空間」方面的對應而非「物質」方面。也就是說，儘管《荒經》空間範圍與《海經》大體一致，但二者立足點截然不同：《荒經》是「空間」本位的，而《海經》是「物質」本位的；再者，《荒經》在試圖將《山海經圖》的「海」（海內）和「荒」（海外）這兩層空間中所有地景和物怪及相關知識進行彙編之時，並不是如《海經》那樣以客觀呈示為主，而是自覺以重博物、重風俗、重人文等「人間化」的價值取向為指導，進行了補充、改造甚至創造的。這些特點足以說明《荒經》是對先秦以《山海經圖》為元典的地學知識體系的自覺總結，也是這一系地學的集大成之作——當然只是關於「中國」之外的「海」和「荒」這兩層遠方空間的，相比起現實功利性更注重認知方面的價值，這延續仍然是《山海經圖》時代「知識與權力」的主題。

唐曉峰指出，「中國古代有一個依託社會發展，以治國平天下為宗旨的發達的人文地理學體系，在王朝歷史進程中曾具有重要意義，是我國地理學中的主流，可以稱其為『王朝地理學』」，〔註173〕《漢書·地理志》是標誌其成熟的代表性文本。從《漢書·地理志》第一部分對於古代地學發展流變的追述看，實際上它是遠紹《禹貢》、近宗《周禮》，自覺為漢代這個大一統王朝建立地學典範的，這個系統可以稱為「《禹貢》系統」。而若將「王朝」的概念超出「大一統王朝」的限定，而將夏商周等「王朝」也算入內，那麼在《漢書·地理志》之前，具備這三個條件的地學系統，除了「《禹貢》系統」之外，至少還有「《山海經圖》——大九州——《淮南子·墜形訓》」系統，也即「《山海經（圖）》系統」。

《山海經》的前身《山海經圖》本身就是中原王朝的官方地學文獻；從《荒經》的敘事方式來看，其中也流露出為未來一統王朝建立地學典範的意圖。我們說過《荒經》是以「空間」為本位，以戰國地學價值取向為指導，針對「海」「荒」空間內地學知識進行彙編的集大成之作。這種「空間」本位將陌生生物、陌生方國、神聖地景等與現實物產、一般地景等並列在一起，其

〔註173〕唐曉峰：《從混沌到秩序——中國上古地理思想史述論》，第 15 頁。

本身即意味著對古《山海經圖》所強調的山川山神、方國、陌生生物等知識所具有的特殊性、神聖性的淡化，和對《山海經圖》「備百物」「觀萬國」功能的突破。那麼其中蘊含的新功能、新意圖是什麼呢？

我們認為這實際上是試圖借助天學的話語權力、以數術「法則」推演天子聖德所覆蓋下的宇宙圖式。不僅如此，諸如方國異民之族群系譜的廣泛建構，也可以看作是這種意圖的體現。《山海經》方國異民的祖先主要集中在帝俊、黃帝等上古聖王身上。以黃帝為例：

> 有人名曰犬戎。黃帝生苗龍，苗龍生融吾，融吾生弄明，弄明生白犬，白犬有牝牡，是為犬戎，肉食。有赤獸，馬狀無首，名曰戎宣王尸。(《大荒北經》)

以黃帝為犬戎的祖先，並排列出了其間傳承的譜系。據《國語·晉語四》，黃帝還是姬姓的祖先。這樣黃帝就成了中原姬姓和作為四海播民之一的犬戎族的共同祖先。而且，據《大荒四經》的其他記載，黃帝還是北狄等族，甚至東海神禺䝞、北海神禺京的祖先。從《附錄五》的統計結果看，這些譜系梳理非常系統，很可能如侯仁之所說是後人有意「造」出的。而這種系統建構的行為，實際上就通過黃帝等共祖，將中原民族與遠方異民、人與神祇之間的關係統合了起來，這就為大一統的皇權統轄世界提供了合法性的依據。此外，《荒經》中所描述的邊遠空間裏，還留下了黃帝等聖王的足跡，如：

> 東海中有流波山，入海七千里。其上有獸，狀如牛，蒼身而無角，一足，出入水則必風雨，其光如日月，其聲如雷，其名曰夔。黃帝得之，以其皮為鼓，橛以雷獸之骨，聲聞五百里，以威天下。(《大荒東經》)

此外，《大荒北經》的「共工之臺」、《海內經》中的建木等地景，同樣也與黃帝事蹟有關。除黃帝系列的例子外，其他聖王也是如此，如《附錄五》統計有三十多條，這裡不再一一列舉。這用人文主義地理學者的說法來描述，就是將原本遠方陌生的、缺乏價值的陌生空間，通過中原聖王的行跡而轉化為熟悉的、具有價值的「地方」。因而，這種陌生空間的「地方」化，實際上就是將荒遠之地打上中原王朝所有權的標記，這與《荒經》「空間」本位的敘事方式、方國譜系的建構等所本的意圖是一致的；而且與《漢書·地理志》重視政區地理沿革史的介紹在內在精神上也是一致的：「地理沿革是地方歷史定位的記憶檔案，說明該地歸屬王朝統治的歷程，而歸入王朝體系正是其地理身份

與地理價值的表現」。〔註174〕

　　《荒經》這種意圖在戰國時期是有其社會背景的。《呂氏春秋》這部「將欲為一代興王制典禮」〔註175〕著作中，多次採用《山海經》知識中關於世界邊緣的內容，如：

> 非濱之東，夷、穢之鄉，大解、陵魚、其、鹿野、搖山、揚島、大人之居，多無君；揚、漢之南，百越之際，敝凱諸、夫風、餘靡之地，縛婁、陽禺、驩兜之國，多無君；氐、羌、呼唐、離水之西，僰人、野人、篇笮之川，舟人、送龍、突人之鄉，多無君；雁門之北，鷹隼、所鷙、須窺之國，饕餮、窮奇之地，叔逆之所，儋耳之居，多無君。此四方之無君者也。（《恃君》）

《恃君》這段文字中，既有夷、揚、漢、百越、氐、羌等現實存在的山川或國族，更不乏大蟹、陵魚、大人、驩兜、窮奇等等來自《山海經》《王會》等文獻中的知識。很顯然地，顯然在作者的眼裏，這些遠方方國、異民、山川、物怪等等都是真實存在的。這種認識可以上溯到《山海經圖》《王會圖》的時代，即便到了戰國時期，《山海經》《王會》《呂氏春秋》及楚辭等仍持這種認識，可見這種認識在當時是很普遍的。可見，《荒經》為未來一統王朝立地學典範的意圖，是有它的社會基礎的。

　　而類似《荒經》的這種意圖，同樣在《呂氏春秋》等戰國文獻中也可以尋得蛛絲馬跡：

> 昔舜欲旗古今而不成，既足以成帝矣；禹欲帝而不成，既足以正殊俗矣；湯欲繼禹而不成，既足以服四荒矣；武王欲及湯而不成，既足以王道矣……《夏書》曰：「天子之德廣運，乃神，乃武乃文。」故務在事，事在大。（《諭大》）

> 堯曰：「若何而為及日月之所燭？」舜曰：「若何而服四荒之外？」禹曰：「若何而治青北，化九陽、奇怪之所際？（《諭大》）

> 君有廣德，分任諸侯而敦信，曰予一人；善至於四海，曰天子，達於四荒曰天王。四荒至，莫有怨訾，乃登為帝。（《逸周書·太子晉》）

引文中作為空間概念的「荒」雖然未必始自《山海經》，但在這個系統中卻是

〔註174〕唐曉峰：《從混沌到秩序——中國上古地理思想史述論》，第294頁。
〔註175〕（元）陳澔：《禮記集說》，第134頁。

與人君之「廣德」直接掛鉤的；這條思路仍然延續的是《山海經圖》時代以全世界為關注範圍的思路，以直接或間接、實際或意識形態（「德」「化」等）的影響範圍的廣大來衡量人君之德的至高無上性和合法地位——這一點與秦漢王朝前所未有的大一統功烈正是相映照的，而且這與《荒經》的編寫意圖也是很相似的。

第四節　兩大地學系統的成型

　　《山海經》尤其是《荒經》雖然具有集大成的特點，而且也流露出為一統王朝立地學經典的意圖，但它畢竟更側重「海」「荒」邊遠的空間，關於「中國」的內容則仍仰賴「《禹貢》系統」的傳統認識作為補充；《山經》和《海經》雖然描寫的空間範圍一樣廣大，但二者或重地利、或重博物，都還比較偏重一面。因此《山海經》還不能算是「《山海經（圖）》系統」最具代表性的文本。這些問題到了西漢的《淮南子・墜形訓》中得到了解決，並有了陰陽五行思想作為思想內核，它才是「《山海經（圖）》系統」成熟的、具有代表性的文本。

一、《墜形訓》：「《山海經（圖）》系統」的代表文本

　　《墜形訓》的敘述結構和內容均比較龐雜，其中既有基於現實經驗性的知識，還有很大部分則是依據既定觀念而推演出來的知識。從文獻來源看，篇首從「墜形之所載」至「要之以太歲」句又見於《山海經・海外南經》之首，如袁珂說乃是《墜形訓》引《山海經》；〔註176〕「八紘之外，乃有八極」段以「方土之山」「東極之山」「波母之山」「南極之山」「編駒之山」「西極之山」「不周之山」「北極之山」為「八極」的說法與《大荒四經》多相吻合，應該也是來自《山海經》；從「闔四海之內」至「其華照下地」段主要內容敘海內空間範圍之大小、東西極之長短、作為空間中心的崑崙區和建木等，這些大部分是採自《海經》；從「凡海外三十六國」至「鼓其腹而熙」乃是來自《海外四經》，這點也比較明確。〔註177〕可見，《山海經》內容是《墜形訓》的重

〔註176〕袁珂校注：《山海經校注》，第225頁。
〔註177〕「海外三十六國」段來自《海外四經》學者多持此說；吳曉東認為後一段同樣來自《海外四經》，不過所採用的版本與今本不同（參見氏著《〈山海經〉語境重建與神話解讀》，第144頁）。

要知識來源，它們屬於同一知識系統。

「東南神州曰農土」云云「九州」與鄒衍「大九州」說所謂「中國名曰赤縣神州」（《史記‧孟子荀卿列傳》）正相吻合，當採自鄒說。《墜形訓》對鄒衍「大九州」學說的採用也不僅限於「九州」的名稱，其「八殥」「八紘」「八極」等概念也很可能是來自「大九州」學說。而「大九州」學說所依據的東西極的里距數據乃是來自《海外東經》「帝命豎亥步，自東極至於西級，五億十選九千八百步。豎亥右手把算，左手指青丘北。一曰禹令豎亥。一曰五億十萬九千八百步」條，〔註178〕所據的「闡四海之內，東西二萬八千里，南北二萬六千里」的數據與《山海經》相同。這樣一來就可以更明顯地看到，《山海經》、「大九州」學說和《墜形訓》三者之間互相呼應，乃屬於前後相續的一個地學知識系統。

《淮南子》原名「鴻烈」，義即「鴻，大也；烈，明也，以為大明道之言也。」〔註179〕《要略》在歷舉文王以降王霸之學成敗利弊之後，說道：

> 若劉氏之書，觀天地之象，通古今之事，權事而立制，度形而施宜，原道之心，合三王之風，以儲與扈冶。玄眇之中，精搖靡覽，棄其畛挈，斟其淑靜，以統天下，理萬物，應變化，通殊類，非循一跡之路，守一隅之指，拘繫牽連之物，而不與世推移也。故置之尋常而不塞，布之天下而不窕。

為西漢大一統王朝建構意識形態規範的意圖溢於言表，因此學者往往將其與《呂氏春秋》「將欲為一代興王制典禮」〔註180〕（《禮記集說‧月令》）的寫作動機相提並論。《淮南子》也自言：

> 《地形》者，所以窮南北之修，極東西之廣，經山陵之形，區川谷之居，明萬物之主，知生類之眾，列山淵之數，規遠近之路。使人通回周備，不可動以物，不可驚以怪者也。（《要略》）

> 天下之怪物，聖人之所獨見；利害之反覆，知者之所獨明達也；同異嫌疑者，世俗之所眩惑也。夫見不可布於海內，聞不可明於百姓，是故因鬼神機祥而為之立禁；總形推類，而為之變象……唯有

〔註178〕 從該條內容看，當是《山海經圖》的題記，因此可以認為鄒衍所據數據的最初淵源就是《山海經》。

〔註179〕 高誘說，見何寧：《淮南子集釋‧敘目》，第5頁。

〔註180〕 （元）陳澔：《禮記集說》，第134頁。

道者能通其志。」(《泛論訓》)

可見其寫作目的正是對巫政合一時代以《山海經》知識「備百物」和「觀萬國」、以神道控制天下思想的意識形態功能的自覺繼承。

更重要的一點，與《山海經・荒經》相比，《墜形訓》很巧妙地補足了「中國」的內容：如源自《爾雅》《呂氏春秋》等的九山、九塞、六水、四方美物等知識，以「類同理同」、環境決定論等「法則」推出的關於諸地民性、諸水源流、五土之氣運化等等的內容；不僅如此，《墜形訓》並沒有完全照搬《山經》中心區部分所記載的內容，而是博採多家，保證了思想上的統一性。因此《墜形訓》中的這部分內容往往以五行數術之學為本，思路上也與其他部分保持了一致。至此，《墜形訓》的編寫意圖才從知識、觀念和文獻上有了實現的可能。因此說比起《山海經》，《墜形訓》才真正是」《山海經（圖）》系統」的代表文獻。

然後比較一下「《禹貢》系統」與」《山海經（圖）》系統」這兩大地學傳統在主要區別：如果說「《禹貢》系統」在地理空間上的基本原則是以「中國」（即禹跡、九州）為關注對象的，而對於整個「天下」空間的另一部分——「四海」這個蠻夷戎狄所居住的遠方，則持不治不理的態度。這個原則在《禹貢》時代即是如此，《禹貢》對於要荒二服尚且以「奮武衛」防備；後來隨著夷夏之辨的封閉化，要荒服內的蠻夷戎狄被「放逐」到原先播民所居的「四海」範圍內將二者一體對待，乾脆以「皆可且無以為」(《漢書・嚴朱吾丘主父徐嚴終王賈傳》) 〔註181〕待之了；同時，也正因為以「中國」為對象，他們對於地政區劃、人民物產、風俗流變等等現實功利的內容特別重視。

而相比之下」《山海經（圖）》系統」的視野範圍則不僅指向「中國」，而是關注整個「天下」，因為他們更強調聖王威德、權力覆蓋範圍的「廣大」性；而且由於這個系統延續的是《山海經圖》時代那種將意識形態功能擺在第一位的傳統理念，因此儘管他們一定程度上也迎合了重地利、重風俗、重人文等時代地學思潮、而且對這種思潮的態度也是自覺迎合的，但這相比起對意識形態功能強調還是等而次之的。

〔註181〕元帝時儋耳、珠崖等地頻反，元帝使人責讓賈捐之「經義何以處之」，賈對曰「臣愚以為非冠帶之國，《禹貢》所及，《春秋》所治，皆可且無以為」。

二、地學「《山海經（圖）》系統」與「《禹貢》系統」的角逐

我們說「《山海經（圖）》系統」也曾經為一統王朝立地學典範而努力，事實上通過《山海經》尤其是《呂氏春秋》的揄揚，他們的這種意圖在秦朝時很大程度上得到了實現。秦初一統天下之時，群臣曾議道：

　　　　昔者五帝地方千里，其外侯服夷服諸侯或朝或否，天子不能制。

　　　今陛下興義兵，誅殘賊，平定天下，海內為郡縣，法令由一統，自

　　　上古以來未嘗有，五帝所不及。（《史記‧秦始皇本紀》）

之後秦始皇稱皇帝、廢諡法、統一文字貨幣度量衡、巡天下、髡赭湘山等等大小舉措，表達的正也是這種對於一統新王朝中至高無上的皇權的定位和期待。這種定位和期待表現為時間的恒久，如「朕為始皇帝，後世以計數，二世三世至於萬世，傳之無窮」（《史記‧秦始皇本紀》）、「普施明法，經緯天下，永為儀則」（《之罘刻石》），[註182] 表現在空間上就是重皇帝威德、權力所掌控範圍的無遠弗屆：

　　　　日月所照，舟輿所載，皆終其命，莫不得意……皇帝之德，存

　　　定四極……六合之內，皇帝之土。西涉流沙，南盡北戶。東有東海，

　　　北過大夏。人跡所至，無不臣者。（《琅邪臺刻石》）[註183]

　　　　聖德廣密，六合之中，被澤無疆。（《會稽刻石》）[註184]

「四極」概念《海外東經》已見「東極」「西極」，「流沙」數見於《山海經》，「大夏」在《逸周書‧王會》中是正北方的國家，「北戶」在《爾雅‧釋地》中是南荒所在。由此可見，《墬形訓》所言「窮南北之修，極東西之廣，經山陵之形，區川谷之居，明萬物之主，知生類之眾，列山淵之數，規遠近之路」云云，都是基於一統王朝視野的地學理念。其遠源可追溯到《山海經圖》，近源則是一統王朝時代秦人的思路。

如果說「《山海經（圖）》系統」和「《禹貢》系統」兩種系統在戰國和秦朝尚還是可以並行的；當到了天下一統的漢代，統一的官方意識形態建構只需要一家獨尊地學典範。這時候，它們之間的矛盾爭鋒就提上日程了。《鹽鐵論‧論鄒》篇就記載了這樣一個情景：

_____

〔註182〕（清）嚴可均：《全上古三代秦漢三國六朝文》，中華書局 1958 年版，第 122
　　　　頁。

〔註183〕（清）嚴可均：《全上古三代秦漢三國六朝文》，第 122 頁。

〔註184〕（清）嚴可均：《全上古三代秦漢三國六朝文》，第 122 頁。

大夫曰：「鄒子疾晚世之儒墨，不知天地之弘，昭曠之道，將一曲而欲道九折，守一隅而欲知萬方，猶無準平而欲知高下，無規矩而欲知方圓也。於是推大聖終始之運，以喻王公，先列中國名山通谷，以至海外。所謂中國者，天下八十一分之一，名曰赤縣神州，而分為九州。絕陵陸不通，乃為一州，有大瀛海圜其外。此所謂八極，而天地際焉。《禹貢》亦著山川高下原隰，而不知大道之徑。故秦欲達九州而方瀛海，牧胡而朝萬國。諸生守畦畝之慮，閭巷之固，未知天下之義也。」

文學曰：「堯使禹為司空，平水土，隨山刊木，定高下而序九州。鄒衍非聖人，作怪誤，熒惑六國之君，以納其說。此《春秋》所謂『匹夫熒惑諸侯』者也。孔子曰：『未能事人，焉能事鬼神？』近者不達，焉能知瀛海？故無補於用者，君子不為；無益於治者，君子不由。三王信經道，而德光於四海；戰國信嘉言，而破亡如丘山。昔秦始皇已吞天下，欲並萬國，亡其三十六郡；欲達瀛海，而失其州縣。知大義如斯，不如守小計也。」

這次爭論的內容主要是就「知大義」的鄒衍「大九州」說和「守小計」《禹貢》地學思想何者為正宗的問題。「大九州」學說乃是「《山海經（圖）》系統」的一環，而《禹貢》則是「《禹貢》系統」的元典。因此這次爭論實際上爭的就是兩個地學系統何者應該成為一統王朝地學典範的問題。順帶一提，從「大夫」和「文學」的追述看，秦朝初建之時，確實曾以「《山海經（圖）》系統」的地學思想為指導，有「欲達九州而方瀛海，牧胡而朝萬國」的自覺追求，這與上面我們引述的刻石文的說法是一致的。

司馬遷在《史記·大宛列傳》中也曾說道：「《禹本紀》言『河出崑崙。崑崙其高二千五百餘里，日月所相避隱為光明也。其上有醴泉、瑤池』。今自張騫使大夏之後也，窮河源，惡睹《本紀》所謂崑崙者乎？故言九州山川，尚書近之矣。至《禹本紀》、《山海經》所有怪物，余不敢言之也」。一方面，司馬遷以張騫實際考察為準而不盲從《禹本紀》這樣的文獻記載，這種實事求是的精神的確對《漢書·地理志》為代表的漢代地學重現實、不治荒遠的理念有引導意義；另一方面單獨提出《禹本紀》關於崑崙的記載來加以否定，恰恰說明《山海經》《禹本紀》之類的地學知識在當時很多人眼中還是當做真實存在來看待的。《後漢書·循吏列傳》載漢明帝曾賞賜治水有功的王景以《山

海經》《河渠書》和《禹貢圖》，也說明《山海經》是被官方作為地學經典來看待的。〔註185〕

　　郭璞《注山海經敘》言《山海經》「雖暫顯於漢，而尋亦寢廢」，在漢代《山海經》被視作地學經典的同時，也因其內容怪誕而為人所懷疑，至西晉人談及已然「咸怪之」了。同時，從整個古代地學發展史看，「《禹貢》系統」及其代表文本《漢書・地理志》才是「王朝地理學」的主導範式。而作為漢代官方史著的《漢書・地理志》最終選擇了「《禹貢》系統」，當然並不止是《史記》地學理念引導的結果，還因為這個系統自身的優點（比如天學分野的理論支持、立足現實具有可行性而不虛誕迂遠等），同時也是班固的、也更是當時的經學思想的影響所致。上引《鹽鐵論・論鄒》純儒文學之士崇三王「經道」而貶斥戰國「嘉言」的態度表達得很明確；賈捐之以四海蠻荒之地「皆可且無以為」例子中元帝所詢問和賈說，均是自覺以《禹貢》《春秋》等「經義」（《漢書・嚴朱吾丘主父徐嚴終王賈傳》）為根據等等。就《山海經》而言，它在《漢志》中被班固歸入「數術」類「形法」家：

> 形法者，大舉九州之勢以立城郭室舍形，人及六畜骨法之度數、器物之形容以求其聲氣貴賤吉凶。猶律有長短，而各徵其聲，非有鬼神，數自然也。然形與氣相首尾，亦有有其形而無其氣，有其氣而無其形，此精微之獨異也。

準確地說，這段話與《山海經》相關的信息也只是「大舉九州之勢」以求「吉凶」，再寬鬆一點也只是《荒經》邊緣地景設計所體現的對「數」法則的信奉，其他大部分信息都是就宮宅地形、人畜器物等相法之類發論的，而對《山海經》形法家性質的申論則比較含糊。

　　班固的歸類當然還有現實的依據。首先，如前文曾舉的睡虎地秦簡中《日書》中《詰》篇首的話以及窮奇及西北方位價值的賦予等的例子可見，《山海經》知識可以指導人們趨吉避凶的功能，不僅在《山海經圖》的時代是這樣，即便在戰國普通民眾那裡這個功能仍然被重視。其次，從《秦駰禱病玉版》所載也可知戰國時期確實存在「刑法氏」，而且他們職掌山川祭祀，屬於巫史人員；而從《山海經圖》到《山海經》中，山川祭祀等一直是其關注的重要內容。只是到了漢代，作為巫者的「刑法氏」連同其職掌的《山海經》在功能上

〔註185〕唐曉峰：《從混沌到秩序——中國上古地理思想史述論》，第177頁。

大大萎縮了。〔註186〕

　　當然，如前所述，當戰國中後期思想家們試圖為即將到來的一統王朝建構地學體系的時候，《山海經》知識「觀萬國」的功能重新被重視並加以闡釋和改造；以《山海經》知識為依據的大九州學說在戰國也早已產生。這些思想和成果在秦漢時代確實為精英文化所大量採用——不僅在讖緯學說中，甚至影響到官方的統治理念，因此儘管它們為《史記》《漢書》等官方史著所質疑，但總體看來影響仍可與「《禹貢》系統」相媲美。以《山海經》為例，東漢時期它無論是在官方還是一般士人（如王充等）那裡，它都被視作禹、益所著的經典；在漢晉之際它雖然一度瀕臨「寢廢」，但隨著汲冢竹書的出土以及郭璞等人的揄揚，復又被視作地學經典——不僅在郭璞、張華等博物君子以及酈道元、陸澄、任昉〔註187〕等地理學家那裡，《隋書・經籍志》史部地理類亦將之列為地理書之首。

〔註186〕參見〔韓〕文鏞盛：《漢代巫覡的社會存在形態》，《北京師範大學學報（社會科學版）》1999 年第 4 期。

〔註187〕《隋書・經籍志》載南朝宋陸澄「合《山海經》以來一百六十家」而成《地理書》149 卷、錄 1 卷，「梁任昉增陸澄之書八十四家」以為《地記》252 卷，這兩部地學巨著均以《山海經》為首；酈道元雖言「大禹記著《山海》，周而不備」（《水經注序》），但《水經注》對於《山海經》的「偏愛」也是很明顯的（見劉捷：《馴服怪異：〈山海經〉接受史研究》，第 146～150 頁）。

附　錄

一、《山海經》人與蛇（龍）關係三種主題條目統計表

經次\主題	山　經	海外四經	海內四經	荒　經	合計
結合	南山經神、南次二經神、南次三經神、北山經神、北次二經神、東山經神、中次九經神、中次十經神、中次十二經神、鼓（西三，鍾山）、神計蒙（中八，光山）	燭陰（北）、相柳（北）、軒轅之國（西）、窫窳（西）、句芒（東）	貳負神（北）、冰夷（北）雷神（東）	燭九陰（北）、相柳（北）、琴蟲（北）、延維（委蛇，內）	21
合作	神于兒（中十二，夫夫之山）、怪神（中十二，洞庭之山）	祝融（南）、蓐收（西）、禺彊（北）、句芒（東）、夏后啟（西）、巫咸國（西）、博父（北）、奢比之尸（北）、雨師妾（東）	鸞鳥（西）冰夷（北）	夸父（北）、禺虢（東）、奢比尸（東）、不廷胡余（南）、弇茲（西經）、夏后開（西）、禺彊（北）、彊良（北）、黑人（內）	20
對抗		戴國（南）、黑齒國（東）、		蜮人（南）	3

注：一條重見於各經者計作一條，一身兼具數種者各計作一條。

二、《海經》與《王會》重見現象及空間分布情況表

《王會》外臺		《海外四經》	《海內四經》
東方西向（自北向南）	青丘狐九尾	青丘國，其狐四足九尾（東）	
	周頭煇弦	周饒國、焦饒國（南）	
	黑齒白鹿、白馬	黑齒國（東）	
	白民乘黃	白民之國，乘黃（西）	
	歐人蟬蛇		甌居海中（南）
	海陽大蟹		大蟹（東）
	自深桂	深目國（北）	
	會稽以䵎		會稽在大楚南（南）
西方東向（自北向南）	義渠茲白	「狀如白馬，鋸牙，食虎豹」的駮（東北陬附近〔註1〕，北）	
	央林以尊耳		林氏國、騶吾（北）
	渠叟以鼩犬		蜪犬（北）
	區陽以鱉封	並封（西）	
	規矩以麟〔註2〕		兕、犀牛（南）
	西申以鳳鳥	鸞鳥、鳳鳥（西）	鳳皇、鸞鳥（西）
	丘羌鸞鳥		
	方揚以皇鳥		
	蜀人以文翰		
	方人以孔鳥		
	巴人以比翼鳥	比翼鳥（南）	
	夷用閭采		夷人（東）
	州靡費費（其形人身，技踵，自笑，笑則上唇翕其目，食人，北方謂之吐嘍）		梟陽國（「其為人人面長唇，黑身有毛，反踵，見人笑亦笑」，南）
	都郭生生		狌狌知人名（南）

〔註1〕按原本在西北陬附近，袁珂據《淮南子・墜形訓》糾正。參見袁珂校注：《山海經校注》，第275頁。

〔註2〕孔晁注謂「麟似麕，牛尾，一角，馬蹄也」，與《海內南經》「其狀如牛，蒼黑，一角」的「兕」、「其狀如牛而黑」的「犀牛」相似。見黃懷信：《逸周書彙校集注》（修訂本），第857頁。

		蚩蚩（北）	
北方南向（自東向西）	獨鹿邛邛距虛	蚩蚩（北）	
	孤竹距虛		
	東胡		東胡（北）
	屠州黑豹		都州（東）
	禺氏騊駼	騊駼（北）	
	犬戎文馬而赤鬣縞身，目若黃金，名古黃之乘	一臂國有黃馬虎文、奇肱國乘文馬（西）	犬封國曰犬戎國有文馬，縞身朱鬣，目若黃金，名曰吉量，乘之壽千歲（北）
南方北向（自東向西）	禽人〔註3〕	羽民國（南）	
	倉吾		蒼梧（南、西）
總計		13	14

《伊尹朝獻》		《海外四經》	《海內四經》
東	伊慮		伯慮國（南）
	漚深	歐絲之野（北）	
南	桂國		桂林八樹（南）
	損子	君子國（東）	
西	闓耳	聶耳（北）	離耳（南）、闓非（北）
	貫胸	貫胸國（西）	雕題國（南）
北	匈奴		匈奴（北）
	東胡		東胡（北）
總計		4	7

注：重複者作一條計。

三、《海外四經》與《荒經》重見條目統計表

《海外四經》		《大荒四經》	《海內經》
南	南山（自此山來，蟲為蛇，蛇號為魚）	魚婦（風道北來，天及大水泉，蛇乃化為魚，是為魚婦，西）	
	比翼鳥	比翼之鳥（西）	
	羽民國	羽民之國（南）	
	讙頭國（讙朱國）	驩頭人、驩頭之國（南）	

〔註 3〕陳逢衡認為「禽人」即「羽民」。見黃懷信：《逸周書彙校集注》（修訂本），第 892 頁。

	厭火國	炎火之山（西）	
	三苗國	苗民（北）	苗民
	載國	載民之國（南）	
	不死民	不死之國（南）	不死之山
	崑崙之虛	崑崙之丘（西）	
	羿與鑿齒戰於壽華之野	有人曰鑿齒，羿殺之（南）	
	三首國	三面之人（西）	
	周饒國	焦僥國（南）	
	長臂國	張弘之國（南）	
	狄山，帝堯葬陽，帝嚳葬陰	帝堯、帝嚳、帝舜葬（南）	
西	大樂之野，夏后啟	夏后開、天穆之野（西）	
	三身國	三身之國（南）	
	一臂國	一臂民（西）	
	奇肱國	吳回，奇左，是無右臂（西）	
	常羊之山	偏句、常羊之山（西）	
	女祭、女戚	女祭、女薎（西）	
	鳶鳥、鶹鳥、維鳥、青鳥、黃鳥	五色之鳥、青鴍、黃鷔、青鳥、黃鳥（西）	
	丈夫國	丈夫之國（西）	
	女丑之尸	女丑（東），女丑之尸（西）	
	巫咸國	靈山、巫咸等十巫升降（西）	
	並封	屏蓬（西）	
	女子國	女子之國（西）	
	軒轅之國	軒轅之國（西）	
	諸夭之野	沃之國、沃之野（西）	
	白民之國	白民之國（西）	
	肅慎之國	肅慎氏之國（北）	
	長股之國	長脛之國（北）	
北	無𦜉之國	繼無民（北）	
	鍾山之神燭陰	鍾山、燭龍（北）	
	一目國	有人一目（北）	
	柔利國	牛黎之國（北）	
	相柳氏	相繇，共工之臺（北）	

深目國	深目民之國（北）	
無腸國	無腸之國（北）	
聶耳之國	儋耳之國（北）	
夸父、博父國	夸父（北）	
禹所積石之山	禹所積石山（北）	
尋木長千里	槃木千里（北）	
三桑無枝	三桑無枝（北）	
務隅之山，顓頊葬陽，九嬪葬陰	附禺之山，帝顓頊與九嬪葬（北）	
平丘（東北陬）	衛於山（東北海之外，北）	
北方禺彊	有神曰禺彊（北）	
磋丘	東北海外三青馬等（東）	
大人國	大人之國（北、東）	
奢比之尸	奢比尸（東）	
君子國	君子之國（東）	
天吳	神人天吳（東）	
青丘國、其狐四足九尾	青丘之國，有狐九尾（東）	
黑齒國	黑齒之國（東）	
湯谷、上有扶桑	湯谷上有扶木（東）	
玄股之國	玄股國（東）	
毛民之國	毛民之國（北）	
總計	56	2

注：重複者作一條計。

四、《海內四經》與《荒經》重見條目統計表

	《海內四經》	《大荒四經》	《海內經》
南	三天子鄣山		三天子之都
	伯慮、離耳、雕題、北朐國	儋耳之國（北）	
	梟陽國（其為人人面長唇，黑身有毛，反踵，見人笑亦笑）		贛巨人（人面長臂，黑身有毛，反踵，見人笑亦笑，唇蔽其面）
	蒼梧之山（舜葬陽、丹朱葬陰）	蒼梧之野（舜與叔均之所葬）（南）	蒼梧之丘（舜葬）

	狌狌知人名		猩猩
	孟塗司神於巴		巴國
	窫窳龍首		有窫窳，龍首
	建木		建木
	氐人國	互人之國（西）	氐羌
	巴蛇食象	玄蛇食麈（南）	黑蛇，青首，食象
西	大澤方百里	大澤方千里（北）	
	后稷之葬		都廣之野，后稷葬焉
	流黃酆氏之國		有國名流黃辛氏
	流沙……行崑崙之虛	流沙之濱……名曰崑崙丘（西）	
	開明西有鳳皇、鸞鳥	鸞鳳自歌，鳳鳥自舞（西）	
	巫彭等夾窫窳之尸	靈山，十巫升降、百藥爰在（西）	
	服常樹……伺琅玕樹	王母之山……有……琅玕（西）	
	開明南有樹鳥，六首	有青鳥，身黃，赤足，六首，名曰鸜鳥（西）	
北	蛇巫之山	玄蛇、巫山（南）	
	貳負（與其臣危）之尸（帝桎其右足，反縛兩手與髮，繫之山上木）		相顧之尸（反縛盜械、帶戈常倍之佐）
	犬封國曰犬戎國	有人名曰犬戎（北）	
	帝堯臺等四臺	群帝臺（北）	
	從極之淵冰夷恒都、王子夜之尸	王亥、河伯（東）	
東	朝鮮		朝鮮、天毒
	大蟹在海中	女丑有大蟹（東）	
	大人之市在海中	有大人之市，名曰大人之堂（東）	
合計		16	13

注：1. 各條序次按吳承志說調整；2. 重複者作一條計。

五、《荒經》條目分類及所涉及譜系等內容的情況統計表

類別 內容	特殊地景	分計	山　川	分計	國　族	分計	物　怪 〔註4〕	分計
族姓 譜系	東海之渚 （東） 日月山（西） 大荒之山 （西） 成都載天（北）	4	緡淵（南） 榣山（西）	2	中容之國 （東）〔註5〕 思幽之國 （東） 白民之國 （東） 黑齒之國 （東） 困民國（東） 〔註6〕 王亥（東） 三身之國 （南） 季禺之國 （南） 盈民之國 （南） 不死之國 （南） 季釐之國 （南） 載民之國 （南） 蜮民之國 （南） 焦僥之國 （南） 顓頊國（南） 鼬姓之國 （南） 驩頭之國 （南） 羲和之國 （南）	43	常羲浴月 （西）	1

〔註4〕附綴於山川、國族等之內的物怪類內容不再單計。

〔註5〕《大荒東經》末「鏖明俊疾」山條也有「中容之國」係重見，此處不計。

〔註6〕何焯謂「有困民國，勾姓而食」「而」為「黍」字之殘。見袁珂校注：《山海
　　　 經校注》，第405頁。

				淑士國（西）		
				西周之國（西）		
				赤國（西）		
				北狄之國（西）		
				壽麻之國（西）		
				互人之國（西）		
				胡不與之國（北）		
				大人之國（北）		
				叔歜國（北）		
				北齊之國（北）毛民之國（北）		
				儋耳之國（北）		
				無腸之國（北）		
				深目民之國（北）		
				犬戎（北）		
				有人一目（北）		
				繼無民（北）		
				中輻國（北）		
				苗民（北）		
				牛黎之國（北）		
				朝雲之國		
				司彘之國（內）		
				巴國（內）		
				流黃辛氏（內）		
				氐羌（內）		

地域民俗	不計	不計	弇州之山（西）	1	鴍國（東）	43	不計	不計
					中容之國（東）			
					君子之國（東）			
					思幽之國（東）			
					白民之國（東）			
					黑齒之國（東）			
					玄股國（東）			
					困民國（東）			
					三身之國（東）			
					季禺之國（南）			
					羽民之國（南）			
					卵民之國（南）			
					盈民之國（南）			
					不死之國（南）			
					載民之國（南）			
					蜮民之國（南）			
					焦僥之國（南）			
					顓頊國（南）			
					張弘之國（南）			
					驩頭之國（南）			
					西周之國（西）			
					先民之國（西）			
					沃之國（西）			
					壽麻之國（西）			
					互人之國（西）			
					胡不與之國（北）			
					大人之國（北）			
					叔歜國（北）			
					北齊之國（北）			
					毛民之國（北）			
					儋耳之國（北）			
					無腸之國（北）			
					深目民之國（北）			
					犬戎（北）			
					有人一目（北）			
					繼無民（北）			
					中輻國（北）			
					苗民（北）			

					朝鮮、天毒（內） 朝雲之國 司彘之國（內） 流黃辛氏（內） 嬴民（內） 釘靈之國（內）			
聖蹟	凶犁土丘（東） 蒼梧之野（東） 岳山（南） 靈山（西） 軒轅之臺（西） 崑崙之丘（西） 天穆之野（西） 附禺之山（北） 群帝之臺（北） 共工之臺（北） 都廣之野（內） 九丘（內） 蒼梧之丘（內） 不距之山（內）	14	流波山（東） 有淵四方、少和之淵、從淵（南） 緡淵（南） 宋山、育蛇、楓木（南） 雲雨之山、欒（南） 白水山、白水、白淵（南） 禹攻共工國山（西） 榣山（西） 三淖（西） 孟翼之攻顓頊之池（西） 鯀攻程州之山（北） 禹所積石山（北）	12	少昊之國（東） 王亥（東）	2	夏耕之尸（西） 魚婦（西） 建木（內）	3
地利	無	0	隗山（南） 鳥山、三水（內）	2	沃之國（西）	1	無	0
一般	皮母地丘（東） 大言山（東） 合虛山（東） 明星山（東） 鞠陵于天、東極、離瞀（東） 孽搖頵羝（東） 溫源谷（東） 猗天蘇門（東）	38	甘山、甘水、甘淵（東） 潏山（東） 東口之山（東） 大阿之山（東） 招搖山、融水（東） 蟇山（東） 搖山（東）	71	大人之國（東） 小人國（東） 青丘之國（東） 柔僕民（東） 夏州之國（東） 蓋余之國（東） 壎民之國（東） 女和月母之國（東）	31	黎靈之尸（東） 天吳（東） 女丑、大蟹（東） 奢比尸（東） 五采之鳥（東）	47

堅明俊疾（東）	山（東）	白氏之國（西）	五采之鳥〔註8〕（東）
三青馬等（東）	䲷門戶山（東）	長脛之國（西）	跳踢、雙雙（南）
鸏、狿（東）	盛山（東）	女子之國（西）	玄蛇、黃鳥（南）
不庭之山（南）	待山（東）	丈夫之國（西）	鑿齒（南）
不姜之山（南）	阿山（南）	軒轅之國（西）	祖狀之尸（南）
去痤（南）	氾天之山、赤水（南）	寒荒之國（西）	菌人（南）
南海渚（南）	榮山、榮水（南）	蓋山之國（西）	女媧之腸（西）
因乎、乎民（南）	成山、甘水（南）	一臂民（西）	狂鳥（西）
融天（南）	賈山、汔水（南）	肅慎氏之國（北）	五采鳥三名（西）
歹塗之山（南）	言山（南）	始州之國（北）	有蟲狀如菟（西）
天台高山（南）	登備之山（南）	賴丘（北）	三青鳥（西）
蓋猶之山（南）	恝恝之山（南）	犬戎國（北）〔註7〕	女丑之尸（西）
南類之山（南）	蒲山、澧水（南）	壑市國（內）	天虞（西）
不周負子（西）	無名山、漂水（南）	氾葉國（內）	屏蓬（西）
石夷、韋（西）	尾山（南）	禺中之國（內）	比翼之鳥（西）
方山（西）	翠山（南）	列襄之國（內）	白鳥（西）
豐沮玉門（西）	襄山（南）	鹽長之國（內）	天犬（西）
龍山（西）	重陰之山（南）	鳥氏（內）	女祭、女薎（西）
西海陼（西）	俊壇（南）	朱卷之國（內）	吳回（西）
鏖鏊鉅（西）	苕山（南）	苗民（內）	朱木（西）
常陽之山（西）	宗山（南）	玄丘之民（內）	鸙鳥（西）
偏句、常羊（西）	姓山（南）	大幽之國（內）	蜚蛭（北）
不咸（北）	壑山（南）	赤脛之民（內）	琴蟲（北）
衡天（北）	陳州山（南）		大青蛇（北）
先檻大逢之山（北）	東州山（南）		樏木（北）
北海之渚（北）	申山（南）		獵獵（北）
北極天櫃（北）	寒暑之水、濕山、幕山（南）		赤水女子獻（北）
不句（北）	大澤之長山（西）		
融父山（北）	雙山（西）		
衡石山、九陰山、泂野之山（北）	芒山（西）		

〔註7〕此「犬戎國」與上文「犬戎」條重見，但此條本單獨為一條，因此各計作一條。

〔註8〕《荒經》中鸞鳳五彩鳥之類不少，此處不以重見計。

		芒山（西） 桂山（西） 王母之山、壑 山、海山（西） 桃山（西） 蚩山（西） 桂山（西） 於土山（西） 玄丹之山（西） 巫山者（西） 壑山者（西） 金門之山（西） 大巫山（西） 金之山（西） 榆山（北） 先民之山（北） 陽山（北） 順山、順水 （北） 丹山（北） 大澤方千里 （北）嶽之山 （北） 鍾山（北） 齊州之山等 （北） 章山（北） 淮山、好水 （內） 不死之山（內） 肇山（內） 靈山（內） 巴遂山、澠水 （內） 衡山（內） 菌山（內） 桂山（內） 三天子之都 （內） 蛇山（內）		柏高（內） 若木（內） 窫窳（內） 猩猩（內） 黑蛇（內） 贛巨人（內） 黑人（內） 封豕（內） 延維（內） 鸞鳥、鳳鳥 （內） 蜪狗（內） 翠鳥（內） 孔鳥（內） 翳鳥（內） 相顧之尸 （內）

		幽都之山、黑水（內） 大玄之山（內）			
總計	56	86	86	51	

注：1. 《荒經》的分條標準見第三章第三節相關部分的說明；

　　2. 相關說法解釋：「特殊地景」指《荒經》邊緣四極、四隅、四渚、四方神、28山、聖王之葬、祭祀丘壇等或位於特殊位置、或具有特殊價值的地景（此處採用保守標準，實際條數可能不止於此，或有脫漏也對本書相關話題無大影響）；「族姓譜系」指祖源、族姓、譜繫傳承等內容；「地域民俗」指「黍食，使四鳥」、「其民皆生毛羽」之類屬「風俗」（此處採《漢書·地理志》的定義）、地域特色等性質的內容；「聖蹟」指記述地景時附帶載錄與此地有關的聖王事蹟之類內容；「地利」指物產等具實用功利性的內容；「一般」則指單純客觀記述或類似《海經》單純述圖的內容，如「有夏州之國」、「有甘山者，甘水出焉，生甘淵」等；

　　3. 很多條目兼具數方面內容，因為本表旨僅在通過《荒經》所含知識門類來比較其與《海經》的異同，以此考察《荒經》地學思想的新動向，這種現象並不影響本書的研究。在分別羅列、分計時各計作一條、總計則仍計作一條。

主要參考書目

本書在撰寫過程中參考了大量的各類文獻和研究成果。此處僅列出著作部分，期刊、報紙等學術論文及學位論文等皆隨文注出，不再列入。參考書目錄以書名拼音為序，關於同一典籍的不同注釋、研究著作則以出版時間為序。

一、典籍文獻類

1. （宋）洪興祖，楚辭補注〔M〕，北京：中華書局，1983。

2. 王泗原，楚辭校釋〔M〕，北京：人民教育出版社，1990。

3. （清）蔣驥，山帶閣注楚辭〔M〕，上海：上海古籍出版社，1958。

4. 陳偉，楚地出土戰國簡冊（十四種）〔M〕，北京：經濟科學出版社，2009。

5. （清）洪亮吉，春秋左傳詁〔M〕，北京：中華書局，1987。

6. 楊伯峻，春秋左傳注（修訂本）〔M〕，北京：中華書局，1990。

7. 黎翔鳳，管子校注〔M〕，北京：中華書局，2004。

8. 徐元誥，國語集解（修訂本）〔M〕，北京：中華書局，2002。

9. 范祥雍，古本竹書紀年輯校訂補〔M〕，上海：上海人民出版社，1957。

10. （漢）班固，漢書〔M〕，上海：上海古籍出版社，2003。

11. 何寧，淮南子集釋〔M〕，北京：中華書局，1998。

12. （元）陳澔，禮記集說〔M〕，南京：鳳凰出版社，2010。

13. 黃暉，論衡校釋（附劉盼遂集解）〔M〕，北京：中華書局，1990。

14. 陳奇猷，呂氏春秋新校釋〔M〕，上海：上海古籍出版社，2002。

15. 馬王堆漢墓帛書整理小組，馬王堆漢墓帛書‧經法〔M〕，北京：文物出版社，1976。

16. 廖名春，馬王堆帛書周易經傳釋文〔M〕，上海：上海古籍出版社，1996。

17. （清）馬瑞辰，毛詩傳箋通釋〔M〕，北京：中華書局，1989。

18. 清華大學出土文獻研究與保護中心，清華大學藏戰國竹簡（一）〔M〕，上海：中西書局，2010。

19. 清華大學出土文獻研究與保護中心，清華大學藏戰國竹簡（三）〔M〕，上海：中西書局，2012。

20. （清）嚴可均，全上古三代秦漢三國六朝文〔M〕，北京：中華書局，1958。

21. （清）孫星衍，尚書今古文注疏〔M〕，中華書局，1986。

22. （清）皮錫瑞，尚書大傳疏證〔M〕，光緒丙申師伏堂刊本。

23. 李零，上博楚簡三篇校讀記〔M〕，北京：中國人民大學出版，2007。

24. 馬承源，上海博物館藏戰國楚竹書（二）〔M〕，上海：上海古籍出版社，2002。

25. 馬承源，商周青銅器銘文選（三）〔M〕，北京：文物出版社，1988。

26. 馬承源，商周青銅器銘文選（四）〔M〕，北京：文物出版社，1990。

27. （三國吳）陸璣著，丁晉校正，《詩草木鳥獸蟲魚疏》卷上〔M〕，四部叢刊本。

28. （宋）朱熹，詩集傳〔M〕，南京：鳳凰出版社，2007。

29. 高亨，詩經今注〔M〕，上海：上海古籍出版社，1980。

30. 聞一多，詩經通義乙，聞一多全集‧詩經編下〔M〕，武漢：湖北人民出版社，1993。

31. 李山，詩經析讀〔M〕，海口：南海出版公司，2003。

32. （漢）劉熙，釋名〔M〕，北京：中華書局，1985。

33. （清）阮元，十三經注疏〔M〕，北京：中華書局，1980。

34. （清）郝懿行，山海經箋疏〔M〕，成都：巴蜀書社，1985。

35. 袁珂，山海經校注〔M〕，成都：巴蜀書社，1992。

36. 郭世謙，山海經考釋〔M〕，天津：天津古籍出版社，2011。

37. （漢）司馬遷，（南朝宋）裴駰，（唐）司馬貞，（唐）張守節，史記〔M〕，北京：中華書局，2005。

38. 睡虎地秦墓竹簡整理小組，睡虎地秦墓竹簡〔M〕，北京：文物出版社，1990。

39. （清）段玉裁，說文解字注〔M〕，杭州：浙江古籍出版社，2006。

40. 錢寶琮，算經十書〔M〕，北京：中華書局，1963。

41. （唐）杜佑，通典〔M〕，北京：中華書局，1985。

42. 〔日〕安居香山，中村璋八，緯書集成〔M〕，石家莊：河北人民出版社，1994。

43. （清）王先謙，荀子集解〔M〕，北京：中華書局，1988。

44. 黃懷信，逸周書匯校集注（修訂本）〔M〕，上海：上海古籍出版社，2007。

45. 黃懷信，逸周書校補注譯〔M〕，西安：西北大學出版社，1996。

46. （清）胡渭，禹貢錐指〔M〕，上海：上海古籍出版社，1996。

47. （漢）劉向，戰國策〔M〕，上海：上海古籍出版社，1985。

48. 侯仁之，中國古代地理名著選讀・第一輯〔C〕，北京：學苑出版社，2005。

49. 丁錫根，中國歷代小說序跋集（上）〔C〕，北京：人民文學出版社，1996。

50. （清）孫詒讓，周禮正義〔M〕，北京：中華書局，1987。

51. 陳鼓應，莊子今注今譯〔M〕，北京：中華書局，1983。

52. 〔日〕竹添光鴻，左氏會箋〔M〕，東京：合資會社富山房，1978。

二、研究專著類

1. 李零，長沙子彈庫戰國楚帛書研究〔M〕，北京：中華書局，1985。

2. 譚其驤，長水粹編〔M〕，石家莊：河北教育出版社，2000。

3. 朱季海，楚辭解故〔M〕，上海：上海古籍出版社，1980。

4. 湯漳平，出土文獻與《楚辭・九歌》〔M〕，北京：中國社會科學出版社，2004。

5. 過常寶，楚辭與原始宗教〔M〕，北京：東方出版社，1997。

6. 顧德融、朱順龍，春秋史〔M〕，上海：上海人民出版社，2003。

7. 唐曉峰，從混沌到秩序——中國上古地理思想史述論〔M〕，北京：中華書局，2010。

8. 陶磊，從巫術到數術——上古信仰的歷史嬗變〔M〕，濟南：山東人民出版社，2008。

9. 〔英〕Tim Cresswell 著，徐苔玲、王志弘譯，地方：記憶、想像與認同〔M〕，臺北：群學出版有限公司，2006。

10. 宋秀葵，地方、空間與生存——段義孚生態文化思想研究〔M〕，北京：中國社會科學出版社，2012。

11. 涂光熾，地學思想史〔M〕，長沙：湖南教育出版社，2007。

12. 楊文衡，地學誌〔M〕，上海：上海人民出版社，1998。

13. 張汝舟，二冊室古代天文曆法論叢〔M〕，杭州：浙江古籍出版社，1987。

14. 丁山，古代神話與民族〔M〕，北京：商務印書館，2005。

15. 蒙文通，古地甄微〔M〕，成都：巴蜀書社，1998。

16. 顧頡剛，古史辨自序〔M〕，石家莊：河北教育出版社，2000。

17. 李學勤，古文獻論叢〔M〕，北京：中國人民大學出版社，2010。

18. 蒙文通，古學甄微〔M〕，成都：巴蜀書社，1987。

19. 王國維，觀堂集林〔M〕，北京：中華書局，1959。

20. 錢鍾書，《管錐編》上卷〔M〕，北京：生活·讀書·新知三聯書店，2001。

21. 〔英〕艾蘭著，汪濤譯，龜之謎——商代神話、祭祀、藝術和宇宙觀研究〔M〕，成都：四川人民出版社，1992。

22. 郭沫若，郭沫若全集·第三卷 歷史編〔M〕，北京：人民出版社，1984。

23. 北京大學中國傳統文化研究中心，國學研究·第6卷〔C〕，北京大學出版社，1999。

24. 姜生，漢帝國的遺產：漢鬼考〔M〕，科學出版社，2016。

25. 曹勝高，漢賦與漢代制度——以都城、校獵、禮儀為例〔M〕，北京：北京大學出版社，2006。

26. 顧實，漢書藝文志講疏〔M〕，上海古籍出版社，2009。

27. 漢語大字典編輯委員會編，漢語大字典〔M〕，四川辭書出版社、湖北辭書出版社，1986。

28. 曹書傑，后稷傳說與稷祀文化〔M〕，北京：社會科學文獻出版社，2006。

29. 楊樹達，積微居甲文說〔M〕，北京：中國科學院出版社，1954

30. 白奚，稷下學研究——中國古代的思想自由與百家爭鳴〔M〕，北京：生活·讀書·新知三聯書店，1998。

31. 〔韓〕具隆會，甲骨文與殷商時代神靈崇拜研究〔M〕，北京：中國社會科學出版社，2013。

32. 于省吾，甲骨文字詁林〔M〕，北京：中華書局，1996。

33. 董作賓，甲骨學六十年〔M〕，石家莊：河北教育出版社，1996。

34. 胡厚宣，甲骨學商史論叢·初集〔M〕，濟南：齊魯大學國學研究所，1945。

35. 晏昌貴，簡帛數術與歷史地理論集〔M〕，北京：商務印書館，2010

36. 李學勤，簡帛佚籍與學術史〔M〕，南昌：江西教育出版社，2001。

37. 郭沫若，金文叢考〔M〕，人民出版社，1954。

38. 周法高，金文詁林〔M〕，香港：香港中文大學，1974。

39. 江林昌，考古發現與文史新證〔M〕，北京：中華書局，2011。

40. 〔美〕張光直，考古學專題六講〔M〕，北京：文物出版社，1986。

41. 夏鑄九編譯，空間的文化形式與社會理論讀本〔M〕，臺北：臺北明文書局，1988。

42. 〔美〕段義孚（Yi-FuTuan）著，王志標譯，空間與地方——經驗的視角〔M〕，北京：中國人民大學出版社，2017。

43. 李濟，李濟文集〔M〕，上海：上海人民出版社，2006。

44. 李零，李零自選集〔M〕，桂林：廣西師範大學出版社，1998。

45. 中研院歷史語言研究所集刊編輯委員會，歷史語言研究所集刊·第二十本〔C〕，北京：中華書局，1987。

46. 韓高年，禮俗儀式與先秦詩歌演變〔M〕，北京：中華書局，2006。

47. 洛陽市文物工作隊，洛陽考古四十年——1992 年洛陽考古學術研討會論

文集〔C〕，北京：科學出版社，2006。

48. 張一兵，明堂制度研究〔M〕，北京：中華書局，2005。

49. 余嘉錫，目錄學發微（含古書通例）〔M〕，北京：中國人民大學出版社，2004。

50. 饒宗頤，饒宗頤二十世紀學術文集·卷二，甲骨〔M〕，北京：中國人民大學出版社，2009。

51. 〔日〕樋口隆康編，蔡鳳書譯，日本考古學研究者·中國考古學研究論文集〔C〕，東京：株式會社東方書店，1990。

52. 錢玄，三禮通論〔M〕，南京：南京師範大學出版社，1996。

53. 郭寶鈞，山彪鎮與琉璃閣〔M〕，北京：科學出版社，1959。

54. 陳連山，《山海經》學術史考論〔M〕，北京：北京大學出版社，2012。

55. 吳曉東，《山海經》語境重建與神話解讀〔M〕，北京：中國社會科學出版社，2013。

56. 鄭傑祥，商代地理概論〔M〕，鄭州：中州古籍出版社，1994。

57. 孫亞冰，林歡，商代地理與方國〔M〕，北京：中國社會科學出版社，2010。

58. 王震中，商代都邑〔M〕，北京：中國社會科學出版社，2010。

59. 李雪山，商代分封制度研究〔M〕，北京：中國社會科學出版社，2004。

60. 宋鎮豪，商代社會生活與禮俗〔M〕，北京：中國社會科學出版社，2010。

61. 宋鎮豪，商代史論綱〔M〕，北京：中國社會科學出版社，2010。

62. 常玉芝，商代宗教祭祀〔M〕，北京：中國社會科學出版社，2010。

63. 郜向平，商系墓葬研究〔M〕，北京：科學出版社，2011。

64. 朱鳳瀚，商周家族形態研究（增訂本）〔M〕，天津：天津古籍出版社，2004。

65. 北京大學歷史系考古研究室商周組，商周考古〔M〕，北京：文物出版社，1979。

66. 王暉，商周文化比較研究〔M〕，北京：人民出版社，2000。

67. 王震中，商族起源與先商社會變遷〔M〕，北京：中國社會科學出版社，2010。

68. 饒龍隼，上古文學制度述考〔M〕，北京：中華書局，2009。

69. 林甸甸，上古天學知識及文獻研究〔M〕，北京：北京師範大學出版社，2016。

70. 〔美〕羅伯特・戴維・薩克著，黃春芳譯，社會思想中的空間觀：一種地理學的視角〔M〕，北京：北京師範大學出版社，2010。

71. 袁珂，神話論文集〔M〕，上海：上海古籍出版社，1982。

72. 趙國華，生殖崇拜文化論〔M〕，北京：中國社會科學出版社，1990。

73. 〔日〕白川靜著、杜正勝譯，詩經的世界〔M〕，臺北：東大圖書公司，2009。

74. 葉舒憲，詩經的文化闡釋——中國詩歌的發生研究〔M〕，武漢：湖北人民出版社，1994。

75. 李山，詩經的文化精神〔M〕，北京；東方出版社，1997。

76. 李春青，詩與意識形態〔M〕，北京：北京大學出版社，2005。

77. 劉宗迪，失落的天書——山海經與古代華夏世界觀（增訂本）〔M〕，北京：商務印書館，2016。

78. 郭沫若，十批判書〔M〕，北京：東方出版社，1996。

79. 顧頡剛，史林雜識初編〔M〕，北京：中華書局，1963。

80. 閻步克，士大夫政治演生史稿〔M〕，北京：北京大學出版社，1996。

81. 劉澤華，士人與社會（先秦卷）〔M〕，天津：天津人民出版社，1988。

82. 〔日〕工藤元男，睡虎地秦簡所見秦代國家與社會〔M〕，上海：上海古籍出版社，2010。

83. 杭州大學語言文學研究室，孫詒讓研究〔C〕，北京：中華書局，1963。

84. 孫作雲，孫作雲文集・楚辭研究（下）〔M〕，開封：河南大學出版社，2003。

85. 邢義田、林麗月，臺灣學者中國史研究論叢・社會變遷〔C〕，北京：中國大百科全書出版社，2005。

86. 江曉原，天學真原〔M〕，瀋陽：遼寧教育出版社，2007。

87. 聞一多，聞一多全集・楚辭編〔M〕，武漢：湖北人民出版社，1993。

88.（清）秦蕙田，五禮通考〔M〕，光緒六年九月江蘇書局重刊本。

89. 陶磊，巫統、血統與古帝傳說〔M〕，杭州：浙江古籍出版社，2010。

90. 西安半坡博物館編，西安半坡〔M〕，北京：文物出版社，1982。

91. 王宇信，西周甲骨探論〔M〕，北京：中國社會科學出版社，1984。

92. 張亞初，劉雨，西周金文官制研究〔M〕，北京：中華書局，1986。

93. 唐蘭，西周青銅器銘文分代史徵〔M〕，北京：中華書局，1986。

94. 李山，西周禮樂文明的精神建構〔M〕，石家莊：河北教育出版社，2014。

95. 楊寬，西周史〔M〕，上海：上海人民出版社，2003。

96. 潘明娟，先秦多都並存制度研究〔M〕，中國社會科學出版社，2018。

97.〔日〕內藤虎次郎撰，江俠庵編譯，先秦經籍考（下）〔M〕，上海：上海文藝出版社，1990。

98. 楊華，先秦禮樂文化〔M〕，武漢：湖北教育出版社，1997。

99. 過常寶，先秦散文研究——早期文體及話語方式的生成，北京：人民出版社，2009。

100. 晁福林，先秦社會思想研究〔M〕，北京：商務印書館，2007。

101. 晁福林，先秦社會形態研究〔M〕，北京：北京師範大學出版社，2003。

102. 魏建震，先秦社祀研究〔M〕，北京：人民出版社，2008。

103. 許兆昌，先秦史官的制度與文化〔M〕，哈爾濱：黑龍江人民出版社，2006。

104. 李山，先秦文化史講義〔M〕，北京：中華書局，2008。

105. 呂思勉，先秦學術概論〔M〕，上海：上海書店，1992。

106. 王澍，先秦諸子新探〔M〕，濟南：齊魯書社，2011。

107. 李學勤，新出青銅器研究〔M〕，北京：文物出版社，1990。

108. 潘朝陽，心靈・空間・環境——人文主義的地理思想〔M〕，臺北：五南圖書出版股份有限公司，2005。

109. 馮時，星漢流年——中國天文考古錄〔M〕，成都：四川教育出版社，1996。

110. 陸宗達，訓詁簡論〔M〕，北京：北京出版社，2002。

111. 劉捷，馴服怪異：《山海經》接受史研究〔M〕，上海：上海文化出版社，2017。

112. 陳偉，燕說集〔M〕，北京：商務印書館，2011。

113. 鍾敬文著，巴莫曲布嫫・康麗編，謠俗蠡測〔M〕，上海：上海文藝出版社，2001。

114. 羅家湘，《逸周書》研究〔M〕，上海：上海古籍出版社，2006。

115. 王連龍，《逸周書》研究〔M〕，北京：社會科學文獻出版社，2010。

116. 周玉秀，《逸周書》的語言特點及其文獻學價值〔M〕，北京：中華書局，2005。

117. 李學勤，殷代地理簡論〔M〕，北京：科學出版社，1959。

118. 常玉芝，殷商曆法研究〔M〕，長春：吉林文史出版社，1998。

119. 宋新潮，殷商文化區域研究〔M〕，西安：陝西人民出版社，1991。

120. 陳夢家，殷虛卜辭綜述〔M〕，北京：科學出版社，1956。

121. 羅振玉，殷虛書契考釋三種〔M〕，北京：中華書局，2006。

122. 唐蘭，殷虛文字記〔M〕，北京：中華書局，1981。

123. 過常寶，原史文化及文獻研究（修訂本）〔M〕，北京：中國社會科學出版社，2016。

124. 〔英〕愛德華・泰勒著，連樹生譯，原始文化——神話、哲學、宗教、語言、藝術和習俗發展之研究（重譯本）〔M〕，桂林：廣西師範大學出版社，2005。

125. 呂亞虎，戰國秦漢簡帛文獻所見巫術研究〔M〕，北京：科學出版社，2010。

126. 章太炎，章太炎文集第四卷〔M〕，上海：上海人民出版社，1985。

127. 王庸，中國地圖史綱〔M〕，北京：商務印書館，1959。

128. 王庸，中國地理學史〔M〕，長沙：商務印書館，1938。

129. 田廣林，中國東北西遼河地區的文明起源〔M〕，北京：中華書局，2004。

130. 李零，中國方術考（修訂本）〔M〕，北京：東方出版社，2001。

131. 李零，中國方術續考〔M〕，北京：東方出版社，2000。

132. 宋鎮豪，中國風俗通史・夏商卷〔M〕，上海：上海文藝出版社，2001。

133. 楊寬，中國古代都城制度史〔M〕，上海：上海古籍出版社，1993。

134. 江紹原，中國古代旅行之研究〔M〕，北京：商務印書館，1937。

135. 郭沫若，中國古代社會研究〔M〕，上海：群益出版社，1950。

136. 艾蘭，汪濤，范毓周，中國古代思維模式與陰陽五行學說探源〔M〕，南京：江蘇古籍出版社，1998。

137. 郭英德，中國古代文體學論稿〔M〕，北京：北京大學出版社，2005。

138. 〔美〕王愛和，中國古代宇宙觀與政治文化〔M〕，上海：上海古籍出版社，2011。

139. 丁山，中國古代宗教與神話考〔M〕，上海：上海書店出版社，2011。

140. 中國社會科學院考古研究所，中國考古學論叢——中國社會科學院考古研究所建所40週年紀念〔C〕，北京：科學出版社，1993。

141. 中國社會科學院考古研究所，中國考古學・夏商卷〔M〕，北京：中國社會科學出版社，2003。

142. 〔英〕李約瑟，中國科學技術史・第三卷・數學〔M〕，北京：科學出版社，1978。

143. 席澤宗，中國科學技術史・科學思想卷〔M〕，北京：科學出版社，2001。

144. 張學鋒，中國墓葬史〔M〕，揚州：廣陵書社，2009。

145. 〔美〕張光直，中國青銅時代〔M〕，北京：生活・讀書・新知三聯書店，1983。

146. 〔美〕張光直，中國青銅時代二集〔M〕，北京：生活・讀書・新知三聯書店，1990。

147. 徐復觀，中國人性論史・先秦篇〔M〕，上海：上海三聯書店，2001。

148. 顧頡剛，中國上古史研究講義〔M〕，北京：中華書局，2009。

149. 葛兆光，中國思想史〔M〕，上海：復旦大學出版社，2000。

150. 侯外廬，中國思想通史・第一卷〔M〕，北京：人民出版社，1957。

151. 馮時，中國天文考古學〔M〕，北京：社會科學文獻出版社，2001。

152. 黃石林、朱乃誠，中國重要考古發現〔M〕，北京：商務印書館，1998。

153. 〔美〕王靖獻著、謝濂譯，鐘與鼓——《詩經》的套語及其創作方式〔M〕，成都：四川人民出版社，1990。

154. 呂文郁，周代的采邑制度（增訂版）〔M〕，北京：社會科學文獻出版社，2006。

155. 葛志毅，周代分封制度研究〔M〕，哈爾濱：黑龍江人民出版社，2005。

156. 趙世超，周代國野制度研究〔M〕，西安：陝西人民教育出版社，1991。

157. 董作賓，劉敦楨，高平子，周公測影臺調查報告〔C〕，北京：商務印書館，1939。

158. （清）江永，周禮疑義舉要·卷二〔M〕，北京：中華書局，1985。

159. 李鏡池，周易探源〔M〕，北京：中華書局，1978。

160. 徐錫臺，周原甲骨文綜述〔M〕，西安：三秦出版社，1987。

161. 竺可楨，竺可楨全集·卷一〔M〕，上海：上海科技教育出版社，2004。

162. 楊向奎，宗周社會與禮樂文明〔M〕，北京：人民出版社，1992。

163. 劉瑛，《左傳》、《國語》方術研究〔M〕，北京：人民文學出版社，2006。

後　記

　　這本小書是在我博士學位論文的基礎上修改而成的。「先秦地學」與「文獻生成」本是分屬兩個學科的兩個問題，以「文獻生成」為著眼點，決定了我們首先需要瞭解先秦一般文獻的生成機制，還需要思考「地學」作為一種專門之學，其文獻生成機制是否有自身的特殊性。這些也是 2013 年確定選題之後至今，我一直在思考和致力於解決的難題。

　　幸運的是，業師過常寶先生提出的關於研究中國古典傳統的「知識觀念—制度—文獻」三維文化模型理論，為本選題的展開提供了理論指導。這一理論將先秦時期的文獻視為不同人群的話語，將文體視為不同人群的話語方式：先秦「文獻」是相應「知識、觀念」體系的結晶，而「知識、觀念」體系又往往與相應的職事制度相關聯，因此從「知識、觀念」到「文獻生成」的過程，實際上就是特定人群在相應「制度」背景下表達自己價值和理想的過程；同時，「文獻」又為「知識、觀念」的發展提供知識資源和合法性依據，二者之間承襲與突破的過程又通過經典化和文獻闡釋體現出來。

　　無獨有偶，地理學家指出，中國古代地學的主流是「王朝地理學」，這是很有見地的。早期的地學知識尤其是那些宏觀性的地學知識，往往是由官方搜集、整理、積累、保存的，這些知識的種類、使用等自然也體現著官方的意志，因此儘管古代「地學」所涉及的知識門類極為龐雜，且不同時代亦有不同的偏重，但其要終歸不離於「先王之化民」（《隋書·經籍志》）這一基本的性質和功能。春秋及以前學在王官的時代是如此，戰國士人雖多是百家「遊士」，但他們一方面多延續了某些職事傳統，另一方面也與某些服務於特定政權的學術集團（如稷下學宮）關係密切，其殊途同歸於「務為治」（《論六家要

指》）——這也是我們在研究過程中始終圍繞的一條主線。

因此，選題的主要工作就是在描述先秦不同時段「地學知識、觀念」形態的基礎上，梳理出它們是如何在不同制度、文化背景下的「人」那裡被凝結為「文獻」的過程。總體來看，博士論文大體完成了這項工作，也取得了不錯的成績。但若要完全完成這項工作，需要有較為專業的地理學、文學、文獻學、歷史學等方面的知識儲備和學術訓練，還需要有足夠的理論素養來將這些龐雜的知識清晰化、體系化，但慚愧的是，我個人的學術能力還遠遠達不到這樣的要求。這使得我在博士論文的寫作過程中深感吃力，最後雖然勉力完成，嚴格來說也只是粗具規模而已。其中還遺留了不少問題，如論文雖然勾勒出了從商周巫史到春秋卿大夫再到戰國士人這一知識主體的變化和傳承脈絡，但對於他們所處制度背景（尤其是職事背景）的考慮則仍嫌粗疏；論文對不同時期地學「知識、觀念」的形態考察較多，但對相應「文獻」總量把握不甚清晰，對「文獻生成」的考察也不夠細緻、深入，這也導致了後者在篇幅上的比重不均，等等。這些問題的存在，不能不令人遺憾。

2015 年入職山西師範大學以後，在教學工作之餘，我仍在繼續關注這個問題，希望能彌補這個遺憾。期間除對論文中的錯誤進行了更正外，還對不少章節推倒重寫，對蕪詞累篇進行了刪改，對考慮不周之處也進行了補充論證，最後形成了這本小書。即便如此，上述問題在這本小書中也仍有不少遺留，希望學界前輩、同仁批評指正。

我個人在後續的研究工作中也在努力彌補。近年，我嘗試在博士論文選題基礎上將研究時段擴大到先唐，試圖在更大的視野下來重新思考這個問題，並以「先唐輿地知識、觀念及相關文獻的生成研究」為題申請了國家青年社科基金項目。之所以將秦漢魏晉南北朝也納入進來，是因為此時正是地學在古代學術體系中獨立成為專門部類（史部地理類）的時期。此時地學的知識觀念和文獻體系較為成熟完備，其形態亦趨於固定，傳統地學基本也是沿著這個方向發展的。項目的目的之一，就是以此為立足點去反觀先秦地學的知識觀念和文獻形態，探究地學從先秦到漢唐間的演進脈絡、形態的差異、成因及文獻表現，以期對本書考慮不周之處有所彌補，對遺留問題作一個根本性地清理。

交稿在即，既有情怯，也不免感慨。儘管這不能算是一份令人滿意的答卷，但它畢竟是我博士學習的一個總結，也是人生的一個階段性總結。

　　2009 年，考研屢敗屢戰的我，有幸被過師納入門牆，從此走出迷惘，開啟了一個新的人生，接觸到一個新的世界。在之後的時間裏，恩師如父、如友，給予了我人生上的引導、學業上的教誨和生活上的關懷。在學業上，過師既尊重我們的研究興趣、鼓勵我們表達自己的想法，又注意適時引導、不使誤入歧途；在學業之外，過師更著意通過我們文章和日常行為，來觀察我們各自的個性特點，來提示我們在學習、生活中揚長避短；在生活中，更隨時留意我們的處境和狀態，儘量為我們創造良好的學習環境。時至今日，我已畢業五年、成家立業，過師的關懷之情仍一如既往。期間，尚學鋒、李山、馬東瑤、康震等古代文學所的老師們，和徐正英、鍾濤、劉宗迪、冷衛國等學界師長，他們或諄諄教誨，或解惑答疑，或開解鼓勵，或引導提攜，令我受益良多。

　　這段時間裏，葉修成、李芳瑜、劉全志、林甸甸、張憲榮、王潤英、貢方舟等同門朋友，不僅給予了我莫大的支持和幫助，更不嫌棄我的魯鈍，願給我以信任和包容。這份家庭般的溫情，不僅助我一次次度過難關，更成為我這一段人生價值的重要證明。

　　這段經歷單純而豐富。說它單純，在師長親友的呵護下專心問學，構成了生活的主要內容，不覺歲月的流逝，也模糊了節序的更迭；說它豐富，期間經歷了博士結業，入職山師，結識新雨，落成新居，結婚生子，也送別了坎坷一生的老父和英年早逝的摯友方舟……在經歷了人生最大的悲歡之後，我也終於完成了這個遲到的成人禮。這本小書雖不足以承載這一切，但它是這段經歷的見證者，希望以此作為紀念。

　　有幸得到花木蘭文化出版社的大力支持，使我這份私願能借助出版社對文化事業的公心而實現。在此，特別感謝楊嘉樂老師以及出版社編輯老師們的支持、肯定和辛苦付出！

　　畢業後的這幾年，我也一直在通過書稿的修改，來反思以往的研究。在此期間，延保全、趙變親、栗永清、白建忠等院系領導悉心關懷，為我營造了良好的工作環境；李曉敏、衛雲亮等教研組同事無私幫助，相與析疑，助我在科研、教學上盡快步入正軌。在此特致謝忱！

　　尤其要感謝我的妻子成敏女士。她並非科研工作者，卻願甘守平淡，與我一同承受單調而枯燥的生活，並默默承擔著內外家務，使我能心無旁騖、專心研究；又為我帶來了愛子庭碩。從相識至今的短短數年間，她付出了很

多的犧牲。也希望這本小書的出版，能帶給她一些慰藉。

高建文

2020 年 7 月 8 日於臨汾